Wider die Journaille

Für Neuste und Jörg,
danke für Euer Interesse.
Johannes Blath

FORSCHUNGEN ZUR LITERATUR- UND KULTURGESCHICHTE

Herausgegeben von
Helmut Kreuzer, Karl Riha und Ralf Schnell

Band 69

PETER LANG
Frankfurt am Main · Berlin · Bern · Bruxelles · New York · Oxford · Wien

Johanna Bertsch

Wider die Journaille

Aspekte der Verbindung von Sprach- und Pressekritik
in der deutschsprachigen Literatur
seit Mitte des 19. Jahrhunderts

Die Deutsche Bibliothek - CIP-Einheitsaufnahme

Bertsch, Johanna:
Wider die Journaille : Aspekte der Verbindung von Sprach- und
Pressekritik in der deutschsprachigen Literatur seit Mitte des 19.
Jahrhunderts / Johanna Bertsch. - Frankfurt am Main ; Berlin ;
Bern ; Bruxelles ; New York ; Oxford ; Wien : Lang, 2000
 (Forschungen zur Literatur- und Kulturgeschichte ; Bd. 69)
Zugl.: Siegen, Univ., Diss., 2000
ISBN 3-631-36500-4

Verantwortlicher Herausgeber
dieses Bandes:
Karl Riha

Gedruckt auf alterungsbeständigem,
säurefreiem Papier.

D 467
ISSN 0723-0400
ISBN 3-631-36500-4
© Peter Lang GmbH
Europäischer Verlag der Wissenschaften
Frankfurt am Main 2000
Alle Rechte vorbehalten.

Das Werk einschließlich aller seiner Teile ist urheberrechtlich
geschützt. Jede Verwertung außerhalb der engen Grenzen des
Urheberrechtsgesetzes ist ohne Zustimmung des Verlages
unzulässig und strafbar. Das gilt insbesondere für
Vervielfältigungen, Übersetzungen, Mikroverfilmungen und die
Einspeicherung und Verarbeitung in elektronischen Systemen.

Printed in Germany 1 2 4 5 6 7

Vorbemerkung

Diese Arbeit entstand im Zeitraum vom Oktober 1997 bis zum Oktober 1999 als Dissertation im Fach Germanistik an der Universität Siegen.
Ich möchte mich an dieser Stelle ganz herzlich bei denen bedanken, die zur Entstehung der Arbeit beigetragen haben:
Bei meinem Betreuer Herrn Professor Dr. Karl Riha, der nicht nur die Aufnahme der Arbeit in diese Reihe befürwortet hat, sondern mich immer wieder mit Anregungen unterstützt hat und dem ich auch die Hinwendung zum Thema Sprachkritik verdanke.
Bei der Vergabekommission der Graduiertenförderung und dem Rektorat der Universität Siegen, die mir ein Promotionsstipendium des Landes Nordrhein-Westfalen zugesprochen haben, das es mir ermöglichte, mich voll der Arbeit an der Dissertation zu widmen.
Schließlich bei allen, die geduldig zugehört, Interesse gezeigt und nachgefragt haben und mir beim Korrekturlesen und beim Layout behilflich waren.

Inhalt

Einleitung 9

1	Sprachkritik: Grundsätzliches	17
1.1	Historischer Abriß und Definitionsversuche	17
1.1.1	Der Sprachpurismus	17
1.1.2	Die Sprachhistoriker	19
1.1.3	Die moderne Linguistik und ihre Probleme mit der Sprachkritik	20
1.2	Kritik an der Pressesprache innerhalb der Presse?	27
2	Die Kritik an der Pressesprache bei einzelnen Autoren	29
2.1	Die Liberalen	29
2.1.1	Ein idyllischer Einstieg: Gustav Freytags 'Die Journalisten'	29
2.1.1.1	Sprachkritik bei Gustav Freytag?	29
2.1.1.2	Die Pressesprache in den 'Journalisten'	30
2.1.2	Zeit des Umbruchs: Ferdinand Kürnberger	35
2.1.2.1	Bekanntheitsgrad und Rezeption Kürnbergers	36
2.1.2.2	Kürnbergers Sprachauffassung	37
2.1.2.3	Kritik an der Pressesprache in Kürnbergers Feuilletons	40
2.1.3	Satirischer Spaziergänger: Daniel Spitzer	52
2.1.3.1	Verbindungslinien zu Kürnberger und Kraus	52
2.1.3.2	Sprachkritisches über die Presse in Spitzers Feuilletons	56
2.2	Gegensätze	65
2.2.1	Fritz Mauthner - der Sprachskeptiker	65
2.2.1.1	Mauthners Sprachtheorien	65
2.2.1.2	Pressekritik bei Fritz Mauthner	67
2.2.1.3	Weiterführung des Sprachskeptizismus: Hofmannsthal und Landauer	73
2.2.2	Karl Kraus - der 'Diener am Wort'	77
2.2.2.1	Kraus' Einstellung zu anderen Sprachkritikern	77
	Ferdinand Kürnberger	77
	Fritz Mauthner	79
2.2.2.2	Karl Kraus und die Sprache	80
2.2.2.3	Dichter versus Journalist	85
2.2.2.4	Kraus' Kritik an der Pressesprache	88
2.3	Die Sprachkritik in literarisch-politischen Zeitschriften während des Ersten Weltkriegs und der Weimarer Republik	101
2.3.1	'Die Aktion' (1911-1932)	101
2.3.1.1	Die Zeitschrift und ihr Herausgeber Franz Pfemfert	101
2.3.1.2	Das Verhältnis zu anderen Autoren und Zeitschriften	103
	Ferdinand Kürnberger	103
	'Die Schaubühne'/'Die Weltbühne'	104
	Karl Kraus	107
2.3.1.3	Sprachkritisches über die Presse in der 'Aktion'	111

2.3.2	'Die Schaubühne'/'Die Weltbühne' (1905-1933)	126
2.3.2.1	Die Zeitschrift und ihr Weg vom Theater zur Politik	127
2.3.2.2	Die 'Schaubühne'/'Weltbühne' und andere Sprachkritiker	129
	Fritz Mauthner und Gustav Landauer	129
	Ferdinand Kürnberger und Daniel Spitzer	130
	Karl Kraus	131
2.3.2.3	Kritik an der Pressesprache in der 'Schaubühne'/'Weltbühne'	137
2.4	Sprachkritik in den 30er und 40er Jahren: Innere Emigration oder Exil?	157
2.4.1	Victor Klemperer	160
2.4.1.1	Die Rolle des Chronisten	160
2.4.1.2	Victor Klemperer und die Sprache	164
2.4.1.3	Die Lingua Tertii Imperii in der deutschen Presse	169
2.4.2	Stimmen aus dem Exil	180
2.4.2.1	Thomas Mann	180
2.4.2.2	Bertolt Brecht	182
2.5	Sprachkritik seit dem Ende des Zweiten Weltkriegs	187
2.5.1	Noch einmal Victor Klemperer: Die Lingua Quartii Imperii	187
2.5.1.1	Ein neues Leben	187
2.5.1.2	Die 'Sprache des Vierten Reiches'	188
2.5.2	Sprachkritik als Reaktion auf beharrende Elemente? Sternberger, Storz, Süskind: das 'Wörterbuch des Unmenschen'	193
2.5.2.1	Dolf Sternberger und die westdeutsche Nachkriegspresse	193
2.5.2.2	'Aus dem Wörterbuch des Unmenschen'	196
2.5.3	Karl Korns Kritik an der 'Sprache in der verwalteten Welt'	205
2.5.4	Karl Kraus verbunden: Mechtilde Lichnowsky und Hans Weigel	210
2.5.4.1	Mechtilde Lichnowsky und ihre 'Worte über Wörter'	210
2.5.4.2	Hans Weigel beklagt 'Die Leiden der jungen Wörter'	214
2.5.5	Drei Blätter - drei Blickwinkel: Hans Magnus Enzensberger und seine Kritik an 'Spiegel', 'FAZ' und 'Bild'	219
2.5.5.1	Enzensbergers Kritik am 'Spiegel'	222
2.5.5.2	Die Sprache der 'Frankfurter Allgemeinen Zeitung'	227
2.5.5.3	Kritik an der 'Bild-Zeitung'	233
	Kritik als Erzählung und Reportage: Heinrich Böll und Günter Wallraff	233
	Die 'Bild-Zeitung' bei Enzensberger	238
2.5.6	Am Ende eines unendlichen Themas: Ein Blick auf Martin Walser	244
	Schlußwort: Versuch, das Puzzle zusammenzusetzen	253
	Abkürzungsverzeichnis	261
	Literaturverzeichnis	263
	Primärliteratur	263
	Sekundärliteratur	268

Einleitung

Sich über die Presse zu beklagen, hat Tradition. Die Liste der Beschwerden ist lang, ihre Punkte sind vielfältig. Ein Aspekt, der immer wieder auftaucht, ist die Sprachkritik. In der deutschsprachigen Literatur stößt man häufig auf Texte, die sich mit der Sprache der Zeitungen befassen - manchmal als Schwerpunkt, manchmal eher nebenbei.

Diese Arbeit untersucht die Verbindung zwischen Sprachkritik und Pressekritik in der Literatur vom literaturwissenschaftlichen Standpunkt aus, wobei jedoch die Linguistik nicht völlig außer acht gelassen werden soll. Es werden dabei natürlich auch Texte einbezogen, die selbst ursprünglich in Zeitungen erschienen sind (z.b. Feuilletons). 'Literatur' soll hier vor allem als Abgrenzung zu wissenschaftlichen Texten über die Zeitungssprache verstanden werden. Solche Texte werden nicht als Primär-, sondern als Sekundärliteratur herangezogen, wenn ein Bezug zu den kritischen Aussagen der Autoren sichtbar wird.
Dabei stellten sich mir zu Beginn folgende Fragen: Was stört die Autoren an der Zeitungssprache? Worum geht es ihnen prinzipiell: um die Sprache oder um die Zeitungen; gehen sie also von einer allgemeinen Sprachkritik aus und kommen dabei auch zur Sprache der Presse, oder ist die Pressekritik an sich das Ziel, bei dem die Sprachkritik nur eine Etappe darstellt?

Für die genauere Untersuchung der Texte kristallisierte sich mit der Zeit folgender Fragenkatalog heraus, der allerdings nicht bei jedem Autor in derselben Reihenfolge 'abgearbeitet' wurde, da sich durch die Texte selbst oft eine andere Reihung ergab.
Welche Textsorte liegt vor? Ergeben sich daraus Besonderheiten für die Art der Kritik (z.B. beim Feuilleton, das seine Kritik innerhalb des kritisierten Mediums formuliert)? Ist der Autor reiner Schriftsteller oder hat er Beziehungen zum Journalismus? Wie ist das Selbstverständnis des Autors?

Was ist der Ausgangspunkt der Kritik: die Sprache oder die Presse? Betreibt der Autor also hauptsächlich Pressekritik und formuliert dabei unter anderem auch Sprachkritisches? Oder ist der Autor Sprachkritiker und nennt unter den Kritisierten auch die Zeitungen?

Gibt es Anzeichen für eine eigene Sprachtheorie des Autors? Hat er genaue Vorstellungen darüber, wie eine bessere Sprache aussehen sollte? Oder greift er eher zufällig auf, was ihm an kritikwürdigen Beispielen auffällt?
Was wird kritisiert? Gibt es auch Lob? Verteidigt der Autor die Presse hin und wieder? Sind es allgemeine Kritikpunkte oder gibt es einen starken Bezug zu den aktuellen Ereignisse der Zeit?

Wie gibt der Autor seiner Kritik Ausdruck? Geht er z.B. analytisch-erklärend oder eher satirisch-karikierend vor (starke Verbindung zur Textsorte)?

Wie läßt sich der jeweilige Autor innerhalb der linguistischen Debatte um die Sprachkritik einordnen? Wird er von der Forschung kritisiert oder gewürdigt?

Bezieht sich der Autor auf die Texte anderer Sprachkritiker? Wenn ja, lobend oder kritisierend? Lassen sich Parallelen oder starke Gegensätze zu anderen Autoren feststellen; gibt es Kontinuitäten oder Brüche?

Als zeitlicher Ausgangspunkt wurde die Mitte des 19. Jahrhunderts gewählt, da zu dieser Zeit mit dem Aufblühen des Bürgertums die Zeitungen an Einfluß zunahmen - und dementsprechend auch immer stärker im Zentrum des Interesses standen, auch in dem der Schriftsteller.

Natürlich ließen sich weit mehr presse- bzw. sprachkritische Texte finden, als innerhalb dieser Arbeit unterzubringen wären. Ich hatte die Wahl, entweder den Zeitrahmen einzuengen oder mich auf eine überschaubare Anzahl von Autoren zu konzentrieren. Da der große Zeitraum einen Vergleich der verschiedenen Autoren und ihrer Ansichten besonders spannend macht und mir deshalb wichtig ist, habe ich mich für die zweite Lösung entschieden- auf die Gefahr hin, potentiell interessante Autoren oder Zeitschriften ausklammern zu müssen.

Es geht mir in dieser Arbeit also nicht um eine vollständige Auflistung und Behandlung aller Texte, in denen Kritik an der Pressesprache vorkommt, auch nicht um die lückenlose Behandlung jedes einzelnen sprach- bzw. pressekritischen Satzes der untersuchten Autoren. Es geht mir vielmehr um den Versuch darzustellen, wie vielseitig und unterschiedlich sich diese Kritik seit Mitte des 19. Jahrhunderts entwickelt hat: unterschiedlich sowohl in der gewählten Form des Textes (vom Feuilleton bis zum Gedicht) als auch in den Schwerpunkten, die gesetzt, und den Konsequenzen, die gezogen wurden - und wie jedoch gleichzeitig seit fast 150 Jahren gewisse Kontinuitäten auszumachen sind.

Unter den ausgewählten Autoren sind 'klassische' Sprachkritiker wie Karl Kraus ebenso vertreten wie solche, deren Verbindung mit Sprachkritik vielleicht im ersten Moment überrascht. Es geht mir aber nicht darum, die Autoren mit dem Etikett 'Sprachkritiker' zu versehen, sondern zu zeigen, in wie vielen Varianten und in wie unterschiedlichen Texten Sprachkritik aufscheinen kann- manchmal als Hauptthema, manchmal als Nebenaspekt.

Es existieren bereits zahlreiche linguistische Abhandlungen über das Problem von Sprachauffassung und Sprachkritik im allgemeinen; so z.B. der von Hans Jürgen Heringer herausgegebene Sammelband 'Holzfeuer im hölzernen Ofen', dessen Titel auf einer Formulierung Fritz Mauthners beruht. Der von Eckehard Czucka herausgegebene und im Titel auf Kraus anspielende Band 'Die in dem alten Haus der Sprache wohnen' widmet sich der Thematik ebenso wie Uwe Pörksens Arbeit über 'Wissenschaftssprache und Sprachkritik'; in dieses Gebiet fallen auch einige Arbeiten von Helmut Arntzen.

Es lassen sich in diesen Arbeiten auch Überlegungen zur Einordnung von Schriftstellern oder einzelnen literarischen Werken innerhalb dieses Problems finden. Besonders zu erwähnen ist hier das Buch 'Die Macht der Sprache' von Jürgen Schiewe, das die Geschichte der Sprachkritik nachzeichnet.

Die Pressekritik innerhalb dieser Sprachkritik wird jedoch meist - auch bei Schiewe - nur am Rande erwähnt. Als Ausnahme kann hier Karl Kraus gelten, der für das Gebiet der Sprach- und Pressekritik einer der wohl am besten untersuchten Autoren ist. Einiges zum Thema 'Pressesprache' steht auch bei Willy Sanders. Im allgemeinen konzentriert sich die Linguistik in ihrer Debatte über die Sprachkritik sehr stark auf Autoren der Nachkriegszeit (Korn, Sternberger, Storz, Süskind etc.).

Literaturwissenschaftliche Arbeiten zum Thema Sprachkritik sind schon nicht mehr in solcher Fülle zu finden; sehr ausführlich schreibt aber z.B. Hannelore Ederer über die Sprachkritik bei Heine, Kürnberger und Kraus. Das Thema 'Sprachkritik innerhalb der Pressekritik' wird noch seltener behandelt (wieder ist Kraus die große Ausnahme); meist wird der Pressekritik (wenn überhaupt) nur ein kleiner Abschnitt gewidmet. Umgekehrt gilt das gleiche: wird das Thema Pressekritik behandelt (wie z.B. bei Jutta Jacobi), findet sich meist nur wenig zur Sprachkritik. Der Vergleich einer großen Anzahl von Autoren, das Suchen nach Kontinuitäten oder Brüchen in der Kritik der Pressesprache steht noch aus.

Im ersten Teil dieser Arbeit sollen die theoretischen Grundlagen und Hintergründe geklärt werden: Es soll kurz auf einige Schritte der Entwicklung der Sprachwissenschaft von den Sprachgesellschaften der Puristen bis zur modernen Linguistik eingegangen und verschiedene Möglichkeiten vorgestellt werden, Sprachkritik zu definieren und mit ihr umzugehen. Dabei werden auch die Probleme vieler Linguisten mit der Sprachkritik sowie die Diskussion der Nachkriegszeit angerissen, ob die Sprachkritik ein taugliches Mittel darstellt, sich mit Sprache und Gesellschaft auseinanderzusetzen. Außerdem soll der Frage nachgegangen werden, wie es mit der Pressekritik in der Presse selbst aussieht.

Im zweiten Teil werden dann die sprach- und pressekritischen Texte der einzelnen Autoren und Zeitschriften untersucht und verglichen.
Der erste Block befaßt sich mit drei sehr unterschiedlichen Liberalen: Gustav Freytag, Ferdinand Kürnberger und Daniel Spitzer.

Für Gustav Freytag existieren für das Gebiet der Sprachkritik keine Arbeiten aus nachvollziehbaren Gründen; strenggenommen hat Freytag mit Sprachkritik nichts zu tun. Auch seine Kritik an der Presse ist minimal. Das Lustspiel 'Die Journalisten' ist allerdings in einem Punkt wegweisend: hier tritt der Journalist 'Schmock' auf, dessen Name später zum Synonym für den Typ des schlechten, eher schmierigen Journalisten wird. Sehr aufschlußreich ist hierfür die Arbeit von Jutta Jacobi. Nebenbei lassen sich im Drama auch einige Hinweise darauf finden, was Freytag als typisch für die Sprache der Presse ansah.

Ferdinand Kürnberger ist ein noch relativ wenig untersuchter Autor. Für die Sprachkritik Kürnbergers (und auch für dessen Rezeption durch Kraus) ist Hannelore Ederers Arbeit sehr ergiebig, ebenso wie das Vorwort von Karl Riha zur 1967 erschienen Ausgabe Kürnberger'scher Feuilletons.
Ferdinand Kürnberger wird in der Forschung als der Begründer der modernen Sprachkritik angesehen und hatte Vorbildwirkung für spätere Sprachkritiker. Er ist zudem einer der wenigen behandelten Autoren, der seine Pressekritik innerhalb der Presse selbst betreibt. Die Grundlage für die Untersuchung bilden seine Feuilletons.

Die bis jetzt umfassendste Studie über Daniel Spitzers 'Wiener Spaziergänge' sowie über Werkhintergrund und das Leben Spitzers hat Matthias Nöllke verfaßt. Allerdings geht Nöllke kaum auf die sprach- oder pressekritischen Abschnitte bei Spitzer ein.
Die Sprachkritik des Feuilletonisten Daniel Spitzer ist oft implizit; er gilt als Vorläufer von Karl Kraus.

Als nächster Block folgen zwei große Einzelgänger: der Sprachskeptiker Fritz Mauthner und der erklärte 'Diener der Sprache', Karl Kraus.
Fritz Mauthner wurde meist auf die philosophische, aber auch auf die politische Seite seiner Sprachkritik hin untersucht (so z.B. bei Martin Kurzreiter). Bei Joachim Kühn, der Mauthners Leben und Werk chronologisch nachzeichnet, steht einiges zu Mauthners Journalismuskritik.
Fritz Mauthner ist *der* große Sprachskeptiker innerhalb der untersuchten Autoren. Seine Ansichten zur Pressesprache finden sich in der Satire 'Schmock' und in seinem Hauptwerk 'Kritik der Sprache'. Da sich sowohl Hugo von Hofmannsthals 'Brief' als auch Gustav Landauers 'Skepsis und Mystik' als Weiterführung von Mauthners Gedanken lesen lassen, ist ihnen am Ende des Kapitels ein kurzer Abschnitt gewidmet.

Zu Karl Kraus existiert bereits eine Fülle von Literatur, auch im Bereich der Presse- und der Sprachkritik. Hier besteht das Problem weniger im Finden von Brauchbarem als im Auswählen des Gefundenen, um dem Kraus-Kapitel nicht überdimensional viel Platz einräumen zu müssen. Das Thema erschöpfend zu behandeln ist im Rahmen dieser Arbeit unmöglich, Kraus wegzulassen ebenso: Einerseits spielt er eine wichtige Rolle in der Rezeption der Sprachkritiker vor ihm (Kürnberger, Spitzer), andererseits berufen sich fast alle Sprachkritiker der Nachkriegszeit auf ihn. Zudem war er zu Lebzeiten immer wieder Anlaß zu bzw. Zentrum von heftigen Debatten. Selbst wenn man also versuchte, Kraus auszuklammern und nur auf bereits existierende Forschungsarbeiten zu verweisen, würde sich sein Name bei der Behandlung anderer Autoren immer wieder aufdrängen. Ich behandle deshalb die sprachkritischen Beobachtungen Kraus' zur Presse stark komprimiert und weise an verschiedenen Stellen auf die Verknüpfungen zwischen Kraus und anderen Autoren hin.

Das nächste Paar bilden zwei Zeitschriften: die von Franz Pfemfert herausgegebenen 'Aktion' und die von Siegfried Jacobsohn begründete und ab 1927 von Carl von Ossietzky weitergeführte 'Schaubühne' bzw. (seit 1918) 'Weltbühne'. Zur Verbindung von Sprach- und Pressekritik in der 'Aktion' läßt sich in der Sekundärliteratur wenig finden. Die Forschung konzentriert sich meist auf die allgemeine Entwicklung der Zeitschrift, ihre Haltung zum Krieg und ihre Rolle innerhalb des Expressionismus. Eva Baumeister ist hier die einzige Ausnahme. Sie betrachtet nicht nur die pressekritische, sondern auch ein wenig die sprachkritische Haltung der Zeitschrift.

Die 'Schaubühne'/'Weltbühne' und ihre Herausgeber sowie der heute prominenteste Autor, Kurt Tucholsky, sind in Teilaspekten bereits gut erforscht, besonders die persönlichen Beziehungen zwischen dem 'Dreigestirn' Jacobsohn, Tucholsky und Ossietzky. Die Entwicklung der Zeitschrift selbst wird u.a. bei Enseling, Eggebrecht/Pinkerneil und Hecht thematisiert. Zur Pressekritik finden sich kurze, verstreute Passagen in den Arbeiten von Deák und King, außerdem ein kleiner Abschnitt bei Enseling, der aber die Sprachkritik so gut wie außer acht läßt. Eine Abhandlung, die sich speziell mit der Sprachkritik der Zeitschrift beschäftigt, existiert nicht.

Die beiden literarisch-politischen Zeitschriften 'Die Aktion' und 'Die Schaubühne'/Die Weltbühne' wurden nicht nur deshalb ausgewählt, weil in beiden Sprach- und Pressekritik (oft mit politischem Hintergrund) betrieben wurde, sondern weil sie sich auch häufig aufeinander und auf Karl Kraus beziehen und so einen Vergleich geradezu herausfordern. Bemerkenswert ist auch der Wandel, den beide Zeitschriften während bzw. nach dem Ersten Weltkrieg durchliefen, der jedoch zu sehr unterschiedlichen Ergebnissen führte.

Während der Diktatur der Nationalsozialisten war Sprachkritik ebenso gefährlich, wie sie nötig gewesen wäre. Als Beispiel dafür, wie Sprachkritik innerhalb deutscher Grenzen trotz aller Gefahren betrieben werden konnte, soll der Dresdener Romanistikprofessor Victor Klemperer dienen, der seine Tagebücher u.a. mit Notizen zur 'Lingua Tertii Imperii' füllte. Da die Tagebücher (im Gegensatz zu dem sie auswertenden Buch 'LTI') erst 1995 erschienen sind, ist die Forschungsliteratur zu ihnen begrenzt; hervorzuheben ist hier das Nachwort zu den Tagebüchern von Walter Nowojski und der von Hannes Heer herausgegebene Sammelband 'Im Herzen der Finsternis'. Mehr findet sich zum Phänomen der Sprache des Dritten Reiches selbst (z.B. Cornelia Bernings Aufsatzreihe in der 'Zeitschrift für deutsche Wortforschung') und zum Thema 'Presse im Dritten Reich' (z.b. Jürgen Hagemanns Arbeit über die 'Presselenkung im Dritten Reich').

Als Ergänzung gedacht sind die beiden kurzen Abschnitte über Thomas Mann und Bertolt Brecht, die beide die Sprache des Dritten Reichs aus dem Exil beobachteten. Für Thomas Mann konzentriere ich mich dabei auf Tagebuch-Ausschnitte sowie auf Reden und Vorträge bis 1945; für Brecht auf einzelne seiner Schriften der ersten Exiljahre.

Nach dem Zweiten Weltkrieg war Sprachkritik im Westen Deutschlands wieder möglich, obwohl es von seiten der Linguistik zum Teil Einwände gegen den Sinn und Nutzen von Sprachkritik gab. Schwieriger hingegen stellte sich die Lage im östlichen Teil Deutschlands, der späteren DDR, dar. Anhand der Anfang 1999 erschienenen Tagebücher Klemperers aus den Nachkriegsjahren möchte ich einen Blick auf die (abermals heimliche) Kritik an der Sprache der Presse in Ostdeutschland werfen.

In Westdeutschland wurden die Nachkriegsjahre Schauplatz einer prinzipiellen Debatte über die Sprachkritik, in deren Zentrum Werke wie das 'Wörterbuch des Unmenschen' von Sternberger/Storz/Süskind und Karl Korns 'Sprache in einer verwalteten Welt' standen. Die Linguisten stießen sich dabei besonders an den unwissenschaftlichen Methoden der Sprachkritiker. Zum Streit um die Sprachkritik haben sich unter anderem die Linguisten Helmut Arntzen, Hans Jürgen Heringer und Peter von Polenz zu Wort gemeldet.

Explizit in die Tradition von Karl Kraus stellten sich Mechtilde Lichnowsky mit ihrem Buch 'Worte über Wörter' und Hans Weigel mit dem Antiwörterbuch 'Die Leiden der jungen Wörter'. Zu beiden Autoren gibt es bis jetzt noch sehr wenig Forschungsliteratur.

Von den fünfziger bis in die späten achtziger Jahre reichen die pressekritischen Texte Hans Magnus Enzensbergers, die in der Forschung zwar häufig, aber meist nur kurz erwähnt werden. Anhand seiner drei sehr bekannten Essays über den 'Spiegel', die 'Frankfurter Allgemeine Zeitung' und die 'Bild-Zeitung' möchte ich nicht nur die verschiedenen Kritikpunkte Enzensbergers deutlich machen, sondern auch die Veränderungen in seiner Methode und seinem Blickwinkel zeigen. Dabei sollen die ebenfalls angesprochenen kritischen Texte Heinrich Bölls und Günter Wallraffs zu 'Bild' einerseits als Kontrast zu Enzensbergers Haltung der achtziger Jahre, andererseits als Beispiele für die hitzige Debatte über den Springer-Konzern dienen. Ich konzentriere mich dabei auf Bölls 'Die verlorene Ehre der Katharina Blum' und Wallraffs 'Der Aufmacher'.

Das abschließende Kapitel über Martin Walser kann den Problemkreis 'Öffentlichkeit', der Walser seit langem beschäftigt, natürlich nicht erschöpfend behandeln. Die Debatte um Walsers Rede anläßlich der Verleihung des Friedenspreises Ende 1998 habe ich ebenso ausgeklammert wie seinen Beitrag (bzw. die Reaktionen darauf) zur Diskussion um das Holocaust-Denkmal (die ja eventuell noch nicht einmal abgeschlossen ist). Zwar berühren beide Themen (das zweite stärker als das erste) hin und wieder Themen, die für diese Arbeit von Interesse wären, z.B. die Kluft zwischen Aussagen und deren Kolportierung in der Presse. Ich möchte jedoch eine so vielschichtige Diskussion nicht auf ein paar notgedrungen willkürliche Zitate beschränken; für eine umfassende Behandlung fehlt hier der Platz; auch würde mich dies zu weit vom Thema wegführen. Auch werden die Ansichten Walsers zur Presse meiner Ansicht nach in anderen Texten ebenso gut, wenn nicht sogar besser, sichtbar.

Zur Zitierweise:
Zitaten aus der Primärliteratur folgen jeweils Autoren-, Werk- und Seitenangaben; dabei gebe ich bei der ersten Erwähnung der Werke die verwendete(n) Ausgabe(n) in den Fußnoten an; für die Abkürzungen, siehe Abkürzungsverzeichnis. Von mir vorgenommene Ergänzungen oder Veränderungen stehen in eckigen Klammern. Bei Zitaten aus der Sekundärliteratur stehen Autoren-, Werk- und Seitenangaben in den Fußnoten: bei der ersten Erwähnung mit vollständiger bibliographischer Angabe, danach mit Autorennamen und Seitenzahl; bei mehreren Werken eines Autors wird die Zitierweise nach der bibliographischen Angabe angekündigt (entweder Autor und Jahreszahl oder Autor und Titelkürzel). Sämtliche verwendete Literatur findet sich zudem im Literaturverzeichnis am Schluß dieser Arbeit.

1 SPRACHKRITIK: GRUNDSÄTZLICHES

1.1 Historischer Abriß und Definitionsversuche

Die Bezeichnung 'Sprachkritik' klingt so, als sei es sehr leicht, ihre Bedeutung festzulegen. Sie wird allerdings fast von jedem ein wenig anders benutzt. Das gilt nicht nur für die 'großen' Unterscheidungen zwischen Philosophie, Literatur(wissenschaft) und Linguistik. Es gibt Sprachkritik in Form von Stilkritik oder Textkritik, Fremdwörterkritik oder Kritik an den prinzipiellen Möglichkeiten der Sprache, um nur einige Aspekte zu nennen. Jeder Autor, der von sich sagt, er betreibe Sprachkritik, betont die ihm wichtigen Aspekte des Wortes und läßt dafür andere aus. Auf der anderen Seite gibt es auch Autoren, die zwar Sprachkritisches schreiben, die Bezeichnung 'Sprachkritik' jedoch (absichtlich oder unbewußt) vermeiden, bzw. denen es gar nicht in den Sinn käme, ihr Tun als 'Sprachkritik' zu bezeichnen.

1.1.1 Der Sprachpurismus[1]

Die deutsche Sprachkritik beginnt mit einer Bewegung, von der sie sich später vehement distanziert hat: dem Purismus. Die Besorgnis um den Zustand des vom Französischen in Stil und Vokabular stark beeinflußten Deutsch des 17. Jahrhunderts führte zur Gründung sogenannter 'Sprachgesellschaften' wie zum Beispiel der "Fruchtbringenden Gesellschaft"[2]. Diese machten es sich zur Aufgabe, der deutschen Sprache mehr Geltung zu verschaffen und sie von 'überflüssigen' Fremdwörtern zu 'reinigen' - wobei die Verdeutschungen unterschiedlich gut gelungen waren. Besondere Bekanntheit auf dem Gebiet der Verdeutschung von Fremdwörtern erreichte später Joachim Heinrich Campes 'Wörterbuch zur Erklärung und Verdeutschung der unserer Sprache aufgedrungenen fremden Ausdrücke' (1801).[3]

---

[1] Das überaus komplexe Thema 'Purismus' kann hier nur angerissen werden. Besonders verwiesen sei auf folgendes Werk der Sekundärliteratur:
Härle, Gerhard: Reinheit der Sprache, des Herzens und des Leibes. Zur Wirkungsgeschichte des rhetorischen Begriffs puritas in Deutschland. Tübingen: Niemeyer 1996 (= Rhetorik-Forschungen. Hrsg. v. Joachim Dyck, Walter Jens und Gert Ueding. Bd. 11). Siehe besonders S. 29-31, 201-209, 213-229.

[2] Pörksen, Uwe: Wissenschaftssprache und Sprachkritik. Untersuchungen zu Geschichte und Gegenwart. Tübingen: Narr 1994 (= Forum für Fachsprachen-Forschung. Hrsg. v. Hartwig Kalverkämper. Bd. 22). S. 193/94. Sowie Schiewe, Jürgen: Die Macht der Sprache. Eine Geschichte der Sprachkritik von der Antike bis zur Gegenwart. München: Beck 1998. S. 62-65.

[3] Pörksen, S. 203/204; sowie Heringer, Hans Jürgen: Sprachkritik - die Fortsetzung der Po-

Allerdings waren nicht alle Kritiker des Zustands der deutschen Sprache (strenge) Puristen: Leibniz zum Beispiel hatte zwar ebenfalls die 'Französisierung' des Deutschen kritisiert, die pauschale Verdammung von Fremdwörtern jedoch für keine Lösung gehalten. Auch seien manche Fremdwörter eine Bereicherung für das Deutsche. Er hatte für eine Akademie plädiert, die sich vor allem der Wörterbucharbeit widmen und so der 'Armut' der deutschen Sprache entgegenwirken sollte.[4]

Ein ausgesprochen lange populärer Purist war Gustav Wustmann: von seinem Buch 'Allerhand Sprachdummheiten', das 1891 zum ersten Mal erschien und unter anderem Fremd- ebenso wie Modewörter und Umgangssprache kritisierte, wurde 1966 die 14. Auflage herausgebracht.[5]

Der Purismus ist zum Paradebeispiel für eine engstirnige Sprachauffassung, aber auch für Sprachkritik geworden - obwohl es einem Großteil der späteren Sprachkritiker nicht in den Sinn gekommen wäre, etwa 'Mumie' durch 'Dörrleiche' ersetzen zu wollen, wie Campe es nahegelegt hatte,[6] und sich z.B. Kürnberger, Kraus und Tucholsky nie anders als spottend auf die 'Sprachreiniger' bezogen haben.[7]

Das verstärkte Aufleben sprachpuristischer Ideen "zu den Zeiten der Hochkonjunktur des Nationalgedankens [...], nach 1870, 1914 und vor allem nach 1933, war eine Belastung sprachkritischer Bemühungen seit 1945."[8] Denn während z.B. Campes Grundgedanke der von Aufklärung und Erziehung des Volkes war

---

litik mit besseren Mitteln. In: Holzfeuer im hölzernen Ofen. Aufsätze zur politischen Sprachkritik. Hrsg. v. Hans Jürgen Heringer. Tübingen: Narr ²1988. S. 9-11. (Der Sammelband wird im folgenden zitiert als Heringer, Holzfeuer; der Aufsatz als Heringer, Sprachkritik)

[4] Pörksen, S. 194-201; Schiewe, S. 68, 70-72, 77-80.

[5] Tschirch, Fritz: Stehen wir in einer Zeit des Sprachverfalls? In: Sprachnorm, Sprachpflege, Sprachkritik. Jahrbuch 1966/67. Düsseldorf: Schwann 1968 (= Sprache der Gegenwart. Schriften d. Instituts für dt. Sprache. Hrsg. v. Hugo Moser u.a. Bd. II). S. 107. Sowie Heringer, Sprachkritik, S. 10; Polenz, Peter v.: Sprachkritik und Sprachnormenkritik. In: Heringer, Holzfeuer. S. 72/73. (im folgenden zitiert als Polenz, Sprachkritik)

[6] Pörksen, S 203.

[7] Vgl. auch Adorno, Theodor W.: Über den Gebrauch von Fremdwörtern. In: Theodor W. Adorno. Noten zur Literatur. Frankfurt a. M.: Suhrkamp 1974 (= Theodor W. Adorno. Gesammelte Schriften. Hrsg. v. Rolf Tiedemann. Bd. 2). S. 641-46.

[8] Pörksen, S. 198/90. Vgl. Knoop, Ulrich: Sprachkritik: Die notwendige Antwort auf die Folgen der modernen Normkodifikation. In: Czucka, Eckehard (Hg.): 'Die in dem alten Haus der Sprache wohnen'. Beiträge zum Sprachdenken in der Literaturgeschichte. Helmut Arntzen zum 60. Geburtstag. Münster: Aschendorff 1991 (= Literatur als Sprache. Literaturtheorie - Interpretation - Sprachkritik. Supplementband.). S. 5.

(er wollte mit seinen Verdeutschungen unter anderem die Verständlichkeit der Wörter verbessern), verfolgten Vereinigungen wie der 'Allgemeine Deutsche Sprachverein' nationalistische Ziele: die Sprache wurde zum Vehikel im Kampf gegen ausländische Einflüsse.[9]

1.1.2 Die Sprachhistoriker

Bis ins 19. Jahrhundert waren Sprachkritik und Sprachforschung kein Widerspruch, im Gegenteil: die Anfänge der Sprachwissenschaft sind eng verbunden mit den Bemühungen der Puristen um die deutsche Sprache. Den ersten Bruch brachte die Entwicklung der Sprachwissenschaft zu einer eigenen Disziplin mit einer eigenen, neuen Methodik: der historischen Sprachforschung, als deren Begründer Jacob Grimm angesehen wird. Datensammlung, wissenschaftliche Rekonstruktion und Analyse von früheren Sprachzuständen wurden als die Hauptaufgaben der neuen Wissenschaft betrachtet. Die wertende Beschäftigung mit dem momentanen Zustand der Sprache oder sogar das regelnde Eingreifen in diesen wurde von den Sprachhistorikern strikt abgelehnt.[10]
Schiewe schreibt dazu:

> "Insgesamt läßt sich für das 19. Jahrhundert feststellen, daß die gelehrte Sprachwissenschaft an den Universitäten und Akademien ihren Ort fand, wobei sprachkritische, anwendungsbezogene Ansätze der Sprachbetrachtung und Vermittlung von Sprachwissenschaft ausgeschlossen wurden. Diese Tendenz setzte sich auch im 20. Jahrhundert fort."[11]

Anfang des 20. Jahrhunderts formulierte Ferdinand de Saussure das Prinzip der Beliebigkeit aller sprachlichen Zeichen. Der sich daraus entwickelnde neue Sprachbegriff und die Theorie des Strukturalismus führten zu einem noch stärkeren Auseinanderdriften zwischen der nun 'Linguistik' genannten Sprachwissenschaft und der Sprachkritik. Zwar beschäftigte sich die Linguistik nun verstärkt mit dem jeweils momentanen Zustand der Sprache (Synchronie), Sprachkritik wurde jedoch stärker denn je ausgeklammert.[12]

---

[9] Schiewe, S. 126-28, 131-35, 137, 154-159, 163/64, 175/76; vgl. S. 256. Vgl. Kap. 2.4.
[10] Heringer, Sprachkritik, S. 10; Schiewe, S. 22, 152-54.
[11] Schiewe, S. 153.
[12] Pörksen, S. 28; Schiewe, S. 242/43.

1.1.3 Die moderne Linguistik und ihre Probleme mit der Sprachkritik

Für die Linguisten war und ist die Beschäftigung mit Sprachkritik ein besonders zweischneidiges Schwert. Nachdem sich in der deutschen Linguistik Anfang der sechziger Jahre das Konzept des Strukturalismus und damit die unparteiische Deskription des jeweiligen sprachlichen Zustandes durchgesetzt hatte, schien für Sprachkritik endgültig kein Platz mehr zu sein.
Im Gegenteil wurden die Sprachkritiker nun selbst der Kritik unterzogen, wobei die Hauptvorwürfe die Unwissenschaftlichkeit ihrer Ansätze und die Subjektivität ihrer Urteile betrafen. Dies führte zu einer Zeit der heftigen Diskussion zwischen der Linguistik und den Sprachkritikern der unmittelbaren Nachkriegszeit, besonders Karl Korn, Dolf Sternberger, Gerhard Storz und Wilhelm E. Süskind.[13] Im Verlauf dieser Debatte veränderten sich aber zum Teil auch die Positionen der Linguisten.

Helmut Arntzen hat von Anfang an die Sprachkritik als etwas Nützliches und Sinnvolles angesehen, stimmt allerdings nicht mit allen sprachkritischen Vorstellungen der Nachkriegszeit überein. Von allem, was nach 'Sprachpflege' aussieht, grenzt er 'seine' Sprachkritik scharf ab. Das große Vorbild für alle (potentiellen) Sprachkritiker ist für ihn Karl Kraus.

Arntzen beschreibt das Aufgabengebiet einer sinnvollen Sprachkritik Anfang der sechziger Jahre folgendermaßen:

> "Sprachkritik, die weder Interpretation noch Linguistik ist, fragt nicht, was hier denn gesagt werden solle, noch erklärt sie, was es grammatisch-syntaktisch zu sagen habe. Sprachkritik sucht einzig so exakt als möglich zu bestimmen, was gesagt sei. Das ist nur dann kein Pleonasmus, wenn vor Augen steht, daß ein mit sich identischer, ein integrer Text keiner sprachkritischen Betrachtung bedarf."[14]

Peter von Polenz sieht zur selben Zeit noch hauptsächlich die ihn störenden Aspekte der Sprachkritik, räumt aber auch ein:

---

[13] Wimmer, Rainer: Überlegungen zu den Aufgaben und Methoden einer linguistisch begründeten Sprachkritik. In: Heringer, Holzfeuer. S. 291/ 92. Schiewe, S. 245/46, 250.

[14] Vgl. Pörksen, S. 178, 190, 204; Schiewe, S. 209. Siehe auch Kap. 2.5.2 u. 2.5.3.
Arntzen, Helmut: Sprachkritik und Sprache in der Wissenschaft. In: Deutsch - gefrorene Sprache in einem gefrorenen Land? Polemik/Analysen/Aufsätze. Hrsg. von Friedrich Handt. Berlin: Literar. Colloquium 1964. S. 94. (zit. als Arntzen 1964) (zum ersten Mal abgedruckt in Heft 5 (1962) der Zeitschrift 'Sprache im technischen Zeitalter')
Vgl. auch Arntzen, Helmut: Literatur im Zeitalter der Information. Aufsätze - Essays - Glossen. Frankfurt a. M.: Athenäum 1971 (= Athenäum Paperbacks Germanistik. Bd. 5). S. 358, 372/73. (zit. als Arntzen 1971) Zu Arntzens Meinung über Kraus: Arntzen 1964, S. 92 u. Kap. 2.2.2.

> "Solange sich die Sprachkritik mit Umsicht darum bemüht, alle möglichen Ursachen und Motive [für einen bestimmten Sprachgebrauch] zu erwägen, ehe sie ein Urteil fällt, kann sich daraus eine fruchtbare Diskussion ergeben."[15]

In einem Aufsatz aus dem Jahr 1973 stellt von Polenz ein Modell vor, das die unterschiedlichen Arten der Sprachkritik erfassen soll. Er teilt die Sprache in die Gegensatzpaare individuell-sozial, realisiert-potentiell, funktional-institutional und deskriptiv-präskriptiv ein und erhält aus ihrer Kombination insgesamt 6 Gebiete der Sprachkritik:[16] er unterscheidet die Kritik erstens an Sprachverwendungen (realisiert, individuell), zweitens des Sprachverkehrs (realisiert, sozial), drittens an Sprachkompetenzen (potentiell, funktional, individuell), viertens des Sprachsystems (potentiell, funktional, sozial), fünftens des Sprachbrauchs (potentiell, institutional, deskriptiv, sozial) und sechstens an Sprachnormen (potentiell, institutional, präskriptiv, sozial).

Unter Sprachverwendungs-Kritik versteht von Polenz die explizite Kritik der Sprache einzelner, bestimmter Personen, die besonders von Karl Kraus gepflegt wurde. Die Sprachverkehrs-Kritik will, extrem ausgedrückt, die Sprache gegen die Sprecher verteidigen, also z.B. sprachliche Zustände erhalten, die in Bewegung geraten sind, oder neue Wörter bannen. Als Paradebeispiel dafür nennt von Polenz den Purismus Gustav Wustmanns. Die Sprachkompetenz-Kritik befaßt sich mit den sprachlichen Voraussetzungen von Personen oder Personengruppen. Sprachsystem-Kritik wird nach von Polenz abermals eingeteilt in die Kritik an den prinzipiellen Gegebenheiten aller Sprachen und in die Kritik am System einer bestimmten Sprache. Die Kritik des Sprachbrauchs beschäftigt sich mit der (aktuellen) Verwendung der Sprache durch die Sprecher (sie ist also eine Art verallgemeinerte Sprachverkehrs-Kritik). Peter von Polenz betrachtet sie als

> "das eigentliche, fruchtbarste Feld kritischer Sprachbetrachtung. Wer über den Sprachbrauch, d. h. über das nur Übliche und Normale in der Sprache, hinausblickt, findet Wege zur Befreiung vom nur kollektiven Denken und zur Nutzung der zu wenig genutzten Möglichkeiten der Sprache."[17]

Der Sprachnormen-Kritik schließlich geht es um die Veränderung ('Verbesserung') der (aktuellen) 'Gesetze' der Sprache, also u.a. um Fragen der Grammatik oder Wortbildung, oder um die Kritik an der Einführung neuer Normen.

---

[15] Polenz, Peter v.: Sprachkritik und Sprachwissenschaft. In: Deutsch - gefrorene Sprache in einem gefrorenen Land? Polemik/Analysen/Aufsätze. Hrsg. v. Friedrich Handt. Berlin: Literar. Colloquium 1964. S. 112. (zit. als Polenz 1964) (1963 in der 'Neuen Rundschau' zum ersten Mal abgedruckt)
[16] Polenz, Sprachkritik, S. 70-93.
[17] Polenz, Sprachkritik, S. 79; vgl. auch S. 83.

In einem Dialog mit Hans Jürgen Heringer im Jahr 1981 beschreibt von Polenz dann den Streit der sechziger Jahre als einen wichtigen Anstoß für die Sprachwissenschaft, sich mehr mit der Gegenwartssprache zu beschäftigen.[18] Auch "kritische Stellungnahmen"[19] - allerdings nach eingehender Analyse - seien in der Linguistik nicht mehr Tabu. Die Rolle der Sprachkritik sieht er in der kritischen Auseinandersetzung - nicht einiger 'Berufener' sondern möglichst vieler Menschen - mit z.B. Texten der Werbung oder der Verwaltung; das Ziel sei, "daß man da rückfragen kann, [...], daß man nach Mitgemeintem fragt, [...]."[20] In seiner in den achtziger Jahren entwickelten 'Satzsemantik' versucht von Polenz die Vorstellung von einer Einbindung sprachkritischer Elemente in die Linguistik umzusetzen.[21]

Mit Hinweis auf von Polenz' Satzsemantik regt Gisela Zifonun in einem Aufsatz an, die Rolle der Grammatik bei der sprachkritischen Analyse nicht zu vergessen. So könnte die gehäufte Verwendung bestimmter grammatischer Konstruktionen, z.B. von Aktiv oder Passiv bzw. von Indikativ oder Konjunktiv, zusätzliche Aufschlüsse geben.[22]

Heringer entwirft in seinem Aufsatz 'Sprachkritik - die Fortsetzung der Politik mit besseren Mitteln'[23] ebenfalls ein Modell zur Einteilung von Sprachkritik. Er teilt sie in drei große Zweige auf: erstens in den eher philosophischen, der sich mit dem Wesen der Sprache beschäftigt und mit ihrem Verhältnis zu Erkenntnis, Vernunft und Wirklichkeit; zweitens in den der sogenannten 'Sprachpflege', der sich um die verschiedenen einzelnen Sprachen (Nationalsprachen) bemüht; drittens in den einer praktischen Kritik, der

> "Stilkritik oder Textkritik, das heißt Kritik an den sprachlichen Produkten einzelner Sprecher, ihrem sprachlichen Können und der Haltung, die das Produkt erkennen läßt. Zentral ist hier die Frage nach der Wahrheit und Wahrhaftigkeit."[24]

---

[18] Heringer, Hans Jürgen: Der Streit um die Sprachkritik. Dialog mit Peter von Polenz im Februar 1981. In: Heringer, Holzfeuer, S. 161. (zit. als Heringer, Dialog mit P. v. Polenz)
[19] Heringer, Dialog mit P. v. Polenz, S. 168.
[20] Heringer, Dialog mit P. v. Polenz, S. 172; vgl. S. 173, 175. Vgl. Heringer, Sprachkritik, S. 31.
[21] Polenz, Peter v.: Deutsche Satzsemantik. Grundbegriffe des Zwischen-den-Zeilen-Lesens. 2., durchgesehene Auflage. Berlin/New York: de Gruyter 1988. Zur praktischen Sprachkritik, siehe besonders S. 342-346.
[22] Zifonun, Gisela: Sprachkritische Momente in der Grammatik. In: Sprachgeschichte und Sprachkritik. Festschrift für Peter von Polenz zum 65. Geburtstag. Hrsg. v. Hans Jürgen Heringer u. Georg Stötzel. Berlin/New York: de Gruyter 1993. S. 266-68, 288/89.
[23] Heringer, Sprachkritik, S. 3-34.
[24] Heringer, Sprachkritik, S. 5.

Sinnvolle Sprachkritik ist für Heringer nicht ein Verdammen oder Vorschreiben bestimmter Ausdrücke, sondern "Analyse des Gebrauchs der Sprache, um sich bewußt zu werden, was durch die Sprache, das Sprachspiel gegeben ist."[25] Der Streit zwischen Linguisten und Sprachkritikern in den sechziger Jahren hätte die Schwächen beider Kontrahenten gezeigt: die Sprachkritiker auf der einen Seite hätten oft vorschnelle Schlüsse gezogen, während sich auf der anderen Seite "eine unkritische, system- und vergangenheitsorientierte Linguistik [als] steril"[26] erwiesen habe.

Vergleicht man von Polenz' Einteilung mit der von Heringer, ergibt sich folgendes Bild: Heringers erster Zweig findet sich im ersten Teil der Sprachsystem-Kritik von Polenz' wieder; sein zweiter Zweig ist eine Kombination aus von Polenz' zweitem Teil der Sprachsystem-Kritik und seiner Sprachverkehrs-Kritik; sein dritter Zweig ist eine Zusammenfassung von Sprachverwendungs-Kritik und Sprachbrauch-Kritik, wie von Polenz sie definiert. Von Polenz' Sprachkompetenz-Kritik und Sprachnormen-Kritik tauchen bei Heringer nicht auf (wenn man sie in das Dreierschema aufnehmen wollte, würde Sprachkompetenz-Kritik wohl eher in Zweig drei, Sprachnormen-Kritik in Zweig zwei passen).

Fritz Tschirch hingegen betont Ende der sechziger Jahre, daß der Terminus 'Sprachkritik' die Sache im Grunde falsch bezeichne. Man müsse zwischen dem persönlichen 'Stil' des Einzelnen und der (deutschen) 'Sprache' als diese 'Einzelsprachen' verbindendes Ganzes unterscheiden. Den Stil könne jeder nach den subjektiven Kriterien 'schön' oder 'häßlich' werten, für die Sprache seien diese Kriterien jedoch nicht anwendbar.[27] Abgesehen von der objektiven Bewertung von Regelverstößen z.B. im Bereich der Syntax könne die Sprache nur nach "ihrer jeweiligen Leistung für die jeweilige Sprachgemeinschaft"[28] beurteilt werden. Diese Leistung bewertet Tschirch als ausgesprochen gut und stellt sich somit gegen die Verfallsklagen: "Es ist nicht wahr, daß unsere Sprache gröber würde - sie wird feiner; es ist nicht wahr, daß sie verfällt - im Gegenteil: sie entfaltet sich immer reicher!"[29]

Volker Beeh betrachtet die Sprachkritik ebenfalls als etwas Problematisches. Im Gegensatz zu Tschirch geht es ihm nicht um die Unterscheidung zwischen Stil und Sprache, sondern um deren Arbitrarität. In der Sprachkritik gehe es meistens um einzelne Wörter. "Eine Kritik des Wortschatzes würde einen Stand-

---

[25] Heringer, Sprachkritik, S. 19; vgl. S. 26.
[26] Heringer, Sprachkritik, S. 13.
[27] Tschirch, S. 107/108.
[28] Tschirch, S. 109.
[29] Tschirch, S. 131.

punkt erfordern, d. h. die Kenntnis eines Prinzips, das die semantische Interpretation der Wörter bestimmt."[30] Die Metasprache, die es erlauben würde, über die Sprache zu richten, hätten wir nicht. Die einzige Möglichkeit läge in der Geschichte der Wörter selbst.

> "In historischen Beschreibungen der Entstehung und Entwicklung der Sprache sind Fragmente des Abbildungs- bzw. Korrespondenzprinzips enthalten. In ihrem Lichte erscheint die Arbitrarität des Wortschatzes minimal verringert."[31]

Was Beeh also angreift ist die traditionelle Form der Wort- und Stilkritik; auf den Nutzen umfassenderer Analysen, die Syntax und Pragmatik einbeziehen, geht er nicht ein.

Heinz-Helmut Lüger, der sich auf die weit verbreitete Kritik an der Pressesprache konzentriert, wirft dieser ebenfalls Unwissenschaftlichkeit und Beliebigkeit der Kriterien vor. Auch hätte die Presse nicht nur schlechte Einflüsse auf die Sprache, sondern hätte im Gegenteil im 19. Jahrhundert die Verbreitung der 'klassischen Hochsprache' gefördert. Lüger plädiert für eine genauere Analyse der verschiedenen Einflüsse auf die Pressesprache und die Definition von kleineren Analysefeldern, da die Sprache der Presse kein homogenes Ganzes sei, sondern je nach Rubrik und Textsorte höchst unterschiedlichen Anforderungen genügen müsse.[32]

Auch Hans-Jürgen Bucher bemängelt in seiner 1991 erschienenen Arbeit über Pressekritik an der "Stil- und Ausdruckskritik [...], daß sie presseunspezifisch ist und deshalb gerade die Besonderheiten des medialen Sprachgebrauchs vernachlässigt"[33]. Auch die Textkritik, wenn sie auch umfassender sei, löse die Texte und deren einzelne Merkmale noch viel zu stark von ihrem Hintergrund als Presse-Texte ab. Seriöse Pressekritik hingegen beschreibt Bucher als "Rekonstruktion informationspolitischer Zusammenhänge mit sprachwissenschaftlichen Mitteln."[34]

---

[30] Beeh, Volker: Selbstkritik. In: Sprachgeschichte und Sprachkritik. Festschrift für Peter von Polenz zum 65. Geburtstag. Hrsg. v. Hans Jürgen Heringer u. Georg Stötzel. Berlin/New York: de Gruyter 1993. S. 41.
[31] Beeh, S. 43. Vgl. S. 42.
[32] Lüger, Heinz-Helmut: Pressesprache. Tübingen: Niemeyer 1983 (= Germanistische Arbeitshefte. Nr. 28). S. 5/6, 38, 46/47, 58-60.
[33] Bucher, Hans Jürgen: Pressekritik und Informationspolitik. Zur Theorie und Praxis einer linguistischen Methodik. In: Mediensprache - Medienkommunikation - Medienkritik. Hrsg. v. Hans-Jürgen Bucher u. Erich Straßner. Tübingen: Narr 1991. S. 22.
[34] Bucher, S. 35; vgl. S. 29.

Rainer Wimmer wirft wiederum der Linguistik vor, die Sprachkritik vernachlässigt und somit erst recht unwissenschaftliche Ansätze gefördert zu haben. Aber auch die Sprachkritiker seien zu tadeln, da sie die neuere linguistische Forschung ignorierten und "ziemlich unreflektiert vom angeblichen Sprachverfall, von Sprachbarbarei u.ä."[35] sprächen. Wimmer regt eine linguistische Sprachkritik an, die sich mit sprachlichen Normen befassen sollte (ähnlich, wie es Peter von Polenz 1973 vorgeschlagen hatte):

> "Sprachkritik hat nach meinem Vorschlag nicht eine destruktive Kritik sprachlicher Normen zum Ziel, sondern es geht darum, Normierungen nicht einseitig und zum Nachteil anderer wirksam werden zu lassen und sie einer kultivierten und menschenwürdigen Diskussion auszusetzen."[36]

Normierungsversuche führten nämlich unweigerlich hin und wieder zu Kommunikationskonflikten, bei deren Lösung die Sprachkritik helfen könne.[37] Diese Ansicht - daß nämlich verstärkte Normierung unwillkürlich Konflikte und damit (Sprach-)Kritik hervorrufen muß - vertritt auch Ulrich Knoop, der auf die parallele Entwicklung einer immer stärkeren Kodifikation der Sprache einerseits und einem verstärkten Auftreten von Sprachkritik seit dem 19. Jahrhundert hinweist.[38]

Auch Uwe Pörksen beklagt das geringe Ansehen der Sprachkritik besonders bei den Linguisten. Diese sollten sich viel stärker für die Sprachkritik zuständig fühlen.[39] Er weist aber auch wie Volker Beeh darauf hin, daß "eine definitive, absolute Kritik an einzelnen sprachlichen Ausdrücken keine zureichende theoretische Grundlage hat."[40] Allerdings muß deshalb seiner Ansicht nach nicht völlig auf Sprachkritik verzichtet werden. Vorsichtiges Werten von Ausdrücken, dem ein Wissen um die Geschichte des Wortes zugrunde liegt, habe durchaus seine Berechtigung. In diesem Zusammenhang wirft Pörksen Peter von Polenz vor, den diachronen Ansatz der Sprachwissenschaft zugunsten der Synchronie vernachlässigt zu haben.[41] Als Vorbild für eine sinnvolle Sprachkritik nennt er unter anderem Leibniz.

Auch Jürgen Schiewe hält Sprachkritik für etwas Sinnvolles, stellt aber auch klar, daß er mit Klagen über angeblichen 'Sprachverfall' nichts zu tun haben will. "Eine Sprache aber kann nicht krank sein, auch verfällt sie nicht- sie kann

---

[35] Wimmer, S. 293.
[36] Wimmer, S. 296. Vgl. Polenz, Sprachkritik, S. 84-93.
[37] Wimmer, S. 298/299, 302/303.
[38] Knoop, S. 6-10.
[39] Pörksen, S. 175, 246.
[40] Pörksen, S. 184; vgl. S. 178-83, 247-50.
[41] Pörksen, S. 185/86.

sich nur verändern."[42] Sprachkritik vergleicht für ihn die Möglichkeiten einer Sprache mit den Realisierungen und bewertet diese, besonders im Hinblick auf ihr Verhältnis zu den Gegenständen und Tatsachen, die sie bezeichnen- weshalb Sprachkritik auch immer mit Sachkritik zu tun habe. Auch müsse man die Sprachkritik immer als in einer bestimmten Zeit verankert sehen und historisch begreifen lernen.[43] Die Sprachkritik habe in der Debatte mit der Linguistik viel gelernt und benutze nun deren (wissenschaftliche) Methoden, anstatt 'aus dem Bauch heraus' zu kritisieren; auch würden weniger Vorschriften als Vorschläge gemacht.[44]

---

[42] Schiewe, S. 17.
[43] Schiewe, S. 18, 25-27.
[44] Schiewe, S. 251.

1.2 Kritik an der Pressesprache innerhalb der Presse?

Hans-Jürgen Bucher schreibt der Pressekritik, die wohl so alt sei wie die Presse selbst, eine wichtige Kontrollfunktion zu; unter 'Pressekritik' versteht er sowohl die kritische Lektüre durch den Leser als auch die Selbstkritik.[45] Es stellt sich die Frage, ob es Sprach(selbst)kritik in der Presse gibt.

Zeitungen sind nicht nur ein beliebtes Ziel der Sprachkritik, sie sind auch ein Medium der Sprachkritik. Überlegungen und Kommentare zur Sprache finden sich seit jeher immer wieder in der Presse - und zwar nicht nur in literarischen Zeitschriften wie in der 'Aktion' oder der 'Schaubühne'/'Weltbühne', sondern auch in ganz 'normalen' Tageszeitungen. Die Verbannung der Sprachkritik aus der Sprachwissenschaft verstärkte dies noch; die Sprachkritiker wichen vermehrt in Feuilletons und Essays aus.[46]

Es ist somit nicht ungewöhnlich, in der Presse Positives oder (des öfteren) Negatives über den Zustand der deutschen Sprache zu finden.

> "Interessanterweise artikuliert die Presse, die nicht selten als Mitverantwortliche für den Sprachverfall genannt wird, ihrerseits die entsprechenden Klagen am häufigsten."[47]

Annette Trabold konstatiert, daß sich Klagen über den (angeblichen) Verfall der Sprache quer durch die Presse ziehen, oft unterstützt durch Leserbriefe. Jürgen Schiewe stört dabei besonders, daß viele Sprachkritiker die verschiedenen Bereiche der Sprache (individueller Gebrauch, prinzipielle Fähigkeiten und überindividuelles System der Sprache) vermengen und schließlich alles dem Zustand des Verfalls zuordnen.[48]

Auch prägten solche Sprachverfalls-Klagen die Urteile der Bevölkerung über den 'Zustand' der deutschen Sprache nicht unerheblich, wie Trabold betont. Sie meint damit nicht die meist oberflächlichen Sprachglossen (die wohl auch eher dem Amusement der Leser dienen sollen als einer ernsthaften Diskussion) sondern die "reine[n] Mutmaßungen und persönlichen Sprachwertgefühle von Journalisten [...], die eben oftmals gerade die Sprachhandlungen zentral tangieren, mit denen wir als Leser unser Leben organisieren."[49]

---

[45] Bucher, S. 7, 10, 21.
[46] Schiewe, S. 250.
[47] Schiewe, S. 253.
[48] Trabold, Annette: Sprachpolitik, Sprachkritik und Öffentlichkeit. Anforderungen an die Sprachfähigkeit des Bürgers. Wiesbaden: Dt. Univ.- Verl. 1993. S. 115-120. Schiewe, S. 254/255.
[49] Trabold, S. 114. Vgl. auch S. 113.

Willy Sanders schreibt dazu:

> "Kein noch so versierter Sprachkritiker kann in zwei, drei Zeitungsspalten einer kritisierten Spracherscheinung auch nur halbwegs gerecht werden, was ihn trotzdem nicht daran hindert, in subjektiver Verkürzung und popularisierender Vereinfachung eine autoritativ wertende Pauschaldarstellung zu präsentieren."[50]

Auch diejenigen Artikel, die z.B. 'Spracherziehung' als ernsthaftes Anliegen formulieren, sind nach Arntzen ziemlich sinnlos: Er spricht von "jener Sprachglossolalie, die den Leser der Tageszeitung zu einem Sprachgebrauch erziehen will, den alle übrigen Spalten des Blattes täglich neu verhindern".[51]

Dieses Argument findet man übrigens bereits 1951 in Hans Reimanns 'Hinter den Kulissen der Sprache'[52]:

> "([...] und häufiger denn je fühlen sich sympathische Schriftsteller bemüßigt, dem 'sprachlichen Verfall' entgegenzuwirken - und zwar in Tageszeitungen, also just dort, wo ... na, schön! Dann genießt man den kuriosen Anblick, daß oberhalb, unterhalb, rechts und links von der mehr oder minder berechtigten Attacke auf stilistische Sünden alles das in holder Unschuld dargeboten wird, was der verantwortungsbewußte Mitarbeiter attackierenswert findet. Und er selber - ach, bei näherer Betrachtung erweist sichs! - auch er ist keineswegs gegen die Unbilden der Sprache gefeit und gibt sich mitten im Angriff kleine komische Blößen.)" (Reimann, S. 58)

Die Zielrichtung der Sprachkritik in der Presse ist meist allgemein gehalten. Beklagt wird meist der allgemeine Zustand der Sprache. Werden wie zum Beispiel in der 'Spiegel'-Rubrik 'Hohlspiegel' sprachliche Schnitzer der Konkurrenz oder Druckfehler abgedruckt, so dient dies ebenfalls der Belustigung der Leser und der Herausstellung anderer. Die eigene Sprache wird nicht angetastet, geschweige denn reflektiert.[53]

Daß in Zeitungen die Sprache der Presse kritisiert wird - und zwar, ohne die eigene Zeitung auszunehmen oder sich explizit nur auf eine (andere) Zeitung zu beziehen - scheint nur im Ausnahmefall möglich zu sein. Eine dieser Ausnahmen stellt Ferdinand Kürnberger dar, dessen pressekritische Feuilletons in führenden Tageszeitungen erschienen; ähnliches gilt für Daniel Spitzer.

---

[50] Sanders, Willy: Sprachkritikastereien. 2., überarb. Auflage. Darmstadt: Wiss. Buchges. 1998. S. 3.
[51] Arntzen 1964, S. 92.
[52] Reimann, Hans: Hinter den Kulissen unserer Sprache. Eine Plauderei. München: Pohl & Co. 1951. Vgl. Sanders, S. 11.
[53] Siehe Nolting, Winfried: Die Rubrik als Rubrik. In: 'Der Spiegel' 28 (1972). Analyse, Interpretation, Kritik. Hrsg. v. Helmut Arntzen u. Winfried Nolting. München: Fink 1977 (= Literatur u. Presse. Karl-Kraus-Studien. Hrsg. v. Helmut Arntzen. Bd. 3). S. 144/155, 156. (der Sammelbd. wird im folg. zit. als Arntzen/Nolting, 'Der Spiegel')

2 DIE KRITIK AN DER PRESSESPRACHE BEI EINZELNEN AUTOREN

2.1 Die Liberalen

2.1.1 Ein idyllischer Einstieg: Gustav Freytags 'Die Journalisten'[54]

2.1.1.1 Sprachkritik bei Gustav Freytag?

Gustav Freytag (1816-1895) ein Selbstverständnis als Sprachkritiker zu unterstellen, würde wohl ein wenig zu weit gehen. Nicht nur, daß er selbst dieses Wort in dem 1854 verfaßten Drama nie verwendet, Freytag läßt auch keine eigene Sprachtheorie durchscheinen. Insgesamt stellt die Sprachproblematik einen eher untergeordneten Aspekt in seinem Lustspiel dar. Das heißt allerdings nicht, daß die Sprache der Presse als Thematik völlig unter den Tisch fällt.
Daß die Thematik 'Sprache' Freytag prinzipiell nicht gleichgültig war, sieht man unter anderem auch an seiner Beteiligung an einer 'Erklärung' von insgesamt 41 Autoren und Gelehrten in den 'Preußischen Jahrbüchern' von 1889: Sie richtet sich gegen die puristischen Bestrebungen u.a. des 'Allgemeinen Deutschen Sprachvereins' und verteidigt die Autonomie der Sprache, die keiner Regulierung bedürfe. Fremdwörter, welche die Sprache bereicherten, bräuchten nicht bekämpft zu werden; unsinnige würde mit der Zeit ohnehin wieder in Vergessenheit geraten.[55]

Innerhalb der 'Journalisten' wird durchaus über sprachliche Fähigkeiten und deren Umsetzung gesprochen, meist anhand von Ereignissen in der Dramenhandlung. Behauptungen über die Sprache der Presse bzw. der Journalisten werden von verschiedenen Personen im Stück gemacht (so zum Beispiel vom Oberst, von Bolz oder Schmock); zum Teil sind diese selbst Journalisten. Es stellt sich allerdings die (nur schwer zu klärende) Frage, inwieweit die Aussagen über die Pressesprache als eigenständige Kommentare zu einem bestimmten Thema oder doch nur als weitere Möglichkeit der Personencharakterisierung gemeint sind.

Entscheidet man sich dafür, die fraglichen Stellen als versteckte Sprachkritik zu betrachten, so sieht es zuerst (zumindest teilweise) nach Sprachverwendungs-Kritik aus, da der Stil von ganz bestimmten 'Personen' kritisiert wird; im Grunde ist es jedoch eher Sprachbrauch-Kritik: die einzelnen Figuren des Stückes stehen ja nicht für reale Personen, sondern für den Stand der Journalisten und dessen

---

[54] Freytag, Gustav: Die Journalisten. Lustspiel in vier Akten. In: Gustav Freytag. Gesammelte Werke. Serie 1. Band 6. S. 1-111.
[55] Erklärung. In: Preußische Jahrbücher. Hrsg. v. H. von Treitschke und H. Delbrück. 63. Bd. Januar - Juni 1889. Berlin: Reimer 1889. S. 312/13. Vgl. auch Schiewe, S. 158/59.

verschiedene Ausprägungen. Es geht also nach Heringer um den dritten Zweig der Sprachkritik.

Man könnte Gustav Freytag somit als einen Vertreter der Gruppe der Pressekritiker ansehen (obwohl seine Meinung über den Journalismus noch wesentlich positiver ist als die der meisten Autoren nach ihm), der unter anderem auch seine Ansichten zur Pressesprache zum Ausdruck bringt - ein wenig Pressekritik, mit einem ganz kleinen bißchen Sprachkritik.

2.1.1.2 Die Pressesprache in den 'Journalisten'

Welche Aussagen findet man nun in Gustav Freytags 'Journalisten' zum Thema Pressesprache, und wer tätigt sie?
Die literarische Form des Dramas bringt es mit sich, daß der Autor nirgendwo als unverhülltes Ich seine Kommentare einbringt. Man muß die Meinung Freytags somit aus den Aussagen seiner Figuren herausfiltern. Einerseits sind es die Journalisten selbst, die ihre Sprache kommentieren: einige der Mitarbeiter der Zeitung 'Union', nämlich Oldendorf (Freytag, S. 12), Bellmaus (Freytag, S. 19) und Bolz (Freytag, S. 19/20, 25) sowie ein Mitarbeiter des 'Coriolan', nämlich Schmock (Freytag, S. 47, 97/98). Andererseits gibt es auch Kommentare des Oberst zur Pressesprache (Freytag, S. 11, 84/85, 92); seine Ansichten kann man noch am ehesten als Kommentare eines Außenstehenden betrachten, da er zum Journalismus eine ziemlich distanzierte Haltung einnimmt - wenn man von seinen kurzen und unrühmlichen Aktivitäten als Gastkommentator des 'Coriolan' (Freytag, S. 9) absieht.

Von den drei Stellen, an denen der Oberst seine Meinung über die Sprache der Presse abgibt, beziehen sich alle auf die 'Union' bzw. auf die Journalisten, die für diese Zeitung arbeiten: eine ist anerkennend, zwei sind vorwurfsvoll. Anerkennung zollt der Oberst der 'Union' (pikanterweise ausgerechnet gegenüber dem Redakteur des Konkurrenzblattes) für ihren Stil, auch wenn er sachlich und politisch nicht mit ihr übereinstimme:

> "Ich lobe vieles nicht, was darin steht; aber was wahr ist, gerade im Alarmschlagen, in der Attacke, im Einhauen ist sie geschickter als Ihr Blatt. Die Artikel sind witzig; auch wenn sie Unrecht haben, man muß doch darüber lachen." (Freytag, S. 11)

Um so mehr verwundert und empört ihn an anderer Stelle ein Wechsel im Tonfall der Zeitung: nach der Wahlniederlage des Oberst und dem Sieg Oldendorfs erscheint in der 'Union' ein Artikel, der eine einzige lange Schmeichelei der Verdienste des Oberst darstellt. Dieser fragt sich zunächst verwirrt: "Was ist das für eine Sprache?" (Freytag, S. 84) und gibt sich kurz darauf selbst die Antwort:

"Das ist ein niederträchtiger Stil!" (Freytag, S. 84) Er lehnt dieses "Geschwätz" (Freytag, S. 85), das ihm als eine Mischung aus Schöntun und Verhöhnung erscheint, entrüstet ab. Gegen Ende des Stückes schließlich wirft der Oberst dem Redakteur der 'Union', Bolz, Rücksichtslosigkeit vor und bezeichnet es ironisch als "Vorrecht ihrer Zunft, [...] Fremde zu beleidigen" (Freytag, S. 92). Wie man sieht, ist die Haltung des Oberst zur Presse ambivalent. Im allgemeinen hat er Spaß an den publizistischen Kämpfen und der oft boshaften Sprache, in der diese geführt werden. Sobald er jedoch selbst betroffen ist, oder sich betroffen meint, ist ihm die Sprache der Zeitung zu schonungslos. So verträgt er die Kritik der 'Union' an seinen Artikeln überhaupt nicht (Freytag, S. 11).

Oldendorf äußert sich nur einmal zur sprachlichen Qualität 'seiner' Zeitung, und zwar im Zusammenhang mit der Kritik an den Artikeln des Oberst: Ohne zu wissen, wer der Autor der Artikel ist, erklärt er, daß die Kritik sachlich richtig sei, nur die "Haltung des Angriffs ist nicht ganz so ruhig, wie ich gewünscht hätte" (Freytag, S. 12). Er stellt damit ein Exemplar des besonnenen Journalisten dar, der mehr von der sachlichen Korrektheit der Argumente hält als von rhetorischen Tricks.

Eine kleine Auseinandersetzung zwischen zwei Journalisten der 'Union', Bellmaus und Bolz, stellt ein wichtiges Gebot der Presse vor: sei unterhaltsam, sei ja nie langweilig! Bolz wirft Bellmaus vor, zum wiederholten Male eine alte, unwahre Geschichte von einer Seeschlange (wohl eine Art 'Nessie') in die Zeitung bringen zu wollen. Bellmaus entschuldigt dies damit, eben noch ein bißchen Platz ausfüllen zu müssen; woraufhin Bolz ihn anweist: "Erfinde deine eigenen Geschichten, wozu bist du Journalist?" (Freytag, S. 19) Es stellt sich heraus, daß er die Seeschlangen-Geschichte nicht wegen ihrer Unwahrheit abgelehnt hatte, sondern weil sie ihm zu alt und langweilig ist. Als Alternative schlägt er unter anderem einen Artikel über "einen Meuchelmord aus Höflichkeit, oder wie ein Hamster sieben schlafende Kinder erbissen hat" (Freytag, S. 20) vor.

Etwas später erfährt man noch mehr über die rhetorischen Methoden der Journalisten: Bolz regt einen Artikel über Australien und die Auswanderer an; dieser soll allen Auswanderungswilligen die Lust an Australien gründlich austreiben: "Schildern Sie Australien als nichtswürdiges Loch, durchaus wahrhaft, aber möglichst schwarz." (Freytag, S. 25) Es soll also über Australien nur das geschrieben werden, was sich negativ auslegen läßt - an der richtige Stelle aufbauschen, an anderer etwas verschweigen, und schon läßt sich die richtige Wirkung erzielen.

Bolz wird hier als ein Journalist dargestellt, der sich die Themen mit Hilfe verschiedener Tricks zurechtbiegt - allerdings von Seiten Freytags wohl mit deutlich humoristischem Hintergrund. Die Praktiken, die Bolz vorführt, werden nicht unbedingt angeprangert, sondern eher belächelt.

Der einzige der Journalisten, der sich ernsthaft über sein Geschäft beschwert, ist der Jude Schmock, Angestellter beim 'Coriolan'. Er versucht, Bolz dazu zu bewegen, ihn bei seiner Zeitung anzustellen. Probleme wegen des Wechsels der politischen Richtung sieht er nicht:

> "Ich habe bei dem Blumenberg [Redakteur des 'Coriolan'] gelernt, in allen Richtungen zu schreiben. Ich habe geschrieben links, und wieder rechts. Ich kann schreiben nach jeder Richtung." (Freytag, S. 47)

Schmock ist ein Beispiel für eine Art Journalismus, bei dem politische Haltung und die damit verbundene Rhetorik völlig austauschbar und den Gegebenheiten anpaßbar sind. Allerdings hat er es trotzdem nicht leicht; sein Redakteur Blumenberg verlangt von ihm einen stilistischen Brückenschlag: er müsse einerseits "gewichtig" (Freytag, S. 97) und "tief" (Freytag, S. 98) schreiben, gleichzeitig aber auch "genial, brillant" (Freytag, S. 98). Schließlich sei es wichtig, den Lesern zu gefallen, sie mit einem möglichst angenehmen Lesestoff zu verwöhnen.

Faßt man zusammen, was Freytag an Ansichten zur Sprache der Presse in sein Drama einstreut, fällt einem vor allem die gute Laune auf, mit der er die Thematik behandelt. Er macht sich im großen und ganzen einfach ein wenig lustig, sowohl über die Schreiber als auch über die Leser der Zeitungen. Wirklich negativ dargestellt werden nur die Vertreter der Zeitung 'Coriolan' - allerdings nicht, weil sich ihre Methoden sehr stark von denen ihrer Gegenspieler unterscheiden (vielleicht ist der Hang zur Intrige bei ihnen etwas ausgeprägter), sondern weil sie die 'alten', beharrenden Kräfte in Reinform darstellen, die 'Bösen' der Geschichte, die am Ende verlieren.

Die Zeitungssprache wird in den 'Journalisten' als etwas dargestellt, das sehr stark dem jeweiligen Zweck angepaßt wird - Rhetorik wird großgeschrieben. Die Unterschiede zwischen den einzelnen Journalisten bestehen weniger in ihrem prinzipiellem Umgang mit der Sprache als darin, wie sie diesen Umgang beherrschen. Witz und Schlagfertigkeit sind offensichtlich für Gustav Freytag die großen Tugenden einer guten Zeitungssprache. Seine Figur Bolz läßt er es folgendermaßen ausdrücken: Als Journalist müsse man "witzig oder bedeutsam schreiben" (Freytag, S. 76) - wobei Bolz sich eher an den Witz hält.
Jutta Jacobi sieht in dem Bekenntnis zu einer unterhaltsamen Sprache auch einen Hinweis auf "die Aktualitätsgebundenheit journalistischer Arbeit [...], auf die Notwendigkeit, die Nachricht effektvoll an den Leser zu bringen".[56]

---

[56] Jacobi, Jutta: Journalisten im literarischen Text. Studien zum Werk von Karl Kraus, Egon

Dieser Witz kommt natürlich auch in der Sprache des Dramas selbst zum Ausdruck; und zwar nicht nur dort, wo aus Zeitungsartikeln 'zitiert' oder über sie gesprochen wird. Vor allem die Redeweise des Redakteurs Bolz ist auch außerhalb der Redaktion von humoristischen Einlagen geprägt; ein Beispiel dafür sind seine Gespräche auf dem Ball der politischen Gegner: sowohl in den Dialogen mit seinen Freunden als auch in denen mit Schmock und später mit dem Weinhändler Piepenbrink macht er immer wieder versteckte oder offene Witze über ihre Lage als Eindringlinge auf das fremde Fest oder über die Position Schmocks (z.B. Freytag, S. 46-49). Einzig in den Gesprächen mit Adelheid wird Bolz hin und wieder etwas ernster.

Durch diese Technik wird Bolz als eine Figur dargestellt, die im Beruf und im Privatleben relativ 'eins mit sich' ist und nach ihren Neigungen handelt bzw. handeln kann - wenn er auch hin und wieder unter den Zuständen in der Welt leidet (Freytag, S. 76). Allerdings erscheint er eher als Betrachter der Gesellschaft, weniger als Teil von ihr. Nach Jutta Jacobis Ansicht zeichnet Freytag in ihm "das Bild eines gesinnungsfesten Parteigängers liberaler Politik, eines durch Schicksal, Beruf und Idealismus zum Außenseiter gewordenen, doch grundanständigen Menschen"[57].

Einen Gegensatz dazu bildet Schmock, der im Umgang mit Menschen als unsicher und sprachlich untalentiert dargestellt wird, mit seinem Beruf oft unglücklich ist und dennoch (wegen des allerdings spärlichen Gehalts) versucht, "brillant" (Freytag, S. 98) zu schreiben. Während Bolz also den Journalisten aus Leidenschaft darstellt, der sich gar keinen anderen Beruf mehr vorstellen kann, ist Schmock nur aus Verlegenheit bei der Zeitung und zieht am Ende des Stückes auch die Konsequenzen: "Ich muß sehen, daß ich aus der Literatur herauskomme." (Freytag, S. 97)

Die Bolz'sche Art des Journalismus und die von ihm verwendete Sprache scheinen somit Freytags Zustimmung zu finden, während Schmock eine Art Journalist darstellt, der im Grunde seinen Beruf verfehlt hat.

In der Figur des Schmock wird aber nicht nur Freytags Verachtung gegenüber den 'Schreiberlingen' deutlich. Die Art, in der Schmock als Jude portraitiert bzw. karikiert wird, ist von antisemitischen Vorurteilen geprägt, die unter anderem in seiner 'jiddelnden' Sprechweise, seiner Penetranz und seiner Charakterlosigkeit ihren Ausdruck finden.[58]

---

[57] Erwin Kisch und Franz Werfel. Frankfurt a. M.: Lang 1989 (= Europ. Hochschulschriften. Reihe I. Dt. Sprache und Literatur. Bd. 1117). S. 46.
Jacobi, S. 44/45. Zur Figur des Konrad Bolz vgl. auch Heilborn, Ernst: Gustav Freytag, der Dramatiker. In: Das Magazin für Litteratur. Jg. 64. Nr. 19. Berlin 1895. S. 585/586.

[58] Siehe dazu Gubser, Martin: Literarischer Antisemitismus. Untersuchungen zu Gustav Freytag und anderen bürgerlichen Schriftstellern des 19. Jahrhunderts. Göttingen: Wallstein 1998. S. 171-187, 280-287.

Ironischerweise ist es ausgerechnet dieser Schmock, der am stärksten negativ dargestellte Journalist des Stücks, der der Nachwelt aus Freytags Komödie in Erinnerung geblieben ist.[59] Jutta Jacobi schreibt dazu:

> "Abgelöst vom literarischen Kontext ging 'Schmock' in den allgemeinen Sprachgebrauch ein - als abwertender Begriff für den oberflächlichen und korrupten Zeitungsschreiber, eingeschworenen Gegnern der Presse als Inbegriff des Journalisten schlechthin."[60]

So ist zum Beispiel Karl Kraus' Kommentar zu einem Zeitungsartikel, in dem über 'Die Journalisten' geschrieben wird, das Stück sei nicht mehr zeitgemäß und würde höchstens in der Hingabe Konrad Bolz' an seinen Beruf noch treffen, ein lapidares: "No und was is mit Schmock?" (F 557-60, S. 34)[61]

Schmocks Erklärung "Ich habe geschrieben links, und wieder rechts. Ich kann schreiben nach jeder Richtung." (Freytag, S. 47) greift Ernst Bloch 1932 in seinem Aufsatz 'Das bekannte Oberwasser' fast wörtlich auf: "Kann er [Schmock] doch so links wie rechts schreiben, seine eigene Farbe ist höchstens verwaschen kleinbürgerlich."[62] Das Gefährliche am Schmock sei seine Phrasenhaftigkeit: damit "schleimt er die Ohren zu, mattet seinerseits das Denken ab."[63]

Nicht nur der Name 'Schmock' erlebt im folgenden eine Hochkonjunktur: auch die u.a. von Kraus so betitelten Journalisten steigen in der Gesellschaft auf. Während die Journalisten der 'Union' in Freytags Stück eher Kommentatoren als tragende Mitglieder der Gesellschaft sind, haben die 'Schmocks' einige Jahrzehnte später einen festen Platz in ihr: "der Stellungswechsel vom Draußen zum Drinnen [ist vollzogen]."[64]

---

[59] Vgl. Blühm, Elger/Engelsing, Rolf (Hg.): Die Zeitung. Deutsche Urteile und Dokumente von den Anfängen bis zur Gegenwart. Bremen: Schünemann 1967. S. 185/86. 'Schmock' wird von Pressekritikern bis in die Weimarer Republik hinein verwendet: man findet diese Bezeichnung in Texten von Karl Kraus ebenso wie in Franz Pfemferts 'Aktion' oder Siegfried Jacobsohns 'Schaubühne'/'Weltbühne'.

[60] Jacobi, S. 41.

[61] Die Fackel. Hrsg. v. Karl Kraus. 1899-1936. Photomechanischer Nachdruck. 39 Bd. Hrsg. v. Heinrich Fischer. München: Kösel 1968-73.

[62] Bloch, Ernst: Das bekannte Oberwasser (1932). In: Literarische Aufsätze. Frankfurt a. M.: Suhrkamp 1965 (= Ernst Bloch. Gesamtausgabe. Bd. 9). S. 36. (zit. als Bloch, Oberwasser)

[63] Bloch, Oberwasser, S. 36. Vgl. auch Ederer, Hannelore: Die literarische Mimesis entfremdeter Sprache. Zur sprachkritischen Literatur von Heinrich Heine bis Karl Kraus. Köln: Pahl-Rugenstein 1979 (=Pahl-Rugenstein Hochschulschriften. Gesellschafts- u. Naturwissenschaften. Nr. 18. Serie Literatur u. Geschichte.). S. 282/83.

[64] Jacobi, S. 49.

2.1.2 Zeit des Umbruchs: Ferdinand Kürnberger[65]

Der Zeitraum von Ferdinand Kürnbergers (1821-1879) literarisch-publizistischem Schaffen, von den frühen vierziger bis in die späten siebziger Jahre des 19. Jahrhunderts, war zugleich ein Zeitraum großer Veränderungen im Pressewesen. Seit der fehlgeschlagenen Revolution von 1848 entwickelte sich zuerst die Parteipresse und schließlich die moderne Massenpresse.[66] Helmut Arntzen nennt die

> "Zeitung als in sehr kurzen Abständen erscheinendes Periodicum und die Zeitung als Massenware, für die technisch die Schnellpresse die Voraussetzung geschaffen hatte, [...] die entscheidende Kombination für die Entwicklung der öffentlichen Meinung [...]."[67]

Eine wichtige Neuerung bestand auch darin, die Zeitung nicht mehr aus dem Verkauf des Blattes selbst zu finanzieren, sondern aus den Inseraten.[68] Eine Folge davon war, daß die Pressefreiheit zunehmend den "Absatzinteressen"[69] untergeordnet wurde. Aus den 'gemütlichen' Zeitungen, wie Freytag sie beschrieben hatte, wurden Wirtschaftsunternehmen.

Diese Entwicklung beschreibt Friedrich Dürrenmatt 1949 auf humorvolle Art in seiner Groteske 'Nachrichten über den Stand des Zeitungswesens in der Steinzeit'[70], in der er einen altgedienten Journalisten der Steinzeit darüber klagen läßt,

---

[65] Ich führe Kürnberger hier als Liberalisten, obwohl er ganz und gar nicht glatt in dieses Bild paßt: er hat sich sowohl als Verteidiger als auch als scharfer Kritiker des Liberalismus zu Wort gemeldet. Vgl. dazu: Nöllke, Matthias: Daniel Spitzers Wiener Spaziergänge. Liberales Feuilleton im Zeitungskontext. Frankfurt a. M.: Lang 1994 (= Münchener Studien zur lit. Kultur in Dt. Bd. 20). S. 28-32; Riha, Karl: Zu Ferdinand Kürnbergers kritischer Position. Vorwort zu: Ferdinand Kürnberger. Feuilletons. Ausgew. u. eingel. von Karl Riha. Frankfurt a. M.: Insel 1967. S. 11/12. (im folg. zit. als: Riha 1967); Wildhagen, Andreas: Das politische Feuilleton Ferdinand Kürnbergers. Themen und Technik einer literarischen Kleinform im Zeitalter des dt. Liberalismus in Österreich. Frankfurt/Berlin/New York: Lang 1985 (= Europ. Hochschulschriften. Reihe 1. Dt. Sprache u. Lit. Bd. 818). S. 20-22, 88, 94/95, 140.

[66] Ederer, S. 165-69.

[67] Arntzen 1971, S. 52. Vgl. Betz, Fritz: Das Schweigen des Karl Kraus. Paradoxien des Medienalltags. Pfaffenweiler: Centaurus-Verl.-Ges. 1994 (= Schnittpunkt Zivilisationsprozeß. Bd. 16). S. 30-32; (zit. als Betz F.) sowie Jenaczek, Friedrich: Zeittafeln zur 'Fackel'. Themen - Ziele - Probleme. Mit einer einführ. Schrift v. Emil Schönauer. Über Karl Kraus. Gräfelfing b. München: Gans 1969. S. 109. (zit. als Jenaczek 1969)

[68] Lengauer, Hubert: Das Wiener Feuilleton im letzten Viertel des 19. Jahrhunderts. In: Lenau-Forum. Jg. 9/10. 1977/78. S. 65. (zit. als Lengauer 1977/78) Siehe auch Jacobi, S. 20, 28/29.

[69] Arntzen 1971, S. 52.

[70] Dürrenmatt, Friedrich: Nachrichten über den Stand des Zeitungswesens in der Steinzeit.

wie sehr die Qualität der Presse in der Kreidezeit doch abgenommen habe. Statt wie früher die Nachrichten in Stein zu meißeln, wäre das Schreiben mit Kreide immer mehr in Mode gekommen, wodurch die Produktion erheblich erleichtert und die Geschwindigkeit erhöht worden wäre. "Die Vielschreiberei bemächtigte sich der Menschheit. Der reine, lakonische Stil der Liassischen Klassik wurde vergessen." (Dürrenmatt Z, S. 192)

2.1.2.1 Bekanntheitsgrad und Rezeption Kürnbergers

Die Wirkung Ferdinand Kürnbergers - von dem Hubert Lengauer 1982 schreibt, er sei "als einziger [österreichischer] politischer Schriftsteller der Epoche [des Liberalismus] kanonverdächtig"[71] - auf die Nachwelt ist von Gegensätzen geprägt: Einerseits scheint er manchmal von der Gefahr des Vergessenwerdens bedroht. Andererseits ist sein Werk durchaus rezipiert worden: Kürnbergers Name und seine Feuilletons werden immer wieder dort erwähnt, wo es um Sprach- oder Pressekritik geht.

Zu seinem heute (außerhalb der Fachwelt) relativ geringen Bekanntheitsgrad trägt sicherlich auch bei, daß es bis heute keine einheitliche Gesamtausgabe seiner Werke gibt. In der als achtbändig konzipierten Werkausgabe von Otto Erich Deutsch sind zwischen 1910 und 1914 nur vier Bände erschienen;[72] zwei davon enthalten Kürnbergers Feuilletons; einer den Roman 'Der Amerikamüde' (der sich mit Nikolaus Lenaus' enttäuschenden Erfahrungen in der 'Neuen Welt' beschäftigt), welcher Kürnberger den lange erhofften literarischen Erfolg brachte, welcher jedoch sein einziger auf diesem Gebiet bleiben sollte.[73] Neuere Ausgaben von Kürnbergers Werk finden sich vor allem im Bereich der Feuilletons.[74]

---

[71] In: Friedrich Dürrenmatt. Werkausgabe in dreißig Bd. Bd. 21. Zürich: Diogenes 1980. S. 185-193.
Lengauer, Hubert: Kulturelle und nationale Identität. Die deutsch-österreichische Problematik im Spiegel von Literatur und Publizistik der liberalen Ära (1848-1873). In: Österreich und die deutsche Frage im 19. und 20. Jahrhundert. Probleme der politisch-staatlichen und soziokulturellen Differenzierung im deutschen Mitteleuropa. Hrsg. v. Heinrich Lutz u.Helmut Rumpler. Wien: Verlag für Geschichte u. Politik 1982 (= Wiener Beiträge zur Geschichte der Neuzeit. Bd. 9). S. 191. (im folg. zit. als Lengauer 1982)

[72] Kürnberger, Ferdinand: Gesammelte Werke. Herausgegeben von Otto Erich Deutsch. München/Leipzig: Müller 1910-1914.
Bd. 1: Siegelringe. Bd. 2: Literarische Herzenssachen. Bd. 4: Der Amerikamüde. Roman. Bd. 5: Das Schloß der Frevel. Roman. Löwenblut. Novelle. Vgl. auch Fußnoten 82 u. 83.

[73] Vgl. Ederer, S. 160.

[74] Vgl. Riha 1967, sowie Kürnberger, Ferdinand: Sprache und Zeitungen. Und andere Aufsätze zum Pressewesen. Mit einem Nachwort hrsg. v. Karl Riha. Siegen 1991 (= Veröffentlichungen zum Forschungsschwerpunkt Massenmedien und Kommunikation an der

Diejenigen, die Kürnbergers Name und sein Werk immer wieder ins Spiel gebracht haben, sind jedoch keineswegs Unbekannte: Er wurde von den 'Gegenspielern' Karl Kraus und Hermann Bahr ebenso geschätzt[75] (beide setzten sich für die Herausgabe einer Gesamtausgabe von Kürnbergers Werken ein[76]) wie von Ludwig Wittgenstein und Max Weber[77]. Franz Pfemfert druckte in seiner Zeitschrift 'Die Aktion' einige von Kürnbergers Feuilletons ab, darunter 'Blumen des Zeitungsstils' (allerdings unter einem anderen Titel).[78] 'Sprache und Zeitungen' wurde außerdem von Egon Erwin Kisch in seine Sammlung 'Klassischer Journalismus' aufgenommen.[79] Theodor W. Adorno schrieb einen Satz Ferdinand Kürnbergers als Motto über den ersten Teil seiner 'Minima Moralia': "Das Leben lebt nicht."[80]

2.1.2.2 Kürnbergers Sprachauffassung

Anders als bei Freytag ist es bei Kürnberger nicht übertrieben, von einer intensiven Beschäftigung mit der Pressesprache zu sprechen. Kürnberger war kurz vor bzw. während der Wiener Märzrevolution von 1848 als politischer Journalist und später, nach Flucht und Rückkehr, ab 1864 als Feuilletonist für verschiedene Wiener Zeitungen tätig.[81] So war er schon von Berufs wegen ständig mit Presse und Pressesprache konfrontiert. Kürnbergers Eindrücke von den Besonderheiten der Zeitungssprache und die daraus gezogenen Schlüsse finden sich in seinen Feuilletons wieder. Zwar spricht auch Kürnberger nicht explizit von 'Sprachkritik', sondern nur von "Zeitungskritik" (Kü II, S. 504), doch schon die Titel einiger seiner Feuilletons aus den 'Siegelringen'[82] und den 'Literarischen

---

[75] Universität - Gesamthochschule - Siegen. Nr. 71).
Siehe Kühnel, Wolf Dieter: Ferdinand Kürnberger als Literaturtheoretiker im Zeitalter des Realismus. Göppingen: Kümmerle 1970 (= Göppinger Arbeiten zur Germanistik. Nr. 27). S. 1. Genaueres zu Kraus' Verhältnis zu Kürnberger, siehe Kapitel 2.2.2.1. Zu Bahrs Meinung über Kürnberger, siehe auch Bailey, L. H.: Ferdinand Kürnberger, Friedrich Schlögl and the feuilleton in Gründerzeit Vienna. In: Forum for Modern Language Studies. 13. Jg. 1977. S. 157/ 158. Zu Stimmen der Zeitgenossen zu Kürnberger, siehe außerdem Kühnel, S. 2/3; sowie Wildhagen, S. 34-36.
[76] Kühnel, S. 5; vgl. auch Kraus, F 214/15, S. 6.
[77] Riha 1967, S. 7.
[78] Siehe dazu Kapitel 2.3.1 'Die Aktion' (1911-1932).
[79] Kühnel, S. 5.
[80] Adorno, Theodor W.: Minima Moralia. Reflexionen aus dem beschädigten Leben. Frankfurt a. M.: Suhrkamp 1980 (= Theodor W. Adorno. Gesammelte Schriften. Hrsg. v. Rolf Tiedemann. Bd. 4). S. 20. Vgl. auch Riha 1967, S. 7; sowie Kühnel, S. 2.
[81] Wildhagen, S. 29-32.
[82] Kürnberger, Ferdinand: Siegelringe. Eine Sammlung politischer und kirchlicher Feuilletons. Neue wesentlich vermehrte Auflage. München/ Leipzig: Müller 1910 (= Ferdinand

Herzenssachen[83] sprechen für sich, so zum Beispiel 'Sprache und Zeitungen' (Kü II, S. 18-32) oder 'Die Blumen des Zeitungsstils' (Kü II, S. 8-17).

In 'Sprache und Zeitungen' finden sich einige dezidierte Ansichten Kürnbergers zum Zustand der deutschen Sprache. Kürnberger verwahrt sich gegen jede Art des Sprachpurismus, besonders gegen die blinde Verteufelung von Fremdwörtern. Wichtig ist ihm dabei der "Unterschied, ob man sie mutwillig, aus purem Affentrieb annimmt, oder im Geiste einer wirklichen Bereicherung und Ergänzung des nationalen gegenüber dem kosmopolitischen Genius"(Kü II, S. 18). Er unterscheidet also sehr wohl zwischen denjenigen Menschen, die Fremdwörter einfach nur verwenden, um als besonders modern oder gebildet zu gelten, und denen, die sie etwa um neuer Bedeutungsnuancen willen gebrauchen.
Kurz und bündig sind Teile seiner Sprachvorstellung in drei Ausrufen enthalten:

> "Als ob Sprachbereicherung effektiv Sprachverderb sein müßte! Und als ob Sprachverderb nur von außen und nicht auch von innen kommen könnte! Leider, er kommt auch von innen!" (Kü II, S. 19)

Nicht fremde Sprachen bzw. deren Sprecher sind für ihn eine Gefahr für die deutsche Sprache; die Sprecher und Schreiber des Deutschen selbst seien es, die ihrer Muttersprache schaden.
Kürnberger distanziert sich an anderer Stelle sogar ganz explizit von den Zielen der Sprachpuristen, deren Anstrengungen und Ziele er als "kleinlich, kindisch und veraltet" (Kü II, S. 30) bezeichnet. Zudem spricht er ihnen jegliche reale Chance auf Verwirklichung ihrer Ziele ab: "Die großgewachsene, allgemein verbreitete und demokratische Literatur des Journalismus läßt sich von privilegierten Puristen nicht gängeln" (Kü II, S. 30). Andererseits läßt er auch keinen Zweifel daran, daß seiner Ansicht nach einiges an der Sprache seiner Zeit verbesserungswürdig wäre.[84]

Kürnberger stellt zwar keine eigene Theorie über das Wesen der Sprache an sich auf, hat aber klare Vorstellungen davon, was ihm an der deutschen Sprache seiner Zeit gefällt und was ihm kritikwürdig erscheint. Er tritt für die Bereicherung des Deutschen durch Fremdwörter, jedoch gegen deren gedankenloses Übernehmen um ihrer selbst willen ein. Ausgesprochen kritisch eingestellt ist er gegenüber Neologismen. Auch hier geht es ihm nicht um eine prinzipielle Diskreditierung von neuen Worten, sondern um die Kritik am "mutwillige[n] Kitzel

---

[83] Kürnberger. Gesammelte Werke. Hrsg. v. Otto Erich Deutsch. Bd. I).
Kürnberger, Ferdinand: Literarische Herzenssachen. Reflexionen und Kritiken. Neue, wesentlich vermehrte Auflage. München/Leipzig: Müller 1911 (= Ferdinand Kürnberger. Gesammelte Werke. Hrsg. v. Otto Erich Deutsch. Bd. II).
[84] Zu Kürnbergers Vorstellungen, in welchem Rahmen eine Sprachverbesserung möglich wäre, siehe Kapitel 2.1.2.3.

der Neuerungssucht" (Kü II, S. 20). Noch stärker ist jedoch sein Unwillen jenen gegenüber, die die Grammatik verletzen, um modern oder originell zu klingen (Kü II, u.a. S. 20/21).

Kürnberger trennt somit explizit zwischen dem, was von Polenz 'Sprachbrauch' nennt (Kürnberger bezeichnet es fast identisch als "Sprachgebrauch"; Kü II, S. 20), und dem, was jener als 'Sprachsystem' anführt (Kürnberger nennt es "Sprachgesetz"; Kü II, S. 20). Er verteidigt die traditionelle Grammatik (bzw. kritisiert Eingriffe in dieses System). Kritik übt er sowohl am Sprachverkehr (z.B. an den neu auftauchenden Worten) als auch am Sprachbrauch (an Phänomenen, die bereits eingebürgert erscheinen). Im Schema Heringers paßt Ferdinand Kürnberger somit in Zweig drei, bei dessen Beschreibung er auch erwähnt wird, und zwar geradezu als 'Urvater':

> "Sprachkritik des dritten Strangs, Kritik von Texten, ist natürlich alt im literarischen Bereich, [...]. Im engeren Sinn der Sprachkritik scheint aber - abgesehen von Stilkritik - der Anfang bei F. Kürnberger 1870 zu liegen. Hier kommt die Sprachkritik weg von der globalen Kritik hin zur Kritik einzelner Presseerzeugnisse. Sprachkritik wird praktisch und detailliert, und sie ist bezogen auf die öffentliche Sprache, auf Gesellschaft und Politik."[85]

Der "Meister dieser Sprachkritik"[86] wurde dann später Karl Kraus, der die Ansicht vertrat, "daß die Sprache selbst nicht kritisierbar ist, wohl die Sprecher, ja, daß man die Sprache vor ihren Benutzern in Schutz nehmen muß"[87].
Auch Karl Riha sieht in Ferdinand Kürnberger den Beginn einer neuen Ära der Sprachkritik:

> "Mit Kürnberger kann man sagen, vollzieht sich die Abkehr von der normativen, allein auf Grammatik oder Sprachreinigungsideen basierenden Sprachkritik, wie sie aus dem 17. und 18. Jahrhundert herauf im 19. populär geblieben war. Neben die Grammatik treten nun Gesellschaft und Politik als Bezugspunkte."[88]

Riha betont besonders die Abneigung Kürnbergers gegen jede Art von Demagogie; besonders gegen Schlagworte und Phrasen, die die Menschen blenden und manipulieren, indem sie ihnen Inhalte vorgaukeln, die entweder nicht vorhanden sind oder etwas ganz anderes meinen, als sie vorgeben zu tun.[89]

Ein Beispiel dafür stellt das Feuilleton 'Zur Regelung der Phrasen-Prostitution' (Kü I, S. 88-92) dar, in dem sich der Autor mit folgendem Satz beschäftigt:

---

[85] Heringer, Sprachkritik, S. 11.
[86] Heringer, Sprachkritik, S. 12.
[87] Heringer, Sprachkritik, S. 12.
[88] Riha 1967, S. 18.
[89] Riha 1967, S. 16/17.

"Durch Freiheit zur Wahrheit, durch Wahrheit zum Licht." (Kü I, S. 89) Kürnberger durchschaut den plakativen Wohlklang der Worte: Er entlarvt den ersten Teil des Satzes als falsch (da es einerseits durchaus möglich sei, in Unfreiheit große Wahrheiten zu entdecken, und andererseits Freiheit keine Garantie für die Entwicklung von Denksystemen sei); der zweite hingegen sei geradezu sinnlos (da mit 'Licht' wohl das Licht der Wahrheit gemeint sei und der Satz so keinen Informationsgehalt habe).[90]

Da aber die meisten Menschen die Phrase nicht hinterfragen, sondern sich von den in ihr enthaltenen 'schönen' Wörtern blenden lassen, kann durch sie ein, wie Hannelore Ederer es nennt, "unkritisches Gemeinschaftsgefühl"[91] geschaffen werden: "Dem leeren Hurra-Patriotismus korrespondiert die nicht hinterfragte Übernahme verordneter 'Ideale'."[92]
Ferdinand Kürnberger kann dazu nur noch verzweifelt ausrufen: "O Phrase, wie groß ist deine Allmacht!" (Kü I, S. 89)

2.1.2.3 Kritik an der Pressesprache in Kürnbergers Feuilletons

Die Tatsache, daß Ferdinand Kürnberger seine Pressekritik in Form von Feuilletons veröffentlichte, also seine Kritik innerhalb des kritisierten Mediums formulierte, ist schon für sich allein betrachtet interessant.

Karlheinz Rossbacher beschreibt in seiner Monographie 'Literatur und Liberalismus' das Feuilleton folgendermaßen:

"Im 'Feuilleton' einer Zeitung erschienen Feuilletons. Das erste bezeichnete einen Textträger, einen Teil einer Zeitung, das zweite eine literarische Gattung. Anders als heute, wo einige wenige große Tages- oder Wochenzeitungen ihre Kulturseiten 'Feuilleton' nennen, war es im 19. Jahrhundert der Raum 'unterm Strich' [...]. Persönlich gezeichnet und beginnend mit Seite eins, [...], zog sich das 'Feuilleton' hinüber in den gleichen Raum der nächsten, manchmal auch der übernächsten Seite. Die individuelle Stimme unterhalb des Strichs kontrastierte mit dem nichtgezeichneten redaktionellen Teil oberhalb des Strichs."[93]

---

[90] In Franz Pfemferts Zeitschrift 'Die Aktion' deckt Samuel Friedländer 1914 ebenfalls die Sinnwidrigkeit einer elegant klingenden Formulierung durch einen kurzen Kommentar in Klammern auf: Ein Professor habe im 'Berliner Tagblatt' geschrieben "'daß, wer Licht verbreite, nicht gleichzeitig Wärme verbreiten könne' (beiläufig eine der niedlichsten Widerlegungen aller Sonnen)." (A 4, 14, 289)
[91] Ederer, S. 204.
[92] Ederer, S. 204. Vgl dazu auch Kühnel, S. 48/49.
[93] Rossbacher, Karlheinz: Literatur und Liberalismus. Zur Kultur der Ringstraßenzeit in Wien. Wien: J & Volk Edition Wien 1992. S. 82.

Das Feuilleton, als erklärtermaßen individueller und subjektiver Teil der Zeitung, konnte sich zumindest kleine Extravaganzen leisten. Für Bailey impliziert die Plazierung 'unter dem Strich' bereits ein Charakteristikum des Feuilletons:

> "Its place of publication gave it the air of a commentary or footnote, as well as implying that the feuilleton was to be a rather light-hearted and entertaining contrast to the serious news."[94]

Für Günter Petersen ist das Feuilleton ein "publizistische[s] Sondergebilde, das, eigenwillig in Stil und Diktion, seine Weltsicht in wenigen Druckzeilen zusammenfaßt und mitteilt".[95] Wilmont Haacke spricht von einer "halb literarischen, halb journalistischen Gattung"[96].

Damit saß Kürnberger im Grunde zwischen den Stühlen: einerseits fühlte er sich als Dichter (und sehnte sich nach Anerkennung auf diesem Gebiet[97]), andererseits schrieb er für Tageszeitungen - kritisierte aber gleichzeitig deren Sprache; einerseits schrieb er 'unter dem Strich', andererseits wurde er sehr oft politisch. Haacke betont besonders den politisch-kämpferischen Aspekt der Feuilletons Kürnbergers[98], dessen "Konzeption [es war], die Politik zu feuilletonisieren und das Feuilleton zu politisieren"[99]. Wildhagen sieht in Kürnbergers Feuilletons wegen deren politischer Eigenständigkeit gegenüber den offiziellen Ansichten der Zeitung eine "Erweiterung eines sonst zementierten Meinungsbildes".[100]
Gerade in der Behandlung 'ernster' (also politischer) Themen stand Kürnberger im Gegensatz zu vielen seiner Kollegen, deren Texte, wie Hannelore Ederer es formuliert, "zum wissenschaftlichen und ästhetischen Ornament fremder Zweckzusammenhänge herabgesunken"[101] waren.

In der Vorrede zu den 'Siegelringen' erklärt Kürnberger den Titel seiner Textsammlung als Metapher für den Begriff des Feuilletons:

---

[94] Bailey, S. 156.
[95] Petersen, Günter: Feuilleton und öffentliche Meinung. Zur Theorie einer Literaturgattung im Kontext mit ihrem Resonanzfeld. Wiesbaden: Flieger 1992 (= Studien zur Theorie und Praxis der Public Relations. Hrsg. v. Heinz Flieger u.a. Bd. 35). S. 9.
[96] Haacke, Wilmont: Handbuch des Feuilletons. Bd. 1. Emsdetten: Lechte 1951. S. 347. (im folg. zit. als Haacke 1951)
[97] Vgl. Fn. 73.
[98] Haacke 1951, S. 335, 349.
[99] Haacke, Wilmont: Ferdinand Kürnberger (1821-1879). In: Dt. Publizisten des 15. - 20. Jahrhunderts. Hrsg. v. Heinz Dietrich Fischer. München- Pullach/Berlin: Verlag Dokumentation 1971 (= Publizistik - Historische Beiträge. Bd. 1). S. 290. (im folg. zit. als Haacke 1971)
[100] Wildhagen, S. 140.
[101] Ederer, S. 181.

> "Geringen Umfangs, niedlich und handsam in der Form, der räumlichen Ausdehnung nach vielleicht die kleinsten unter den Kunstwerken in Prosa, drücken sie der entfliehenden Erscheinung des Augenblicks ein scharf geschnittenes Gepräge auf, [...]." (Kü I, S. 1)

Kürnberger will also in seinen Feuilletons auf kleinstem Raum die Erscheinungen der Zeit mit seinen Kommentaren 'versiegeln'- unter anderem auch die Erscheinung der Pressesprache. Kürnberger reflektiert über die Notwendigkeit der Kritik von Zeitungen innerhalb der Presse selbst im Feuilleton 'Glosse zum Wiener Zeitungswesen' (1873):

> "Unter diesen Umständen ist es eigentlich ein zopfiges Zurückbleiben hinter der Zeit, wenn die Zeitungen ihre literarische Kritik noch immer als eine ausschließliche Buchkritik treiben. Zeitungskritik müßte sie richtiger sein. Aber freilich wäre sie dann - Selbstkritik; freilich wäre sie dann Kritik - der Kollegen. Das arme Buch kann sich nicht wehren, aber der eigene Leib ist so empfindlich!" (Kü II, S. 504)

Seiner Meinung nach wäre die Zeitungskritik also nicht nur angebracht, sondern dringend nötig, besonders, da sich die Wiener Journalisten gewöhnlich in sehr starkem Maße selbst beweihräucherten. Deshalb kündigt er an: "Aber während das Licht so schmeichelhaft von sich spricht - sprechen wir auch ein wenig vom Schatten" (Kü II, S. 505). Was er untersuchen will, nennt er an anderer Stelle auch die "journalistische Sprachfabrik" (Kü II S. 27/28) - eine Formulierung, die für sich allein bereits seinen Hauptvorwurf andeutet: den der Veränderung der Sprache durch die Journalisten; und zwar eine Veränderung zum Schlechten.

In 'Sprache und Zeitungen' (1866) bezichtigt er die Journalisten bereits mehrerer Sprachsünden: Er beschreibt ihre Wirkung auf die Sprache als "zerstörend, zersetzend, auflösend und freilich auch neubildend" (Kü II, S. 19). Die Journalisten würden die Sprache durch neue Wörter und Phrasen, aber auch durch veränderte Schreibweise bereits bekannter Wörter verändern. Was Kürnberger dabei besonders zu stören scheint, ist nicht die Tatsache der Veränderung an sich, sondern wie und mit welchem Ergebnis verändert wird: "In seiner [des Autors] Jugend sagte man der Anfang, die Beurteilung. Jetzt sagt der Journalismus die Inangriffnahme, die Inbetrachtnahme. Es fehlt wenig und man wird bald auch schreiben: die Inslebentretung" (Kü II, S. 20). Kürnberger empfindet diese Neuerungen schlicht als häßlich und umständlich.

Dazu kommt noch, daß es ihm als Ironie der Geschichte erscheint, wie völlig erfolglos Männer wie Goethe, Jean Paul oder Voltaire mit ihren Versuchen zur Sprachänderung gewesen waren, während der Journalismus geradezu mühelos neue Formulierungen präsentiere und verbreite. Es besteht wohl kein Zweifel daran, daß es Kürnberger umgekehrt lieber gewesen wäre.

Während die obige Kritik - sei sie nun Sprachverkehrs-Kritik, da es sich um neue Worte handelt, oder Sprachbrauch-Kritik, da sie von den Zeitungslesern bereits akzeptiert und in ihr Repertoire aufgenommen worden waren[102] - aus sprachästhetischen Gründen formuliert ist, geht es Kürnberger an anderer Stelle um handfeste grammatikalische Fehler. Als Beispiel nennt er das Wort 'übergehen' bzw. dessen Formen 'ich übergehe' und 'ich gehe über', die in der Presse öfters falsch verwendet würden: "Gar nicht selten aber schreiben bereits die Zeitungen: 'wir übergehen zur Tagesordnung', anstatt: wir gehen zur Tagesordnung über. Wenn's nur neu klingt!" (Kü II, S. 21) Als 'Strafe' für eine solche Verletzung des Sprachsystems wünscht sich Kürnberger möglichst viele Sätze, in denen eigentlich beide Formen vorkommen müßten; dadurch würde eine fehlerhaft Verwendung besonders deutlich und der Autor der Lächerlichkeit preisgegeben; einen möglichen Satz schlägt Kürnberger selbst vor: "Indem wir diesen Punkt übergehen, übergehen wir zu folgendem Gegenstand!!" (Kü II, S. 21)

Kürnberger räumt allerdings ein, daß Grammatikfehler durch ihre Offensichtlichkeit leicht zu erkennen, oder zumindest jenen, welchen sie nicht von alleine auffallen, leicht zu zeigen seien. Diese Art von Verletzung der Sprache ist für ihn zwar ärgerlich; als wirklich gefährlich sieht er jedoch die vielen Phrasen oder Metaphern an, deren "Unschönheit oder Sinnwidrigkeit" (Kü II, S. 21) nicht leicht auf Anhieb ersichtlich seien. Diese aufzudecken sei viel schwieriger und bedürfe oft langwieriger Erklärungen, besonders, weil die Phrasen oft bereits unmerklich in den allgemeinen Wortschatz übergegangen seien (Kü II, S. 21). Kürnbergers Zielsetzung ist deshalb der Kampf gegen die Phrasenhaftigkeit seiner Zeit:

> "Aber der Phrase einen Dämpfer wollen wir aufsetzen, der Phrase, welche eine fürchterliche Ernte halten wird. Und die politische Phrase ist ein gefährliches Spielzeug." (Kü I, S. 93)[103]

Als ein Beispiel für Phrasenhaftigkeit führt er die Formulierung "unberechenbare Tragweite" (Kü II, S. 21) an. Das Wort 'Tragweite', das Wörter wie 'Folgen' und 'Wirkungen', nach Kürnbergers Meinung völlig ungerechtfertigterweise, verdrängt habe, klänge zwar "pompös" (Kü II, S. 21); wenn man seiner eigentlichen Bedeutung nachspüre, werde man jedoch enttäuscht:

> "Das Wort ist bildlich und das Bild ist von dem Geschützwesen entlehnt. Aber wie weit trägt ein Geschütz? Wenn's hoch kommt, eine halbe Meile. Und mit dieser Spanne im Raume will man die Unendlichkeit geschichtlicher Wirkungen in die Zeit vergleichen? Und der Vergleich soll noch grandios erscheinen?" (Kü II, S. 21)

---

[102] Siehe Polenz, Sprachkritik, S. 72-74 u. 79-84.
[103] Vgl. Ederer, S. 205.

Kürnberger demaskiert die wohlklingenden Phrasen also, indem er ihrer ursprünglichen Bedeutung auf den Grund geht, anstatt sich von ihrem Schein blenden zu lassen. Metaphern müssen seiner Ansicht nach passen, müssen dem, was sie darstellen sollen, auch gerecht werden.

Auf ähnliche Weise verfährt er auch mit dem anderen Teil der Phrase, dem Wort 'unberechenbar': Er billigt einigen wenigen großen Ereignissen die Beschreibung als 'unberechenbar' durchaus zu; wogegen er sich wehrt, ist, jedem momentan spektakulär erscheinenden Vorkommnis das Prädikat 'unberechenbar' anzuhängen. Inflationär verwendet verliere diese Bezeichnung seiner Meinung nach jegliche Aussagekraft:

> "Der Koloß der unberechenbaren Tragweite tut vielleicht einmal im Jahrhundert seine Wirkung; täglich produziert, wird er ein recht kleiner, hilfloser Zwerg." (Kü II, S. 22)

Andreas Wildhagen wendet in diesem Zusammenhang ein, daß Kürnberger bei seiner Wort-Analyse einen wichtigen Punkt übersehen habe: den Zusammenhang zwischen dem Auftauchen von Phrasen wie 'unberechenbare Tragweite' in den Zeitungen und der Sprache des sich entwickelnden Parlamentarismus. "Es waren die Redensarten der Parlamentssprache, die von der Presse benutzt wurden."[104]

Wildhagen bezieht sich hier auf die parlamentarischen Diskussionen, in denen besonders von den liberalen Abgeordneten das Gespenst des Zerfalls der Donaumonarchie beschworen wurde. Die Betonung der Gefahr des Auseinanderbrechens des Staatsgefüges sollte die Autonomiebestrebungen der einzelnen nichtdeutschen Völker innerhalb der Monarchie abblocken. Wildhagen wirft Kürnberger bzw. allgemein dem "liberalen Lesepublikum"[105] vor, den rhetorischen Hintergrund dieser Phrasen nicht erkannt zu haben. Kürnberger habe sogar - in dieser Hinsicht getreu dem Bestreben der Liberalen, ihre politische Macht nicht teilen zu wollen - in seinen politischen Feuilletons selbst diese Rhetorik verwendet.[106] Kürnberger ist somit nach Wildhagens Ansicht selbst teilweise in der Phrasenhaftigkeit gefangen, die er verurteilt.

Dabei darf man allerdings nicht vergessen, daß Kürnberger sich mit der Zeit zu einem scharfen Kritiker des Liberalismus entwickelte.[107] Wildhagen räumt auch ein, daß Kürnberger in seinem Feuilleton zum Börsenkrach von 1873 "die Bil-

---

[104] Wildhagen, S. 71.
[105] Wildhagen, S. 72.
[106] Wildhagen, S. 164. Vgl. auch S. 189-194. Siehe auch Fn. 109.
[107] Vgl. Lengauer, Hubert: Ästhetik und liberale Opposition. Zur Rollenproblematik des österreichischen Schriftstellers in der österr. Literatur um 1848. Wien/Köln: Böhlau 1989 (= Literatur in der Geschichte. Geschichte in der Literatur. Bd. 17). S. 26. (im folg. zit. als: Lengauer 1989.)

derketten der politischen Sprache von Parlament und Presse partiell durchbrochen"[108] habe.

Kürnberger selbst beschwert sich 1872 darüber, die pathetische Phrase 'die Maske ist gefallen' "schon seit sechs Jahren alle Wochen dreimal" (Kü I, S. 227) lesen zu müssen. Sein Kommentar dazu: "Da müßten ja die Masken wie die Zwiebelhäute übereinander liegen!" (Kü I, S. 227) Dazu empfiehlt er, das ewige Schreien nach der 'nackten Wahrheit' aufzugeben und lieber nach "der nackten Dummheit" (Kü I, S. 268) zu verlangen; denn die "Dummheit in der Einkleidung" (Kü I, S. 268) - und zwar in der Einkleidung schöner Phrasen - sei viel gefährlicher, als man gemeinhin annehme; sie sei der wirkliche Feind der Wahrheit.
Ebenfalls in die Kategorie der 'pompösen Phrasen' gehören laut Kürnberger die Formulierungen 'ein schönes Streben' und 'eine Mission haben'. Sie funktionierten so ähnlich wie die 'unberechenbare Tragweite', die gar nicht spektakuläre Ereignisse in den Rang des Außerordentlichen erhebe. So würde das 'schöne Streben' die "undefinierbare Mittelmäßigkeit" (Kü II, S. 26) und die 'Mission' ein höchst profanes Vorhaben oder einen Beruf mit dem Schein des Besonderen überziehen und auf diese Weise die Menschen blenden.

Für Kürnberger ist die Verliebtheit in bestimmte Wörter ein Hauptmerkmal der Pressesprache.[109] Die Gründe dafür, daß einige Wörter dauernd benutzt würden, sind unterschiedlich. Während bei der häufigen Verwendung der 'unberechenbaren Tragweite' wohl eindeutig die Sucht nach Sensationen und Superlativen ausschlaggebend ist, muß die Häufung von Worten wie 'vertreten' und 'angezeigt' andere Ursachen haben.
Natürlich kritisiert Kürnberger nicht prinzipiell die Existenz des Wortes 'vertreten', sondern nur eine bestimmte Art der Verwendung:

"Sonst sprach und schrieb man: Herr A. hat den Hamlet gespielt, [...]. Jetzt schreibt und spricht man: der Hamlet war durch Herrn A. vertreten, [...]." Kü II, S. 22)

---

[108] Wildhagen, S. 96.
[109] Dreien dieser Formulierungen - dem 'Verzweiflungskampf', dem 'Europäischen Gleichgewicht' und dem Slogan 'Freiheit, Gleichheit, Brüderlichkeit' - widmet er im August 1870 das Feuilleton 'Redensarten' (Kü I, S. 121-132). Vgl. dazu Riha 1967, S. 17; sowie Ederer, S. 219-224. Ederer untersucht hier anhand der letzten beiden 'Redensarten' die dt.-nationalistische Phase Kürnbergers (besonders während des dt.-franz. Konfliktes 1870/71). Später nennt sie als einen der Gründe dafür Kürnbergers Haltung gegen die etablierte Macht, zumal die "nationalistisch- patriotische Richtung [...] in Österreich eben - oppositionell war!" (S. 232) Zur Haltung Kürnbergers zum Nationalismus vgl. auch Bailey, S. 161/162; Lengauer 1982, S. 209/210; Lengauer 1989, S. 29; sowie Wildhagen, S. 88-92.

Kürnberger sieht den Ursprung dieser Verwendung in Formulierungen wie '(die Wählerschaft) im Parlament vertreten', die er auch als sinnvoll und richtig akzeptiert, da der Politiker ja wirklich eine Gruppe von Menschen bzw. deren Interessen vertritt. "Welchen Sinn aber hat es, daß ein Schauspieler Hamlet vertritt [...]? Der Schauspieler vertritt nicht Hamlet, er schafft ihn." (Kü II, S.22) Kürnberger deutet eine derartige Sprechweise als Symptom des Materialismus, des "Setzen[s] der Sache über die Person" (Kü II, S. 23).

Kürnberger deutet also die Verwendung einer bestimmten Sprache als Hinweis auf die "Denkungsart" (Kü II, S. 23) des Sprechers. Auch warnt er alle 'standhaften' Idealisten, nicht aus Versehen den materialistischen Sprachgebrauch zu übernehmen (Kü II, S. 23). Allerdings geht er nicht so weit zu befürchten, allein durch den Sprachgebrauch könne sich auch die Denkweise, sozusagen hinten herum, einschleichen - jedoch könne durch die Sprache eine bereits (im Ansatz) vorhandene Denkweise gefestigt werden.[110] Die Hauptgefahr liegt für ihn jedoch darin, daß die meisten Leute den Hintergrund bestimmter Formulierungen nicht erkennen - die Phrasen also nicht dechiffrieren - können. Wer sich aber der Geisteshaltung, die hinter einer bestimmten Phrase steht, nicht bewußt ist, kann auch nicht entscheiden, was er davon hält - und kann so sehr leicht mit schönen Worten zu etwas verleitet werden, was er unter einer anderen 'Überschrift' vielleicht strikt abgelehnt hätte.

In manchen Fällen, so Kürnberger, seien die Journalisten schlicht zu faul, über ein adäquates Wort nachzudenken und würden dann einfach eines jener Modewörter verwenden, die scheinbar alles abdecken. Ein Beispiel dafür sei das Wort 'angezeigt'. Kürnberger bemerkt eine geradezu wahllose Häufung dieses Wortes und präsentiert gleich eine Reihe von ihm viel passender erscheinenden Alternativen:

> "Überall, wo man sonst passend, dienlich, schicklich, ratsam, anwendbar, wohltätig, erfolgreich, heilsam, geboten, ersprießlich, dankbar, zweckmäßig, lohnend, erforderlich, notwendig, schuldig, nützlich gesagt, kurz, einen Ausdruck erwählt hätte, welcher die individuelle Physiognomie der Sachlage sprechender porträtiert hätte, dort ist jetzt alles angezeigt oder nicht angezeigt ." (Kü II, S. 24)

Nicht nur, daß dadurch die Sprache "fauler, monotoner, langweiliger" (Kü II, S. 25) würde; durch die vereinfachte Formulierung werde auch der von ihr beschriebene Sachverhalt gefährlich vereinfacht und entindividualisiert.
Eine ähnliche Diagnose stellt Uwe Pörksen Mitte der neunziger Jahre unseres Jahrhunderts. Modewörter oder -phrasen würden durch die Medien in Umlauf gebracht und dann oft ausschließlich verwendet:

---
[110] Vgl. Ederer, S. 210.

> "Der allgemeine Sprachgebrauch, [...], verarmt zusehends. Es fehlt uns in den Bereichen, über die wir umgangssprachlich, nah, konkret reden wollen, an der Differenziertheit des Ausdrucks, [...]."[111]

Trotz seines negativen Befundes sieht Kürnberger auch eine prinzipielle Chance in den Gesetzmäßigkeiten der Pressesprache. Seine Argumentation läuft nämlich gar nicht darauf hinaus, der Presse 'ihre' Sprache ganz und gar verbieten zu wollen: "Die Zeitung bedarf ihrer eigenen Redeweise; wir gestehen ihr das zu." (Kü II, S. 28) Er nennt drei Sprachtypen des Journalismus: "die Sprache der Aufregung [...] die Sprache der Abspannung [...] die Sprache der Schonung, der Höflichkeit" (Kü II, S. 28).

Andreas Wildhagen sieht in diesen drei Sprachtypen und deren Beschreibung durch Kürnberger nur die Sprachkritik des Autors: Kürnbergers Ablehnung sowohl des sensationsgierigen als auch des zur Routine verkommen Stils und des übertriebenen sprachlichen Taktierens.[112] Er erwähnt nicht, daß Kürnberger auch Möglichkeiten sieht, aus jedem dieser drei Typen etwas Positives für die Sprache zu gewinnen: die 'Aufregung' könnte zu mehr sprachlichem "Schwung" (Kü II, S. 28) führen; aus der Routine ließe sich eventuell ein brauchbarer "stehende[r] Stil" (Kü II, S. 29) entwickeln, wie er dem Deutschem - im Gegensatz zum Französischen und Englischen - fehle; die Höflichkeit schließlich könnte vielleicht insgesamt ein wenig Diplomatie ins Deutsche einfließen lassen.

Hierbei ist natürlich zu beachten, daß Kürnberger stets im Konjunktiv und nicht ohne satirischen Unterton schreibt. Allerdings erscheint es mir bedeutsam, daß er nicht einfach nur kritisiert und davon träumt, die Journalisten vom Schreiben 'ihrer' Sprache abzuhalten, sondern das Faktum eines eigenen journalistischen Sprachstils als gegeben hinnimmt[113] und Ideen entwickelt, einen Nutzen daraus zu ziehen. Er sieht die Situation realistisch:

> "Die Zeitung kann beides: sie kann unsere Sprache ausbilden und sie kann sie mißbilden. Ja, eines von beiden muß sie sogar, denn nichts ist gewisser, als daß sie die Sprache nicht lassen kann, so wie sie ist. Journale müssen nun einmal anders sprechen als Bücher, und unaufhaltsam ist der moderne Massen-Bildungsgang vom Buch zum Journal." (Kü II, S. 29)

Die Journalisten selbst hätten also die Aufgabe, positiv auf die Sprache einzuwirken. Kürnberger appelliert an sie, nicht die "Partei der Barbaren" (Kü II, S. 31) zu ergreifen, sondern mit der Sprache so umzugehen wie mit einem schönen Park, den man auch nicht mutwillig zertrample (Kü II, S. 30). Kürnberger erhebt

---

[111] Pörksen, S. 261. Siehe auch S. 260.
[112] Wildhagen, S. 72/73.
[113] Vgl. Ederer, S. 209.

damit die Sprache zum schützenswerten Objekt, ähnlich, wie es heute mit bedrohten Tierarten geschieht.

An anderer Stelle, in seinem Feuilleton 'Die Blumen des Zeitungsstils' (1876), trifft Kürnberger eine andere Einteilung der Pressesprache: wie jede Fachsprache bestehe sie aus "zwei Elemente[n]: [...] Terminologie und Phraseologie" (Kü II, S. 8). Erstere setze sich aus den spezifischen technischen Ausdrücken einer bestimmten Zunft zusammen und sei notwendig. Letztere sei eine eigentlich überflüssige "Blumensprache" (Kü II, S. 8), die aber scheinbar im Spieltrieb des Menschen begründet liege und deshalb nicht zu verhindern sei.

Auch hier akzeptiert Kürnberger die Existenz eines eigenen Zeitungsstils. Er könnte sich sogar prinzipiell eine 'Phraseologie' vorstellen, die dem Leser Freude bereiten würde. Der bereits vorhandene Zeitungsstil sei jedoch nicht zum Lesevergnügen geeignet; im Gegenteil seien seine Phrasen "das Unpassendste, dem Geist und Sinn einer Zeitung Widersprechendste [...]" Kü II,S. 9). Der Widerspruch liegt laut Kürnberger darin, daß die Zeitungen aus dem liberalen Bürgertum entstanden sind und dieses vertreten sollen. Wenn die Journalisten jedoch nach Worten oder Metaphern suchten, die Nachdruck und Stärke zu vermitteln geeignet seien, würden sie oft die Sprache ihres "Feindes [verwenden]: des feudalen, mittelalterlichen Rittertums" (Kü II, S. 9). Als scheinbar einzige Alternative stünde ausgerechnet denen, die die Chance hätten, Bildung zu verbreiten, nur die "Sprache des Pöbels" (Kü II, S. 9) zur Verfügung.
Ederer schreibt dazu:

> "Die Abtötung der Phantasie und die Beschneidung der Reflexion schlagen zurück auf das Sprachvermögen. [...] Damit beginnt ein Kreislauf der Befestigung der Phrase, der Erstarrung der Sprache bis hin zum Verstummen."[114]

Die Journalisten hätten demnach nur die Wahl, den "ritterliche[n] Zeitungsstil oder de[n] pöbelhafte[n] Zeitungsstil" (Kü II, S. 9) zu verwenden. Kürnberger sieht auf der anderen Seite sehr wohl die Möglichkeit "einer starken und nachdrücklichen Sprache" (Kü II, 16) und verweist dabei auf Lessing[115], der einen lehren könnte, energisch zu sprechen

> "- auch ohne Lanzen zu brechen, Banner zu schwingen, in den Haaren zu liegen, in die Gesichter zu schleudern, sich in den Kot zu zerren und sich an den Pranger zu stellen." (Kü II, S. 17)

Lessing wird von Kürnberger auch noch an anderer Stelle als Heilmittel gegen eine phrasenhafte Sprache vorgeschlagen: im Feuilleton 'Zur Regelung der

---

[114] Ederer, S. 214. Zum Stichwort 'Phantasie' siehe auch Kap. 2.2.2.
[115] Vgl. Haacke 1971, S. 291.

Sprachprostitution' (1868) empfiehlt er "täglich eine Flasche Lessing" (Kü I, S. 91) als Gegengift zur Phrasenkrankheit.

Karl Riha weist im Bezug auf Kürnbergers Kritik an der Phraseologie der Presse darauf hin, daß hier hinter der Sprachkritik auch Gesellschaftskritik sichtbar werde: seine Kritik an einer scheinbar immer liberaler und bürgerlicher werdenden Gesellschaft, die aber - sich ihrer selbst nicht sicher - zwischen den Stühlen des alten Adels und der neuen Arbeiterschaft sitzt.

"Im sprachlichen Anachronismus ist gesellschaftlicher Anachronismus getreu festgehalten, - und das ist Kürnbergers wirklich schlagendes Argument in seiner Auseinandersetzung mit dem Journalismus seiner Zeit."[116]

Rossbacher sieht in diesem und in dem Feuilleton 'Zur Regelung der Phrasenprostitution (Kü I, S. 88-92) zwei wichtige Aspekte der Pressekritik Kürnbergers, die ihn in direkter Linie mit Karl Kraus verbinden: Kürnberger erkannte sowohl "das Talent der sprachlichen Phrase zur Lüge, [als auch] [...] die Tendenz klischierten Schreibstils, die Wirklichkeit zu vernebeln"[117].

Ein weiterer Punkt, den Kürnberger an der Presse auszusetzen hatte, war ihre Selbstzufriedenheit. Es mangle den Zeitungen an den Versuchen, Andersgesinnte durch ihre Artikel zu überzeugen. Sie würden sich damit begnügen, für Leser zu schreiben, die ohnehin dieselben politischen und gesellschaftlichen Überzeugungen hätten wie sie.

"In einer Zeitung hält eine gewisse Geistes- oder Gesinnungsgruppe einen Monolog mit sich selbst; das ist alles. Aber der Monolog ist unfruchtbar, fruchtbar ist nur der Dialog." (Kü I, S. 378)

Dieser Vorwurf Kürnbergers ist vor allem gegen die liberale Presse gerichtet, die viel zu wenig rhetorische 'Kämpfe' führe. Allerdings gibt Kürnberger resignierend zu, daß mit Zeitungen allein kaum jemand gewonnen werden könne. Der "klerikale Bauer" (Kü I, S. 381) würde einen liberalen Artikel ohnehin zerreißen, bevor er ihn zu Ende gelesen hätte. Das eigentliche Unglück bestehe somit darin, den politischen Diskurs überhaupt den Zeitungen überlassen zu haben.[118] Kürnberger schließt pessimistisch:

"Seit sich das liberale Bürgertum, entweder mit zufälliger Gedankenlosigkeit oder mit bewußter Feigheit, dazu verstehen konnte, den Ersatz des Wortes durch die Presse wie ein ebenbürtiges und selbstverständliches Äquivalent zu etablieren und die heiligsten Funktionen der Rede - der Maschine anzuvertrauen: seitdem gebe ich die Freiheit Europas auf." (Kü I, S. 382)

---
[116] Riha 1967, S. 18.
[117] Rossbacher, S. 89.
[118] Vgl. dazu Rossbacher, S. 83, 192/93, 432/33.

Mindestens genauso schlimm wie die Phraseologie und Selbstzufriedenheit der Presse scheint für Ferdinand Kürnberger die "Illustrationsmode" (Kü II, S. 425) gewesen zu sein. Er hielt nicht das geringste davon, daß Zeitungen (und auch Bücher) immer öfter illustriert wurden. Durch die Bilder würde einerseits den Lesern die Phantasie abgewöhnt und andererseits - im Fall der illustrierten Zeitungen - sogar das Lesen überflüssig. Daran würden sich die Käufer der Zeitungen so gewöhnen, daß schließlich "bloß das Gaffen interessant" (Kü II, S. 507) sei. Kürnbergers Fazit: "Das illustrierte Blatt ist der Übergang vom Lesen zum Nichtlesen." (Kü II, S. 507)

Faßt man die Aussagen Ferdinand Kürnbergers zur Sprache der Presse zusammen, so entsteht das Bild eines sehr differenzierten Zugangs zum Thema. Kürnberger stellte sich einerseits in die Tradition der Klassiker Goethe und Lessing, deren Deutsch er als überlegen und gleichzeitig gefährdet beschreibt. Andererseits wies er die Aktivitäten des Sprachpuristen von sich. Er hielt nichts von deren Versuchen, die Sprache zu reglementieren. 'Gutes Deutsch' könne man niemandem verordnen; entweder man bemühe sich freiwillig darum oder gar nicht: "Nur einer kann jetzt Purist sein, nämlich der Journalist selbst, der denkende Journalist an tonangebenden Blättern." (Kü II, S. 30) Kürnbergers Art war es nicht, vorzuschreiben, wie man zu sprechen habe, sondern die verschiedenen Charakteristika der modernen (Presse-)Sprache aufzudecken und auf ihre Hintergründe hinzuweisen. Er zeigte, wie durch Metaphern und Redewendungen einfache Dinge großartig oder heroisch erscheinen können- und wie dadurch die Leser manipuliert werden.

Nicht zu vergessen ist schließlich sein Sinn für Ästhetik. Er wünschte sich nicht nur eine korrekte, unverschleierte, sondern auch eine 'schöne' Sprache, "an der wir alle Freude haben könnten" (Kü II, S. 9). So ist auch sein Einwand gegen den Begriff 'Jetztzeit': "ein greulicher Zischlaut einer Schlangensprache würdiger als einer Menschensprache!" (Kü II, S. 20) Der (höchst utopisch erscheinende) Wunsch nach einer Sprache, die allen gefallen würde, läßt natürlich die Frage nach den Kriterien einer solchen Sprache entstehen. Kürnberger läßt diesen Punkt offen und bleibt - getreu den feuilletonistischen Prinzipien - bei seiner individuellen Sprachästhetik.

Kürnberger setzt der Rede- bzw. Schreibweise der Journalisten seine eigene Sprache entgegen, von der er "größte Anschaulichkeit"[119] fordert. Seine zum Teil satirischen[120] Feuilletons lesen sich wie spontane Einfälle, sind jedoch rhetorisch aufgebaut. Das Feuilleton 'Sprache und Zeitungen' (Kü II, S. 18-31) zum

---

[119] Riha 1967, S. 23.
[120] Zu Elementen der Satire in Kürbergers Feuilletons, siehe Bailey, S. 160; sowie Wildhagen, S. 178-180.

Beispiel beginnt mit einem Witz, der dann in einen Vergleich zwischen Vergangenheit und Gegenwart übergeht. Dabei wird die Gegenwart zunächst gelobt. Dieses Lob wird aber sofort wieder eingeschränkt - hier beginnt der eigentliche Hauptteil, die Kritik an der Zeitungssprache. Kürnberger behandelt zuerst die 'unschönen' Neologismen, dann die Grammatikfehler und schließlich die Phraseologie der Presse - wobei er sowohl die Länge des jeweiligen Abschnitts als auch dessen Eindringlichkeit immer mehr erhöht. Dann nimmt er sich kurz zurück, um mögliche Vorteile der neuen Schreibweise zu schildern, die aber, wie er betont, leider nicht realisiert würden. Zum Ende hin greift Kürnberger den Vergleich vom Beginn wieder auf. Dadurch kann er mit dem Appell schließen, weder den alten Ideen (hier des Sprachpurismus) noch dem neuen Sprachduktus zu verfallen, sondern sich selbst um eine gute Sprache zu bemühen.

Innerhalb dieser Struktur arbeitet Kürnberger mit rhetorischen Fragen, denen er seine eigenen Schlußfolgerungen anschließt. Dazu kommen ironische Kommentare, zum Teil auch unverhüllter Spott, dem dann wieder ernste Passagen folgen. Dadurch und durch seine Art, den Leser manchmal direkt anzusprechen und sehr häufig von der ersten Person Gebrauch zu machen[121], entsteht Kürnbergers sehr 'lockere' Sprache; sie erweckt beim Leser den Eindruck, er wäre beim Nachdenkprozeß des Autors direkt dabei, könne miterleben, wie dieser seine Gedanken entwickelt. Auch die Beispiele für die Pressesprache, die Kürnberger nennt, wirken, als wären sie ihm spontan eingefallen. Hierfür gilt somit - wenn auch nicht ganz so ausgeprägt -, was Wildhagen speziell über die politischen Feuilletons schreibt:

> "Die feuilletonistische Reflexion prägt sich damit nicht als ein dem logischen Argumentationsgang nachgeordnetes Nachdenken aus, sondern als ein plötzliches 'Aufschießen' und 'Wuchern' von Ideen, Gedanken, Bildern und Vorstellungen des Feuilletonisten"[122]

Ferdinand Kürnberger ist allerdings auch niemand, der die Sprache der Zeitungen einfach nur verdammt. Nach Kühnels Ansicht bemerkt Kürnberger nicht nur die Fehler, sondern auch "die Funktion und den Nutzen des modernen Journalismus"[123]. Hannelore Ederer beschreibt Kürnbergers Haltung als eine Kombination von "Kritik und Verständnis"[124] und sieht hierin einen wichtigen Unterschied zu Karl Kraus, dessen Haltung gegenüber der Presse von sehr viel mehr Vehemenz geprägt gewesen sei.[125]

---

[121] Vgl. Bailey, S. 160.
[122] Wildhagen, S. 170.
[123] Kühnel, S. 4.
[124] Ederer, S. 209.
[125] Ederer, S. 209/210. Zu Karl Kraus, siehe Kapitel 2.2.2.

2.1.3 Satirischer Spaziergänger: Daniel Spitzer[126]

2.1.3.1 Verbindungslinien zu Kürnberger und Kraus

Daniel Spitzer (1835-1893) läßt sich in vieler Hinsicht als 'Kollege' Kürnbergers bezeichnen, mit dem er auch befreundet war[127]. Im Gegensatz zu Kürnberger, den Rossbacher als "gesellschaftlich kaum zu vereinnahmenden, ruppigen Einzelgänger"[128] bezeichnet, beschreibt Max Kalbeck Spitzer als einen "der liebenswürdigsten, heitersten und harmlosesten Gesellschafter, der über die geringste ihm erwiesene Aufmerksamkeit gerührt war [...]."[129]

Wie Kürnberger schrieb Spitzer Feuilletons: die bei den Lesern sehr beliebten[130] 'Wiener Spaziergänge'; von 1865 bis 1871 für die 'Presse' (zuerst im Lokalteil, ab 1866 im Hauptblatt), von Ende 1871 bis Herbst 1873 für die 'Deutsche Zeitung', von November 1873 bis April 1892 (zuletzt wegen seiner sich verschlechternden Gesundheit immer unregelmäßiger) für die 'Neue Freie Presse'- hier allerdings wieder im Lokalteil.[131]

1868 schließt er einen 'Spaziergang', der die große Anzahl neuer Ministerkandidaten zum Thema hat, mit einer Überlegung zur Eigenart des Feuilletonisten:

> "Mir als Feuilletonisten kann unter den Ministern keiner sympathischer sein, als der Minister ohne Portefeuille [wörtl. 'Aktenmappe', hier Geschäftsbereich eines Ministers]. Er ist der Spaziergänger unter den Ministern, jedes Ressort ist das seinige, sein

---

[126] Verwendete Ausgaben: Spitzer Daniel: Wiener Spaziergänge. I-III. München/Leipzig: Müller 1912-14 (= Daniel Spitzer. Gesammelte Schriften. Hrsg. v. Max Kalbeck u. Otto Erich Deutsch. Bd. I - III). Spitzer, Daniel: Letzte Wiener Spaziergänge. Mit einer Charakteristik seines Lebens u. seiner Schriften hrsg. v. Max Kalbeck. Wien: Verlag d. Lit. Gesellschaft 1894. Spitzer, Daniel: Wiener Spaziergänge. Hrsg. v. Walter Obermaier. 3 Bde. Wien: Edition Wien 1986-88.

[127] Nöllke, S. 81. Spitzer bezieht sich z.B. im Feuilleton 'Das Gebetsgeschäft' (19. 7. 1869) auf Kürnberger: "Ferdinand Kürnberger sagt in seinem Roman 'Der Amerika-Müde' von den Amerikanern, um deren Geschäftsgeist zu kennzeichnen: "Jedes Haus ein Markt, jedes Wort ein Geschäft."" (Spitzer I, S. 190)

[128] Rossbacher, S. 83.

[129] Kalbeck, Max: Daniel Spitzers Leben und Schriften. In: Daniel Spitzer. Gesammelte Schriften. Bd. 1. Hrsg. v. Max Kalbeck u. Otto Erich Deutsch. München/Leipzig: Müller 1912. S. 48. Vgl. auch Nöllke, S. 104/105. Hier deutet sich bereits eine Verbindung zu Karl Kraus an, der ebenfalls als im privaten Bereich ganz 'unsatirisch' liebenswürdig und tolerant beschrieben wird. Vgl. dazu Timms, Edward: Karl Kraus. Satiriker der Apokalypse. Leben und Werk 1874-1918. Wien: Deuticke 1995. S. 244-248.

[130] Bailey, S. 157.

[131] Nöllke, S. 72-75; sowie Obermaier, Walter: Zur neuen Ausgabe. Vorwort zu: Daniel Spitzer. Wiener Spaziergänge. Bd. 1. Hrsg. v. Walter Obermaier. Mit einem Nachwort von Reinhard Tramontana. Wien: Edition Wien 1986. S. 7.

eigentliches Ressort aber ist das Nichts. Der Feuilletonist kann nie die Rolle des Mannes des Leitartikels, des kleinen Capitalisten, des Recensenten spielen, aber er kann alle Rollen zugleich spielen; sobald sich über eine Sache nichts sagen läßt, fängt seine Wirksamkeit an, er ist unter den Journalisten - der Journalist ohne Portefeuille." (Spitzer WS 2, S. 135)

Ein Feuilletonist beschäftigt sich somit nach Daniel Spitzers 'Definition' mit allem, was ihm täglich begegnet, was gerade aktuell ist; er läßt sich auf kein bestimmtes Gebiet festnageln. Dies paßt auch in das Bild des 'Spaziergängers', der durch Wien schlendert und sich von dem inspirieren läßt, was er dabei beobachten kann.

Für Hubert Lengauer ist Spitzer der Beweis für die Fähigkeit des Liberalismus zur Selbstkritik.[132] Im Vergleich mit Kürnberger stellt Wildhagen Spitzer in einem Punkt über jenen: Im Gegensatz zu Kürnberger habe Spitzer auch den liberalen Untergangstopos durchschaut und, z.B. im Feuilleton 'Der Zerfall Österreichs, Graf Beust und andere Kleinigkeiten', (18. 9. 1870; Spitzer I, S. 394-356) "dem satirischen Spott preisgegeben"[133]. Ähnlich wiederum sei ihre Einstellung zu den nicht-deutschen Völkern der Habsburgermonarchie gewesen.[134] Kalbeck bezeichnet Spitzer im Vorwort zu dessen 'Gesammelten Schriften' als "gute[n] Deutsch-Österreicher und eifrige[n] Zentralist[en]"[135], Rossbacher sieht in ihm ein Beispiel der "kulturimperialistische[n] Gestik der Deutschliberalen"[136].

Ebenso wie Kürnberger wurde Spitzer von Karl Kraus hoch geschätzt. Schon 1906 stellte dieser fest: "Wenn die Wiener Journalistik auf eine Erinnerung stolz zu sein hätte, so wäre es die an Daniel Spitzer." (F 98, S. 20) Anläßlich Spitzers hundertstem Geburtstags spricht Kraus davon, "dem Andenken des österreichischen Satirikers Ehre [zu] erweisen, dem wir, nach Nestroy, im Gebiete der Sprachsatire und lyrischen Prosa keinen größeren und stärkeren anzureihen wüßten" (F 912-915, S. 4). An anderer Stelle nennt er ihn einen "großen Stilisten" (F 912-915, S. 9). Walter Obermaier schreibt im Vorwort des ersten Bandes der von ihm herausgegebenen Sammlung Spitzer'scher Feuilletons: "Anerkennende Äußerungen über Spitzer [...] macht Kraus von 1899 bis 1936 und sie werden durch keinerlei Einschränkungen relativiert."[137]
Trotzdem, oder gerade deshalb hat Karl Kraus das Angebot, Spitzers Nachfolger bei der 'Neuen Freien Presse' zu werden, abgelehnt - obwohl ihm Maximilian

---

[132] Lengauer 1977/78, S. 70.
[133] Wildhagen, S. 180.
[134] Wildhagen, S. 164.
[135] Kalbeck, S. 20.
[136] Rossbacher, S. 456. Vgl. auch Nöllke, S. 177-189.
[137] Obermaier, S. 5.

Harden, in dem Kraus zu Anfang noch so etwas wie ein Vorbild sah, gerade Spitzers Position als anzustrebendes Ziel genannt hatte.[138] Kraus gibt später in der Fackel zu, auch wirklich eine Zeitlang auf eine Stelle bei der 'Neuen Freien Presse' gehofft zu haben (F 5, S. 6/7); als die Einladung, Spitzers Rubrik zu übernehmen, schließlich tatsächlich eintraf, hätte er sich jedoch bereits innerlich weit von dieser Zeitung distanziert:

> "Ich wollte [...] erst annehmen, wenn wir, ich und der Herausgeber, genau in Erfahrung zu bringen vermöchten, ob Daniel Spitzer heute in die Redaction der 'Neuen Freien Presse' einzutreten gesonnen wäre. Mit voller Sicherheit war dies nicht zu eruieren, und als der Allgewaltige die redactionellen Streichungen, aufzuzählen begann, 'die selbst Spitzer sich gefallen lassen musste', glaubte ich, das Freiheitsbedürfnis des Todten nicht besser respectieren zu können als durch eine stricte Absage...[...] Es gibt zwei schöne Dinge auf der Welt: Der 'Neuen Freien Presse' angehören oder sie verachten. Ich habe nicht einen Augenblick geschwankt, wie ich zu wählen hätte." (F 5, S. 11)[139]

Kraus sah in der 'Neuen Freien Presse' nicht den Ort, an dem er seine Vorstellung von einem "moralische[n] Amt des Journalisten"[140] hätte verwirklichen können. Indem er die Behauptung aufstellt, Daniel Spitzer hätte unter diesen Bedingungen auch nicht mehr für die 'Neue Freie Presse' geschrieben, verbindet Kraus' seine Absage mit einem Kompliment an Spitzer - wodurch die Kritik an der Zeitung noch verschärft wird.

Durch die Absage an die 'Neue Freie Presse' erhielt sich Kraus seine Unabhängigkeit gegenüber dem Wiener Journalismus - im Gegensatz zu Spitzer, der, wie Reinhard Tramontana es formuliert, "system-immanent"[141] geblieben war. Tramontana fügt Kraus' Begründung noch die Überlegung hinzu, Kraus hätte sich auch gescheut, in direkte Konkurrenz zu Spitzer zu gehen:

> "würde er [...] imstande sein, rein technisch zu leisten, was Spitzer geleistet hatte? Einem großen, breit gefächerten Publikum dreißig Jahre lang Woche um Woche Vorgänge als Geschehen einzufangen, die Distanz zwischen Meilensteinen mittels eines Spaziergangs zu markieren? Karl Kraus, weiß Gott nicht kleinmütig und selbstunsicher, ließ es nicht darauf ankommen: indem er noch Größeres [die 'Fackel'] vorhatte, entzog er sich der Gelegenheit, sich mit Großem zu messen."[142]

---

[138] Bilke, Martina: Zeitgenossen der 'Fackel'. Mit einem Vorwort von Sophie Schick. Wien: Löcker 1981. S. 16.
[139] Vgl. Obermaier, S. 5; sowie Tramontana, Reinhard: Daniel Spitzer, ein Kolumnist. Nachwort zu Spitzer, Daniel: Wiener Spaziergänge. Bd. 1. Hrsg. v. Walter Obermaier. Wien: Edition Wien 1986. S. 227/228.
[140] Lengauer 1977/78, S. 76.
[141] Tramontana. S. 235.
[142] Tramontana, S. 228.

Eine zusätzliche Verbindungslinie zwischen Kürnberger und Spitzer- neben Beruf, politischer Einstellung und einer gewissen Vorbildwirkung auf Karl Kraus- besteht in der relativen Unbekanntheit beider beim heutigen Publikum. Spitzers Werk ist, ebenso wie Kürnbergers, nicht leicht zu beschaffen, die meisten Ausgaben stammen noch aus der Jahrhundertwende (eine Ausnahme bilden hier die 'Spaziergänge', die Walter Obermaier herausgegeben hat).[143]

In der Frage des schriftstellerischen Selbstverständnisses weicht Daniel Spitzer etwas von Kürnberger ab. Zwar sehnte auch er sich nach einer größeren Anerkennung als Dichter und hatte ebenfalls Pläne, neben seinen Novellen einen Roman zu verfassen[144], doch stellte er sich in keinen ganz so großen Gegensatz zum Journalismus, wie Kürnberger es (besonders bezüglich der Sprache) hin und wieder tat.

Spitzer trennt sehr stark einerseits zwischen seinem Selbstverständnis als Feuilletonist und dem des Nachrichtenjournalismus und der Leitartikel 'über dem Strich' und andererseits zwischen der liberalen und der offiziellen bzw. der offiziösen Presse. Spitzer erklärt an einer Stelle, "daß ich keine Zeitung bin" (Spitzer II, S. 271) - er fühlt sich nur für den Teil 'unter dem Strich' zuständig und verantwortlich. Er ist der "Journalist ohne Portefeuille" (Spitzer, WS 2, S. 135), "einer von den wenigen, welche die Journalistik nicht fürchten, denn wenn es finster wird, schreibe ich selbst in die Zeitung" (Spitzer, II, S.31/32). Max Kalbeck schreibt, Spitzer habe das Feuilleton als einen Artikel betrachtet, "der nicht in die Zeitung gehöre und doch darin stehe"[145]. Die Trennung zwischen den liberalen Zeitungen, die er hin und wieder sogar verteidigte[146], und den offiziellen ('Wiener Zeitung'/'Wiener Abendpost') bzw. offiziösen (z.B. 'Wiener Tagblatt') Blättern[147], die er verspottete[148], war aber nicht immer gegeben: Spitzer brachte sich gelegentlich auch in Gegensatz zu der Haltung der Redaktion der Zeitung, für die er selbst schrieb. Kalbeck schreibt, daß es geschehen konnte,

> "daß er mit der Tendenz des Blattes, an welchem er mitarbeitete, in Widerspruch geriet, und Ludwig Speidel mußte ihm einmal ein Feuilleton zurückschicken, weil die Leitartikel ungefähr das Gegenteil von dem sagten, was die 'Spaziergänge' enthielten."[149]

---

[143] Vgl. Nöllke, S. 73/74, 76-78, 313/314 (Literaturverzeichnis); Obermaier, S. 5; sowie Rossbacher, S. 480.
[144] Kalbeck, S 40-42.
[145] Kalbeck, S. 42.
[146] Vgl. z.B. zum Thema Konfiskation: Spitzer III, S. 57-62 (Vgl. dazu auch Kü I, S. 253-58); sowie Spitzer LWS, S. 253/54.
[147] Zur Orientierung der Wiener Zeitungen, siehe Nöllke, S. 45-66.
[148] Vgl. u.a. Spitzer II, S. 42, 273/74; Spitzer WS 1, S. 192.
[149] Kalbeck, S. 52.

Andererseits schlägt sich Spitzer auch hin und wieder ganz auf die Seite der Presse, wenn er z.B. an die Empfindlichkeit öffentlicher Personen (bzw. deren Anhänger) denkt:

> "Das Los der österreichischen Journalistik ist kein beneidenswertes. Wird in einer Notiz über das Theater in Leitomischl die Aussprache des ersten Liebhabers getadelt, und erzählt, daß er die erste Liebhaberin regelmäßig anstatt 'mein Röslein', 'mein Rößlein' anspreche, so sagen alle ersten Liebhaber von Leitomischl bis Napagedl, die österreichische Journalistik sei noch nicht reif für die Preßfreiheit; [...]." (Spitzer I, S. 69)[150]

Auch beschäftigt sich Daniel Spitzer in seinen Feuilletons weniger explizit mit der Pressesprache als Kürnberger es getan hatte. Spitzers Kommentare zur Pressesprache sind meist nicht zu eigenen Feuilletons zusammengefaßt. Sie finden sich vielmehr geradezu beiläufig in Feuilletons, die zum Beispiel ein aktuelles Ereignis behandeln, und in denen Spitzer auch über bestimmte Phrasen der offiziellen Presse spottet.

2.1.3.2 Sprachkritisches über die Presse in Spitzers Feuilletons

Eines der wenigen Feuilletons, dessen Hauptthema der Rubrik 'Sprachkritik' zuzuordnen ist, ist das Feuilleton über 'Die Zeitungsnotiz' aus dem Jahr 1867 (Spitzer WS 2, S. 8-10). Der Hauptkritikpunkt Spitzers an diesen kurzen (dreizeiligen) Meldungen ist, daß der aufgeregte und wichtige Ton der Sprache, in der sie verfaßt seien, in keiner Beziehung zu ihrer inhaltlichen Bedeutung stehe. Spitzer verspottet besonders die häufigen Meldungen, eine berühmte Person sei in Wien an- oder aus Wien abgereist:

> "es gibt Persönlichkeiten, von denen man immer und immer wieder, aber nichts weiter liest, als daß sie aus Linz angekommen oder nach Preßburg abgereist sind, man weiß nicht, wer und was sie sind, aber sie treffen in jeder Woche glücklich aus Prag hier ein und gehen regelmäßig mit dem Schnellzuge nach Brünn ab - [...]. Erst wenn sie gestorben sind, erfährt man, daß sie einen neapolitanischen Orden gehabt haben, und daß die Zeitungen deßhalb deren Reisetagebuch so genau geführt haben." (Spitzer WS 2, S. 10)[151]

Durch eine solche Zeitungsnotiz hat der unkritische Leser den Eindruck, soeben von etwas Wichtigem informiert worden zu sein - die Meldung weckt somit ein Gefühl des 'Bescheidwissens' und der Wichtigkeit im Leser; man könnte viel-

---

[150] Vgl. auch Spitzer WS 2, S. 125-28; sowie Spitzer LWS, S. 184-185.
[151] Zur Leichtigkeit, mit der wichtige Persönlichkeiten in die Zeitung kommen, vgl. auch Spitzer III, S. 335.

leicht sogar soweit gehen zu behaupten, die Zeitungsnotiz stelle die Leser mit unwichtigen Informationshappen ruhig.
Spitzer verspottet diese Kürzestmeldungen auch als

> "das Brouillon [erster schriftlicher Versuch, Skizze], welches Klio [die Muse der Geschichtsschreiber] entwirft, bevor sie zu einer größeren 'Conceptsarbeit' schreitet; die Zeitungsnotiz klagt an und vertheidigt; sie spricht mit der beredten Kürze des Tacitus und verurtheilt unerbittlich wie dieser mit einem Worte; in einer 'dreimal gespaltenen Petitzeile' sagt sie mehr als im Leitartikel, der 'auf die andere Seite geht', [...]." (Spitzer WS 2, S. 10)

Hier spricht Spitzer noch einen weiteren Kritikpunkt an: dort, wo sogar die Zeitungsnotiz eine eventuell bedeutsame Meldung beinhalten könnte, disqualifiziert sie sich durch ihre Kürze selbst. Sie ist im Grunde nichts als eine Überschrift, ein Entwurf, der aber nicht ausgearbeitet wird - der aber trotzdem ein Urteil über das betreffende Ereignis enthält.

Nur Spott hat Daniel Spitzer auch für 'Nachrichten' übrig, die ganz eindeutig nur das Vergnügen der Leser an leicht Anrüchigem oder Gefährlichem bedienen sollen: "'Zwei Strolche überfielen gestern Abends einen in ein Pissoir eintretenden Herrn in räuberischer Absicht', so lautet die Nachricht, welche in dieser Woche von den Wiener Journalisten gebracht wurde." (Spitzer WS 2, S. 8)

Außerdem hält Spitzer sehr wenig von der Art, in der über Prominente geschrieben wird. So beschwert er sich anläßlich der Lektüre eines Nekrologs über einen (Möchtegern-)Künstler: "und manche dieser Nachrufe waren in einem Reclamestile abgefaßt, als wenn der Verstorbene nur eine 'Kunstreise' in das bessere Jenseits unternommen hätte." (Spitzer LWS, S. 126).

Diesen Hang zum vorschnellen Urteil auf der einen Seite und die Gier nach Nachrichten über 'wichtige' (also prominente) Persönlichkeiten oder über 'skandalöse' Ereignisse auf der anderen Seite, gepaart mit einem Tonfall der Aufregung, scheint für Spitzer ein wichtiges Merkmal seiner Zeit zu sein: für ihn ist die Zeitungsnotiz "Die Culturgeschichte der Gegenwart" (Spitzer WS 2, S. 8).

Auch Karl Kraus sollte später über Zeitungsnotizen spotten, die zum Beispiel so unendlich Wichtiges wie die Tatsache protokollierten, daß "Fürstin Wilhelmine Schwarzenberg, geborene Prinzessin von Oettingen-Oettingen und Oettingen-Wallenstein, die Witwe nach dem vor zwei Jahren verstorbenen Fürsten Karl Schwarzenberg und Mutter des Fürsten Karl Schwarzenberg und des Reichstagsabgeordneten Prinzen Dr. Friedrich Schwarzenberg" (F 213, S. 18) auf der Treppe gestürzt war und sich am Fuß verletzt hatte. Kraus unterstreicht das Lächerliche dieser Meldung noch dadurch, daß er anschließend auf Schillers 'Wallenstein' anspielt und meint, daß dort eine Prinzessin (gemeint ist Thekla, die Tochter Wallensteins) doch etwas mehr zu leiden hatte.

Obwohl aus diesem und anderen Feuilletons klar hervor geht, daß Spitzer die Erscheinungen, die er beschrieb, alles andere als positiv bewertete, erhob er jedoch nie den moralischen Zeigefinger. Er spottete, aber er belehrte oder ereiferte sich nicht. Tramontana beschreibt Spitzers Methode folgendermaßen: "er hat nicht gegeißelt, nichts angeprangert, nichts verschrien. Er hat aber auch nichts bemäntelt, keine Torheit verschwiegen, kein Unrecht unterdrückt - [...]."[152] Er sei, wieder im Gegensatz zum wütenden Kraus, ein "Aufblattler verräterischer Umstände"[153]. Obermaier schreibt dazu: "Der Satiriker Daniel Spitzer propagiert kein Programm, er verkündigt keine Moral, sondern sein moralischer Anspruch zielt auf einen beim Leser erwarteten Bewußtwerdungsprozeß, [...]."[154] An anderer Stelle nennt Obermaier es ein Charakteristikum der Spitzer'schen Satire, daß sie "nicht angriff, sondern bloßlegte"[155].

Allerdings mußte Spitzer gegen Ende seines Lebens erkennen, daß bestimmten Phänomenen mit Satire nicht beizukommen war - eine Erfahrung, die sich für Karl Kraus mit Hitlers Machtergreifung, auf tragische Weise gesteigert, wiederholen sollte.

Satire sei nur dort möglich, wo sich Leute blamieren und so verspottet werden können. Nöllke schreibt dazu:

> "Doch ist diese Blamage an einen verbindlichen Normenkodex gebunden. Wer diesen Normenkodex absichtlich durchbricht oder ihn sogar beseitigen will, ist in den Augen der anderen vielleicht ein Verbrecher, aber er blamiert sich nicht. In den letzten Spaziergängen erklärt Spitzer wiederholt die Politik für nicht mehr satirefähig."[156]

Der Illusion, die Gesellschaft durch seine Feuilletons wirklich zu bessern, hatte Spitzer sich laut Walter Obermaier aber ohnehin niemals hingegeben, dazu sei er "Skeptiker und Realist genug"[157] gewesen.

In einer Reihe von Feuilletons schreibt Spitzer über die Schwierigkeiten, mit denen ein Feuilletonist zu kämpfen hat. Er thematisiert damit die Gattung Feuilleton innerhalb ihrer selbst[158].

---

[152] Tramontana, S. 229.
[153] Tramontana, S. 235.
[154] Obermaier, S. 8.
[155] Obermaier, Walter: Von Daniel Spitzer zu Karl Kraus. Witz und Satire in den letzten Dezennien der Donaumonarchie. In: Das Zeitalter Kaiser Franz Josephs. 2. Teil: 1880-1916. Wien 1987. S. 220.
[156] Nöllke, S. 99. Vgl. Ederer, S. 397/398; siehe Kap. 2.2.2.4 u. 2.4.
[157] Obermaier, Walter: Mit Spitzers Feder. Daniel Spitzers 'Wiener Spaziergänge'. In: Ein Stück Österreich: 150 Jahre 'Die Presse'. Wien: Holzhausen 1998. S. 165.
[158] Siehe auch Spitzer I, S. 282, sowie Spitzer II, S. 36/37. Vgl. dazu in Kap. 2.2.1.2: Mauthners (sowie Kürnbergers) Beschreibung der Feuilletonisten.

In 'An den Herrn Redacteur des *Local-Anzeiger* der *Presse*' (1866) (Spitzer WS 1, S. 147-49) beklagt er sich darüber, kein Thema zu finden, über das es ihn zu schreiben reize, und keine Lust zu haben, nur um des Schreibens willen zu schreiben. Da er die Beschreibung seines Problems aber genau auf Feuilletonlänge ausdehnt, hat er schließlich doch etwas für den "Herr[n] Redacteur" (Spitzer WS I, S. 149) - und hat gleichzeitig betont, wie viele Gedanken er (man kann wohl ergänzen: im Gegensatz zu seinen Kollegen) sich über seine Feuilletons zu machen pflegt.[159] Auch nach seinem Wechsel zum Hauptblatt, den er in einem Feuilleton damit begründet, von den Skandal- und Kriminalgeschichten schon ganz krank geworden zu sein (Spitzer WS 1, S. 175-177 bzw. Spitzer I, S. 86-90), berichtet Spitzer über die Widrigkeiten des Feuilletonschreibens: besonders mache ihm zu schaffen, daß wohlmeinende Freunde ihm immer wieder Witze oder Begebenheiten erzählen, von denen sie meinen, er könnte sie für ein Feuilleton brauchen (Spitzer WS 1, S. 197-199).

Wo Spitzer Sprachkritik übt, ist sie nach Heringers Schema eindeutig dem dritten Strang, der Textkritik zuzuordnen. In Peter von Polenz' Einteilung ist die Zuordnung nicht ganz so klar. Einerseits passen Spitzers Feuilletons ins Gebiet der Sprachbrauch-Kritik. Andererseits lassen sich auch Stellen finden, die man als Sprachverwendungs-Kritik (also Kritik an bestimmten Sätzen bestimmter Sprecher) auffassen könnte. Von Polenz nennt Karl Kraus mit seiner 'Fackel' ein "berühmtes, aber wohl einzigartiges Beispiel"[160] für die publizistische Form der Sprachverwendungs-Kritik, die "für den Sprachkritiker selbst juristisch oder politisch gefährlich werden kann"[161].

Doch auch bei Spitzer, von dem Lengauer schreibt, er sei "ein würdiger Vorgänger des *Karl Kraus*"[162], lassen sich Stellen finden, an denen er Sätze ganz bestimmter Presseorgane wörtlich zitiert und sich über deren Verfasser lustig macht. Ein Beispiel dafür ist das Feuilleton 'Die Dummheit, Beckmann und die deutsche Fortschrittspartei' aus dem Jahr 1866 (Spitzer WS 1, S. 182-184). Spitzer nennt hier die 'deutsch-liberale Fortschrittspartei', deren Parteiorgan 'Zukunft' und speziell dessen Feuilletonisten Kletzinsky als Objekt seines Spottes. Kletzinsky habe für seinen Artikel über das Parteiprogramm den Titel "Das Programm oder der Tod" (Spitzer WS 1, S. 184) gewählt. Spitzer meint dazu:

> "Es ist keine Kunst, die Leute deutsch-föderal zu machen, wenn man ihnen keine andere Wahl läßt als zwischen Programm und Tod, [...]. Aber Herr Kletzinsky versuche es nur einmal 'Das Programm oder eine Flasche Bier' anzubieten, und er wird sehen,

---

[159] Zu Spitzers Arbeitstechnik, siehe Nöllke, S. 90-95.
[160] Polenz, Sprachkritik, S. 71.
[161] Polenz, Sprachkritik, S. 71. Siehe auch Kap. 2.2.2.
[162] Lengauer 1977/78, S. 70.

wie wenige Anhänger sein Programm erhalten, ja daß es vielleicht die verlieren wird, die es bereits hat." (Spitzer WS 1, S. 184)

Spitzer macht sich hier über das Pathos des Partei-Journalisten lustig, indem er einen Teil der Phrase gegen etwas so Alltägliches wie 'eine Flasche Bier' austauscht. Das funktioniert natürlich nur, weil Spitzer so tut, als sei die Phrase 'das Programm oder der Tod' eine Frage im normalen Sinne und kein rhetorisches Element. Ähnlich wie Kürnberger es bei der 'unberechenbaren Tragweite' getan hat, nimmt Spitzer die Formulierung scheinbar wörtlich, um zu zeigen, daß sie auf der alltäglichen Ebene völlig lächerlich ist und demnach nur der rhetorischen Effekthascherei dient.

Im selben Feuilleton verspottet Spitzer auch die von Kletzinsky verwendete Metaphorik: Dieser hatte Spitzer vorgeworfen, "der Partei mit seiner schwachgrädigen kaustischen Lauge den föderalen Pelz" (Spitzer WS 1, S.184) zu waschen, und ihm "'die sanitäts-polizeiliche Versicherung gegeben, daß an dem föderalen Pelze die Farbe zu echt, die Widerhaarigkeit zu groß und die Haut zu zäh ist, als daß er mit der Laugenessenz seines Spottes rentable Experimente dortanstellen könne'" (Spitzer WS 1, S. 184).
Kletzinsky verwendet hier nicht nur eine einzelne Metapher, sondern versucht seine ganze Aussage - daß er und seine Partei (= der 'föderale Pelz') über Spitzers Sarkasmen (= der 'schwachgrädigen kaustischen Lauge') stünden und dieser nichts bewirken würde (= das 'Waschen' nichts bringe) - in eine Art Fabel zu verpacken, die sich um die Redewendung 'jemandem das Fell gerben' dreht. Kletzinsky empfindet Spitzers Angriffe somit wohl als Versuch, ihn verbal zu verprügeln.

Spitzer wiederum spottet über die versuchte Verspottung seiner Feuilletons:

> "Ich bin nun mit dem Gerbergeschäfte zu wenig vertraut, um hier sachliche Einwendungen machen zu können, ich verstehe nichts davon, ob es wirklich so 'rentabel' ist, einen 'widerhaarigen Pelz' mit einer 'schwachgrädigen kaustischen Lauge zu waschen', und ob es in den Wirkungskreis der 'Sanitäts- Polizei' gehört, auf die Rentabilität von Laugenessenz-Experimenten aufmerksam zu machen." (Spitzer WS 1, S. 185)

Der Feuilletonist macht seinen Gegner lächerlich, indem er dessen Wortspiel aufgreift und durch das Setzen in Anführungszeichen parodiert. Spitzer muß gar nicht explizit schreiben, was er von der Metaphernkette hält.[163] Seine Art, Klet-

---

[163] Eine andere Metapher verspottet Spitzer anläßlich der Thronbesteigung König Alfons XII: In der Zeitung stehe, der neue König von Spanien habe "das Zepter 'mit reinen Händen'" (Spitzer II, S. 260) ergriffen. Spitzer meint dazu, man könne ebenso schreiben, "daß Alfonso den Thron mit reinen Füßen bestiegen habe, indem, [...], die Nachricht von

zinsky zu zitieren, ist bereits Spott genug. Diese Technik, die auch Kürnberger (z.B. im Feuilleton 'Blumen des Zeitungsstils') verwendet hatte, ist eine weitere Verbindungslinie zu Karl Kraus - ebenso wie Spitzers peinlich genaue Arbeitsweise[164].

Es lassen sich noch mehr Stellen finden, an denen Daniel Spitzer eine bestimmte Zeitung explizit angreift: so kritisierte er 1869 die auf den Konflikt in Dalmatien bezogene nichtssagende Floskel "ein betrübendes Ereignis" (Spitzer I, S. 311) aus der 'Wiener Abendpost'. Für ihn ist die Formulierung nichts als eine leere Phrase, die verheimlichen soll, daß die Zeitung nicht genau weiß, was wirklich in Dalmatien vor sich geht (Spitzer I, S. 311).

Im Dezember 1887 beschwerte er sich darüber, daß die Berliner Zeitung 'Post' einen möglichen Krieg zwischen Rußland und Österreich in "idyllischer Weise" (Spitzer LWS, S. 136) beschreibt, nämlich von der "Morgensonne eines russisch-österreichischen Krieges" (Spitzer LWS, S. 136) spricht. Auch hierin ist Spitzer ein Vorläufer Karl Kraus', der während es Ersten Weltkriegs unter anderem die Diskrepanz zwischen romantischer Kriegsverherrlichung und grausamer Kriegsrealität geißeln sollte.

An anderer Stelle schließlich spottet Spitzer über die Unfähigkeit der Presse, ein Ereignis zu beurteilen. Durch den übertriebenen Umgang mit wohlklingenden Phrasen sei den Journalisten die Fähigkeiten zu analysieren und zu formulieren abhanden gekommen. (Gleichzeitig nimmt Spitzer auch das österreichische Titelwesen aufs Korn, das sich seiner Ansicht nach auch durch Inflation auszeichnet.)

> "Ich mußte lachen, daß die offiziöse 'Politische Korrespondenz' jenen Artikel in der Grazer 'Tagespost' eine 'schwer qualifizierbare Verdächtigung' und an demselben Tage die offiziöse 'Wiener Abendpost' die Rundschreiben der Türkei über die angeblichen Grausamkeiten unserer Truppen in Bosnien 'unqualifizierbare Aktenstücke' nannte. Man geht eben bei uns mit der Verleihung von Titeln so verschwenderisch um, daß man für die wichtigen Dinge keinen Titel mehr übrig hat und weder einen Zeitungsartikel noch ein offizielles Aktenstück zu qualifizieren vermag." (Spitzer III, S. 337/38)[165]

Max Kalbeck nennt als Ziele der Spitzer'schen Kritik "die stereotypen Zunftausdrücke der journalistischen Handwerker, die löschpapierenen Redeblumen der Leute, welche á la Schmock um billiges Geld einen kostbaren Stil schrei-

---

[164] seiner Erhebung erfuhr, als er gerade ein Fußbad nahm" (Spitzer II, S. 260). Siehe Kalbeck, S. 48; sowie Nöllke, S. 90/91. Zur Arbeitsweise von Karl Kraus, siehe Timms, S. 249/50.

[165] Ähnliche Vorwürfe hatte auch schon Ferdinand Kürnberger bezüglich der Verwendung des Wortes 'angezeigt' in 'Sprache und Zeitungen' (1866) erhoben (Kü II, S. 24).

ben".¹⁶⁶ In einem Feuilleton vom Mai 1888 schreibt Spitzer zum Beispiel auch über Frühlingsgefühle und darüber, daß es einem der "journalistische Anstand" (Spitzer LWS, S. 180) verbiete (oder verbieten solle), der "gehobenen Stimmung in gebundener Sprache Ausdruck zu geben" (Spitzer LWS, S. 180). Klischeehafte Ausbrüche oder gar Versuche in Poesie seien also um der Leser willen zu vermeiden.

Spitzer kritisierte aber nicht nur übertrieben klingende Phrasen; Eintönigkeit lehnte er genauso ab. Im Feuilleton 'Herbst' (24. 9. 1871) wirft Spitzer der 'Wiener Abendpost' einen langweiligen Stil vor: "Die Zeit vergeht so schnelle, wenn man nicht gerade einen Artikel der 'Wiener Abendpost' liest." (Spitzer II, S. 42) Das Ziel dieser Zeitung scheine es zu sein, "die Feinde der Regierung einzuschläfern" (Spitzer II, S. 42).

Spitzer läßt sich somit durchaus in das Gebiet der Sprachverwendungs-Kritik einordnen. Kalbeck beschreibt es sogar als wichtigen Schritt in Spitzers Entwicklung als satirischer Feuilletonist, daß er aufhörte, immer nur dem "geduldigen, weil unempfindlichen Typus zu Leibe"¹⁶⁷ zu rücken, und statt dessen dazu überging "die Sache in der Person zu treffen"¹⁶⁸ - im Gegensatz zu Kürnberger, der in seiner Sprachkritik stets das umgekehrte Prinzip verfolgt hatte.

Spitzers eigene Sprache ist jeweils sehr bewußt gewählt - Kalbeck betont, "daß er immer genau das sagt, was er sagen will, und daß die Art, wie er es sagt, nichts Zufälliges hat"¹⁶⁹. Nöllke beschreibt, wie Spitzer in seinen Feuilletons je nach Bedarf die Maske des (zum Teil aggressiven) Satirikers, des harmlosen, amüsanten Plauderers oder (allerdings seltener) des objektiven Chronisten benutzt.¹⁷⁰ Zum Teil leitet Spitzer seine Kommentare auch mit einem Bescheidenheitstopos ein, der Harmlosigkeit vorspiegelt: "Obwohl ich zum Unterschiede von unserem [...] Herrn Kriegsminister gar nichts von der höheren Mathematik verstehe, schleudere ich doch als vorwitziger Laie die Behauptung in die Welt, [...]" (Spitzer III, S. 60).

Kalbeck bezeichnet es als ein Charakteristikum der Schreibweise Spitzers, zwischen kurzen, prägnanten Sätzen und verschachtelten Nebensatzkonstruktionen hin und her zu wechseln.¹⁷¹ Ein Beispiel für eine solche Verschachtelung ist der

---

¹⁶⁶ Kalbeck, S. 28.
¹⁶⁷ Kalbeck, S. 17.
¹⁶⁸ Kalbeck, S. 18.
¹⁶⁹ Kalbeck, S. 36.
¹⁷⁰ Nöllke, S. 96-104.
¹⁷¹ Kalbeck, S. 36.

letzte Satz des bereits erwähnten Feuilletons 'Die Dummheit, Beckmann und die deutsch-föderalistische Fortschrittspartei':

> "Was aber den 'Broderwerb' betrifft, den ich darin finde, daß ich der deutschföderalen Partei den Pelz wasche, so kann ich wenigstens die Versicherung geben, daß es ein sehr lustiger Broderwerb ist, Essen und Lachen folgen einander in heiterer Abwechslung, und mit meiner schwachgrädigen kaustischen Laugenessenz gewinne ich mir so 'Panem et Circenses', wie die alten Römer zu sagen pflegten und wie Eduard Mautner gewiß auch citiert haben würde, wenn sich ihm eine so passende Gelegenheit geboten hätte." (Spitzer WS 1, S. 185)

Mit dem ersten Teil ('Was...betrifft'), den er durch einen Relativsatz ('den...finde) präzisiert, knüpft Spitzer an eine von ihm zitierte Aussage Kletzinskys an; es folgt die erste parataktische Aussage ('so...geben'), gefolgt von einem Konjunktionalsatz ('daß...ist'), der wiederum mit Hilfe eines Einschubs ('Essen...Abwechslung') erläutert wird; es folgt nun die zweite parataktische Aussage ('und...Circenses'), die von zwei Relativsätzen erläutert wird, die einander nebengeordnet sind ('wie...pflegten und wie....würde'); der zweite Relativsatz wird schließlich noch durch einen Konditionalsatz ('wenn...hätte') eingeschränkt.

Ludwig Speidel, ein Freund und Feuilletonisten-Kollege Spitzers, beschreibt dessen Technik folgendermaßen: "Seine Ironie [...] bedarf den Schein des Ernstes, und so baute er seine langen Sätze, hinter denen sich sein Witz verschanzt."[172]

Faßt man alles zusammen, so zeichnet sich Spitzers Sprach- bzw. Pressekritik durch weniger Vehemenz als die Ferdinand Kürnbergers aus. Auch formuliert Spitzer keine theoretischen Überlegungen zur Pressesprache, macht auch keine Vorschläge zu ihrer Verbesserung, sondern gibt sie einfachanhand von Beispielen dem Gelächter preis. Dabei nennt er oft genau den Verursacher des jeweiligen Objekts seiner Verspottung. Die Zeitungssprache ist in Daniel Spitzers Texten ein Thema unter vielen, sie spielt innerhalb seiner Feuilletons eine eher untergeordnete Rolle - seine Art des direkten Zitierens mit expliziter Nennung des Autors deutet aber bereits eine Technik an, die Karl Kraus Jahre später zur Perfektion bringen sollte.

---

[172] Speidel, Ludwig: Daniel Spitzer. In: Fanny Elßlers Fuß. Wiener Feuilletons. Von Ludwig Speidel. Wien 1989. S. 433.

2.2 Gegensätze

2.2.1 Fritz Mauthner - der Sprachskeptiker

2.2.1.1 Mauthners Sprachtheorien

Fritz Mauthner (1849-1923) ist der erste der hier behandelten Autoren, der sich nicht nur intensiv mit der Sprache beschäftigt, sondern auch eine sehr ausgefeilte Sprachtheorie entwickelt hat. Ferdinand Kürnbergers Gedanken zur Sprache konzentrieren sich auf die praktische Seite. Ihm geht es darum, was mit der Sprache gemacht wird, wie sie eingesetzt wird. Reflexionen über das Wesen der Sprache oder darüber, warum wir sprechen und wie wir sprechen gelernt haben, wird man bei ihm nicht finden. Dasselbe gilt für Daniel Spitzer, der sich ebenfalls auf die konkrete Verwendung der Sprache beschränkte.
Für Mauthner aber sind theoretische Überlegungen zentral. Seiner Ansicht nach kann man nur über die Klärung der Hintergründe auch zu einem Verständnis dessen kommen, was man täglich an der Sprache beobachtet.

Fritz Mauthners Haltung wird durch eine sehr starke Sprachskepsis geprägt. Joachim Kühn sieht in ihm den "erste[n] Autor, bei dem die Überzeugung von der Nichtigkeit der Sprache so beherrschend wird, daß sie sein Werk - wenigstens seit 1900 - entscheidend prägt."[173] Seine Beschäftigung mit der Sprache nimmt geradezu die Züge eines Kampfes an: In seinem Werk 'Beiträge zu einer Kritik der Sprache'[174] spricht Mauthner gleich zu Anfang von der Notwendigkeit, sich "von der Tyrannei der Sprache zu erlösen [zu] versuchen" (Mauthner KdS, S. 1). Sein Mittel dazu ist die Sprachkritik, die er als "gewissenhafte Beobachtung oder Untersuchung" (Mauthner KdS, S. 3) der Sprache bezeichnet. Allerdings ist für Mauthner 'die Sprache' nur ein Abstraktum, das auf die einzelnen Nationalsprachen verweist, die wiederum nur auf die (sich jedoch sehr stark ähnelnden) Individualsprachen der einzelnen Sprecher verweisen (Mauthner KdS, S. 4-6). Diese individuelle Sprache ist für ihn "eine wirkliche Art des menschlichen Handelns" (Mauthner KdS, S. 11).[175]

---

[173] Kühn, Joachim: Gescheiterte Sprachkritik. Fritz Mauthners Leben und Werk. Berlin/New York: de Gruyter 1975. S. 3..
[174] Mauthner, Fritz: Beiträge zu einer Kritik der Sprache. Bd. 1. Zur Sprache und zur Psychologie. Hildesheim: Georg Olms Verlagsbuchhandlung 1969 (= Reprografischer Nachdruck d. 3. vermehrten Auflage Leipzig 1923). Im Vorwort dieser Auflage bezieht sich Mauthner auch darauf, daß ihn die Sprachwissenschaft der Unwissenschaftlichkeit und Fachfremdheit bezichtigt (Mauthner KdS, S. IX-XII) - ein Vorwurf, der (mit unterschiedlicher Berechtigung) gegen viele Sprachkritiker erhoben wurde bzw. wird (vgl. Kap 1.1.3 u. 2.5.2.2 u. 2.5.3).
[175] Vgl. dazu Deubzer, Franz: Methoden der Sprachkritik. München: Fink 1980 (= Münchner

Ein großes Paradox zieht sich durch die ganze 'Kritik der Sprache': Mauthner bekämpft die 'Tyrannei der Sprache', formuliert aber natürlich den gesamten Kampf in dieser Sprache: "Monomanisch schreibt er über den Unsinn der Sprache, so daß er sich selbst, noch während er schreibt, die Grundlagen des Schreibens entzieht, nämlich den Sinn auch seiner eigenen Sätze."[176] Mauthner war sich des Problems durchaus bewußt und thematisierte es immer wieder, konnte ihm aber nicht entkommen.

Die Sprache war für Mauthner kein "Kunstwerk" (Mauthner KdS, S. 26), aber ein "Kunstmittel" (Mauthner KdS, S. 48) - und darin sah er zugleich ihre höchste Aufgabe, während er den alltäglichen Gebrauch der Sprache als nützlich, aber nicht sehr hochstehend betrachtete (u.a. Mauthner KdS, S. 79).[177] In der Dichtung sei die Tatsache, daß Sprache "nichts weiter als Vorstellungen wecken [kann]" (Mauthner KdS, S. 104), nicht störend.[178] Man könne die Sprache somit als "Werkzeug" (Mauthner KdS, S. 136) zur 'Kunstproduktion' verwenden.
Friedrich Jenaczek stellt in seinem Aufsatz 'Nachträgliches zum Thema 'Deutsch- gefrorene Sprache' Mauthners Theorie von der Sprache als Werkzeug Karl Kraus' "*Material*-Theorie ('*aus* der Sprache' schaffen)"[179] gegenüber; wobei er Kraus' Sprachauffassung als eine differenziertere Weiterentwicklung versteht.[180]

Als Werkzeug zur Erkenntnis der Wirklichkeit - und hier setzt Mauthners zentraler Kritikpunkt ein - sei die Sprache völlig untauglich. Die Sprache bezeichne immer nur das, was bereits bekannt sei. Aus ihr allein könne also nichts Neues entstehen, ebensowenig, wie man aus einer Landkarte etwas herausfinden könne, was nicht in ihr verzeichnet sei (Mauthner KdS, S. 47/ 48).[181] Ein weiteres Problem sei zudem, daß die Sprache niemals die Realität selbst abzubilden im-

---

Germanistische Beiträge. Hrsg. v. Werner Betz und Hermann Kunisch. Band 27). S. 28/29 sowie 77/78.

[176] Grimminger, Rolf: Der Sturz der alten Ideale. Sprachkrise, Sprachkritik um die Jahrhundertwende. In: Grimminger, Rolf/Murasov, Jurij/Stückrath, Jörg (Hg.): Literarische Moderne. Europäische Literatur im 19. und 20. Jahrhundert. Reinbeck b. Hamburg: Rowohlt 1995. S. 175.

[177] Arntzen, Helmut: Zur Sprache kommen. Studien zur Literatur- und Sprachreflexion, zur deutschen Literatur und zum öffentlichen Gebrauch. Münster: Aschendorff 1983 (= Literatur als Sprache. Literaturtheorie - Interpretation - Sprachkritik. Bd. 4). S. 99. (im folg. zit. als Arntzen 1983)

[178] Vgl. dazu Kühn, S. 65: "Mauthner rettet die Sprache für die Dichtung, indem er ihren Wirkungsbereich begrenzt. Dichter als Verkünder der Wahrheit gibt es nicht mehr."

[179] Jenaczek, Friedrich: Nachträgliches zum Thema 'Deutsch - gefrorene Sprache'. In: Sprache im technischen Zeitalter. Nr. 8/1963. S. 679. (zit. als Jenczek 1963)

[180] Jenaczek 1963, S. 679/80; vgl. Jenaczek 1969, S. 111. Siehe dazu auch Kap. 2.2.2.2.

[181] Vgl. dazu Kühn, S. 65.

stande sein könne, sondern nur die Vorstellungen von ihr, die in den Köpfen der Sprecher bereits vorhanden seien:

> "Die Sprache kann niemals zur Photographie der Welt werden, weil das Gehirn des Menschen keine ehrliche Camera obscura ist, weil im Gehirn des Menschen Zwecke wohnen und die Sprache nach Nützlichkeitsgründen geformt haben." (Mauthner, S. 48)

Die Sprache ist somit zu unsicher für die exakten Wissenschaften. Helmut Arntzen schreibt dazu: "diese Unsicherheit gründet auf der Ambiguität, der Polysemie aller natürlichen Sprachen, die wiederum unmittelbar mit ihrem metaphorischen Charakter zusammenhängt."[182]

Diese philosophisch-linguistische Art der Sprachkritik Mauthners scheint noch sehr weit von einer praktischen Kritik der Presse-Sprache entfernt zu sein. So ordnet Heringer Mauthner in seinem Schema auch dem ersten Zweig von Sprachkritik zu, wenn er auch auf Mauthners Wortkritik verweist, die den prinzipiellen Überlegungen zur Sprache folgen.[183] Peter von Polenz hingegen führt Mauthner in dem Abschnitt über Sprachbrauch-Kritik auf. Er beschreibt dessen Kritik als "radikal aufklärerisch und sprachsoziologisch, z. T. sogar schon sprachpragmatisch orientiert."[184]

Tatsächlich führt von Mauthners Überlegungen zum Wesen der Sprache und seiner Ablehnung der Sprache als Werkzeug zur Erkenntnis ein direkter Weg zu praktischen Fragen: Was sollte zum Beispiel jemand, der davon überzeugt ist, daß Sprache niemals objektiv sein kann, vom Anspruch der Zeitungen halten, ihre Leser wahrheitsgetreu über die Wirklichkeit zu informieren?

2.2.1.2 Pressekritik bei Fritz Mauthner

Noch bevor Mauthner seine 'Kritik der Sprache' verfaßte, hatte er sich literarisch mit dem Journalismus auseinandergesetzt, unter anderem in der Satire 'Schmock'[185], die 1888 entstand[186]. Er wußte, worüber er schrieb; schließlich war

---

[182] Arntzen 1983, S. 19; vgl. auch S. 267.
[183] Heringer, Sprachkritik, S. 7.
[184] Polenz, Sprachkritik, S. 80. Peter v. Polenz sieht zudem in Mauthners Sprachtheorien bereits Anklänge zur modernen "Sozio- und Pragmalinguistik" (S. 81).
[185] Mauthner, Fritz: Schmock oder Die literarische Karriere der Gegenwart. In: Mauthner, Fritz: Xanthippe und anderes. Neu durchgesehene Ausgabe. Stuttgart/Berlin: Deutsche Verlagsanstalt 1919 (= Fritz Mauthner. Ausgewählte Schriften. Bd. 2). S. 301-337.
[186] Vgl. Eschenbacher, Walter: Fritz Mauthner und die deutsche Literatur um 1900. Eine Untersuchung zur Sprachkrise der Jahrhundertwende. Frankfurt/Bern: Lang 1977 (= Europ.

er selbst jahrelang in diesem Fach tätig: Bald nach seiner Übersiedlung von Prag nach Berlin im August 1876 begann er als Journalist zu arbeiten, unter anderem als Theaterkritiker für das 'Berliner Tageblatt'.[187] Eschenbacher schreibt, "daß Mauthner - zumindest bis zur Jahrhundertwende - einer der führenden Kritiker und Feuilletonisten Berlins und darüber hinaus des deutschen Sprachraums war".[188] Im Jahr 1905 zog er sich aus Berlin zurück.[189] Seine Verbindung zum Journalismus wurde immer lockerer, hörte aber erst 1920 völlig auf.[190]

'Schmock' ist eine satirische Abrechnung mit dem Journalismus und dessen Umfeld: Mauthner hat hier eine 'Anleitung' für angehende Journalisten verfaßt, in der er die gängigsten Methoden und Wege zum (finanziellen) Erfolg beschreibt. Hannelore Ederer sieht in 'Schmock' "eine Abrechnung mit dem journalistischen Betrieb, gleichzeitig aber eine Selbstanklage, eine Auseinandersetzung mit der eigenen journalistischen Existenz"[191]. Auch Kühn ist dieser Ansicht; er schreibt: "in der Gestalt des Schmock parodiert Mauthner sich selbst."[192]

Der Titel der Satire knüpft an die Figur aus Gustav Freytags Drama an. Der Ton Mauthners ist allerdings viel bissiger. Auch steht 'Schmock' nicht mehr für eine einzelne Figur (oder eine Gruppe von Journalisten), sondern scheint den gesamten journalistischen Stand zu erfassen.[193] Für Kühn ist 'Schmock'

> "ein bitterböser Angriff auf den Modejournalisten, der sich durch Unkenntnis, Schmarotzertum, Karrieredenken, Gesinnungslumperei und Eitelkeit auszeichnet. [...] So erscheint die Satire als Absage an den Journalismus überhaupt, [...]."[194]

Einige wenige Ausnahmen beschreibt Fritz Mauthner als diejenigen, "welche törichterweise für die Schriftstellerei leben wollen, anstatt von ihr zu leben" (Mauthner S, S. 309). Aus der Sicht eines, der junge 'Talente' dazu erziehen will, ohne Ideale und mit möglichst wenig Aufwand viel Geld und Einfluß zu erlangen, sind diese Außenseiter nur Störenfriede, die er mit dem abfälligen Wort "Preisdrücker" (Mauthner S, u.a. S. 325, 327) belegt.

Diese 'Preisdrücker' scheinen somit als einzige kleine Gruppe aus der Masse der 'Schmocks' herausgehoben zu sein. Was er jedoch davon hält, wenn einer dieser

---

[187] Hochschulschriften. Reihe I. Dt. Literatur und Germanistik. Bd. 163). S. 12.
[188] Kühn, S. 179.
[189] Eschenbacher, S. 11.
[190] Eschenbacher, S. 14.
[191] Kühn, S. 179.
[192] Ederer, S. 241 (Fn.)
[193] Kühn, S. 183.
[194] Zur Figur d. 'Schmock', vgl. Kap. 2.1.1.2, sowie Fn. 60.
Kühn, S. 183.

Idealisten aus Geldnot sein Ideal verrät, schreibt Mauthner später in der 'Kritik der Sprache':

> "Was er nicht niederschreiben würde um der Sache willen, was er sich schämen würde, auch nur auszusprechen, wenn er mit ebenbürtigen oder gleichgesinnten Gesellen hinter dem Bierglas sitzt, das schämt er sich nicht niederzuschreiben für den Pöbel, der sein tägliches, lauwarmes Wortbad zu nehmen liebt." (Mauthner KdS, S. 148)

Diese ablehnende Haltung ähnelt der Verachtung, die Karl Kraus wenige Jahre später via 'Fackel' allen jenen Schriftstellern entgegenbringen sollte, die sich von der Presse 'kaufen' ließen.[195]

Da die 'Schmocks' vor allem nach finanziellem Erfolg gieren, ist es naheliegend, daß ihnen die Qualität ihrer Artikel nicht das Wichtigste ist. Es geht ihnen vielmehr darum, bei einem möglichst großen Publikum anzukommen. Um das zu erreichen, erklärt Mauthner, müssen sie sich dem intellektuellen und sprachlichen Niveau ihrer Leser zumindest teilweise anpassen:

> "Will der Literat Karriere machen, so darf sein Bildungsgrad den seiner Leser nicht zu sehr überragen. Es hat etwas Verletzendes für das Publikum, wenn es in seiner Zeitung neue Gedanken findet. [...] Wo bleibt da die Glätte, wo bleibt das Behagen am Frühstückstisch? [...] Da nun derjenige, welcher zufällig etwas mehr gelernt hat, sich dumm stellen muß, um den Lesern zu schmeicheln, so ist es doch besser und leichter, wenn er überhaupt nichts weiß." (Mauthner S, S. 316)

Einige gelehrte (lateinische) Zitate dürfen jedoch eingestreut werden, solange man sie richtig abschreibe (Mauthner S, S. 306). - Auf diese Weise kann der Journalist seiner Sprache einen gelehrten Anstrich geben, ohne sich oder seine Leser zu überfordern, da es sich wohl bei den gemeinten "geflügelten Worte[n]" (Mauthner S, S. 306) um relativ bekannte Phrasen handeln dürfte.

Die Sprache der 'Schmocks' ist somit nicht ihre eigene, sondern eine auf die Leser zugeschnittene. Außerdem 'rät' Mauthner jedem jungen Journalisten, sich innerhalb der Redaktion ein Vorbild in einem erfolgreichen älteren Kollegen zu suchen. Diesen solle er sowohl im Aussehen als auch im Stil nachahmen; letzteres geschähe ohnehin automatisch, erklärt Mauthner: "Eine gewisse Anlehnung im Stil ergibt sich dann von selber, wie denn überhaupt der Stil in der literarischen Karriere Nebensache ist." (Mauthner S, S. 310)

Wie sehr dieses Unwesen, nämlich von Nachahmern einfach stilistisch kopiert zu werden, tatsächlich verbreitet war, kann man daran sehen, daß u.a. auch Ferdinand Kürnberger ihm zum Opfer gefallen war. Haacke beschreibt die Situation folgendermaßen: "Narturgemäß [sic!] hat Kürnberger infolge seiner formalen

---

[195] Siehe Kap. 2.2.2.3.

Intensität rasch kleine Kürnbergers, die ihm munter nachkürnbergerten, unfreiwillig hervorgezaubert."[196]

Das von Mauthner beschriebene Phänomen, daß Journalisten keinen eigenen, unverwechselbaren Stil entwickeln, sondern ihre Texte aus gerade aktuellen Modewörtern und allgemeinen Phrasen zusammenstückeln, nennt Helmut Arntzen "Stilklitterung"[197]: eine Technik, bei der das eigentliche Thema zunehmend unter der "Garnierung"[198] verschwände. Was daraus entstehe, sei ein "Vokabular des Geschwätzes"[199].

Der unverwechselbare Stil mag für die Karriere nebensächlich sein; einige Grundprinzipien in der Art zu schreiben sind jedoch laut Mauthner unumgänglich: er spricht von einer gewissen "Grazie" (Mauthner S, S. 306), mit der die Artikel formuliert werden müßten.
Diese 'Grazie' läuft im Grunde darauf hinaus, entweder einfache Fakten so zu umschreiben, daß sie interessant und ansprechend klingen, oder pures Unwissen zu kaschieren. Als Beispiel für den ersten Fall formuliert Mauthner die Nachricht, daß fünf Gänse aus lebensmittelpolizeilichen Gründen konfisziert worden waren, so um, daß beinahe ein kulturgeschichtliche Abhandlung daraus wird (Mauthner S, S. 306/307). Den zweiten Fall erklärt er, indem er aus der Tatsache, daß es nichts Neues über Bismarck gäbe, folgende 'Nachricht' macht: "Aus der Wilhelmstraße drangen heute nur vage Gerüchte in die eingeweihten Kreise." (Mauthner S, S. 307) Auf diese Weise wird dem Leser durchein paar geschickte Wendungen vorgegaukelt, der Schreiber wüßte etwas, das nur zu unsicher (oder geheimnisvoll) sei, um es zu veröffentlichen. Hier trifft sich Mauthners Kritik mit der Daniel Spitzers, der ebenfalls Phrasen zitiert hatte, die das Unwissen der Presse verschleiern sollten (Spitzer I, S. 311).

Geschickte Formulierungen können somit dazu dienen, dem Leser etwas besser zu verkaufen, bzw. ihm etwas als Nachricht zu verkaufen, das im Grunde keine ist. Außerdem läßt sich auf diese Weise kaschieren, daß man dasselbe schreibt wie alle Blätter. Mauthner thematisiert dieses Problem im Bezug auf die Feuilletonisten, die sich nach seiner Beschreibung auf ihren Stoff stürzen wie die Ameisen auf ein totes Tier, "bis anstatt des Beutestücks nur noch Ameisen zu sehen sind" (Mauthner S, S. 325).
Diese Darstellung der Feuilletonisten, die alle um dieselbe magere Beute kämpfen müssen, steht im Gegensatz zu Kürnbergers Beschreibung seiner Kollegen:

---

[196] Haacke 1951, S. 334.
[197] Arntzen 1971, S. 365.
[198] Arntzen 1971, S. 365.
[199] Arntzen 1971, S. 366.

Kürnberger sieht die einzelnen Feuilletonisten vielmehr als extreme Spezialisten, die sich auf ein bestimmtes Teilgebiet wie auf ein Territorium beschränken - dieses allerdings wird von ihnen genauso vollständig 'ausgesogen', wie auch Mauthner es sich vorstellt ('Die Feuilletonisten', Kü II, S. 430-439).

Anhand der zehn Tips, die Mauthner schließlich den zukünftigen Kunstkritikern mit auf den Weg gibt, läßt sich eine weitere Maxime der anzustrebenden Sprache ableiten: Schreibe möglichst gemein und sarkastisch - aber sei vorsichtig genug, niemals bösartig über Leute zu schreiben, die dir schaden könnten (Mauthner S, S. 332). Potentiell gefährlichen Menschen gegenüber ist also die Kürnberger'sche "Sprache der Schonung" (Kü II, S. 28) angebracht.

Zusammengefaßt ergibt dies alles eine Sprache, der es nicht um eine möglichst objektive Darstellung von Tatsachen geht, sondern darum, das größtmögliche Aufsehen zu erregen und eine große Leserschar bei der Stange zu halten. Bewerkstelligt wird dies laut Mauthner einerseits durch Anbiederung bei den Lesern, andererseits durch geschicktes Aufbereiten des 'Materials', also der gefundenen Themen und Fakten.
Während in Gustav Freytags Drama noch die positiven Aspekte eines pointierten Stils betont werden, mit dessen Hilfe die politischen Kämpfe ausgetragen werden, sind die verbalen Attacken für Mauthner nur noch zu dem Zweck da, Aufmerksamkeit zu erregen und gelesen zu werden. Sie sind für ihn auch kein Beweis für journalistisches Können und Intellekt, sondern nur noch für das Streben nach Gewinn.

Nun stammen die Ausführungen Mauthners in 'Schmock' noch nicht aus der Phase des Autors, in der dieser die Sprache generell verdammte. 'Schmock' ist noch nicht so sehr Sprachkritik als Pressekritik, sondern Pressekritik, die unter anderem auch Sprachkritik ist.
Die in der 'Kritik der Sprache' vorgebrachten Vorwürfe gegen die Sprache der Presse sind jedoch eindeutig von Mauthners theoretischen Überlegungen zur Sprache geprägt.
Mauthner hatte den alltäglichen Nutzen der Sprache durchaus anerkannt (Mauthner KdS, S. 78/79), wenn er auch beständig darauf hinwies, daß die Sprache selbst eine wirkliche Verständigung zwischen den Menschen unmöglich mache.[200] Ein wichtiger Aspekt des richtigen Umgangs mit der Sprache war seiner Ansicht nach die Fähigkeit, schweigen zu können:

> "Zweierlei Bestien sind die dümmsten. Die gar nicht reden können, [...]; und die gar nicht schweigen können. Beiden ist es versagt, sich mitzuteilen. Die einen sind stumm, und die anderen machen nur Geräusch." (Mauthner KdS, S. 81)

---

[200] Vgl. Heringer, Sprachkritik, S. 7.

Journalismus steht aber für Mauthner nicht nur im Gegensatz zum Schweigen, sondern auch, wie Arntzen es beschreibt, zu jener "'Wortkunst', die ihm [Mauthner] als der einzige sinnvolle Sprachgebrauch erscheint"[201]. Als negatives Gegenbild der 'Wortkunst' sieht Mauthner die "Redekunst" (Mauthner KdS, S. 146), die Rhetorik an, deren moderne Verkörperung der Journalismus sei (Mauthner KdS, S. 147/48).

Etwas, was Mauthner überhaupt nicht ertragen konnte, war gedankenloses Geschwätz, das Reden um des Redens willen, das "Wortgeplätscher" (Mauthner KdS, S. 148). Genau dieses 'Wortgeplätscher' sieht er jedoch als Hauptmerkmal der Journalisten an, "soweit sie sich nicht auf den ehrenhaften Nachrichtendienst beschränken" (Mauthner KdS, S. 148).
Wie man sieht, spart Mauthner hier eine andere Gruppe aus seiner Kritik aus, als er es in 'Schmock' getan hat: dort waren es die Idealisten; hier warnt Mauthner vor Idealisten, die für Geld schreiben müssen. Als einzige akzeptable Gruppe stellt er diejenigen dar, die sich nur mit der Wiedergabe der Fakten beschäftigen. (Also dürfte die einzige Gestalt aus Freytags 'Journalisten', die er halbwegs ertragen hätte, Oldendorf sein.)

Was er kritisiert, ist das "journalistische Geplauder um diese Nachrichten herum" (Mauthner KdS, S. 148), das inhalts- und informationslose, niedergeschriebene Gerede über Dinge, die der Leser eigentlich ohnehin schon wisse. Die Zeitung sei die Bedienung des "Wunsch[es] [...], zu lesen, was man weiß" (Mauthner KdS, S. 148). Er spricht auch vom "Schwatzvergnügen" (Mauthner KdS, S. 149) der Menschen, das in der Presse seinen neuesten Ausdruck gefunden habe.[202]

So ist nach Mauthners Ansicht der Zweck oder Nutzen der Zeitungssprache nicht mehr die Information, sondern nur mehr die Bestätigung der eigenen (vorgefaßten) Meinung. Diese Einschätzung deckt sich auch in etwa mit Kürnbergers Kritik an der 'monologischen' Tendenz der einzelnen Zeitungen, nur noch für ihren eingeschworenen Leserkreis zu schreiben, der derselben Meinung ist wie die jeweilige Zeitung selbst (Kü I, S. 378).

Die Art, wie das 'Geplauder' niedergeschrieben wird, hatte Mauthner in 'Schmock' höhnisch "Grazie" (Mauthner S, S. 306) genannt. In der 'Kritik der Sprache' wird der Ton noch schärfer:

---

[201] Arntzen 1983, S. 103.
[202] Vgl. Arntzen 1983, S. 103; sowie Jenaczek 1969, S. 112. Über die Gewohnheit mancher Zeitgenossen, andere mit ihrem Geschwätz zu belästigen, beklagte sich auch Kurt Tucholksy (WB 25/II, 27, S. 5).

"In bunten Farben schimmern unsere Sprachen und scheinen reich geworden. Es ist der falsche Metallglanz der Fäulnis. Die Kultursprachen sind heruntergekommen wie Knochen von Märtyrern, aus denen man Würfel verfertigt hat zum Spielen." (Mauthner KdS, S. 230)[203]

Eschenbacher charakterisiert Mauthners Sprachkritik folgendermaßen:

"Sprachkritik beschränkte sich also für ihn nicht auf die Aufdeckung verbaler Irrtümer und Fehlerquellen, sondern verstand sich als prinzipielles Kontrollorgan jeder mit sich selbst zufriedenen Bewußtseinsstufe."[204]

Mauthner kümmert sich nicht wie die Kürnberger oder Spitzer um fehlerhafte Grammatik oder spezielle Phrasen; er nennt keine Formulierungen, die ihn besonders aufbringen. Er verurteilt den gesamten journalistischen Betrieb mit seiner Wichtigtuerei, seinem Schein und seiner Geschwätzigkeit.

2.2.1.3 Weiterführung des Sprachskeptizismus: Hofmannsthal und Landauer

Franz Deubzer bemerkt in 'Methoden der Sprachkritik', "daß Sprachskepsis und Sprachmystik häufig miteinander korrespondieren, daß mit dem Zweifel an der Sprache auch der Glaube an die Abhängigkeit der Sprecher wächst."[205] Sowohl Hugo von Hofmannsthal (1874-1929) als auch Gustav Landauer (1870- 1919) scheinen seine Theorie zu bestätigen.

Ob der berühmte 'Chandos-Brief'[206] von Hofmannsthal aus dem Jahr 1902 auf die Lektüre von Mauthners 'Kritik der Sprache' zurückgeht oder eine parallele Idee des Dichters war, läßt sich heute wohl kaum endgültig feststellen. Allerdings belegen Indizien die Theorie, Mauthners Werk habe Hofmannsthal zumindest beeinflußt: Mauthner hatte Hofmannsthal brieflich gefragt, ob er den 'Chandos-Brief' als "das erste dichterische Echo nach meiner 'Kritik der Sprache'"[207] sehen könne. Hofmannsthal streitet in seinem Antwortschreiben einen direkten Einfluß Mauthners ab; allerdings gibt er zu, den ersten Teil der 'Kritik

---

[203] Vgl. Polenz, Sprachkritik, S. 81.
[204] Eschenbacher, S. 45.
[205] Deubzer, S. 28.
[206] Zitiert nach folg. Ausgabe: Hofmannsthal, Hugo v.: Ein Brief. In: Erfundene Gespräche u. Briefe. Frankfurt a. M.: Fischer 1991 (= Hugo v. Hofmannsthal. Sämtliche Werke. Bd. 31). S. 45-55.
[207] Mauthner, Fritz: Brief an Hugo v. Hofmannsthal vom Oktober 1902. Zitiert nach: Hofmannsthal, Hugo v.: Ein Brief. Varianten u. Erläuterungen. In: Erfundene Gespräche u. Briefe. Frankfurt a. M.: Fischer 1991 (= Hugo v. Hofmannsthal. Sämtliche Werke. Bd. 31). S. 286. (im folg. zit. als: Hofmannsthal, Erläuterungen)

der Sprache' zu kennen.[208] Kühn, dem dieses Antwortschreiben zum Zeitpunkt seiner Forschungsarbeit nicht zugänglich gewesen war,[209] nimmt einen Einfluß Mauthners auf Hofmannsthal an.[210]

Wie dem auch sei: das Problem, das Hofmannsthal in 'Ein Brief' schildert, ähnelt stark dem Sprachskeptizismus Mauthners[211]: Die von Hofmannsthal erfundene Figur des 'Lord Chandos' sieht sich nicht mehr in der Lage "über irgend etwas zusammenhängend zu denken oder zu sprechen" (Hof., Brief, S.48). Er sieht die Sprache als nicht dazu fähig an, die komplizierten und vielschichtigen Dinge (auch des alltäglichen Lebens) auszudrücken. Alle Aussagen und Urteile, die er früher wie nebenbei abgeben konnte, erscheinen ihm "so unbeweisbar, so lügenhaft, so löcherig wie nur möglich" (Hof., Brief, S. 49). Helmut Koopmann schreibt dazu: "Was Hofmannsthal erfährt, ist die Benennungsohnmacht der Sprache, genauer: die Differenz zwischen Wort und Wirklichkeit."[212]
Andererseits wird Lord Chandos manchmal von einem Naturerlebnis so überwältigt, "daß ich in Worte ausbrechen möchte, von denen ich weiß, fände ich sie, so würden sie jene Cherubim, an die ich nicht glaube, niederzwingen"(Hof., Brief, S. 52). Da er aber diese 'neue' Sprache nicht beherrscht, verfällt 'Lord Chandos' ins Schweigen.

In dem 1906 gehaltenen Vortrag 'Der Dichter und seine Zeit'[213] geht Hugo von Hofmannsthal auch explizit auf die Thematik Dichter-Journalismus-Sprache ein: Für ihn besteht allerdings (zu diesem Zeitpunkt) kein rivalisierendes oder gegensätzliches Verhältnis zwischen der Sprache der Dichter und der der Journalisten. Auch von seinem früheren Skeptizismus ist nichts mehr zu spüren. Er sieht im Gegenteil die Sprache als so stark verbindendes Element an, daß auf jeden (noch so schlechten) Journalisten

> "etwas vom Glanz der Dichterschaft fiele, einfach dadurch, daß er sich, und wäre es in der stümperhaftesten Weise, des wundervollsten Instrumentes bedient: einer lebendigen Sprache." (Hof., Dichter, S. 63)

---

[208] Hofmannsthal, Erläuterungen, S. 281, 286/87.
[209] Kühn, S. 27.
[210] Kühn, S. 28.
[211] Vgl. Arntzen 1971, S. 204, 354; sowie Arntzen 1983, S. 103.
[212] Koopmann, Helmut: Deutsche Literaturtheorien zwischen 1880 und 1920. Eine Einführung. Darmstadt: Wiss. Buchges. 1997. S. 55. Vgl Betz F., S. 20.
[213] Zitiert nach folg. Ausgabe: Hofmannsthal, Hugo v.: Der Dichter und seine Zeit. Ein Vortrag. In: Reden und Aufsätze. Bd. I. 1891-1913. Ungekürzte, neu geordnete u. um einige Texte erweit. Ausg. Frankfurt a. M.: Fischer 1979 (= Hugo v. Hofmannsthal. Gesammelte Werke in 10 Bänden. Bd. 8). S. 54-81.

Während 'Lord Chandos' im 'Brief' noch an der Sprache verzweifelt und sich nach einer anderen, geradezu mystischen Ausdrucksform sehnt, erscheint sie im Vortrag 1906 nicht nur rehabilitiert, sondern "als ein höchster Wert gesetzt [...], der allerdings bezeichnenderweise nun als 'Instrument' erscheint"[214]. Hofmannsthal selbst wandte sich in dieser Zeit der kommerziellen Öffentlichkeit und speziell dem Journalismus zu - wofür er von Karl Kraus zutiefst verachtet wurde. Arntzen schreibt über den gegensätzlichen Weg der beiden Schriftsteller:

> "Hofmannsthal sucht den Konsequenzen seiner Sprachskepsis sich zu entwinden, indem er das Soziale apologisiert und [...] zum Beispiel die soziale und literarische Bedeutung der Zeitung feiert. Kraus lernt am Sprechen der Zeitung die Bedeutung der Sprache begreifen, indem er die Gründe und Wirkungen ihrer Zerstörung als Zerstörung des Denkens und der Phantasie im und durch das Reden der Zeitung begreift. Hofmannsthal: aus dem Dichter wird der Leitartikler. Kraus: aus dem Pressekritiker wird der Satiriker." [215]

Während die Übereinstimmung zwischen Mauthner und Hofmannsthal nur von kurzer Dauer war, bestand zwischen jenem und dem Anarchisten und Revolutionär Gustav Landauer über Jahre hinweg eine enge Freundschaft. Landauer unterstützte Mauthner während dessen Arbeit an der 'Kritik der Sprache' durch seine Anregungen und seine Mithilfe bei der Fertigstellung des Manuskriptes.[216] Er beschäftigte sich intensiv mit Mauthners Sprachskeptizismus und dachte die Ideen in Richtung Mystik weiter.[217] Während Mauthners spätes Bekenntnis zur Mystik nur ein vorübergehendes war, bekannte sich Landauer langfristig zu dieser Vorstellung. Er verband sie mit seiner anderen Konsequenz aus dem Sprachskeptizismus, dem Willen zur Tat, zur gesellschaftlichen Veränderung. Er schreibt in seinem Werk 'Skepsis und Mystik. Versuche im Anschluß an Mauthners Sprachkritik'[218]: "so ist für mich das große Werk der Skepsis und der radikalsten Negation, das Mauthner verübt hat, der Wegbereiter für eine neue Mystik und für neue starke Aktion." (Landauer, S. 3) Er sieht in Mauthner den "Keulenschläger, der alles zusammengetrümmert hat" (Landauer, S. 8) und damit die Voraussetzung dafür geschaffen hat für einen "Weg [...] zum Spiele des Lebens, zur Heiterkeit und zur ungeglaubten Illusion" (Landauer, S. 2).[219]

---

[214] Arntzen 1983, S. 104. Vgl. auch Arntzen 1971, S. 225.
[215] Arntzen 1975, S. 39; vgl. Arntzen 1971, S. 225-228. Siehe auch Kap. 2.2.2.2 u. 2.2.2.3.
[216] Kühn, S. 201, 209; sowie Eschenbacher, S. 13.
[217] Kühn, S. 201, 210, 217.
[218] Zit. nach folg. Ausgabe: Landauer, Gustav: Skepsis und Mystik. Versuche im Anschluß an Mauthners Sprachkritik. Münster/Weimar: Verlag Büchse d. Pandora 1978 (= fotomechan. Nachdruck d. 2. Aufl. v. 1923).
Landauer nahm übrigens ebenfalls eine Verbindung zwischen Mauthners 'Kritik der Sprache' und Hofmannsthals 'Brief' an (Landauer, S. 71/72; vgl. auch Arntzen 1983, S. 100).
[219] Kühn, S. 218-221.

Während des Ersten Weltkrieges gingen die Anschauungen jedoch wieder auseinander. Mauthner verließ seine kritischen und skeptischen Vorstellungen und stellte sich in den Dienst der patriotischen Propaganda, was ihn sehr stark von Landauer entfremdete.

Durch seine Vorgehensweise sah sich Mauthner sehr starker Kritik (auch der früherer Befürworter) ausgesetzt, die seinen Gesinnungswandel als Verrat betrachteten. Er wurde bezichtigt, nun mit den von ihm so verdammten Journalisten (wieder) auf einer Stufe zu stehen und Phrasen zu dreschen.[220]

Besonders scharf wurde Mauthner z.B. von Theodor Haecker in der Innsbrucker Zeitschrift 'Der Brenner'[221] unter dem Titel 'Der Krieg und die Führer des Geistes' (B 5, 1915, S. 130-187) angegriffen. Haecker hielt ohnehin nichts von Mauthners Sprachphilosophie, die er als "Einbruch des Affen in das Menschenreich" (B 5, 1915, S. 134) bezeichnete. Über Fritz Mauthners patriotische Texte schreibt Haecker, daß "selbst der Tod, nachdem er einmal durchs Mauthnermaul hindurchgegangen und von Ganghofer, Lissauer und allerlei anderen Kampflyrikern und Trotteln besungen war, zur Phrase ward." (B 5,1915, S. 136)[222]

Nach dem Krieg wurde es stiller um Mauthner. Für Kühn zeigen die letzten Jahre von Mauthners Leben, daß dieser an seiner eigenen Sprachkritik gescheitert war: weder konnte er den Sprachskeptizismus weiter ertragen, noch habe er eine akzeptable Alternative gefunden. Als Indizien dafür sieht Kühn zum einen Mauthners halbherzige Versuche im Bereich der Mystik, zum anderen dessen patriotisches Engagement im Krieg, das seinen früheren Ideen im Grunde völlig widersprach.[223] "Das politische Engagement entfremdet ihn mehr und mehr gerade den geistigen Kräften, die seine Sprachkritik in die Zukunft hätten tragen können."[224]

---

[220] Kühn, S. 257-63.
[221] Der Brenner. Halbmonatsschrift für Kunst und Literatur. Hrsg. v. Ludwig von Ficker. Innsbruck 1910-1954.
[222] Siehe weiters auch S. 151-160.
[223] Kühn, S. 262.
[224] Kühn, S. 263.

2.2.2 Karl Kraus - der 'Diener am Wort'[225]

Der Name 'Kraus' ist normalerweise der erste, der in einer Diskussion über Sprachkritik fällt. Er ist sowohl für spätere Sprachkritiker, die sich auf ihn berufen, als auch für die Forschung ein wichtiger Autor. Kraus ist wohl der am meisten untersuchte literarische Sprachkritiker überhaupt.

Karl Kraus (1874-1936) behandelte die Themen 'Sprache' und 'Presse' sowie deren Verbindung siebenunddreißig Jahre hindurch immer wieder in seiner Zeitschrift 'Die Fackel'[226] (von 1899 bis zu seinem Tod), deren alleiniger Autor er seit 1911 (von gelegentlichen Abdrucken anderer abgesehen) war.[227] Für Peter von Polenz ist Kraus das Paradebeispiel für Sprachverwendungs-Kritik, da er sich nicht scheute, in der 'Fackel' die von ihm angegriffenen Zeitungen und Journalisten namentlich zu nennen.[228] Auch in seinem Antikriegs-Drama 'Die letzten Tage der Menschheit' nimmt die Pressesprache einen wichtigen Platz ein. Bedingt durch seine völlige materielle Unabhängigkeit einerseits, und seinen extremen Haß auf die (nicht nur sprachlichen) Zustände in der modernen Presse andererseits, ist Kraus' Pressekritik an Härte und Kompromißlosigkeit kaum zu überbieten. Einzig die Zensur während des Ersten Weltkriegs hinderte ihn manchmal daran, zu veröffentlichen, was er wollte.[229]

2.2.2.1 Kraus' Einstellung zu anderen Sprachkritikern

Ferdinand Kürnberger

Untersucht man die Stellen in der 'Fackel', an denen Kürnberger erwähnt wird, so wird man folgendes feststellen: Von 1900 bis 1913 taucht Kürnbergers Name jedes Jahr mindestens einmal auf, in den 'Fackel'-Nummern F 29- F 389/90 insgesamt über 40 Mal.[230] Dabei handelt es sich zum größten Teil entweder um Zi-

---

[225] Vgl. auch den Katalog zur Marbacher Karl-Kraus-Ausstellung, auf den hier nicht genauer eingegangen werden kann: Päfflin, Friedrich/Dambacher Eva: Karl Kraus. Eine Ausstellung des Deutschen Literaturarchivs im Schiller-Nationalmuseum Marbach. Marbach a. Neckar: Deutsche Schillerges. 1999 (= Marbacher Kataloge. Hrsg. v. Ulrich Ott u. Friedrich Päfflin. Nr. 52).
[226] Die Fackel. Hrsg. v. Karl Kraus. 1899-1936. Photomechanischer Nachdruck. Hrsg. v. Heinrich Fischer. München: Kösel 1968-73.
[227] Krolop, Kurt: Sprachsatire als Zeitsatire bei Karl Kraus. Neun Studien. Berlin: Akademie-Verl. 1987. S. 59.
[228] Polenz, Sprachkritik, S. 71.
[229] Siehe unter 2.2.2.1: zu Kürnbergers Feuilleton 'Der Krieg und das lettische Mädchen'.
[230] Siehe Ögg, Franz: Personenregister zur 'Fackel'. Supplementband zum Reprint der 'Fackel'. München: Kösel 1977. S. 259.

tate aus Kürnbergers Werken oder um positive oder zumindest neutrale Erwähnungen. 1906 bezeichnet Kraus Kürnberger in der 'Fackel' als "größten politischen Schriftsteller[], den Österreich je gehabt hat" (F 214/15, S. 5). An anderer Stelle nennt er die Werke Kürnbergers als den Beginn der modernen Pressekritik (F 179, 2). An einigen Stellen zitiert Kraus auch ohne Widerspruch Artikel anderer Zeitungen oder Zeitschriften, in denen er selbst in Verbindung mit Kürnberger genannt oder sogar explizit in dessen Tradition gestellt wird (F 256, 12-15; F 267-68, 26; F 336, 22; F 389/90, 24/25). Lengauer schreibt über die Verbindung zwischen Kraus und Kürnberger: "Kraus identifiziert sich mit Kürnberger im Totgeschwiegenwerden [...]"[231].

Der nationalistische Ton in einigen von Kürnbergers Texten muß Kraus jedoch abgestoßen haben.[232] Ab 1910 scheint ein Prozeß der langsamen Distanzierung von Kürnberger zu beginnen. So kommentiert Kraus Kürnbergers Feuilleton 'Lilis Park in Österreich' (den er abgedruckt hatte) als in der Frage der Betonung des Deutschtums "leider noch immer aktuelle[n] Aufsatz" (F 313, S. 16);[233] er fügt allerdings hinzu, daß er hoffe, Kürnberger würde inzwischen anders denken, wenn er noch lebte. 1912 druckte Kraus dann einen Artikel ab, in dem ein wichtiger Unterschied zwischen ihm und Kürnberger erläutert wird: Kürnberger sei von den äußeren Umständen geradezu in die Pressekritik gedrängt worden, während Kraus freiwillig gegen die Presse kämpfe und in dieser Mission voll aufgehe (F 345/46, S. 24/25). Kurz danach widerspricht Kraus in der 'Fackel' einer Gleichsetzung zwischen ihm und Kürnberger:

> "Die Rache der Presse am Werk jener, die durch ein Wort die Presse beleidigt haben, ist nicht zu verwechseln mit der organischen Antwort des Schweigens über einen, dessen Werk es ist, die Presse totzusprechen." (F 347/48, S. 32)

Dann bricht die kontinuierliche Nennung ab. Erst 1917 findet sich Kürnbergers Name wieder in der 'Fackel', in einem Zitat aus der Zeitschrift 'Schaubühne', das Kürnberger und Kraus miteinander in Verbindung bringt (F 454-56, 33).[234] Im gleichen Jahr wollte Kraus Kürnbergers Antikriegs-Feuilleton 'Der Krieg und das lettische Mädchen'[235] in der 'Fackel' abdrucken. Er wurde jedoch von der Zensur daran gehindert; er druckte daraufhin nur den Titel und einige Bemerkungen ab und ließ die folgenden vier Seiten demonstrativ leer (F 462-71, S.

---

[231] Lengauer 1989, S. 31.
[232] Ederer, S. 227/28.
[233] Lengauer 1989, S. 31.
[234] Zur Beziehung zw. Kraus und Siegfried Jacobsohns Zeitschrift 'Die Schaubühne' (später unbenannt in 'Die Weltbühne'), siehe Kap. 2.3.2.2.
[235] Kürnberger, Ferdinand: Fünfzig Feuilletons. Mit einem Präludium in Versen. Wien: Daberkow 1905. S. 293-97.

175-79).[236] Erst 1919 konnte Kraus das Feuilleton schließlich abdrucken (F 508-13, S. 66-70).
Bis zum Jahr 1931 wird Kürnberger noch 11 Mal in der 'Fackel' erwähnt, danach nicht mehr. Bereits 1924 betont Kraus, daß er Daniel Spitzer über Kürnberger stelle (F 657-67, S. 123). Die letzte Nennung ist eine deutliche Distanzierung von Kürnberger. Kraus zitiert einen Artikel, in dem jenem "unerhörte Kraft" (F 852-65, S. 76) bescheinigt wird. Sein Kommentar: "Sie war zwar nicht so unerhört, wie Graf meint - die Überschätzung Kürnbergers beruht auf mißverstandenen Hinweisen in der Fackel - [...]" (F 852-56, S. 76).

Fritz Mauthner

Aus den Nennungen Mauthners in der 'Fackel' läßt sich ableiten, daß Kraus nicht sehr viel von ihm hielt. Die 10 'Fackel'-Stellen, an denen Mauthners Name auftaucht[237], beschäftigen sich meist mit dem Rezensenten Mauthner, und dies eher abfällig. Eine Ausnahme bildet die erste Nennung: Kraus druckt hier als Teil seiner Kampagne gegen Hermann Bahr ein Gutachten Mauthners ab, in dem dieser die Verflechtung von Kritiker und Autor als bedenklich bezeichnet, sobald kommerzielle Interessen ins Spiel kommen (F 69, S. 27-29). 1914 druckte Kraus das Ende eines Artikels von Theodor Haecker aus dem 'Brenner'[238] ab, in dem dieser unter anderem Fritz Mauthner angreift: Haecker wirft ihm Feigheit und Schmarotzertum an den Gedanken anderer (hier besonders Schopenhauer) vor (F 400-403, S. 57-60). Auf Mauthners Sprachkritik geht Kraus an keiner Stelle explizit ein, auch wenn er sie - laut Ederer - gekannt hat.[239]

Den Mauthner-Schüler Landauer hingegen scheint Kraus geschätzt zu haben. Sein Name wird zwar in der Fackel nur drei Mal genannt[240]; an einer Stelle wird jedoch erwähnt, daß es zeitweilig zur Diskussion gestanden hat, ob Landauer Beiträge für die 'Fackel' verfassen solle - eine seltene Ehre (F 601-607, S. 67).[241]

---

[236] Vgl. Ederer, S. 230/31; sowie Lengauer 1989, S. 33.
[237] Ögg, S. 305.
[238] Kraus schätzte sowohl die Zeitschrift 'Der Brenner' als auch Theodor Haecker sehr. Vgl. F 400-403, S. 57; sowie Halliday, John D.: Karl Kraus, Franz Pfemfert and the First World War. A comparative study of 'Die Fackel' and 'Die Aktion' between 1911 and 1928. Passau: Andreas- Haller-Verl. 1986. S. 69. Zur Beziehung zwischen Kraus und dem 'Brenner', siehe weiters Stieg, Gerald: Der 'Brenner' und die 'Fackel'. Zur Wirkungsgeschichte des Karl Kraus. Salzburg: Müller 1976 (= 'Brenner'- Studien. Bd. 3).
[239] Ederer, S. 240.
[240] Ögg, S. 263.
[241] Vgl. Halliday, S. 27.

2.2.2.2 Karl Kraus und die Sprache

Über die Sprachauffassung von Karl Kraus ist bereits viel geschrieben und gestritten worden - dabei fielen oft Etiketten wie 'Sprachmystiker' oder 'Sprachfetischist'. Solche Bezeichnungen bergen die Gefahr, die Komplexität der Krausschen Sprachüberlegungen zu verdecken. Ein Grund für die Schwierigkeiten der Forschung liegt sicher darin, daß Kraus zwar sehr viel über sein Verhältnis zur Sprache geschrieben hat, daß diese Texte aber nicht leicht zu interpretieren sind: zum Teil sind es Aphorismen, zu deren Gattungsmerkmalen die überspitzte Formulierung ohnehin gehört, zum Teil sind es Bemerkungen, die sich auf ganz bestimmte Sprachprobleme beziehen. Abgesehen davon sind Kraus' Erklärungen zur Sprache keine wissenschaftliche Theorie, deren Argumente Schritt für Schritt logisch nachempfunden werden können.[242]

Kurt Krolop bringt Kraus' Prinzipien auf die Formel: "Vom Sprachglauben als 'Ursprung' ausgehendes, vom sprachlichen Zweifel kontrolliertes Sprachdenken [...]."[243] Darin sind bereits die wichtigsten Eckpunkte enthalten: 'Sprachglaube' und 'Zweifel'. Kraus spricht vom Zweifel als von der "großen moralischen Gabe, die der Mensch der Sprache verdanken könnte und bis heute verschmäht hat" (Kraus S[244], S. 372). 'Zweifel' hat hier allerdings nichts mit einer grundsätzlichen Sprachskepsis á la Mauthner zu tun. Im Gegenteil: während Mauthner und (für kurze Zeit) auch Hofmannsthal an der Sprache selbst (ver)zweifelten, zweifelte Kraus nur an den Fähigkeiten und Motiven der Sprecher. Wenn er 'gegen die Phrase' kämpfte, dann meinte er damit immer diejenigen, die sie benutzen, niemals 'die Sprache' selbst - die Qualität einer Sprache hing für ihn immer vom Sprecher ab.[245]

Kraus sah prinzipiell die Möglichkeit einer Idealsprache, in der sich die sprachliche mit der dinglichen Realität deckt: "sein Modell war die absolute Übereinstimmung zwischen Wort und Gedanke, Sprache und Leben."[246] Diese Ideal-

---

[242] Siehe Zohn, Harry: Karl Kraus. Frankfurt a. M.: Hain 1990. S. 71, 73/74. Sowie Quack, Josef: Bemerkungen zum Sprachverständnis von Karl Kraus. Bonn: Bouvier 1976 (= Abhandlungen zur Kunst-, Musik- und Literaturwissenschaft. Bd. 232). S. 2/3, 233.
[243] Krolop, S. 51.
[244] Kraus, Karl: Die Sprache. Frankfurt a. M.: Suhrkamp 1987 (= Karl Kraus. Schriften. Hrsg. v. Christian Wagenknecht. Bd. 7.).
[245] Ederer, S. 355. Vgl. auch Rogers, Michael: Karl Kraus and the Creation of a Symbolic Language. In: Karl Kraus in neuer Sicht. Londoner Kraus- Symposium. Hrsg. v. Sigurd Paul Scheichl u. Edward Timms. München: edition text + kritik 1986. S. 32-34.
[246] Zohn, S. 70. Vgl. Ederer, S. 368; sowie Quack, S. 70. Siehe auch Stern, J. P.: Karl Kraus: Language and Experience. In: Karl Kraus in neuer Sicht. Londoner Kraus-Symposium. Hrsg. v. Sigurd Paul Scheichl u. Edward Timms. München: edition text + kritik 1986. S.

sprache und Kraus' Verhältnis zu ihr sind es unter anderem auch, die in der Forschung die heftigen Diskussionen ausgelöst haben.[247]

Folgendes scheint mir fest zu stehen: Kraus ging von einer prinzipiell intakten Sprache aus und nahm für sich in Anspruch, diese intakte Sprache zu sprechen und zu schreiben - jedoch bewußt nicht zu 'beherrschen'. Seiner Ansicht nach ist nur derjenige ein Künstler, der die Sprache nicht instrumentalisiert, sondern sich eine gewisse Demut ihr gegenüber bewahrt hat. Kraus spricht in diesem Zusammenhang auch von 'dienen': "Er beherrscht die Sprache - das gilt vom Kommis. Der Künstler ist ein Diener am Wort." (Kraus A[248], S. 116) Kraus' Vorstellung von künstlerischem Schreiben ist von einer Wechselwirkung zwischen den Gedanken des Dichters und den Möglichkeiten der Sprache bestimmt - die Sprache erscheint als Partnerin im schöpferischen Prozeß, nicht nur als Mittel, diesen zu artikulieren. Jenaczek schreibt dazu: "die Gedanken kommen *aus* der Sprache, sie werden *nicht* eingekleidet *in* Sprache."[249] Kraus betont an einer Stelle:

> "daß Sprache nicht bloß das, was sprechbar ist, in sich begreift, sondern daß in ihr auch alles was nicht ausgesprochen wird erlebbar ist; daß es in ihr so sehr auf das Wort ankommt, daß noch wichtiger als das Wort das ist, was zwischen den Worten ist; [...]" (Kraus S, S. 278)

Das, woran Kraus zweifelte, war das Sprechen und Schreiben der meisten anderen Menschen. Er bemängelt dabei grundsätzlich zweierlei: die Menschen würden sich erstens viel zu wenig Gedanken darüber machen, was sie sagen und wie sie es sagen; aber selbst wenn sie es täten, würde es wenig nützen, weil zweitens den meisten von ihnen das Gefühl für die richtige Sprache fehle. Mit 'richtig' meinte Kraus einerseits die korrekte Beherrschung der sprachlichen Normen

---

[247] 21-31.
Vgl. z.B. Ederer, S. 315; Arntzen 1971, S. 212-14, 335, 355/56; Quack, S. 177-83; Wagenknecht, Christian J.: Das Wortspiel bei Karl Kraus. Göttingen: Vandenhoeck ²1975 (= Palaestra. Untersuchungen aus d. dt. und engl. Philologie u. Literaturgeschichte. Bd. 242.) S. 135-37, 166-69. Sowie Heringer, Hans-Jürgen: Karl Kraus als Sprachkritiker. In: Muttersprache 77 (1967). S. 256-58. (zit. als Heringer, 1967) Zu Heringers Irrtum, Kraus würde sich nur mit der geschriebenen Sprache befassen (Heringer 1967, S. 257), siehe Ederer, S. 332; vgl. auch Quack, S. 75.

[248] Kraus, Karl: Aphorismen. Sprüche und Widersprüche. Pro domo et mundo. Nachts. Frankfurt a. M.: Suhrkamp 1986 (= Karl Kraus. Schriften. Hrsg. v. Christian Wagenknecht. Bd. 8).

[249] Jenaczek, Friedrich: Karl Kraus: "Daß die Gedanken aus der Sprache kommen." In: Czucka, Eckehard (Hg.): 'Die in dem alten Haus der Sprache wohnen'. Beiträge zum Sprachdenken in der Literaturgeschichte. Helmut Arntzen zum 60. Geburtstag. Münster: Aschendorff 1991 (= Literatur als Sprache. Literaturtheorie - Interpretation - Sprachkritik. Supplementbd.). S. 395. (zit. als Jenaczek 1991) Vgl. auch Quack, S. 54, 66.

Syntax und Orthographie, anderseits ein Wissen um die Bedeutung der Wörter in den verschiedenen Zusammenhängen, linguistisch ausgedrückt ein Verständnis der Pragmatik. Dabei waren ihm syntaktische Probleme nicht nur Beiwerk, sondern von großer Wichtigkeit, da er der Überzeugung war, bereits im Aufbau der Sätze könne sich der Geist des Autors verraten. "In der Literatur hüte man sich vor Satzbauschwindlern. Ihre Häuser kriegen zuerst Fenster und dann Mauern." (Kraus A, S. 124)
Quack beschreibt Kraus' Stilideal in den termini der Rhetorik: "puritas (grammatische Korrektheit), perspicuitas (Klarheit), aptum (Konformität des Stils mit der Sache)"[250]. Allerdings dürfe derjenige, der die Regeln der Sprache verstünde, diese auch bewußt brechen:

> "Es gibt in der Sprache nichts Falsches, das die Sprache nicht zu einem Richtigen machen könnte. Die Wissenschaft von ihr ist die unentbehrliche Voraussetzung, um zu wissen wann man sie umgehen darf. Ein Satz könnte aus lauter Fehlern zusammengesetzt und doch ein rechter sein. [...] Die Regeln sind wohl einem Sprachgefühl abgenommen, aber ein feineres könnte sich wieder in ihrer Auflösung bewähren." (Kraus S, S. 23)[251]

Deubzer betont in diesem Zusammenhang: "im Gegensatz zum Sprach- und Stildidaktiker, dem die Regel und ihre Anwendung der Zweck seiner Arbeit ist, ist sie für Kraus nur das Mittel zu dem Zweck, Eingang in die Sprache zu finden."[252]

Zohn schreibt: "Für Kraus war unkorrekter Sprachgebrauch ein Hinweis auf schiefe sittliche und metaphysische Haltung; [...]."[253] Dem liegt Kraus' Vorstellung zugrunde, daß Denken und Sprechen unlösbar miteinander verbunden sind. Kraus forderte deshalb ein "verantwortungsvolle[s] Sprechen[]"[254].

Durch ihr Unverständnis und ihren gleichgültigen Umgang mit der Sprache werden die Menschen laut Kraus anfällig für Manipulation durch Sprache, da sie die Rhetorik, die 'Phrasen', von Presse und Politik nicht durchschauen können bzw. diese Phrasen zum Teil selbst benutzen. 'Phrasen' sind bei Kraus Worte oder Formulierungen, die seinem Ideal der Identität von Wort und Realität eben nicht entsprechen. Es sind 'schiefe' Formulierungen, die entweder im Grunde gar nichts oder etwas anderes bedeuten, als sie vorgeben zu tun. Ederer spricht in diesem Zusammenhang von der "Entfremdung der Sprache"[255], Arntzen defi-

---

[250] Quack, S. 52; vgl. auch S. 123, 125, 130.
[251] Vgl. auch Kraus S, S. 116.
[252] Deubzer, S. 54.
[253] Zohn, S. 70.
[254] Ederer, S. 367. Vgl. Quack, S. 75.
[255] Ederer, S. 315. Vgl. auch Vietta, Silvio: Neuzeitliche Realität und literarische Sprachkri-

niert 'Phrase' "als das selbstverständlich gewordene bewußtlose Sprechen"[256]. Indem sie diese Sprache verwenden, ohne sie zu durchschauen, liefern sich die Menschen einer ebenso 'schiefen' Realität aus. Verwenden sie die Phrasen mit Absicht, was er zum Beispiel der Presse vorwarf, machen sie sich laut Kraus sogar der Erzeugung einer solchen Realität schuldig. Ederer schreibt dazu: "Die Phrase in der Hand des Mächtigen dient zur Verschleierung der realen Macht, die Phrase in der des Unterdrückten dient zur Kompensation seiner realen Ohnmacht - [...]."[257]

Der Umgang mit der Sprache war für Kraus die zentrale Voraussetzung für den Zustand einer Gesellschaft. Ein 1931 in der 'Fackel' abgedrucktes Zitat unterstreicht diese Haltung:

> "Konfutse sagt: 'Wenn die Begriffe nicht richtig sind, so stimmen die Worte nicht; stimmen die Worte nicht, so kommen die Werke nicht zustande; kommen die Werke nicht zustande, so gedeihen Moral und Kunst nicht; gedeihen Moral und Kunst nicht, so trifft die Justiz nicht; trifft die Justiz nicht, so weiß die Nation nicht, wohin Hand und Fuß setzen. Also dulde man nicht, daß in den Worten etwas in Unordnung sei.'"
> (F 852-56, S. 60)[258]

Kraus sah es daher als seine Aufgabe an, den Menschen immer wieder den Gegensatz zwischen dem alltäglichen Sprachgebrauch und der 'eigentlichen', seiner Idealsprache, vor Augen zu führen. Er schreibt:

> "Es wäre dem Menschen geholfen, könnte man ihm, wenn schon nicht das Auge für die fremde Schrift, wenigstens das Ohr für die eigene Sprache öffnen und ihn wieder die Bedeutungen erleben lassen, die er ohne es zu wissen täglich im Munde führt."
> (Kraus S, S. 225)

Auf diese Weise wird laut Arntzen "erkennbar [...], wie die Welt aussieht, die im Sprechen der Menschen formuliert wird."[259]

Die selbstgewählte Aufgabe entpuppte sich für Kraus bald als Sisyphusarbeit, da viele Leser der 'Fackel' mehr an der Aufdeckung möglichst skandalöser Übelstände interessiert waren, als sich über die Sprache Gedanken zu machen. 1908 schreibt Kraus:

> "Ich wollte sie zu einem Verständnis für die Angelegenheiten der deutschen Sprache erziehen, zu jener Höhe, auf der man das geschriebene Wort als die naturnotwendige Verkörperung des Gedankens und nicht bloß als die gesellschaftspflichtige Hülle der

---

[256] tik. München 1981. S. 191; sowie Sterns Definition der Phrase: Stern, S. 25/26.
[257] Arntzen 1983, S. 61.
[258] Ederer, S. 376; vgl. Jacobi, S. 78; sowie Rogers, S. 39.
[259] Vgl. Quack, S. 149/50.
Arntzen 1971, S. 356.

Meinung begreift. Ich wollte sie entjournalisieren. [...] Ich sage, daß der einzige öffentliche Übelstand, den noch aufzudecken sich lohnt, die Dummheit des Publikums ist." (Kraus U[260], S. 18)[261]

Obwohl er einsehen mußte, daß seine Ideale kaum zu verwirklichen waren, kämpfte er weiterhin für "die Befreiung von der Phrase hin zu einer menschlichen Sprache, die Denken und Phantasie einschließt. Dieses Ziel meint der Kraus'sche Begriff 'Ursprung', [...]."[262] Zur Aussichtslosigkeit seines Kampfes schreibt er: "An einem Ideal sollte nichts erreichbar sein als ein Martyrium." (Kraus A, S. 170)

Kraus war der Ansicht, daß der von ihm bekämpfte Sprachgebrauch nicht nur die Alltagssprache zerstöre, sondern auch die Sprache der Literatur. Ein weiteres seiner Ziele war es daher, der 'abgenutzten' Sprache "die ursprüngliche Reinheit und Kraft wiederzugeben, damit sie erneut als poetisches Ausdrucksmittel dienen kann."[263] Nicht nur in diesem Zusammenhang verwendete Kraus oft erotische Metaphern für sein Verhältnis zur Sprache[264]: "Meine Sprache ist die Allerweltshure, die ich zur Jungfrau mache." (Kraus A, S. 293)

Die Positionen, die Kraus und Mauthner in ihrem jeweiligen Verhältnis zur Sprache einnehmen, sind Extreme. Zwischen Sprachvertrauen und Skepsis schwankt hingegen die Einstellung Hans Natoneks, der sowohl für die 'Aktion' als auch später für die 'Schaubühne'/'Weltbühne' geschrieben hat. In der 'Weltbühne' findet man 1918 einige Aphorismen zum Thema Sprache. Natonek schreibt: "Tragik der Sprache: sie ist zweifellos bestimmt, die Welt zu erlösen, und erlebt doch jeden Tag von neuem ihr Babel." (WB[265] 14/I, 22, S. 499) In diesem Gedanken drückt sich ein prinzipielles Vertrauen in die Sprache aus, gleichzeitig aber auch Kritik an ihrer alltäglichen Verwendung - eine Haltung, die der von Kraus verwandt ist. Auf derselben Seite formuliert Natonek auch sein Schwanken zwischen Hoffnung und Zweifel:

"Manchmal glaube ich, daß im Wort die letzten Geheimnisse des Lebens ruhen, und daß durch die Sprache eines Tages sich doch noch der Sinn des Daseins strahlend offenbaren wird. Dann aber wieder packt mich der Zweifel am Worte. Ich traue ihm

---

[260] Kraus, Karl: Untergang der Welt durch schwarze Magie. Frankfurt a. M.: Suhrkamp 1989 (= Karl Kraus. Schriften. Hrsg. v. Christian Wagenknecht. Bd. 4).
[261] Vgl. Ederer, S. 283, 302-304; Arntzen 1971, S. 211; Bohn, Volker: Satire und Kritik. Über Karl Kraus. Frankfurt a. M.: Athenäum 1974. S. 9.
[262] Ederer, S. 277.
[263] Zohn, S. 69. Vgl. auch Wagenknecht, S. 68, 74/75.
[264] Quack, S. 52, 150, 191-93.
[265] Die Weltbühne. Vollständiger Nachdruck der Jahre 1918-1933. Königstein/Ts.: Athenäum 1978.

nichts zu. Und die Sprache scheint mir eine schlechte Krücke, mit deren Hilfe wir über die Leere stelzen. [...]" (WB 14/ I, 22, S. 499)

Insgesamt scheint jedoch die Kritik an den Sprechern gegenüber der an der Sprache zu überwiegen: "Des Geschenks der Sprache teilhaftig zu sein und dennoch Krieg zu führen, das macht mißtrauisch - nicht gegen die Sprache, sondern gegen Die, die sie gebrauchen. [...]" (WB 14/I, 22, S. 499)

2.2.2.3 Dichter versus Journalist

Für Karl Kraus war die Literatur die einzige Instanz, die dem journalistischen Sprachgebrauch Paroli hätte bieten können. Der scharfe Gegensatz, den Kraus gerne zwischen Presse und Literatur, zwischen Journalist und Dichter gesehen hätte, wurde jedoch immer mehr verwischt.

Karl Kraus warf der Presse vor, die Literatur "ausgeraubt" (Kraus U, S. 192) zu haben[266]: War lange Zeit das Bild vom 'Dichter im stillen Kämmerlein' das prägende gewesen, vollzogen viele Schriftsteller um die Jahrhundertwende eine "Wendung zur Öffentlichkeit, [...] [die] zwangsläufig zur Kollision mit dem journalistischen Medium"[267] führte. Eine immer größer werdende Zahl von Schriftstellern wanderte schließlich teilweise oder ganz zum Journalismus ab, da dieser eine größere öffentliche Wirkung und finanzielle Sicherheit versprach.[268]

Dieser Prozeß wurde nicht nur von Kraus, sondern von der ganzen "idealistischen Fraktion unter den Schriftstellern"[269] kritisiert: 1916 schreibt Hans Natonek in der Zeitschrift 'Die Schaubühne', "daß die Presse jenen Teil des jungen Schriftstellergeschlechts, der mit ihr zu arbeiten aus Gründen der Notdurft gezwungen ist, schuldlos auf ihrem Gewissen hat." (SB 12/II, 44, S.407)[270] Hans Landsberg beschreibt 1919 die Situation in der 'Weltbühne' folgendermaßen:

> "Die Zeitung prägt heute den Schriftsteller, sowie er vordem in den Tagen eines Gentz, Görres, Kleist sie geprägt, ihr schaffendes Subjekt gewesen ist. Sie zwängt den Autor in das Bango [Gefängnisse für Schwerverbrecher in franz. Seestädten] ihrer traditionellen Überlieferungen, ihrer schwachmütigen Rücksichtnahme auf den Inseratenteil, [...]." (WB 15/II, 29, S. 37)

---

[266] Siehe Jacobi, S. 22; sowie Ederer, S. 279/80.
[267] Jacobi, S. 21.
[268] Jacobi, S. 22; Arntzen 1971, S. 55.
[269] Jacobi, S. 30.
[270] Die Schaubühne. Hrsg. v. Siegfried Jacobsohn. 1905-1918. Reprint. Königstein/Ts: Athenäum 1979- 80.

Auch Kurt Tucholsky beklagte 1920 "das Aussterben der freien Schriftsteller"[271], die noch völlig unabhängig ihre Meinung vertreten können. Zehn Jahre später schreibt er jedoch in seiner Rückschau auf das 25-jährige Jubiläum der Zeitschrift 'Die Schaubühne'/'Die Weltbühne': "Ein Teil unserer Freunde ist mit der großen Presse personaliter verbunden, wie das ja bei Schriftstellern gar nicht anders sein kann. In den meisten Fällen erwächst den Beteiligten daraus kein Schade [...]." (WB 26/II, 37, S. 381/82)

Es sieht so aus, als hätte sich Tucholsky mit dem Zustand der Verbindung von Presse und Journalismus abgefunden; er selbst war ebenfalls für verschiedene Zeitungen tätig. Gunther Nickel beschreibt Tucholskys Verhalten als ein "Changieren zwischen Kunst und Politik"[272] - was eventuell einer der Gründe dafür sein könnte, daß sich das Verhältnis zwischen ihm und Karl Kraus so schwierig gestaltete.[273]

Die Verbindung von Literatur und Presse führte laut Helmut Arntzen zur "Literarisierung des Journalismus"[274]. Ederer beschreibt dies folgendermaßen: "Die Presse übernimmt von den literarischen Texten die Stilmittel, wie Sprachform, Wortschatz, Rhetorik und verdinglicht sie zum fungiblen Dekor."[275] Dadurch wurde ein Teil dessen, was Kraus an der Pressesprache kritisierte, noch verstärkt: der 'Feuilletonismus'.

Mit diesem Begriff umschreibt Kraus den zunehmenden Hang zum Ornament, zur Beschreibung von 'Empfindung' und 'Stimmung'- und das eben nicht nur im Feuilleton selbst, sondern in der gesamten Zeitung, vom politischen Leitartikel bis hin zum Anzeigenteil. Umgekehrt beeinflußten die Inserenten als 'Interessenvertreter' auch den redaktionellen Teil der Zeitungen, so daß Kraus seine Leser aufforderte: "Nimm das gedruckte Wort nicht ehrfürchtig für bare Münze! Denn deine Heiligen haben zuvor für das gedruckte Wort bare Münze genommen." (F 98, S. 4)[276] Die Leser sollen das, was ihnen in der Presse vorgesetzt

---

[271] Heß, Dieter: Aufklärungsstrategien Kurt Tucholskys. Literarisch-politische Aspekte der Weltbühne -Texte. Frankfurt a. M.: Lang 1982 (= Europ. Hochschulschriften. Reihe 1. Dt. Sprache und Lit. Bd. 538.). S. 35.

[272] Nickel, Gunther: Die Schaubühne - Die Weltbühne. Siegfried Jacobsohns Wochenschrift und ihr ästhetisches Programm. Opladen: Westdt. Verlag 1996. S. 159. Siehe auch Kap. 2.3.2.3.

[273] Siehe Kap. 2.3.2.2.

[274] Arntzen, Helmut: Karl Kraus und die Presse. München: Fink 1975 (= Literatur u. Presse. Karl-Kraus-Studien. Bd. 1). S. 35. (zit. als Arntzen 1975).

[275] Ederer, S. 280.

[276] Siehe Quack, S. 12-16; Krolop, S. 17/18; Arntzen 1975, S. 28-31; Bohn, S. 6/7, 13, 16/17; Betz F., S. 41. Vgl. Kraus U, S. 428. Den Stil der Anzeigen parodierte später Kurt Tucholsky in der 'Weltbühne'; ebenso wurde der Einfluß der Inserenten auf die Zeitungen von 'Weltbühne' als gefährlich eingestuft; siehe 2.3.2.3.

wird, nicht einfach hinnehmen, sondern kritisch hinterfragen. Theodor Haecker urteilt über den Feuilletonismus ähnlich:

> "Die komische Einheit der talentierten Schmierigkeit ist da, denn das Feuilleton ist in der Politik und die Politik im Feuilleton enthalten. Es kommt nämlich aufs gleiche heraus, ob oben in der Politik ein feuilletonistisch frisierter Wolff - daher die zwei f - die deutschen Schafe hütet, oder ob unter dem Strich die deutsche Kunst ein demokratisches Schlenderdasein führt." (B 4, 1914, S. 895)

Der Feuilletonismus betreibt laut Kraus ein prahlerisches Spiel mit wohlklingenden Worten und Floskeln, die den Leser beeindrucken sollen; hinter dieser 'Form' stecke aber kein (oder kaum) 'Inhalt', sie sei nur 'Meinung', kein 'Gedanke'.[277] "Ein Feuilleton schreiben heißt auf einer Glatze Locken drehen; aber diese Locken gefallen dem Publikum besser als eine Löwenmähne der Gedanken." (Kraus U, S. 188) Als Vertreter dieser Art des literarischen Journalismus betrachtete Kraus Heinrich Heine und Maximilian Harden, den "in den Leitartikel verschlagenen Archivar" (Kraus U, S. 99): er polemisierte in der 'Fackel' gegen Heine als 'Schöpfer des Feuilletonismus' und gegen Harden als Musterbeispiel für den Hang zum Ornament; beide Polemiken trugen ihm viele Feinde ein.[278] Aber auch Hugo von Hofmannsthal und Hermann Bahr kritisierte Kraus scharf dafür, daß sie für Zeitungen schrieben.[279]

Kraus erklärt in 'Untergang der Welt durch schwarze Magie', daß durch den literarischen Journalismus sowohl die Literatur als auch der Journalismus geschädigt worden sei: Die Literatur habe nicht nur einen Teil ihrer Dichter, sondern auch ihre Sprache verloren, die nun als Instrument beliebig eingesetzt werden könne; auch werde die Literatur immer mehr kommerzialisiert.[280]

---

[277] Vgl. Jenaczek 1991, S. 408; Ederer, S. 280; Quack S. 66, 70.
[278] Zur Heine-Polemik siehe Dürr, Volker: Karl Kraus: Sprachmystik, Kabbala und die deutsche Sprache als "Haus des Seins". Zum Essay 'Heine und die Folgen. In: Czucka, Eckehard (Hg.): 'Die in dem alten Haus der Sprache wohnen'. Beiträge zum Sprachdenken in der Literaturgeschichte. Helmut Arntzen zum 60. Geburtstag. Münster: Aschendorff 1991 (= Literatur als Sprache. Literaturtheorie - Interpretation - Sprachkritik. Supplementbd.). S. 375-390. Sowie Quack, S. 43-55; Arntzen 1971, S. 211/12. Zu Kraus' Verhältnis zu Harden, siehe Bilke, S. 15-23; Krolop, S. 26-31; Arntzen 1975, S. 37/38, 40/41; Arntzen 1971, S. 226; Ederer, S. 382/38. Siehe auch Kap. 2.3.1.2.
[279] Wagenknecht, S. 80, 83-85; Arntzen 1971, S. 226-28, 229, 235; Arntzen 1983, S. 231; sowie Simon, Dietrich: Literatur und Verantwortung. Zur Aphoristik und Lyrik von Karl Kraus. In: Karl Kraus. Hrsg. v. Heinz Ludwig Arnold. München: edition text + kritik 1975. S. 93.
[280] Ederer, S. 282; Jacobi, S. 103; Quack, S. 23; Arntzen 1983, S. 232/33, 236, 241; Arntzen 1975, S. 35, 37/38.

Kraus' Fazit: "es kann keinen Dichter mehr geben, weil schon der Reporter einer ist" (Kraus U, S. 427). Der Journalismus hingegen, der sich eigentlich auf die Vermittlung von Fakten konzentrieren sollte, sei nun

> "zwischen Kunst und Leben ein gefährlicher Vermittler, Parasit an beiden, Sänger, wo er nur Bote zu sein hat, meldend, wo zu singen wäre, den Zweck im Auge, wo eine Farbe brennt, zweckblind aus Freude am Malerischen, Fluch der literarischen Utilität, Geist der Utiliteratur." (Kraus U, S. 186)

Kraus selbst gab zu, in seiner Jugend zur Presse tendiert bzw. sogar Artikel für die 'Neue Freie Presse' verfaßt zu haben. Seit der Gründung der 'Fackel' sah er sich aber in zunehmendem Maße nicht als besseren Journalisten, sondern als Gegenpol zur Presse.[281]

Jacobi nennt drei Merkmale, die Kraus' Journalisten-Bild ausmachen: "1) das Einverständnis mit der gesellschaftlichen Wirklichkeit, 2) die Dominanz des Zwecks, 3) eine instrumentalisierte Sprache."[282]

Für Joseph Strelka ist Kraus' Presse-Gegnerschaft "einer der wesentlichen Punkte seiner zeitlosen Aktualität, denn weder die sprachliche Ungenauigkeit, die die Lügen der Presse tarnt, noch die Art dieser Lügen selbst haben sich in der Zwischenzeit im geringsten geändert."[283]

2.2.2.4 Kraus' Kritik an der Pressesprache

Im April 1903 schreibt Karl Kraus: "Sprechen und Denken sind eins, und die Schmöcke sprechen so korrupt, wie sie denken; und schreiben- so, haben sie gelernt, soll's sein - wie sie sprechen." (Kraus S, S. 17)
Bereits im September 1900 hatte Kraus in der 'Fackel'-Rubrik 'Antworten des Herausgebers' sein Vorhaben erwähnt, "die Schuld der Journalistik an der sprachlichen Uncultur, die über uns hereingebrochen ist, nachzuweisen." (F 53, S. 30)[284]

---

[281] Jacobi, S. 57-59; Krolop, S. 15/16; Arntzen 1975, S. 25-27; sowie Pfabigan, Alfred: Von "Preßhyänen" und "Tintenstrolchen". Karl Kraus und die 'Neue Freie Presse'. In: Ein Stück Österreich. 150 Jahre 'Die Presse'. Hrsg. v. Julius Kainz und Andreas Unterberger. Wien: Holzhausen 1998. S. 74-76.
[282] Jacobi, S. 74; vgl. Arntzen 1983, S. 105.
[283] Strelka, Joseph P. (Hg.): Karl Kraus. Diener der Sprache. Meister des Ethos. Tübingen: Francke 1990 (= Edition Orpheus. Beiträge zur deutschen und vergleichenden Literaturwissenschaft. Bd. 1). S. 10.
[284] Vgl. Stremmel, Jochen: 'Dritte Walpurgisnacht'. Über einen Text von Karl Kraus. Bonn: Bouvier 1982 (= Literatur u. Wirklichkeit. Hrsg. v. Karl Otto Conrady. Bd. 23.). S. 42.

Zohn schreibt über Kraus' Kampf gegen die Presse:

> "Kraus war davon überzeugt, daß die Wörterflut der täglichen Pressemeldungen nicht nur die Sprache, sondern auch das Leben vergifte. Er hatte sich vorgenommen, diese Flut eigenhändig einzudämmen (und zu verdammen), und noch an der kleinsten und schwächsten Welle konnte er die Größe der Verderbnis aufzeigen."[285]

- Und Kraus fand in der Sprache der Zeitungen, für die ihm oft stellvertretend Moritz Benedikts 'Neue Freie Presse' stand,[286] viele kleine und größere 'Wellen'. Das fing bereits bei Grammatik- und Bedeutungsfehlern an. Deshalb kam es ihm auch geradezu grotesk vor, daß 1929 ausgerechnet die 'Neue Freie Presse' eine Rubrik für Spracherziehung eröffnete: "sie, die alles kann, nur nicht Deutsch, gibt ihren Lesern Sprachunterricht!" (Kraus S, S. 234)[287]

Kraus, dem es jedoch nicht um pure Stilkritik ging, "beläßt es nicht bei dem Hinweis auf sprachliche Unrichtigkeiten, er wählt meist solche Beispiele, wo die formalsprachliche Kritik unmittelbar in eine ideologische übergehen kann."[288]

Häufig machte sich Kraus über die Versuche u.a. der Presse lustig, Fremdwörter einzudeutschen. Die 'Sprachpflege' der Puristen hielt er für schlichtweg lächerlich; sie hatte nichts mit seiner Art der Spracherziehung zu tun. Er erklärt, "daß das beste Deutsch aus lauter Fremdwörtern zusammengesetzt sein könnte, weil nämlich der Sprache nichts gleichgültiger sein kann als das 'Material' aus dem sie schafft." (Kraus S, S. 9/10)[289] Während des Kriegs wurde das Eindeutschen von Fremdwörtern wie vieles andere der Propaganda zu Nutze gemacht. Da Englisch und Französisch die 'Sprachen des Feindes' waren, wurden an vielen Stellen zum Teil kuriose Versuche unternommen, Fremdwörter durch deutsche Ausdrücke zu ersetzen. Kraus wundert sich darüber, daß er nun auf einmal "statt Irish stew 'Hammelfleisch im Topf auf bürgerliche Art', ein 'Mischgericht' statt eines Ragout, keinen Vol-au-vent, sondern eine 'Blätterteighohlpastete'" (Kraus A, S. 390; vgl. auch Kraus LTdM[290], S. 137/38, 275-77) vorgesetzt bekommt.[291]

---

[285] Zohn, S. 73.
[286] Jacobi, S. 67; Quack, S. 17; Arntzen 1971, S. 205; Jenaczek 1969, S. 109; Betz F., S. 24.
[287] Siehe Quack, S. 122/23. Kraus Werk ist voll von Beispielen zu falscher Grammatik; siehe z.B. Kaus S, S. 17-26.
[288] Quack, S. 18; vgl. auch S. 89.
[289] Vgl. auch Kraus S, S. 12-16, 91/92; sowie seine Bemerkungen zu Wustmann: Kraus S, S. 125, 145, 221/222, 235/236; vgl. dazu Sanders, S. 55. Vgl. Quack, S. 92, 128; Wagenknecht, S. 77.
[290] Kraus, Karl: Die letzten Tage der Menschheit. Tragödie in fünf Akten mit Vorspiel und Epilog. Frankfurt a. M.: Suhrkamp 1986 (= Schriften. Hrsg. v. Christian Wagenknecht. Bd. 10).
[291] Ähnliche Bestrebungen zur Eindeutschung von u.a. Speisekarten sollte es dann im Dritten Reich wieder geben; vgl. Kraus, Karl: Dritte Walpurgisnacht. Frankfurt a. M.: Suhrkamp 1989 (=Karl Kraus. Schriften. Hrsg. v. Christian Wagenknecht. Bd. 12). S. 176.

Besonders vehement sprach sich Kraus gegen den Feuilletonismus, den 'Hang zum Ornament' aus. Fritz Betz beschreibt das Feuilleton als "literarische Verbrämung dessen, was stattgefunden hat."[292] Kraus war der Ansicht, hinter der Sucht nach geistvollen Anspielungen und literarischen Hinweisen stünde "Die Mission der Presse [...], Geist zu verbreiten und zugleich die Aufnahmsfähigkeit zu zerstören." (Kraus A, S. 76)

Theodor Haecker stimmt ihm zu, wenn er schreibt: "Für geistige Dinge sind die Menschen Europas durch die verfluchte Arbeit der Presse blind und taub geworden." (B 5, 1915, S. 131) Die Überflutung mit eigentlich nebensächlichen Details lenken nach Kraus' Ansicht zudem davon ab, daß Wichtiges nicht oder nur spärlich behandelt würde. Statt Fakten würden Meinungen übermittelt, die jedoch so aussehen sollten, als wären sie Fakten.[293]

Ein ähnlich vernichtendes Urteil sprach Hermann Hesse Jahre später in seinem Roman 'Das Glasperlenspiel'[294]: "[...] und so ist denn auch das 'feuilletonistische' Zeitalter keineswegs etwa geistlos, ja nicht einmal arm an Geist gewesen. Aber es hat [...] mit seinem Geist wenig anzufangen gewußt, [...]." (Hesse, S. 18/19) Die Leser fanden laut Hesse in den Feuilletons zu jedem Ereignis

"nicht etwa nur die Tatsachen, sondern [...] auch noch eine Menge von anekdotischem, historischem, psychologischem, erotischem und anderem Material über das jeweilige Stichwort, über jedes Tagesereignis ergoß sich eine Flut von eifrigem Geschreibe [...]." (Hesse, S. 22)

Die Feuilletons seien allerdings

"nicht bloß holde sinnlose Kinderei [gewesen], sondern entsprachen einem tiefen Bedürfnis, die Augen zu schließen und sich vor ungelösten Problemen und angstvollen Untergangsahnungen in eine möglichst harmlose Scheinwelt zu flüchten." (Hesse, S. 23)

Auch in Robert Musils Roman 'Der Mann ohne Eigenschaften'[295] findet man Hinweise auf die feuilletonistische Schreibweise. So kommt der Erzähler zu dem Schluß, daß wohl auch Platon, würde er im 20. Jahrhundert leben und seine

---

[292] Betz F., S. 40. Vgl. Wagenknecht, S. 84/85.
[293] Deubzer, S. 57; Ederer, S. 265/66; Quack, S. 32; Arntzen 1975, S. 15-17; Arntzen 1971, S. 359; Bohn, S. 18; Jenaczek 1969, S. 110, 112. Vgl. die Kritik Tucholskys an Auswahl u. Aufmachung von Themen durch die Presse (Kap. 2.3.2.3.)
[294] Hesse, Hermann: Das Glasperlenspiel. Versuch einer Lebensbeschreibung des Magister Ludi Josef Knecht samt Knechts hinterlassenen Schriften. Frankfurt a. M.: Suhrkamp 1977. Vgl. auch Zohn, S. 63.
[295] Musil, Robert: Der Mann ohne Eigenschaften. Hrsg. v. Adolf Frisé. Sonderausgabe. Reinbeck b. Hamburg: Rowohlt ²1996.

Ideen veröffentlichen wollen, nichts anderes übrig bliebe, als der Aufforderung des Chefredakteurs nachzukommen, "zuweilen für die Unterhaltungsbeilage des Blattes ein hübsches Feuilleton darüber zu schreiben (aber möglichst locker und flott, nicht so schwer im Stil, mit Rücksicht auf den Leserkreis)" (Musil, S. 325).

Ulrich, der 'Mann ohne Eigenschaften', wundert sich anläßlich des Todes seines Vaters darüber, wie ein Journalist aus den Lebensdaten des Verstorbenen einen Nachruf stilisiert: "Der Journalist hatte für alle Auskünfte, die er empfing, sechs- und achtspännige Formeln bereit gehabt: großer Gelehrter, geöffneter Weltsinn, vorsichtig-schöpferischer Politiker, universale Begabung und so weiter;" (Musil, S. 693). Ein anderer Journalist, Meseritscher, wird dadurch charakterisiert, daß er alle Ereignisse mit einem einfachen 'und' verbindet, ohne sie zu erklären oder gar zu analysieren. Der Erzähler begründet dies aus einem

> "Geisteszustand, der durch keine weitspannenden Begriffe zusammengehalten, durch keine Scheidungen und Abstraktionen erläutert wird, [...]; und es darf behauptet werden, daß sich auch die Welt, unerachtet alles in ihr enthaltenen Geistes, in einem solchen der Imbezilität verwandten Zustand befindet, [...]." (Musil, S. 1015)[296]

Der Feuilletonismus führt nach Kraus' Überzeugung dazu, daß Bildung zu einem Gebrauchsartikel ohne höheren Wert verkommt - besonders, wenn man 'Poesie im Inseratenteil' betreibe[297]: "Es ist gar kein Zweifel, daß die Beethovens verkürzt werden, wenn über die Kaffeesieder gesagt wird, daß sie Schöpfer sind, [...]." (Kraus U, S. 426)

Kraus war der festen Überzeugung, die Presse würde ihr Publikum so sehr mit sprachlichen Bildern überhäufen, daß deren eigene Phantasie und Sprachgefühl verkümmern würde. Kraus kritisierte, daß kaum jemand die Phrasen der Presse hinterfrage. Die Leser würden die Welt nur noch durch den Zerrspiegel der Presse erfahren und somit auf eigenständiges Denken immer mehr verzichten.[298]

In einem Artikel in der 'Schaubühne' fürchtet Karl Hauer ebenfalls um das Sprachgefühl der Zeitungsleser:

> "Der Tagschreiber, dem fast ausschließlich der Zufall Artikel diktiert, der sich für alles interessieren muß und daher für nichts interessiert, ist von vornherein zu einer affektierten Schreibweise verurteilt. [...] Er verwendet die Termini und Formeln aller Berufe und Wissenszweige, ohne deren Sinn zu kennen, er ist ein Ignorant, ein typischer Oberflächenmensch und drückt sich am liebsten verschwommen und zweideutig aus. [...] Er beherrscht, da er keinen eigenen Stil haben kann, alle Stilarten und

---

[296] Vgl. Jacobi, S. 19/20.
[297] Bohn, S. 17.
[298] Jacobi, S. 83; Arntzen 1983, S. 39; Arntzen 1975, S. 42-44; Arntzen 1971, S. 55; Vietta, S. 190; Ederer, S. 385; Quack, S. 33; Bohn, S. 19; Betz F., S. 49; Wagenknecht, S. 92/93.

hetzt jedes klingende Wort erbarmungslos zu Tode. [...] Die totale Korruption des Wortes ist unabwendbar, wenn es nur noch drei Generationen Tagschreiber und Zeitungsleser geben wird. Denn die Zeitungsleser sind Wiederkäuer! (SB 7/ II, 51, S. 599)

Kraus' Ziel, wie er es in der ersten Nummer der 'Fackel' definiert, ist deshalb die "Trockenlegung des weiten Phrasensumpfes" (F 1, S. 2).[299] Allerdings ging es ihm nicht nur um die Phrasen selbst, sondern auch um deren Plazierung und 'Aufmachung'; Krolop spricht in diesem Zusammenhang von dem "'Trugschluß' des Journalismus, die Größe einer Darstellung sei der Größe des Darzustellenden direkt proportional, [...]."[300]

Im Kampf gegen die Phrasen (ebenso wie in der Ablehnung der Puristen) wird die Verbindung zwischen Kraus und Kürnberger sichtbar: Kürnberger hatte 1866 von "Phrasen und Redensarten [gesprochen], welche Kinder des Journalismus sind, und welche von der Umgangs- und Büchersprache schon nachgesagt werden, ohne daß jemand ein Arg daran hätte." (Kü II, S. 21)

In mehreren Nummern der 'Fackel' beschäftigt sich Kraus satirisch mit der Formulierung 'eine Lanze brechen' (F 6, S. 18; F 384/85, S. 14; F 398, S. 10). Christian Wagenknecht schreibt dazu, daß Kraus die Formulierung selbst verwende, jedoch so,

"als bezeichneten sie noch immer jenen geräuschvollen Vorgang, von dem man sie einstmals auf einen geistigen, der allenfalls noch sprachlich hörbar wird, übertragen hat. Wie Eulenspiegel mit der Tat, reagiert Karl Kraus mit dem Wort auf eine historische Metapher: gegen den Strich. Weil das aber [...] nicht aus Unkenntnis ihrer üblichen Bedeutung geschieht, geht die Komik dieser Reaktion nicht zu seinen Lasten, sondern zu Lasten dessen, der, ohne den Kontrast zwischen den Sphären des Ritter- und des Pressewesen zu bemerken, die historische Metapher im vollen Ernst gebraucht."[301]

Ähnlich wie Kürnberger, der dem pompösen Klang von Phrasen ihre eigentliche Bedeutung entgegengesetzt hatte, versuchte Kraus Formulierungen wie 'Lanzen brechen' ihre glanzvolle "Aura"[302] zu nehmen. - Kürnberger waren die 'Lanzen' ebenfalls aufgefallen: sie sind Teil des "ritterlichen Zeitungsstil[s]" (Kü II, S. 12). Kraus bezieht sich 1902 direkt auf ihn: "Schmock ist nämlich, wie schon Kürnberger lachend festgestellt hat, immer Krieger: er bricht Lanzen, hält ein Banner hoch und kämpft mit offenem Visier." (F 98, S. 13)

---

[299] Siehe Arntzen 1975, S. 32; Quack, S. 11.
[300] Krolop, S. 36. Siehe dazu auch die Kritik der Zeitschrift 'Schaubühne'/ 'Weltbühne' an der 'Aufmachung' journalistischer Texte, Kap. 2.3.2.3.
[301] Wagenknecht, S. 87/88; vgl. S. 89; vgl. Quack, S. 19/20.
[302] Wagenknecht, S. 93; siehe auch S. 94; vgl. Bohn, S. 29, 32.

Einen großen Unterschied zwischen Kraus und Kürnberger sieht Ederer darin, daß Kraus aus seiner Sprachkritik Literatur formt: "das, was Ferdinand Kürnberger zwar kritisiert, aber noch nicht gestaltet, das wird im Werk von Karl Kraus zum zentralen Thema der Kritik und Gestaltung. Er hat das Zerfallen von Sprache literarisch konkret dargestellt;"[303] Ederer meint damit wohl vor allem Kraus' Drama 'Die letzten Tage der Menschheit'.

Wenn wie im Ersten Weltkrieg Phrasen dazu eingesetzt werden, die schreckliche Realität zu übertünchen, wird es in der Tat lebensbedrohlich.
Dadurch, daß über den Krieg in vielen Zeitungen in 'ritterlichen' Ausdrücken geschrieben werde, vergäßen die Menschen, daß nicht Schwerter, sondern Panzer und Giftgas eingesetzt würden, erklärt Kraus. In den 'Letzten Tagen der Menschheit' schreibt er: "Nicht daß die Presse die Maschinen des Todes in Bewegung setzte - aber daß sie unser Herz ausgehöhlt hat, uns nicht mehr vorstellen zu können, wie das wäre: das ist ihre Kriegsschuld!" (Kraus LTdM, S. 677) Wäre den Menschen bewußt, was an der Front mit den Soldaten wirklich geschehe, würden sie den Krieg nicht so bejubeln. Doch die Presse würde die harte Wirklichkeit ausblenden oder zumindest filtern.[304]

In der Zeitschrift 'Der Friede'[305] wird bald nach Kriegsende kritisiert, daß viele Worte der modernen Kriegsführung nun in die zivile Alltagssprache übergegangen seien. "Diese Rezeption der Kriegssprache bedeutet zugleich eine Wiederbelebung der Kriegsromantik." (Friede 3, 1919, S. 610) Der Autor erklärt es dann zu einer wichtigen Aufgabe der Sprachkritik, eine 'friedlichere' Sprache und damit eine friedlichere Gesellschaft zu fördern.

Kraus hatte zu Kriegsbeginn einige Zeit geschwiegen; er brauchte einerseits eine gewisse 'Vorbereitungszeit', andererseits war sein Schweigen bereits Ausdruck seiner Kriegsgegnerschaft: es setzte sich geradezu 'hörbar' von der allgemeinen Kriegsbegeisterung in der Presse ab. Erst im November 1914 meldete sich Kraus zurück. In den darauffolgenden Jahren widmete er sich jedoch ausführlich der Rolle der Presse-Sprache während des Krieges.[306]

> "Zwischen der Sprache und dem Krieg läßt sich etwa dieser Zusammenhang feststellen: daß jene Sprache, die am meisten zu Phrase und Vorrat erstarrt ist, auch den Hang und die Bereitschaft erklärt, das Wesen durch ein Surrogat des Tonfalls zu ersetzen, mit Überzeugung alles das an sich selbst untadelig zu finden, was dem andern

---

[303] Ederer, S. 364.
[304] Timms, S. 436; Zohn, S. 76; Jacobi, S. 54/55, 79, 82; Krolop, S. 45; Vietta, S. 191; Quack, S. 91; Ederer, S. 273; Wagenknecht, S. 95, 97; Bohn, S. 31.
[305] Der Friede. Wochenschrift für Politik, Volkswirtschaft und Literatur. Hrsg. v. Bruno Karpeles. Bd. 1-4. Wien 1918-1919.
[306] Quack, S. 82; Krolop, S. 42-44; Betz F., S. 76, 83.

nur zum Vorwurf gereicht, mit Entrüstung zu enthüllen, was man auch gern tut, jeden Zweifel in einem Satzdickicht zu fangen und jeden Verdacht, als ob nicht alles in Ordnung wäre, wie einen feindlichen Angriff mühelos abzuweisen." (Kraus A, S. 374)

Diese Sprache wird besonders in Kraus' Drama immer wieder vorgeführt: "'Die letzten Tage der Menschheit', [...] sind einer nicht minder monströsen Vernichtung der Idealbegriffe gewidmet, der erhabenen Wörter. Hart kontrastieren sie mit der Sache der Wirklichkeit, der sie nicht standhalten."[307]

Besonders greift Kraus die Sprache der Kriegsberichterstatter, für die stellvertretend Alice Schalek steht, an. 'Die Schalek', die einen prominenten Platz in den 'Letzten Tagen der Menschheit' erhielt, verband detailreiche Beschreibungen der Kriegsrealität mit einer emotionalen Ebene des Heldentums.
Vietta beschreibt die Reportagen der realen Alice Schalek als

"eine seltsame Stilmischung aus futuristisch-ästhetisierender Faszination vor der neuen Waffentechnik [...], kitschigen Gefühlen [...], biologistischem Übermenschpathos [...], verbunden mit der unbedingten obrigkeitshörigen Affirmation der Gehorsamspflicht [...]."[308]

Auch wurden die Leser durch die vielen heroischen Berichte an den Krieg geradezu gewöhnt. "Das Immergleiche der Sensationen gleicht auch den Tod sich an."[309]

Ein Charakteristikum der 'Schalek' ist es, daß sie bei jeder passenden und unpassenden Gelegenheit sensationsgierig nach den Empfindungen der Soldaten an der Front fragt; zum Beispiel, wenn gerade der Tod eines Kameraden gemeldet wird (Kraus LTdM, S. 190, 287/88, 304/305, 326, 658).

Ein ähnliches Phänomen beschreibt Franz Pfemfert 1912 in der 'Aktion' in einem Artikel über ein Bergwerksunglück unter dem Titel "Die Journalisierung des Todes. So werden Katastrophen zeilenweise verhökert" (A 2, 43, 1069)[310]. Auch hier gilt das größte Interesse der genauen Beschreibung des Aussehens der Leichen und der Gefühle der Geretteten.

---

[307] Grimminger, S. 178. Vgl. Vietta, S. 205/206.
[308] Vietta, S. 194; vgl. auch S. 192/93; vgl. Jacobi, S. 65, 72, 82, 85; Ederer, S. 342, 344, 345.
[309] Ederer, S. 377; vgl. auch S. 383.
[310] Die Aktion. Hrsg. v. Franz Pfemfert. Berlin 1911-1932. Photomechanischer Nachdruck. [Ausg. d. Jahre 1911-18:] München: Kösel 1961-67. [Ausg. d. Jahre 1919-32:] Nendeln/Lichtenstein: Kraus-Reprint 1976.

Für Kurt Tucholsky ist (die reale) Alice Schalek das Musterbeispiel für etwas, was er "horizontalen Journalismus" (WB 21/I, 2, S. 49) nennt und zutiefst ablehnt: "Die Schalek kann um die ganze Welt reisen; sie wird immer die kleinbürgerliche, beschränkte und wenig geschmackvolle Wienerin bleiben, die sie ist." (WB 21/ I, 2, S. 49) Ihre Reportagen würden im Grunde nichts über die Orte verraten, über die sie schreibe, sondern nur etwas über sie selbst. In guten Reportagen sieht Tucholsky hingegen eine Chance zur Verständigung zwischen den Menschen: Wenn die Menschen mehr übereinander wüßten, schreibt er, wären sie vielleicht auch friedlicher im Umgang miteinander. "Denn die Grausamkeit der meisten Menschen ist Phantasielosigkeit und ihre Brutalität Ignoranz." (WB 21/ I, 2, S. 52). Dieser Gedanke erinnert an die Überlegungen Karl Kraus' zur Verbindung von Phantasielosigkeit und Krieg(sbegeisterung).

Phrasen können nicht nur verschleiern und verschönern, sondern auch aufhetzen: durch die Etikettierung der Kriegsgegner als 'böse' und 'aggressiv' ebenso, wie durch die Stilisierung von Begriffen wie 'Vaterland' und 'Heldentum'. Kraus bemerkte dazu: "Wer den Patrioten des andern Landes für einen Lumpen hält, dürfte ein Dummkopf des eigenen sein." (Kraus A, S. 444)

Kraus erkannte, daß mit Hilfe dieser Ausdrücke nicht nur die Kriegsbegeisterung generell gefördert wurde; auch die realen (machtpolitischen und wirtschaftlichen) Hintergründe der Auseinandersetzungen konnten so verwischt werden.[311] Solche Phrasen stellen die gefährlichste Form dessen dar, was Arntzen "den von der Rhetorik der Überredung ermöglichten und konstituierten Jargon [nennt], der als intentional einheitlich Zeitungssprache 'hohe' und 'niedere' Journalistik ebenso verbindet wie einander disparate Ressorts der Zeitung."[312]

Auch Theodor Haecker beklagt im 'Brenner', daß die Presse den Haß zwischen den Völkern schüre: "Hüben und drüben durfte die Presse ungehindert die Lügen der Hysterie verbreiten, aber auch die der gesunden Gemeinheit. Sie predigte einen sinnlosen, blinden, in keiner Anschauung begründeten Haß."(B 5, 1915, S. 160) Auch stellt er bereits eine zunehmende Verwendung archaisch-nationalistischer Vokabeln fest: "Rasse, völkisch, germanisch, keltisch, teutonisch und Berliner Tageblatt, Auflage 230.000." (B 5, 1915, S. 176)

Kraus bezichtigte die Presse, einen nicht geringen Teil der Schuld am Krieg zu haben, da sie ihre Sprache in den Dienst der politischen Propaganda gestellt habe.[313] Jacobi unterstützt dieses Urteil, weist aber gleichzeitig auf die Rolle der

---

[311] Vietta, S. 69, 191/92, 195, 200/201.
[312] Arntzen 1983, S. 37.
[313] Vgl. Betz F., S. 24.

Behörden hin, wenn sie schreibt: "Durch eine zum ersten Mal in einem Krieg zentral gesteuerte Pressepolitik gelang den Behörden eine bewußte und systematische Irreführung der Bevölkerung."[314] Das Symbol für die Kriegsschuld der Presse ist in den 'Letzten Tagen der Menschheit' der Chefredakteur der 'Neuen Freien Presse', Moritz Benedikt, den Kraus im Epilog als 'Herrn der Hyänen' auftreten und von sich selber sagen läßt: "Ich bin der Antichrist." (Kraus LTdM, S. 750)[315]

Ebenso traf Kraus' Verdikt eine große Anzahl von Schriftstellern, die ebenfalls vaterländische Parolen verfaßt hatten, unter ihnen Gerhard Hauptmann, Richard Dehmel, Alfred Kerr, Ludwig Ganghofer, Hermann Bahr und Hugo von Hofmannsthal. Auch nach dem Krieg wies Kraus immer wieder darauf hin, daß Leute wie Kerr erst seit kurzem Pazifisten seien. Dieses Engagement verband Kraus auch mit Franz Pfemfert, dem Herausgeber der 'Aktion'.

Es waren nicht nur die kriegsbegeisterten Phrasen, die Kraus den Schriftstellern vorwarf, sondern auch, daß sie diese im sicheren 'Hinterland' verfaßten, während sie andere dazu aufforderten, an die Front zu ziehen.
Auch Haecker fand es bemerkenswert, daß zum Beispiel Alfred Kerr und Wilhelm Herzog "nicht auf den Schlachtfeldern ihr Blut, sondern nur im Forum oder im Berliner Tageblatt, oder in der Frankfurter Zeitung, dem Pandämonium der geistgewordenen Freidenkerphrase, ihre Tinte verspritzen" (B 5, 1915, S. 143). Karl Kraus ließ einige der Autoren 'zur Strafe' in den 'Letzten Tagen der Menschheit' auftreten.[316]

Kraus' Waffe gegen die Phrase war seine eigene Sprache.[317] Besondere Bedeutung kommt dabei der Verwendung von Zitaten zu. Ebenso wenig wie er es bei der Sprache getan hatte, entwickelte Kraus eine wissenschaftliche Theorie der Presse. Statt dessen ließ er die Zeitungen sich selbst bloßstellen: er zitierte ihre Phrasen in der 'Fackel'.[318] Dabei benutzte er verschiedene Techniken, die Karl Riha folgendermaßen unterscheidet:

Man findet in der 'Fackel' erstens sehr häufig den Abdruck einzelner Direktzitate oder ganzer Passagen; dabei setzte Kraus zum Teil eigene Überschriften über die Zitate; manchmal fügte er auch kurze Kommentare an; sehr oft stellte er ei-

---

[314] Jacobi, S. 22.
[315] Siehe Jacobi, S. 88/89.
[316] Zu Hofmannsthal und Bahr: Kraus LTdM, S. 146-148; zu Ganghofer: Kraus, LTdM, S. 167-74; zu Kerr: Kraus LTdM, S. 362/63. Vgl. Timms, S. 386, 396-405; Ederer, S. 391.
[317] Zohn, S. 75.
[318] Arntzen 1983, S. 38; Quack, S. 63.

nige Worte, manchmal auch ganze Absätze durch Sperrdruck heraus (vgl. z.B. F 717-23, S. 71).

Zweitens druckte Kraus auch ganze Artikelsammlungen aus der Presse nebeneinander ab, so, wie sie auch in der betreffenden Zeitung selbst gesetzt worden waren. Er wies damit auf Zusammenhänge zwischen den Artikeln hin, die so von der Zeitung selbst nicht beabsichtigt waren. Oft handelt es sich dabei um den Übergang vom redaktionellen zum Inseratenteil, der laut Kraus das Tendenziöse der Presse besonders gut sichtbar macht.

Drittens stellte Kraus auch Zitate aus verschiedenen Zeitungen zusammen oder verglich Stellungnahmen aus früheren Jahren mit aktuellen; in der 'Fackel' Nr. 289 stehen zum Beispiel zwei Artikel Moritz Benedikts untereinander, die einen Eindruck von dessen Stil vermitteln sollen (F 289, S. 19/20).

Schließlich verwendete Kraus Zitate auch als Teil seiner satirischen Zeit-Kommentare: er leitete diese mit Zitaten ein oder belegte mit ihnen seine Aussagen.[319]

Auch in den 'Letzten Tagen der Menschheit' spielen Zitate eine zentrale Rolle. Kraus stellt im Vorwort klar:

"Die unwahrscheinlichsten Taten, die hier gemeldet werden, sind wirklich geschehen; ich habe gemalt, was sie nur taten. Die unwahrscheinlichsten Gespräche, die hier geführt werden, sind wörtlich gesprochen worden; die grellsten Erfindungen sind Zitate. Sätze, deren Wahnwitz unverlierbar dem Ohr eingeschrieben ist, wachsen zur Lebensmusik. Das Dokument ist Figur; Berichte erstehen als Gestalten, Gestalten verenden als Leitartikel; das Feuilleton bekam einen Mund, der es monologisch von sich gibt; Phrasen stehen auf zwei Beinen - Menschen behielten nur eines." (Kraus LTdM, S. 9)

Ganze Szenen des Dramas bestehen darin, daß Figuren wie der 'Patriot' und der 'Abonnent' sich gegenseitig aus der Zeitung vorlesen und über das Gelesene reden - allerdings nicht kritisch, sondern uneingeschränkt bejahend. Das meiste von dem, was die Figur der 'Schalek' spricht, sind Montagen aus den Reportagen der wirklichen Alice Schalek.[320]

---

[319] Riha, Karl: 'Heiraten' in der "Fackel". Zu einem Zeitungs-Zitat-Typus bei Karl Kraus. In: Karl Kraus. Hrsg. v. Heinz Ludwig Arnold. München: edition text + kritik 1975. S. 116-118. Vgl. Arntzen 1971, S. 206; Krolop, S. 31-33, 101. Vgl. auch Riha, Karl: Cross-Reading und Cross-Talking. Zitat-Collage als poetische und satirische Technik. Stuttgart: Metzler 1971. S. 24/25. (zit. als Riha 1971)

[320] Jacobi, S. 76/77, 100; Ederer, S. 340-45.

Karl Kraus ließ seine Gegner aber nicht nur sich selbst bloßstellen, er wies ihnen häufig besondere Namen oder Bezeichnungen zu, die mittels Wortspielen seine Kritik auf den Punkt bringen: so z.b. bedachte er Moritz Benedikt mit "Springinsgeld" (F 393/94, S. 5) und "Schlachtbankier" (F 474-83, S. 65; F 484-98, S. 155).[321]

Karl Kraus wetterte besonders in den ersten Jahren der 'Fackel' meist nicht gegen unpersönliche Personengruppen, sondern polemisierte gegen Einzelpersonen, die er als lebende Beispiele für die Mißstände nahm; später verstärkte sich das satirische Element, das nicht mehr die Enthüllung von einzelnen Fällen, sondern die überspitzte Darstellung von Zuständen zum Ziel hatte. Wagenknecht erklärt den Unterschied folgendermaßen: "Der Polemik dient das Einzelne als 'Wirklichkeit' um seiner selbst, der Satire dient es als 'Möglichkeit' um eines Allgemeinen willen."[322]

Kraus' Technik der satirischen Entlarvung fand allerdings angesichts der Sprache des Dritten Reiches ihre Grenzen. Selbst in den 'Letzten Tagen der Menschheit' vermochte er noch mit Witz und Satire zu arbeiten[323] - auch wenn er ein Lachen provozierte, das dem Leser im Hals stecken zu bleiben droht. Die körperlichen und verbalen Grausamkeiten der Nationalsozialisten jedoch waren eine Steigerung von etwas, was er nicht mehr für steigerungsfähig gehalten hatte.

Kraus' Satz "Mir fällt zu Hitler nichts ein." (Kraus DW, S. 12) wird oft zitiert - und dabei vergessen, daß es der Einleitungssatz zur 'Dritten Walpurgisnacht', einer langen Anklageschrift gegen den Nationalsozialismus ist. Mit diesem Satz will Kraus sein Gefühl der Ohnmacht gegenüber Hitlers Diktatur beschreiben; es ist alles andere als ein gleichgültiges Abwinken.[324] Für Helmut Arntzen ist die 'Dritte Walpurgisnacht' deshalb so bedeutend, weil sie

> "das Hitlertum als eine Montage aus den Phrasen zeigt, die so lange schon präpariert waren, als eine explosive Mixtur von Metaphern, in der sich die Identität von Phrase und Sache auf das grauenhafteste bewährte. Alles war als Schlagwort bei Bürgern und Bürgerschrecks längst vorbereitet und wartet nur auf den, der damit losschlüge."[325]

Auch in der 'Dritten Walpurgisnacht' thematisiert Kraus die Sprache der Presse, zitiert aus Zeitungen und kommentiert diese Zitate.[326] Der Text wurde allerdings

---

[321] Wagenknecht, S. 107.
[322] Wagenknecht, S. 139. Vgl. Krolop, S. 17; Arntzen 1971, S. 208.
[323] Grimminger, S. 178/79.
[324] Strelka, S. 13/14; Arntzen 1971, S. 215/16.
[325] Arntzen 1975, S. 49; vgl. S. 45, 50/51.
[326] Zur 'Dritten Walpurgisnacht', siehe auch Kap. 2.4.

erst posthum nach dem Krieg veröffentlicht, nur Teile davon erschienen als 'Fackel' 890-905, nachdem Kraus zuvor eine Zeit lang geschwiegen hatte. In dieser 'Fackel', mit dem bezeichnenden Titel 'Warum die Fackel nicht erscheint' erklärt Kraus die Möglichkeiten der Satire für erschöpft: Nicht nur die Steigerung der Grausamkeiten mache es ihm unmöglich, eine Satire über den Nationalsozialismus zu schreiben, sondern auch die entsetzliche Wörtlichkeit, die einige Metaphern auf einmal angenommen hätten. Es schaudere ihn davor,

> "[daß] diese Revindikation des Phraseninhalts durch alle Wendungen geht, in denen ein ursprünglich blutiger oder brachialer Inhalt sich längst zum Sinn einer geistigen Offensive abgeklärt hat. Keine noch so raffinierte Spielart könnte sich dem Prozeß entziehen, selbst nicht das entsetzliche 'Salz in offene Wunden streuen'." (Kraus DW, S. 149)

Satire funktioniert nur dort, wo es dem Entlarvten zumindest peinlich ist, entlarvt zu werden. "Wo jedoch diese Maskerade der offenen zynischen Lüge und der brutalen Machtausübung weicht, [...] wird diese Art der Kritik und Satire sinnlos."[327] Kraus zieht daraus folgende Konsequenz: "Um zu sagen, was geschah, kann es die Sprache nur stammelnd nachsprechen." (Kraus DW, S.16)[328]

Kraus' Ablehnung des Nationalsozialismus ging so weit, daß er sogar den Austro-Faschismus unter Dollfuß unterstützte, da dieser seiner Meinungnach der einzige war, der ein unabhängiges Österreich erhalten konnte. Er erklärt: "Ich denke an nichts als an Alles nur nicht Hitler;" (Kraus DW, S. 261).[329]

Für Helmut Arntzen ist Kraus Sprachkritik bis heute unübertroffen. Er bewertet dessen Kritik der Pressesprache folgendermaßen:

> "Diese Pressekritik war nicht von Ausstellungen einzelner (vermutlicher oder wirklicher) Defekte des Sprechens der Presse, sondern von dessen umfassender Problematisierung bestimmt, weil Presse/Medien nach Auffassung von Karl Kraus die Reflexionslosigkeit und damit Automatisierung des Sprechens geradezu postulieren."[330]

Vietta erkennt Kraus' Leistung ebenfalls an; besonders dessen Weitsichtigkeit im Fall des Ersten Weltkriegs. Für ihn sind die Vorwürfe, die Kraus aus seiner

---

[327] Ederer, S. 395; vgl. auch S. 310, 384/85, 391/92, 396-405; sowie Bohn, S. 24-28; Rogers, S. 42/43; Krolop, S. 53/54, 57/58, 211/12, 215; Quack, S. 161, 166/67; vgl. auch Kap. 2.4.
[328] Vgl. Stremmel, S. 121/22.
[329] Vgl. Kraus DW, S. 238, 248. Vgl. Krolop, S. 55/56; sowie Szabó, Járos: Untergehende Monarchie und Satire. Zum Lebenswerk von Karl Kraus. Budapest: Akadémiai Kiadó 1992 (= Studies in Modern Philologie. Bd. 9.). S. 109-111.
[330] Arntzen 1983, S. 62. Vgl. Arntzen 1964, S. 92.

Entlarvung der Phrasen begründet, jedoch zu pauschal und universell[331]- wobei die Frage offen bleibt, inwieweit diese Absolutheit der Verdammung satirische Überhöhung oder doch genau so gemeint war.

Kraus selbst schreibt in 'Pro domo et mundo':

> "Mache ich die Reporter verantwortlich? Das konnte man nie glauben. Die Institution? Das tat ich vor Jahren. Das Bedürfnis des Publikums? Auch nicht mehr. Wen oder was mache ich verantwortlich? Immer den, der fragt." (Kraus A, S. 297)[332]

---

[331] Vietta, S. 207/208.
[332] Vgl. Bohn, S. 11-13; Quack, S. 11/12, 14.

2.3 Die Sprachkritik in literarisch-politischen Zeitschriften während des Ersten Weltkriegs und der Weimarer Republik

2.3.1 'Die Aktion' (1911-1932)

2.3.1.1 Die Zeitschrift und ihr Herausgeber Franz Pfemfert

Zwei große Besonderheiten zeichnen 'Die Aktion' aus: ihre wichtige Rolle innerhalb des literarischen Expressionismus, besonders in den Kriegsjahren, und die Persönlichkeit des Herausgebers Franz Pfemfert (1879-1954).
'Die Aktion' wird in der Forschungsliteratur als eine der bedeutendsten Zeitschriften des Expressionismus bzw. des Aktivismus angesehen, dessen "kulturradikalen Teil [er] bildete"[333]. Baumeister bezeichnet den Aktivismus als Versuch, Kunst als Mittel zur Demokratisierung der Gesellschaft einzusetzen.[334]

Pfemfert gründete die Zeitschrift 1911, nachdem er durch die Mitarbeit an anderen Blättern Erfahrung gesammelt hatte.[335] Als auf einen eng abgesteckten Leserkreis konzipierte Zeitschrift, die nie den Anspruch erhob, alle erreichen zu wollen,[336] mußte die 'Aktion' nie auf ihre Leser (oder auf Inserenten) Rücksicht nehmen. Im Gegenteil, Pfemfert, der stets allein verantwortlich dafür war, was in der 'Aktion' veröffentlicht wurde, machte die Zeitschrift zum Spiegel seiner eigenen Weltanschauung.[337]
So läßt sich der Erscheinungszeitraum der 'Aktion' grob in drei Phasen einteilen: Die ersten Jahre bis zum Ausbruch des Ersten Weltkriegs sind von einem Nebeneinander von politischen und literarischen Texten gekennzeichnet. In dieser

---

[333] Baumeister, Ursula: Die Aktion. 1911-1932. Publizistische Opposition und literarischer Aktivismus der Zeitschrift im restriktiven Kontext. Erlangen/Jena: Palm & Enke 1996 (= Erlanger Studien. Bd. 107). S. 43.
Unter anderem war Franz Pfemfert auch mit Gustav Landauer befreundet; dessen sprachkritische Überlegungen tauchen aber in der 'Aktion' nicht auf (Baumeister, S. 45-47).
[334] Baumeister, S. 51. Vgl. auch Halliday, S. 70. Zum Begriff des Expressionismus siehe u.a. Raabe, Paul: Einführung und Kommentar. In: Die Aktion. Jahrgang 1911. Reprint. Kösel 1961. S. 8/9 (zit. als Raabe 1961); Raabe, Paul: Einleitung. In: Pfemfert, Franz: Ich schneide die Zeit aus. Expresssionismus und Politik in Franz Pfemferts 'Aktion' 1911-1918. Hrsg. v. Paul Raabe. München: dtv 1964. S. 7 (zit. als Raabe 1964); Raabe, Paul: Einführung. In: Expressionismus. Der Kampf um eine literarische Bewegung. Hrg. v. Paul Raabe. Zürich: Arche 1987. S. 7/8 (zit. als Raabe 1987); sowie Huebner, Friedrich Markus: Der Expressionismus in Deutschland. 1920. In: Raabe 1964. S. 133-136.
[335] Pfemfert war sowohl bei Senna Hoys 'Kampf', als auch beim 'Blaubuch' und beim 'Demokrat' tätig; siehe Baumeister S. 57-61, 67-70.
[336] Baumeister, S. 32/33.
[337] Vgl. Rietzschel, Thomas: "Die Aktion". Eine politische Zeitschrift im expressionistischen Jahrzehnt. In: Zeitschrift für Germanistik. Nr. 1 (1983). S. 25; sowie Baumeister, S. 53.

Zeit werden besonders die jungen Literaten des Frühexpressionismus (darunter sehr viele Lyriker) gefördert, die sonst nur schwer ein Forum gefunden hätten. Raabe beschreibt die Zeitschrift als "ein politisch-literarisches Kampfblatt, das nicht Endgültiges, sondern Werdendes förderte, das programmatische Ziele verkündete, Beispiele gab, Richtungen wies."[338] Rietzschel betont besonders, daß Franz Pfemfert bereits in der literarischen Phase der 'Aktion' als "politische[s] Gewissen der expressionistischen Generation"[339] betrachtet werden könne.

Der Kriegsbeginn war nicht nur insofern ein Einschnitt, als sich mit ihm Pfemferts schlimmste Befürchtungen bewahrheiteten.[340] John D. Halliday schreibt: "Pfemfert and Kraus shared the view that the First World War was a manifestation, continuation and indeed culmination of the cultural decay they had perceived before 1914."[341] Während des Krieges zwang die Zensur Pfemfert auch noch dazu, auf offen politische (und damit kriegsfeindliche) Artikel zu verzichten und sich scheinbar völlig in die Literatur zurückzuziehen. So konnte er seine ablehnende Haltung während dieser zweiten Phase nur auf Umwegen ausdrükken (siehe Kap. 2.3.1.3).

Diese Zurückhaltung war nach Kriegsende nicht mehr nötig; die Zeitschrift wandelte sich in dieser dritten Phase zu einem fast ausschließlich politischen, linksradikalen Blatt, das die Interessen eines "revolutionären Kommunismus"[342] vertrat und der Regierung der Weimarer Republik ablehnend gegenüber stand.[343] Die Zeitschrift bestand bis 1932, wenn auch die Hefte weniger und dünner wurden. Anfang März 1933 floh Franz Pfemfert aus Berlin und gelangte schließlich auf Umwegen 1941 nach Mexico-City, wo er bis zu seinem Tod im Jahr 1954 lebte.[344]

---

[338] Raabe 1961. S. 12/13.
[339] Rietzschel, S. 28.
[340] Baumeister, S. 105; Rietzschel, S. 34.
[341] Halliday, S. 111.
Zur Verbindung Pfemfert-Kraus, siehe Kap. 2.3.1.3.
[342] Raabe 1964, S. 9.
[343] Baumeister, S. 50; Barnouw, Dagmar: Literary politics in World War I: Die Aktion and the problem of the intellectual revolutionary. In: German Quaterly 52 (1979). S. 227, 240; sowie Peter, Lothar: Literarische Intelligenz und Klassenkampf. 'Die Aktion' 1911-1932. Köln: Pahl-Rugenstein 1971 (= Sammlung junge Wissenschaft.). S. 32.
[344] Raabe 1964, S. 9/10.

2.3.1.2 Das Verhältnis zu anderen Autoren und Zeitschriften

Es war durchaus nicht so, daß Franz Pfemfert in seiner Zeitschrift nur 'aktuelle' Autoren abdruckte. So holte er sich zum Beispiel Franz Grillparzer als 'Zeugen' gegen die Presse, indem er dessen Gedicht 'Die Presse' (1843 verfaßt) unter der Überschrift 'Glossen' in die 'Aktion' nahm. Auf diese Weise zeigt Pfemfert, daß sich sogar Bürgerliche in der ersten Hälfte des 19. Jahrhunderts über die Presse beklagt hatten: "Der Henker hole die Journale,/Sie sind das Brandmal unser neuen Welt,/[...]." (A 3, 47, 1087) Baumeister schreibt dazu: "Die historische Position wird durch die Publikation als Glosse zum aktuellen Geschehen verfügbar gemacht und mit neuem Sinn aufgeladen."[345]

Ferdinand Kürnberger

Kürnberger wurde von Franz Pfemfert sehr geschätzt. Unter anderem[346] findet man in der 'Aktion' vom 8. November 1913 Kürnbergers Feuilleton 'Die Blumen des Zeitungsstils', allerdings unter dem Titel 'Die Sprache der Zeitungen' und unter dem Pseudonym 'Cogito-ergo-sum' (A 3, 45, 1041-49). Pfemfert erklärt später im 'Kleinen Briefkasten' (A 3, 49, 1150), daß der Text unter Kürnbergers eigenem Namen von etlichen als 'veraltet' abgelehnt worden wäre.[347]

Pfemfert hatte sich auch vorher schon auf den Wiener Feuilletonisten berufen: Am 10. April 1912 spricht er noch ohne Namensnennung von einem "Mitkämpfer" (A 2, 15, 453) und zitiert dann aus Kürnbergers Feuilleton 'Mündlich und Schriftlich' vom 28. 7. 1872 (Kü I, S. 378-82): "In einer Zeitung hält eine gewisse Gesinnungsgruppe einen Monolog mit sich selbst; das ist alles. Aber der Monolog ist unfruchtbar, fruchtbar ist nur der Dialog. . ." (A 2, 15, 453) Im selben Jahr (also noch vor dem Krieg!) druckte er den ersten Teil von Kürnbergers Feuilletonreihe 'Redensarten' vom 12. 8. 1870 ab, in dem sich dieser mit der Bezeichnung 'Verzweiflungskampf' auseinandersetzt (läßt aber die letzten Zeilen weg) (Kü I, S. 121-123 bzw. A 2, 43, 1353/54). Hier steht auch Kürnbergers Name unter dem Text. Im Jahr 1917 schließlich zitiert Pfemfert im 'Kleinen Briefkasten' abermals (auch hier ohne Namensnennung) die oben erwähnte Passage aus 'Mündlich und Schriftlich' und spricht von einem "alten wahren Satz" (A 7, 3/4, 52).

Daraus läßt sich wohl ableiten, daß Ferdinand Kürnbergers Presse- und Sprachkritik bei Pfemfert auf Zustimmung gestoßen war. Gerade Kürnbergers Miß-

---

[345] Baumeister, S. 128.
[346] Vgl. Raabe 1961. S. 74.
[347] Siehe auch Baumeister, S. 129.

trauen gegen wohlklingende Phrasen läßt sich auch hervorragend mit Pfemferts Kritik an der Vaterlands- und Kriegsrhetorik der Presse in Einklang bringen (vgl. Kap. 2.3.1.3).

'Die Schaubühne'/'Die Weltbühne'

Die Zeitschrift 'Die Schaubühne'/'Die Weltbühne' (siehe Kap. 2.3.2) hingegen konnte sich einer solchen Wertschätzung durch Franz Pfemfert und seine Zeitschrift nicht erfreuen. Im Gegenteil: Zeitweise schien sich die 'Aktion' auf gegen die 'Schaubühne'/'Weltbühne' bzw. ihren Herausgeber Siegfried Jacobsohn gerichtete Artikel geradezu spezialisiert zu haben.

Der erste Hinweis auf Siegfried Jacobsohn, der sich allerdings nicht auf die 'Schaubühne' bezieht, sondern auf eine Sammlung von Jacobsohns Theaterkritiken, ist noch freundlicher Natur. Pfemfert beschreibt Jacobsohn als "den bedeutendsten lebenden Theaterkritiker" (A 1, 2, 57), der nur noch von Alfred Kerr übertroffen werde.[348]

Doch noch im selben Jahr wird die Ablehnung Jacobsohns durch die 'Aktion' sichtbar: Kurt Hiller reagiert mit einem Gegenartikel auf die Kritik an Alfred Kerr in der 'Schaubühne' (A 1, 6, 172-75). Im ersten seiner Angriffe gegen Karl Kraus (A 1, 8, 242/43) verweist Pfemfert auch auf die 'Schaubühne', die wie Kraus gegen Alfred Kerr polemisiert hatte. Unter der Rubrik 'Glossen' listet Erich Sternow ihm unverständliche "Wertungen der 'Deutschen Monatszeitung"' (A 1, 21, 650) auf, darunter auch die Nennung von Siegfried Jacobsohn in einem Atemzug mit Maximilian Harden und Gerhart Hauptmann. Auch ohne große Kommentierung wird hier bereits klar, daß Jacobsohn nicht sehr hoch in der Gunst der 'Aktions'-Autoren stehen dürfte.

Unter der Überschrift 'Repräsentanten des Menschengeschlechts. Erinnerung an "berühmte Zeitgenossen"' erscheint dann 1913 in mehreren Fortsetzungen ein sehr direkter Angriff Theodor Lessings auf Siegfried Jacobsohn.[349]
Lessing hatte einige Jahre lang sporadisch Artikel für die 'Schaubühne' verfaßt, fühlte sich dann jedoch in der Affäre um Hermann Sudermann von Jacobsohn im Stich gelassen: Die 'Schaubühne' hatte Lessings (abfällige) Kritik eines Stükkes Sudermanns bereits vor der Premiere abgedruckt, woraufhin Sudermann gerichtlich gegen Lessing vorging. In seiner Artikelfolge stellt Lessing ausführlich

---

[348] 1909 war sogar ein Beitrag Pfemferts in 'Schaubühne' erschienen ('Vatrietékritik', SB 5/I, 19, S. 541-43).

[349] Vgl. Baumeister, S. 104; zu Lessings Bewunderung für Pfemfert (und Kraus) siehe Halliday, S. V (Introduction).

seine Seite des Vorfalls bzw. die ganze Geschichte seiner 'Schaubühnen'-Mitarbeit dar (A 3, 45, 1051-61; A 3, 46, 1072-81; A 3, 47, 1100-06; A 3, 48, 1120-27; A 3, 49, 1147-50). Außerdem wird eine Reihe von Antworten und Berichtigungen Siegfried Jacobsohns abgedruckt, denen ihrerseits wieder Berichtigungen Theodor Lessings folgen (A 3, 47, 1095-97: 'Berichtigung' von Jacobsohn; A 3, 47, 1097-1100: 'Berichtigung einer "Berichtigung"' von Lessing; A 3, 48, 1117-18: 'Berichtigung' von Jacobsohn; A 3, 48, 1118-20: 'Antwort' von Lessing).

Jacobsohn wird dabei von Lessing als Opportunist beschrieben, der hemmungslos schmeichle oder intrigiere, um seinen Interessen zu dienen und sich bei Konflikten schleunigst in Sicherheit zu bringen versuche. Jacobsohn stellte seine Sicht der Dinge auch in der 'Schaubühne' dar (SB 9/I, 2, 42-46; SB 9/I, 5, 156; SB 9/II, 43, 1034-38; SB 9/II, 48, 1171-1176). Seiner Ansicht nach war Lessings Aufregung völlig unnötig und künstlich; außerdem sei dieser es gewesen, der ängstlich um seine Sicherheit bemüht gewesen wäre.

Gunther Nickel widmet dem Streit zwischen Lessing und Jacobsohn einen längeren Abschnitt.[350] Er sieht in der Auseinandersetzung ein Muster, das für sehr viele der literarisch (und zum Teil auch gerichtlich) ausgetragenen Fehden dieser Zeit typisch sei. Hinter den verschiedenen Anschuldigungen stecke jeweils "die Frage, ob sich jemand eines individuellen Fehlverhaltens schuldig gemacht habe, das ihm jede weitere öffentliche Stellungnahme verbiete."[351]
In diesem Fall waren Franz Pfemfert und seine 'Aktion' zwar zuerst nicht unmittelbar beteiligt, stellten aber ein Forum für Lessing bereit, um diesem die 'Gegenrede' zu ermöglichen (vgl. 'Kleiner Briefkasten, A 3, 45, 1062).

Auch auf andere Mitarbeiter der 'Schaubühne' nimmt die 'Aktion' Bezug: 1914 verteidigt Hugo Ball wütend die von Kurt Tucholsky verrissene Schauspielerin Tilla Durieux und spricht sogar von der Prügelstrafe für den publizistischen Gegner (A 4, 9, 185/86); einige Nummern später ist Tucholsky Ziel einer Glosse (A 4, 18, 383/84). Ein Jahr zuvor war er in der 'Aktion' noch für sein Buch 'Rheinsberg, ein Bilderbuch für Verliebte mit Bildern von Kurt Szafransky' gelobt worden (A 3, 3, 89).

Rudolf Leonhard wird nach dem Krieg in Klammerausdrücken verächtlich als ehemaliger Kriegstreiber erwähnt, der nun dem Pazifismus huldige (A 8, 15/16, 208; A 9, 21/22, 345). Er gehört zu einer Gruppe von Autoren, von denen Rietzschel schreibt:

---
[350] Zur genauen Chronologie der Ereignisse, siehe Nickel, S. 74-82.
[351] Nickel, S. 85.

"Wer einmal, sei es auch nur mit wenigen Worten, zum Krieg ja gesagt hatte, der hatte Pfemferts Achtung für immer verspielt. Thomas Mann, Alfred Kerr, Klabund, Richard Dehmel oder Rudolf Leonhard hat er nie verziehen."[352]

Allgemein wurde der Ton gegen die 'Schaubühne' bzw. die 'Weltbühne', wie sie seit 1918 hieß, schärfer. Pfemfert spricht von Jacobsohn als von dem "durch literarische Diebstähle bekannt gewordene[n] Herausgeber der 'Schaubühne'"[353] (A 10, 27/28, 376), von der Zeitschrift selbst als "Dreckschrift" (A 10, 27/28, 376). Er zitiert daraufhin ganze Passagen aus den Kriegsnummern der 'Schaubühne', die beweisen sollen, daß die Zeitschrift zu den eifrigsten Verfechtern des Krieges gehört habe und ihre pazifistische Gesinnung noch sehr jung und ein weiteres Beispiel für Jacobsohns Opportunismus sei (A 10, 27/28, 376-82).

1924 druckte Pfemfert einen offenen Brief von Moritz Lederer ab, in dem dieser unter anderem dieselbe Klage gegen Jacobsohn führt, wieder mit mehreren Textpassagen aus der 'Schaubühne' belegt (hauptsächlich Ausschnitte aus Leitartikeln des 'Germanicus', Pseudonym für Robert Breuer, einem patriotischen Sozialdemokraten) (A 14, 4 = April-Doppelheft 7/8, 204-210). Im selben Heft bringt auch Pfemfert selbst noch einmal, unter dem Titel 'Aus der Kloake "Große Zeit"', neben Zitaten aus anderen Blättern lange Passagen aus der 'Schaubühne' bzw. aus der 'Weltbühne' (A 14, 4 = Apr.- Doppelh. 7/8, 399-406).[354]

Den Tod Jacobsohns im Dezember 1926 nahm Pfemfert zum Anlaß, in der ersten Nummer der 'Aktion' des Jahres 1927 noch einmal seine Vorwürfe gegen den Herausgeber der 'Schaubühne'/'Weltbühne' zusammenzufassen und mit Beispielen zu versehen; all dies unter dem Titel 'Ein toter Konjunkturschmock und die Schmockgemeinde (Zum Abschluß des Falles Siegfried Jacobsohn)' (A 27, 1/2, 20-26).

Das Bild des Opportunisten Jacobsohn, das vor dem Krieg in der 'Aktion' gezeichnet worden war, wurde durch die anklagenden Zitate aus den Kriegsnummern seiner Zeitschrift noch verstärkt. Pfemfert stellte Jacobsohn als Paradebeispiel des gewissenlosen Journalisten hin, der sich geschickt nach dem Wind drehe. Wenn Pfemfert die kriegshetzerischen Phrasen der Presse kritisierte[355], dann meinte er auch die 'Schaubühne'/'Weltbühne'.

Interessanterweise weichen nicht nur die Selbstdarstellungen der 'Schaubühne'/'Weltbühne' bzw. die ihrer Autoren von diesem Bild ab, sondern auch die meisten Darstellungen der Forschungsliteratur: Die Zeitschrift wird allgemein

---

[352] Rietzschel, S. 34.
[353] Zur Plagiataffäre, die 1904 zum Ende der Karriere Siegfried Jacobsohns als Theaterreferent der 'Welt am Montag' geführt hatte, siehe Kap. 2.3.2.1.
[354] Vgl. Baumeister, S. 293/94.
[355] Siehe Kapitel 2.3.1.3.

als demokratisches und pazifistisches Blatt geschildert bzw. die Kriegszeit nur am Rande erwähnt, wie Heidemarie Hecht betont.[356] Bilke beschreibt den Tenor der Zeitschrift als "trotz gelegentlicher Inserate der Kriegsanleihe pazifistisch, besonders in den letzten Kriegsjahren"[357] - was ein glatter Widerspruch zu den in der 'Aktion' zitierten Passagen zu sein scheint. Ursula Madrasch-Groschopp wertet die Zeitschrift ebenfalls positiv, erwähnt aber auch patriotische Leitartikel und "Beiträge, die zu Recht der Vergessenheit anheimfallen sollten"[358]. Eggebrecht beschreibt die Leitartikel des 'Germanicus' als "eine Art Tarnung"[359], die Jacobsohn für nötig erachtete, um das Weitererscheinen der Zeitschrift trotz Zensur zu sichern.

Enseling und vor allem Hecht gehen detaillierter auf die Problematik ein: Jacobsohn und die 'Schaubühne' hätten zwar tatsächlich den Krieg zuerst als notwendig bejaht - wie ein Großteil der deutschen Intellektuellen auch; allerdings sei der Umschwung zum Pazifismus und das Bekenntnis zur Demokratie nicht Opportunismus gewesen, sondern das Ergebnis eines Umdenkprozesses.[360]

Ein Indiz dafür, daß Jacobsohn zumindest seit 1917 dem Krieg kritisch gegenüber stand, obwohl weiterhin Leitartikel des 'Germanicus' in der 'Schaubühne' erschienen, ist seine begeisterte Beschreibung einer Vorlesung von Karl Kraus- einer Vorlesung, die Jacobsohn organisiert hatte.[361] Jacobsohn schreibt hier Sätze wie: "Wenn die 'Kriegsfackel' einst erloschen sein wird, werden die Kriegs-'Fackeln' weiter von den Zeiten der Schande künden und in eine bessere Zukunft leuchten." (SB 13/I, 7, S. 168)

Karl Kraus

Das Verhältnis zwischen Kraus und Pfemfert ist von einem häufigen Auf und Ab gekennzeichnet. Phasen der Anerkennung wechseln mit solchen der heftigen Polemik auf beiden Seiten ab.

---

[356] Hecht, Heidemarie: Von der 'Schaubühne' zur 'Weltbühne'. Der Entstehungsprozeß einer politischen Zeitschrift (1913-1919). Univ.-Diss. (masch.). Jena 1991. S. 4.
[357] Bilke, S. 156.
[358] Madrasch-Groschopp, Ursula: Die Weltbühne. Porträt einer Zeitschrift. Königstein/Ts.: Athenäum 1983. S. 85.
[359] Eggebrecht, Axel: Siegfried Jacobsohn. Begründer der 'Weltbühne'. In: Die Schaubühne. Die Weltbühne. 1905-1933. Bibliographie u. Register mit Annotationen. Von Joachim Bergmann. Teil 1: Bibliographie mit biographischen Annotationen. Alphabetisches Titelregister. München/London/New York: Saur 1991. S. xv. (zit. als: Eggebrecht 1991)
[360] Enseling, Alf: Die Weltbühne. Organ der Intellektuellen Linken. Münster: C. J. Fahle 1962 (= Studien zur Publizistik. Hrsg. v. Prof. Dr. H. J. Pracke. Bd. 2). S. 33, 62-72; Hecht, S. 40-43, 50, 61, 73, 78, 90, 93, 121-28, 133, 145-48.
[361] Siehe Bilke, S. 156, 287; siehe Kap. 2.3.2.2.

Noch vor der Gründung der 'Aktion' war Pfemfert auf Kraus aufmerksam geworden. Er hatte diesen im 'Blaubuch' und später im 'Demokrat' wiederholt gelobt, eine Tatsache, die Kraus sehr wohl registriert hatte (Kraus, F 281/82, 1909, S. 30).[362] Über Pfemferts Rezension der 'Chinesischen Mauer' von Kraus schreibt Halliday: "No-one was praised by Pfemfert in more glowing terms than Kraus was in this review - [...]."[363]

Kraus' Schrift gegen Heine brachte Pfemfert jedoch gegen ihn auf; er schrieb im 'Demokrat', nur jemand wie Alfred Kerr könne Kraus nun zur Rede stellen.[364] Die Polemik-Reihe gegen Kerr (die auch versteckte Spitzen gegen Pfemfert enthielt[365]), die Kraus wenig später unter dem Titel 'Der kleine Pan ist tot' in der 'Fackel' begann (Kraus, F 319/320, 1911, S. 4-5; F 321, 1911, S. 57-64; F 324, 1911, S. 50-60; F 326-28, 1911, S. 28-34), veranlaßte Pfemfert schließlich zu der Gegenpolemik 'Der kleine Kraus ist tot'. Er schreibt darin:

> "Ich hatte Herrn Karl Kraus für ein nationales Ereignis erklärt. Es ist ihm in relativ kurzer Zeit gelungen, mich zu einer Revokation meiner Meinung zu zwingen. [...] Der Karl Kraus, den ich verehrte, ist wirklich tot." (A 1, 8, 242-43)

Neben anderen Autoren veröffentlichte auch Max Brod Artikel gegen Kraus in der 'Aktion'[366]: 'Ein mittelmäßiger Kopf' (A 1, 20, 622-25) enthält Kritik an Kraus' Vorgehens- und auch an seiner Schreibweise. Er beschuldigt ihn des "Essaismus"[367] (A 1, 20, 623); dessen Hauptmerkmale seien "jene bösartigen Aufsätze, die mit beiden Standpunkten (Wissenschaft, Kunst) kokettieren, ohne einem von beiden völlig zu genügen" (A 1, 20, 623). Kraus sei als "essaistischer Polemiker" (A 1, 20, 623) ein Vertreter der "unterste[n] Stufe des Essaismus" (A 1, 20, 624). Brod wirft Kraus vor, aus purer Eitelkeit zu polemisieren, nur um ins Gespräch zu kommen. Zudem seien seine Methoden weder besonders künstlerisch noch originell:

> "Niemals polemisiert er, ohne dem Namen seines Gegners ein verächtliches "Herr" vorzustellen. Ein so einfacher Einfall! Und wie angenehm erspart so wohlfeiles Temperament jede logische Begründung, jede ästhetische Formung... Mit ermüdender Eintönigkeit wiederholt jeder Artikel von Kraus dasselbe Grundschema: Erstens: Beobachtung einer Tatsache, wobei manchmal etwas ganz Hübsches vorkommt - zweitens: Konstatierung "diese Tatsache ist mir unsympathisch" - drittens statt der Gründe: Witze, Uebertreibungen, Beharrlichkeit nach dem Grundsatze "Semper aliquid haeret"." (A 1, 20, 624)

---

[362] Halliday, S. 25/26, 32/33; Bilke, S. 165.
[363] Halliday, S. 33.
[364] Halliday, S. 42; sowie Bilke, S. 165.
[365] Halliday, S. 55/56, 60/61.
[366] Halliday, S. 57/58; Bilke, S. 166-68.
[367] Vgl. dazu Tucholsky alias Ignaz Wrobel: 'Die Essayisten'; Kap. 2.3.2.3.

In der Polemik 'Don Karl' (A 1, 14, 433-35) beschuldigt Pfemfert Kraus, dieser würde gegen seine Gegner genau die Methoden anwenden, die er sonst, z.B. bei der 'Neuen Freien Presse', verurteile. Er würde genau wie die von ihm verurteilte Presse entweder totschweigen oder verleumden. Ebenso wie Brod kritisiert auch Pfemfert Kraus' Art zu schreiben, die durch stilistische Tricks inhaltliche Schwächen kaschieren solle.

> "Kraus ist ein geschickter Blender. Er verblüfft durch seinen Mut, Selbstverständlichkeiten als Offenbarungen hinzulegen. [...] Kraus hat die Fähigkeit, drei Zeilen von Nietzsche sechs Fackelseiten lang zu variieren. Dann ist freilich von Nietzsche selber kein Hauch mehr zu spüren." (A 1, 14, 433/ 34)

Pfemfert bezeichnet Kraus außerdem als "Reklameheld[en]" (A 1, 14, 433), der "eine verkümmerte Krämerseele besitzt" (A 1, 14, 433) und dem es nur darauf ankomme, Aufmerksamkeit zu erregen.
Ähnlich wie in seinen Polemiken gegen Siegfried Jacobsohn, macht Pfemfert hier einen Sprach- und Pressekritiker selbst zum Ziel von Kritik.

Halliday hält vor allem Pfemferts Kritik am Stil Karl Kraus' für sehr eigenartig: Gerade Pfemfert hatte Kraus zuvor als hervorragenden Stilisten gelobt. Die Vermutung liegt nahe, Pfemfert habe die Ablehnung, die er zu diesem Zeitpunkt gegen Kraus hegte, wahllos auf alle Ebenen übertragen.[368]

Daß dieses ganze Hin und Her von Polemik und Gegenpolemik nicht überall Anklang fand, beweist ein geradezu wütender Aufruf Salomo Friedländers in der 'Aktion':

> "Und jetzt habe ich's meinerseits satt, ich mach Das nicht mehr mit, verbiete Das! Was? - Ich meine dieses ewige Pro und Contra, aus dem man das Beste wegläßt, indem man eine alberne Alternative daraus macht. Bald kann der Kraus den Harden; Brod den Kraus; Pfemfert den Walden; Max Piccolomini sich selbst nicht ausstehen; [...] Oh Gott! Soll das vielleicht so weitergehen? Werdet Ihr Eure Galle noch lange so weiter erbrechen und es Zeitung nennen?" (A 1, 22, 693)

Ähnlich schreibt Tucholsky Jahre später in der 'Weltbühne' über diese Art, Konflikte auszutragen: "Kraus hat Harden umgebracht und Harden Kerr und Kerr Kraus; für jeden ist der andere geistig tot. [...] Und so siegen wir denn allesamt aneinander vorbei." (WB 25/II, 27, 2/3) In seinem Rückblick auf 25 Jahre 'Schaubühne'/'Weltbühne' beschreibt er die persönlichen Kämpfe, die in den verschiedenen Zeitschriften ausgetragen wurden, als eine Besonderheit der Vorkriegszeit: "Welche "Affairen"! Die sind nun heute wirklich mausetot; [...] Niemand hat heute mehr die Muße, solche homerischen Redekämpfe durchzustehen, [...]." (WB 25/II, 37, 374/75)

---
[368] Halliday, S. 59/60.

1912 druckte Pfemfert eine Reihe von Aphorismen Lichtenbergs unter dem Titel 'Aphorismen. Vor Karl Kraus' ab, um diesen als Nachahmer Lichtenbergs darzustellen (A 2, 16, 496-497; A 2, 18, 554). Kraus scheint von dieser letzten Attakke sehr getroffen worden zu sein, konnte aber rechtlich nichts gegen Pfemfert unternehmen.[369] Kraus' Bruch mit Walden und sein Rückzug aus Berlin gab abermals Anlaß zu einem Schlagabtausch.[370]

Eine Zeit lang verzichtete Pfemfert auf weitere Polemiken gegen Kraus, eine Tatsache, die Martina Bilke als Achtung auslegt. Ihrer Ansicht nach legt die Enttäuschung, mit der Pfemfert 1914 über Kraus' Kontakte zur Aristokratie schreibt, eine solche prinzipielle Achtung nahe (A 4, 19, 418/19).[371] Kraus antwortete in der 'Fackel', daß er sich erstens in keine Schublade sperren lasse und Kontakte pflege, zu wem er wolle (F 400-03, 1914, S. 90-95) - und zweitens nie abgestritten habe, "im höchsten Masse rechtsradikal[e]" Ideen zu haben (F 400-03, 1914, S. 92).[372]

Daß sich Karl Kraus so dezidiert gegen den Krieg aussprach, brachte ihm allerdings große Anerkennung von Seiten Franz Pfemferts ein. Diese Anerkennung kommt in kleinen Notizen in der 'Aktion' zum Ausdruck, die z.B. Kraus' Werke zur Lektüre empfehlen (A 5, 41/41, 527). Anfang 1918 stellt sich Pfemfert das Vergnügen vor, das Karl Kraus darüber empfinden müsse, daß es in einer großen österreichische Papierfabrik, Hauptlieferant für Zeitungspapier, gebrannt habe (A 8, 1/2, 24).[373]
Auch zeigt Pfemferts Technik des Bloßstellens durch Zitate, die er in den Kriegsheften der 'Aktion' anwandte, sehr viel Ähnlichkeit mit der von Karl Kraus.[374]

Nach Kriegsende findet sich auch wieder Lob für Kraus in der 'Aktion' (A 14, 7, 210; A 14, 7, 353-57; A 17, 4-6, 116-117; A 18, 8/9, 156-60). Sowohl Kraus als auch Pfemfert setzten sich dafür ein, die Verantwortlichen für die Schrecken des Krieges nicht einfach so davonkommen zu lassen. Damit meinten beide nicht nur Militärs und Politiker, sondern auch die Presse sowie Schriftsteller, die sich

---

[369] Halliday, S. 62/63; Baumeister, S. 139; Bilke, S. 169.
[370] Halliday, S. 64/65.
[371] Bilke, S. 170/71.
[372] Vgl. Halliday, S. 81-84. Daß Kraus' Weigerung, sich in das 'rechts-links- Schema' zu integrieren, auch der Forschung Probleme bereitet hat, zeigt u.a. István Déaks Einschätzung von Kraus; siehe Deák, István: Weimar Germany's left-wing intellectuals. A political history of the Weltbühne and its Circle. Berkely and Los Angeles: University of California Press 1968. S. 7. Siehe auch Bohn, S. 3/4; sowie Szabó, S. 104-111.
[373] Vgl. Halliday, S. 191/92.
[374] Vgl. Kap. 2.2.2.4 und 2.3.1.3.

in den Dienst der Propaganda gestellt hatten.[375] Kraus unterstützte allerdings zunächst die junge Demokratie in Österreich, während Pfemfert der Weimarer Republik von Anfang an negativ gegenüber stand.[376]
Halliday schreibt zu dieser letzten Phase:

> "By this stage then, Pfemfert seemed to have overcome his negative feelings towards Kraus, and from this essay [gemeint ist der Essay von Alexandra Pfemfert in A 27, 4-6, 116/117] onwards Kraus was never mentioned in Die Aktion in anything other than glowing terms."[377]

So eindrucksvoll Franz Pfemferts Integrität bezüglich Krieg und Nationalismus auch war, so problematisch war aber auch sein Rigorismus: Indem er alle strikt ablehnte, die sich jemals positiv zum Krieg geäußert hatten, tat er mit den Unverbesserlichen auch diejenigen ab, die ihre Einstellung überdacht und geändert hatten[378] - so auch Siegfried Jacobsohn und die 'Schaubühne'/'Weltbühne'. Lothar Peter spricht sogar von einer "fanatischen Intellektuellenfeindschaft"[379], die sich bei Pfemfert nach Kriegsende entwickelte. Seine Ablehnung sei "so groß [gewesen], daß die Polemiken der 'Aktion' sehr häufig aller analytischen Kriterien verlustig gingen."[380]

2.3.1.3 Sprachkritisches über die Presse in der 'Aktion'

Paul Raabe schreibt über Pfemfert: "Sein größter Feind war die bürgerliche Presse, der er Verlogenheit, Hetze und Phrasentum vorwarf. [...] [Er] hat wie ein Don Quichotte fanatisch und verbissen gekämpft für seine Wahrheit."[381]

Anders als bei der 'Fackel' stammen die sprach- und pressekritischen Texte aus der 'Aktion' von unterschiedlichen Autoren. Allerdings ist der Herausgeber der Zeitschrift, Franz Pfemfert, in diesem Bereich am häufigsten vertreten- ganz im Gegensatz zur gesamten Text-Verteilung in der 'Aktion': hier zeigt sich, daß von Pfemfert verfaßte Artikel in der Minderheit sind.[382]

---

[375] Vgl. u.a. die Nachkriegs-Polemiken gegen Kerr von Kraus und Pfemfert; siehe Halliday, S. 229-233; Quack, S. 107.
[376] Halliday, S. 221, 227; Quack, S. 106.
[377] Halliday, S. 228.
[378] Kolinsky, Eva: Engagierter Expressionismus. Politik und Literatur zwischen Weltkrieg und Weimarer Republik. Eine Analyse expressionistischer Zeitschriften. Stuttgart: Metzler 1970. S. 10/11.
[379] Peter, S. 63.
[380] Peter, S. 63.
[381] Raabe 1961, S. 14.
[382] Halliday, S. VIII (Introduction).

Betrachtet man die Verteilung der sprachkritischen Texte im Erscheinungszeitraum der 'Aktion', so fällt folgendes auf: Die Zahl der Artikel oder Notizen, die man der Sprachkritik zuordnen kann, ist in den Jahren vor Kriegsbeginn und während des Krieges am höchsten und nimmt dann rapide ab. Gleichzeitig mit der Abwendung der Zeitschrift von Literatur und Kunst und ihrer Hinwendung zu radikaler Politik scheint auch das Interesse an Sprachkritik zu schwinden. Zwar finden sich auch in der Zeit der Weimarer Republik noch pressekritische Texte; diese konzentrieren sich jedoch fast ausschließlich auf Kritik an Inhalt und politischer Ausrichtung.

Die Texte selbst sind sehr unterschiedlicher Art. Sie gehören im Schema Heringers allgemein zum dritten Strang, zur Textkritik. Der größte Teil besteht aus einer Mischung aus direkt zitierten Beispielen aus verschiedenen Zeitungen und kurzen Kommentaren dazu. Während des Krieges fallen diese Kommentare oft weg. Diese Sprachverwendungs-Kritik findet sich sehr häufig in Pfemferts Rubriken 'Pressepranger' (vor dem Krieg)[383], 'Ich schneide die Zeit aus', 'Kleiner Briefkasten' oder 'Glossen' - wobei in letzterer auch andere Autoren vertreten sind.

Das Spektrum der kritisierten Zeitungen ist sehr breit; am häufigsten wird jedoch die Sprache des 'Berliner Lokal-Anzeigers' und des 'Berliner Tageblatts' aufs Korn genommen. (Der 'Vorwärts', der ebenfalls oft in den Kolumnen auftaucht, wird meist wegen des Inhalts seiner Meldungen kritisiert, weniger aufgrund seiner Sprache.)

Neben der Sprachverwendungs-Kritik findet man jedoch auch längere Artikel mit sprachkritischem Inhalt, die man dem Gebiet der Sprachbrauch-Kritik zuordnen kann. Sie wurden zum Teil für einen aktuellen Anlaß verfaßt, sind zum Teil aber auch schon älter (wie zum Beispiel das Feuilleton von Kürnberger; A 3, 45, 1041-49). Es sind aber auch andere Textsorten vertreten, z.B. eine Art Märchen-Parodie (A 7, 1/2, 22-23). Allerdings sind auch diese Artikel oft 'praxisnah'. Wenn überhaupt theoretisiert wird, dann höchstens über die Presse im allgemeinen; theoretische Überlegungen zur Natur der Sprache oder programmatische Aussagen zu einer Idealsprache wird man nicht finden.

Die Kritikpunkte selbst sind unterschiedlicher Natur. Ein oft vorgebrachter Vorwurf ist der des theatralischen, triefenden Stils, mit dem Belanglosigkeiten zu Sensationen aufgeblasen würden (während Wichtigeres verschwiegen oder kurz abgehandelt werde). So beschwert sich ein nicht genannter Autor unter der Rubrik 'Glossen' über die "schmalzige Geste" (A 1, 9, 7) mit der die Nachricht

---

[383] Siehe Baumeister, S. 103/104.

von der Rückkehr des Kronprinzen von einer Reise "niedergeschmiert" (A 1, 9, 7) werde. Ebenso mockiert sich Franz Pfemfert darüber, daß die gesamte Presse darüber in Begeisterung verfalle, daß der Kronprinz im Reichstag genickt habe (A 1, 39, 1217). 1912 spottet er über das wichtigtuerische Gehabe, in dem das 'Berliner Tageblatt' über einen Besuch des Kaisers berichtet (A 2, 44, 1389/90; ähnliches Thema: A 2, 48, 1512). - Diese Kritik erinnert an Daniel Spitzers Beschreibung der Zeitungsnotiz, in der ebenfalls scheinbar Wichtiges über Prominente berichtet wird (Spitzer WS 2, S. 8-10); allerdings stellt Pfemfert fest, daß die von ihm kritisierte Nachricht ganze 250 Zeilen einnehme: Während sich also Spitzer darüber beschwert hatte, daß man über die Prominenten unwichtige Dinge in fragmentarischem Stil erfahre, mußte sich Pfemfert mit 'Überlänge' herumschlagen.

In eine ähnliche Richtung wie Pfemferts Kritik zielt die N. O. Kents (Pseudonym für Hans Natonek[384]) an den Berichten, die Emil Ludwig als Londoner Korrespondent des 'Berliner Tageblatts' verfaßte. Natonek bezeichnet Ludwigs Stil als "einfach preziös" (A 4, 25, 536). - Ein Jahr später nennt übrigens Theodor Haecker im 'Brenner' Ludwig "vielleicht die üppigste Sumpfblume der neuberliner Literatur" (B 5, 1915, S. 161). -
Interessant ist aber besonders, daß Natonek dann darauf zu sprechen kommt, daß immer mehr Dichter in den Journalistenberuf ausweichen (müssen) - ein Phänomen, daß auch Karl Kraus des öfteren beklagte.[385] Auch Ludwig gehörte zu dieser Gruppe. Natonek schreibt:

> "Hilf Himmel, noch nicht vier Wochen beim Metier, und schon ein alter Schmock?! [...] Die Presse, die sich's leisten kann, läßt sich von Dichtern bedienen. [...] Wir erleben das Entsetzliche, wie junge Dichter binnen Monatsfrist zu ergrauten Journalisten werden." (A 4, 25, 536)

Von einem "Halbdichter" (A 7, 1/2, 23), dem hin und wieder ein paar "tollkluge Worte" (A 7, 1/2, 23) einfallen, und der Journalist wird, weil ihm nichts besseres einfällt, erzählt auch Albert Ehrenstein in dem an das Märchen von 1001 Nacht angelehnten 'Traum des 888. Nachtredakteurs' (A 7, 1/2, 22-23).

Die sprachkritischen Kommentare erscheinen oft in Form von Seitenhieben in kurzen Texten zu aktuellen Themen:
Bereits im ersten Erscheinungsjahr der 'Aktion' betitelt Franz Pfemfert den 'Berliner Lokal-Anzeiger' als "Zentralorgan für die geistigen Belanglosigkeiten Berlins" (A 1, 44, 1383). Arthur Drey spottet in der Spalte daneben über den Stil, in

---

[384] Raabe 1961, S. 69. Interessant dabei ist, daß Hans Natonek auch in der 'Schaubühne' und der 'Weltbühne' veröffentlicht hat (vgl. Kap. 2.3.2).
[385] Vgl. Kap. 2.2.2.3.

dem Egon Friedell seine Feuilletons für die 'Frankfurter Zeitung' verfaßt: "Egon Fridell [sic!] schreibt . . schereibt . . scherrreibt fürs Feuilleton." (A 1, 44, 1384) Und eine Spalte weiter verwundert sich 'Pieter Brueghel'[386] darüber, das tatsächlich in einer Buch-Rezension der 'Berliner Allgemeinen Zeitung' die Formulierung "Der Übersetzer hat sich dieses geistertiefen [...] Buches angenommen [...]" (A 1, 44, 1385) steht. 1914 zitiert Hans Natonek als 'N. O. Kent' aus einem Interview, das die 'National-Zeitung' mit dem Dichter Karl Hans Strobl gemacht hatte, folgende Beschreibung des Dichters (wobei die Bemerkung in Klammern und die Sperrung von Natonek stammen):

> "Ein dunkelblonder Bart panzert in etwas struppiger Eigenwilligkeit das energische Gesicht . . . Aber ein Paar sonnig-frohe, freundliche Augen (das sind sie alle, alle sonnig-froh) lugen kampffroh in die Welt hinaus." (A 4, 29, 630)

Zum Spott über geschwollene Formulierungen paßt auch das Kürnberger-Feuilleton 'Die Sprache der Zeitungen[387], das Pfemfert als Leitartikel des Heftes vom 8. 11. 1913 (A 3, 45, 1041-49) gewählt hatte. Da zunächst wohl vielen nicht klar war, von wem der Text eigentlich stammt, ist er sicher für 'neu' und damit aktuell gehalten worden.[388] Dadurch, daß Pfemfert bald darauf die Identität des Autors bekannt gab (A 3, 49, 1150) konnte er noch zeigen, wie wenig (Positives) sich seit Kürnbergers Zeit getan hatte. Im Gegenteil: Anfang 1914 bezieht sich Alt-Heikendorf (Pseudonym für Eduard Rosenbaum[389]) auf Kürnbergers Einteilung und fügt dem 'pöbelhaften Zeitungsstil' und dem 'ritterlichen Zeitungsstil' noch eine dritte Kategorie hinzu.

> "Es ist betrübend, daß damit [mit Kürnbergers Kategorien] die Gebiete, aus denen der Zeitungsschreiber seine Worthüllen stiehlt, noch nicht erschöpft sind. Ein wichtiges Hilfsmittel sind die biologischen Begriffe, angefangen bei der schwärenden Wunde am Volkskörper und aufsteigend bis zu dem den zärtlichsten Abschattungen zugänglichen Thema der Jungfräulichkeit. Hier ist ein Beispiel, [...]: Eine (optisch und finanziell) angesehene Hamburgische Tageszeitung schreibt: "Vor Wochen schon, nachdem Pégoud durch seine damals noch jungfräulichen Sturzflüge nicht nur sich selbst, sondern ganz Berlin auf den Kopf gestellt hatte, [...]." [...] "Die Jungfräulichkeit ist den Künsten Pégouds inzwischen genommen worden."" (A 4, 2, 25/26)

Nicht nur geschwollene Formulierungen, sondern auch umständliche Sätze oder falsche Grammatik (oder Interpunktion), die unbeabsichtigte Komik erzeugen, werden in der 'Aktion' verspottet: zitiert wird z.B. aus einem Feuilleton des 'Ber-

---

[386] Der Name ist wohl ein Pseudonym - wer dahinter steckt, ließ sich jedoch nicht eruieren; in Paul Raabes Verzeichnis der Autoren d. 'Aktion' (Raabe 1961) scheint 'Pieter Brueghel' nicht auf.
[387] Ursprünglich, 'Die Blumen des Zeitungsstils', vgl. Kap. 2.1.2.3 u. 2.3.1.2.
[388] Vgl. Baumeister, S. 129.
[389] Raabe 1961, S. 31.

liner Tageblatts' (A 2, 3, 74/75), aus dem 'Vorwärts' (A 4, 20, 421) oder aus anderen, nicht explizit genannten Zeitungen (A 1, 45, 1417; A 3, 45, 1051). Von allem etwas listet ein anonymer Autor in der Glosse 'Aus teutschen Zeitschriften' (A 4, 27, 583) auf. Er zitiert die Zeitung 'Der Turmhahn' mit der Formulierung "tief in der Scheide ruhe das Schwert" (A 4, 27, 583) und kommentiert: "Es ruht. Tief. Ganz tief. Einige glauben, es ist eingerostet." (A 4, 27, 583) Zu der pathetischen Aufforderung einer Interviewerin des 'Turmhahn' an Paul Heyse "Wagen Sie, Sie selbst zu sein!" bemerkt der Autor in betont lockerem, höhnischen Ton: "Er hat es gewagt, der Gute. Aber es ist nix dabei rausgekommen." Schließlich zitiert er aus 'Der Teutschen Nation Allgemeine Flugblätter' den Satz "Den Großen, zeuge, Zeit, mir, deiner Tage," und ruft anschließend aus: "Sieben Worte und fünf Kommata. Echt teutsch!" (A 4, 27, 583) Um die Absurdität dieser Komma-Schwemme noch zu verstärken, baut er den 'Satz' noch sechs Mal um, indem er die 'Satzelemente' verschiebt; dabei entstehen 'Sätze' wie "Zeit, zeuge, mir, deiner Tage, den Großen." (A 4, 27, 583)

Die Schwatzhaftigkeit der Journalisten, über die auch schon Fritz Mauthner geklagt hatte, wird in der Glosse 'Was ist paradox' thematisiert (ohne Autorenangabe). Der erste Satz ist zugleich die Antwort auf die Titel-Frage: "Wenn ein Wiener Journalist über Schweige-Coupés schreibt." (A 3, 40, 934) Der Autor zitiert Passagen aus dem 'Berliner Tageblatt', in dem ein Journalist über die neueste Mode, nämlich Wagons, in denen man während der ganzen Fahrt zu schweigen habe, schreibt. Dabei stellt er die Idee des 'Schweige-Coupés' der offenkundigen Mitteilsamkeit des Journalisten gegenüber. Er schließt mit den Sätzen: "Was ist aber doch paradox? Wenn man Journalist ist und kein Erpresser und man schreibt doch "Schweigen ist Gold"." (A 3, 40, 934)

Die bisher aufgelisteten Kritikpunkte gehören eher zum unpolitischen Bereich. Wenn auch hier und da Gesellschaftskritik mitschwingt, so ist doch das Hauptaugenmerk auf die Sprache selbst gerichtet. Dort, wo die Kritik an Phrasen und Schlagworten beginnt, wird die Sprachkritik zur Kritik an der herrschenden Politik; gleichzeitig wird auch der Ton ernster.

So werden 1911 die Formulierungen der 'Post' als "Scharfmachergemeinheiten" (A 1, 9, 7; ohne Autorenangabe) bezeichnet, die dazu dienten, die Stimmung in ihrem Sinne aufzuheizen. Joseph Adler zitiert 1913 den 'Berliner Lokal-Anzeiger', der den aufgebrachten Brief einer "alten Dame aus Friedrichshagen" (A 3, 51, 1181) abdruckt, die sich vehement gegen die Dienstbotenversicherung wehrt. Sie bezeichnet die Versicherung als "Vergewaltigung" (A 3, 51, 1181) der Dienstgeberinnen. Adler skandalisiert sich besonders über die Stilisierung der Dienstherrinnen zu, wie die Verfasserin des Briefes es formuliert, "Aschenbrödel[n] und Schmerzensträgerinnen" (A 3, 51, 1181). Auf diese Weise, meint

Adler, würden die realen Umstände verdreht, und die Hilfe für die Dienstboten als frecher Aufstand gegen die sich ohnehin aufopfernden Dienstgeberinnen dargestellt.

Ein anonymer Autor definiert 1911 den Typ des "Phraseur[s]" (A 1, 22, 681): Dieser sei ein Mensch, der irgendwann anfängt, "im Tone heiliger Wahrheit leere Worte zu sprechen, Worte, bei welchen weder er selber, noch die anderen sich etwas vorstellen können" (A 1, 22, 681). Die Gefahr, die von dem geschickten Einsatz solcher 'leerer Worte' ausgehen kann, wird in der 'Aktion' immer wieder thematisiert.

Anläßlich der Marokkokrise spricht Franz Pfemfert in einem Leitartikel vom "chauvinistische[n] Taumel" (A 1, 24, 737), der die Menschen ergriffen habe und der unter anderem in den Zeitungsüberschriften sichtbar werde:

> "Man kann keine Zeitung zur Hand nehmen, ohne auf eine schreiende Artikelüberschrift zu stoßen, die an die 'Gefahr' erinnert. Nie hat unsere Presse für Fragen der Kultur ein Zehntel des Raumes übrig gehabt, den sie jetzt der verbrecherischen Leichtfertigkeit diplomatischer Falschspieler opfert." (A 1, 24, 737/38)

Die Friedenskonferenz in Bern 1913 veranlaßt Pfemfert zu einem Leitartikel, in dem er die Befürchtung äußert, die Veranstaltung könnte ausschließlich "eine Zusammenkunft wohltönender Phrasen werden (die liberalen Papiere nennen das dann eine wirkungsvolle Kundgebung)" (A 3, 19, 481). Um wirkungsvoll zu sein, müßte nicht nur der Fanatismus diskreditiert, sondern auch der "Begriff 'Vaterland' als gefährliche Phrase" (A 3, 19, 481) gekennzeichnet werden.

Ähnlich wie Kraus warnt Pfemfert vor der gefährlichen Verbindung von Pathos und Presse: "Nationalismus ist Dummheit. Diese Dummheit wird Verbrechen durch die Verbindung mit der Journaille." (A 3, 19, 481/82).[390] Franz Pfemfert hoffte allerdings zu diesem Zeitpunkt noch, daß der übertriebene Stil der Zeitungen sich durch seine pure Masse selbst lächerlich und unglaubwürdig machen würde:

> "Was wir seit Wochen täglich zweimal erleben müssen, jene Tobsucht, die sich in sensationellen Artikelüberschriften ausheult, jene Krämpfe der Nachrichtenhyäne, jene Informationsdelirien, - das ganze widerwärtige Durcheinander von Niedrigkeit und Größenwahn hat auch die fanatischsten Zeitungsgläubigen aufgeschreckt und gewarnt." (A 3, 19, 482)

Dieselbe Hoffnung hatte zwei Jahre zuvor auch Karl Hauer in der Zeitschrift 'Die Schaubühne' beschrieben: "Vielleicht wird die Presse sich selbst *ad absurdum* führen und wie jener Frosch, der sich zum Ochsen aufblähen wollte, krepieren, [...]." (SB 7/II, 51, S. 599) - Daran, daß auch in der Nachfolgerin der

---

[390] Vgl. Halliday, S. 120/21.

'Schaubühne', der 'Weltbühne', die Klagen gegen die Presse nicht abreißen sollten[391], kann man wohl ablesen, daß Pfemferts und Hauers Hoffnung nicht in Erfüllung gegangen war.

Für Baumeister geht Pfemfert in seiner Anklage der Presse etwas zu weit, da er ihr zu großen Einfluß auf die Politik einräume:

> "Im Zusammenhang des Balkankrieges [1912] beobachtet er die emotionalisierende Wirkung ihrer Berichterstattung, macht sie jedoch ursächlich für das verantwortlich, dessen Ausdruck sie ist, nämlich der 'Stimmung' der Bevölkerung."[392]

Silvio Vietta hingegen stellt (bezogen auf Karl Kraus und dessen Verurteilung der Presse) fest:

> "Daß die Presse nicht einziger Phrasenproduzent war, diese Meinungsmache also durch einen kollektiven Bewußtseinszustand vermittelt war, entlastet sie nicht von dem Vorwurf, einer der Hauptphrasenlieferanten vor und während des 1. Weltkriegs gewesen zu sein."[393]

Im Gegensatz zu Karl Kraus verdammte Pfemfert die Presse nicht in ihrer Gesamtheit, sondern 'nur' die (politisch-ideologisch) 'gegnerische' Presse. Während Kraus den Journalismus am liebsten völlig ausgetilgt hätte, sah Pfemfert eine mögliche positive Verwendung: "Unlike Kraus, Pfemfert regarded it as the 'duty' of the press to become involved critically in the political process and, in particular, to support the cause of peace."[394]

In der von Pfemfert so bekämpften 'Weltbühne' verlangte übrigens Tucholsky als Ignaz Wrobel kurz nach Kriegsende etwas Ähnliches: Er wünscht sich, daß die Redakteure sich nicht mehr dem Einfluß der finanzstarken Inserenten unterordnen müßten, sondern zu "herrschenden Volkserzieher[n]" (WB 15/II, 51, S. 739) würden - gibt aber gleichzeitig das Utopische seiner Idee zu.

Sowohl Franz Pfemfert als auch Kurt Tucholsky waren Verfechter des sogenannten "Gesinnungsjournalismus"[395], der seine wichtigste Aufgabe nicht im Vermitteln von bloßen Fakten, sondern in der (politischen) Erziehung des 'Volkes' sah.[396] Peter Glotz und Wolfgang Langenbucher sehen 1969 in dieser Art

---

[391] Siehe Kapitel 2.3.2.3.
[392] Baumeister, S. 99/100.
[393] Vietta, S. 197.
[394] Halliday, S. 124.
[395] Moores, Karen Marita: Presse und Meinungsklima in der Weimarer Republik. Eine publizistikwissenschaftliche Untersuchung. Univ.-Diss. Mainz 1997. S. 44.
[396] Moores, S. 44-48. Vgl. auch Porombka, Beate: Verspäteter Aufklärer oder Pionier einer neuen Aufklärung? Kurt Tucholsky (1918-1935). Frankfurt a. M.: Lang 1990 (= Beiträge z. Literatur u. Literaturwissenschaft des 20. Jh. Bd. 9). S. 124-26, 154. - Auch Freytags

des Journalismus eine große Schwäche der deutschen Presse. Der Journalist habe "gegenüber der Gesellschaft nicht den Erzieher und Lehrer herauszukehren"[397]; er habe vielmehr "die unbedingte Pflicht (ungeachtet der Wirkungen!), durch vollständige Information die Grundlage für die öffentliche Debatte zu schaffen"[398].
Allerdings kämpften sowohl Pfemfert als auch Tucholsky gegen die unbemerkte Beeinflussung, also Manipulation, der Leser; ein Autor solle seine Ansichten klar als solche zu Erkennen geben und offen vertreten, anstatt sie den Lesern heimlich unterzujubeln.[399]
Was Pfemfert betrifft, so lief seine Kritik an 'gegnerischen' Blätter schließlich doch auf eine Kritik so gut wie der gesamten Presse hinaus, da er seine Vorstellungen nirgendwo verwirklicht sah.

Als Parodie auf die Phrasenhaftigkeit der Presse war der Leitartikel 'Ein offenes Wort an die "Aktion"' (A 3, 44, 1019-21) gedacht. Hier wird die Methode, die Sprache der Presse mit Hilfe von Zitaten zu kritisieren, etwas verfremdet. Die (zum Teil stark kriegsverherrlichenden) Formulierungen werden nicht mehr als Zitate kenntlich gemacht, sondern im Gegenteil zu einem homogenen Artikel montiert.[400] Pfemfert formuliert unter dem Pseudonym 'Dr. S. Pulvermacher' die entrüstete Antwort eines Konservativen auf einen zwei Hefte zuvor erschienenen Leitartikel, der sich kritisch mit dem Rummel um den Jahrestag der Völkerschlacht von Leipzig 1813 auseinandergesetzt hatte (A 3, 42, 975/76). Der Artikel 'Pulvermachers' wurde jedoch von vielen für echt gehalten und von der konservativen Presse als wohlverdienter Denkzettel für die 'Aktion' gefeiert. Ein Heft später wundert sich Pfemfert darüber, "daß die Presse so blind in die Falle gehen konnte" (A 3, 45, 1049), und weder die Montage der "Phrasenklischees aus einem Dutzend 'fortschrittlicher' Leitartikel" (A 3, 45, 1949) erkannt hatte, noch bei dem Namen 'Pulvermacher' stutzig geworden war.

Einen ähnlichen Test hatte 1911 Karl Kraus gemacht: Er hatte einen vor Phrasen nur so strotzenden Brief an die Redaktion der 'Neuen Freien Presse' geschrieben und als vier liberal gesinnte Hausfrauen namens "Marianne Bunzl, Grete Rosenberg, Hermine Pospischil, Stephanie Gödel" (Kraus U, S. 66) unterzeichnet. Der Brief wurde mit einigen beifälligen einleitenden Worten abgedruckt. Kraus meint dazu: "Ich hätte das Unglaublichste hinschicken können, die Neue Freie

---

Charaktere sind natürlich Beispiele für Gesinnungsjournalisten, die täglich in der Zeitung Politik machen und ihre jeweiligen Parteien unterstützen.

[397] Glotz, Peter/Langenbucher, Wolfgang R.: Der mißachtete Leser. Zur Kritik der deutschen Presse. Köln/Berlin: Kiepenheuer und Witsch 1969 (= Information 22). S. 41.

[398] Glotz/Langenbucher, S. 40. Vgl. Kap. 2.5.2.1.

[399] Vgl. Ederer, S. 267; siehe auch Kap. 2.3.2.3.

[400] Vgl. Baumeister, S. 133.

Presse hätte es, ohne mit der bekannten Wimper zu zucken, gebracht." (Kraus U, S. 66/67)[401]

Ab 1914 heißt Phrasenkritik nicht mehr nur Warnung vor, sondern Kritik am Weltkrieg. Die Antikriegshaltung der Autoren der 'Aktion' und besonders Pfemferts war allerdings für die Beteiligten nicht ungefährlich. Die Zensurbestimmungen[402] machten es kritischen Stimmen sehr schwer, sich zu artikulieren. Deshalb erklärt Pfemfert in der ersten Kriegsnummer der 'Aktion', die Zeitschrift würde von nun an die Politik ausklammern und sich nur noch mit Literatur und Kunst beschäftigen (A 4, 32/33, 693)[403]. Schon allein dieses Schweigen, ähnlich dem von Karl Kraus in den ersten Kriegsmonaten, war programmatisch, setzte sich vom Jubel über den Krieg in anderen Zeitungen und Zeitschriften ab. "Die Zeitschrift wirkte fortan gegen den Krieg, weil sie nicht für ihn wirkte"[404].

Allerdings verzichtete Pfemfert auch nur darauf, *offen* über Politik zu schreiben. Er hatte verschiedene Methoden, die Antikriegs-Haltung der 'Aktion' allen Restriktionen zum Trotz deutlich zu machen. Baumeister spricht in diesem Zusammenhang von den "Möglichkeiten verdeckenden Schreibens"[405].

Eine davon bestand in der Aktualisierung bereits historischer Texte. So druckte Pfemfert bald nach Kriegsbeginn mehrere Aphorismen Lichtenbergs ab (A 4, 34/35, 721/22). Pfemfert enthält sich zwar jeglichen Kommentars, doch auch so lassen sich Lichtenbergs Gedanken sehr leicht als Bemerkungen Pfemferts zur Situation zu Kriegsbeginn lesen. Die Aphorismen sind so ausgewählt, daß sie beim Lesen "zu Mißtrauen oder kritischem Überdenken der Zeitungslektüre und der allgemeinen Sprachverwendung führen [konnten], wenn der Leser sie in Zusammenhang mit patriotischer Propaganda brachte [...]."[406]

Gleich der erste Aphorismus beginnt mit der Aufforderung, kritisch mit seinem Lesestoff (hierbei sind von Pfemfert wohl eindeutig die Presseerzeugnisse gemeint) umzugehen: "Man lese nicht viel und nur das Beste, langsam, und befrage sich alle Schritte: warum glaube ich dieses?" (A 4, 34/35, 721)

---

[401] Vgl. den (von der 'Neuen Freien Presse' ebenfalls abgedruckten) 'Leserbrief', in dem davon die Rede ist, daß ein "schlafender Grubenhund schon eine halbe Stunde vor Beginn des Bebens auffallende Zeichen größter Unruhe gab." (Kraus U, S. 132); vgl. dazu Bohn, S. 22/23.
[402] Zu den Zensurbestimmungen in Deutschland während des Kriegs und speziell zur Situation der 'Aktion', siehe Baumeister, S. 154-166.
[403] Vgl. Baumeister, S. 166/67.
[404] Rietzschel, S. 34.
[405] Baumeister, S. 126.
[406] Baumeister, S. 168.

Der zweite Aphorismus stellt fest, daß sich Pressegläubigkeit und Vernunft schlichtweg widersprechen. Der dritte kann als Hinweis gelesen werden, daß ein großer Teil der patriotischen Worte nicht ehrlich empfunden, sondern bloße Propaganda sind: "Wovon das Herz nicht voll ist, davon geht der Mund über, habe ich öfters wahr gefunden als den entgegengesetzten Satz." (A 4, 34/35, 722) Der vierte Aphorismus scheint auf den ersten Blick ganz harmlos zu sein: "Was man so prächtig Sonnenstäubchen nennt, sind doch eigentlich Dreckstäubchen." (A 4, 34/35, 722) Man kann ihn jedoch auch 'subversiv' lesen: als Kritik an euphemistischen oder sogar sinnverdrehten Schlagworten, wie sie in den Zeitungen besonders während der Kriegsjahre zu finden waren.

Die Aphorismen Lichtenbergs sind Aufforderungen Pfemferts an seine Leser, der kriegsbegeisterten Presse nicht alles zu glauben, sondern wohlklingenden Formulierungen zu mißtrauen und hinter ihre Fassade zu blicken.

Ein weiteres Mittel zur Umgehung der Zensur wandte Pfemfert besonders in den zwei Rubriken 'Ich schneide die Zeit aus' und 'Kleiner Briefkasten' an. In beiden Rubriken verwendete Pfemfert bereits publiziertes Material anderer Zeitungen, mit Quellenangaben versehen. Durch die genaue Wiedergabe und die Quellenangaben schützte Pfemfert sich einerseits vor der Zensur, da das Abdrucken bereits erschienener (und damit bereits überprüfter) Texte erlaubt war;[407] er hatte jedoch auch andere Gründe.

Die Rubrik 'Ich schneide die Zeit aus' stellte er am 17. April 1915 mit folgenden Worten seinen Lesern vor:

> "Meine Antworten waren, ehe sie [die Zeit] mir ihre Fragen stellte. Heute muß mein Schweigen für mich reden - sie selbst. Die Mappe, in der ich sie mir aufhebe, ist schon arg dickbäuchig geworden; ich will Raum schaffen und beginne, die Zeit auszuschneiden, um ihr Gesicht (und auch ihre Gesichte) über sie selbst hinaus der Welt zu erhalten. Die Schere quietscht; ich schneide die Zeit aus; sie soll in meiner AKTION sprechen; für sich und für mich." (A 5, 16/17, 214)

Pfemfert verbindet hier das Element des 'beredten Schweigens'[408] mit einer Methode, in der der Einfluß von Karl Kraus deutlich sichtbar wird: Er ließ die Menschen (u.a. Journalisten) sich durch ihre eigenen Worte bzw. Texteselbst entlarven und verewigte gleichzeitig diese Selbstentlarvung als Zeitdokument, indem er kurze oder längere Direktzitate (z.T. mit Sperrung versehen) abgedruckte.[409]

---

[407] Baumeister, S. 197; Halliday, S. 183.
[408] Vgl. Baumeister, 167/68.
[409] Baumeister, S. 132, 195-97; Halliday, S. 182/83, 208-210; Rietzschel, S. 36; Bilke, S. 171; Peter, S. 39. Karl Kraus hatte bereits in der 'Fackel' vom 21. 4. 1914 erklärt, seine Devise sei "Ausschneiden, was ist" (F 398, S. 28); im Juli 1914 nennt er es sein "Amt [...], die Zeit in Anführungszeichen zu setzen" (Kraus U, S. 73; vgl. S. 69). Vgl. Strem-

Das, was Pfemfert an Zeitungsausschnitten in dieser Rubrik sammelte, beschreibt Paul Raabe als

> "eine Schreckenskammer an Gesinnungs- Geschmack- und Gedankenlosigkeit [...]. Es entstand ein beschämendes Dokument menschlicher Schwäche und Verirrung, ein Pranger, an den die Zeit gestellt wurde, ohne Kommentar, nur mit genauer Quellenangabe."[410]

So dokumentiert Pfemfert zum Beispiel in Heft 18/19 von 1915 anhand der 'Vossischen Zeitung' die Kriegsrhetorik, die den Tod 'für das Vaterland' nicht als Pflicht (schon gar nicht als etwas Schreckliches), sondern als "Recht" (A 5, 18/19, 236) bezeichnet, das manchen (in diesem Fall den Strafgefangenen) verwehrt werde. Noch stärker kommt diese Haltung in einem Gedicht aus der Weihnachtsnummer(!) des Jahres 1916 des 'Berliner Lokal-Anzeiger' zum Ausdruck: Es handelt von einem deutschen Spion, der zu Tode verurteilt und hingerichtet wird. Die Glorifizierung des 'Heldentodes' wird unter anderem dadurch deutlich, daß der Galgen mit einem "goldenen Thron" (A 7, 1/2, 24) verglichen wird.

Anläßlich der Versenkung der 'Lusitania' durch deutsche U-Boote konnte Pfemfert seinen Lesern die Perversion des Krieges leicht zeigen: So zitiert er einen Artikel des 'Berliner Tageblatts', in dem zuerst von einem "Glanzstück erster Ordnung" (A 5, 22/23, 283) die Rede ist; ein paar Zeilen später findet man dann die Formulierung "Auch Deutschlands Schmerz vereinigt sich mit dem der gesamten Kulturwelt um das Leben der vielen Hunderte unschuldiger Menschenleben" (A 5, 22/23, 282) - ganz so, als hätte das eine mit dem anderem gar nichts zu tun. Der 'B. Z. am Mittag' scheint die Tatsache, daß hier ein Passagierschiff versenkt wurde, gar nichts auszumachen; sie wertet dies im Gegenteil sogar als besonders geschickt. "Das wird in der ganzen Welt starken Eindruck machen." (A 5, 22/23, 283) Die Zeitung geht sogar so weit, als Resumé für den von ihr als völlig positiv bewerteten Vorfall einen Spruch aus dem Gebiet des Kartenspielens zu gebrauchen: "Angesagt zählt doppelt" (A 5, 22/23, 283). Auf diese Weise wird aus dem Tod von Zivilisten ein harmlos klingender, hoher Punktgewinn im Spiel 'Schiffe versenken um die Seeherrschaft'.

Baumeister weist in diesem Zusammenhang noch auf die zwei den Presseausschnitten folgenden Spalten hin: Pfemfert hatte hier den Aufruf 'An die Kulturwelt' abgedruckt, einer von dreiundneunzig Gelehrten unterzeichneten Proklamation der Humanität und Ehrenhaftigkeit deutscher Kriegsführung - ein schlagender Beweis des Kontrasts zwischen Anspruch und Realität.[411]

---

[410] mel, S. 54.
Raabe 1961, S. 18; vgl. auch Kolinsky, S. 10.
[411] Baumeister, S. 200/201.

Ein anderes Beispiel für eine unterschiedliche Wahrnehmung des gleichen Phänomens bringt Pfemfert im Zusammenhang mit der wachsenden Furcht vor Spionage. Während die Angst z.B. der Italiener vor deutschen Spionen vom 'Berliner Tageblatt' als "Jagd" (A 5, 26, 333) und als "unsinnige[s] Treiben" (A 5, 26, 333) bezeichnet wird, spricht dieselbe Zeitung im umgekehrten Fall von "wertvolle[r] Unterstützung"(A 26, 333), die "noch verstärkt werden" (A, 26, 333) müsse.[412]

Die Bemühungen, den Krieg als etwas Segensreiches darzustellen, bzw. die Instrumentalisierung aller Lebensbereiche nahmen zum Teil extreme Formen an. Pfemfert zitiert die 'National-Zeitung', die in einem Artikel über die 'Herrschaft' der französischen Mode folgendes schreibt: "Nun ist der Krieg dem Geschmakke zu Hilfe gekommen, [...] (A 5, 33/34, 431).
Die Einbeziehung von Kindern in die Kriegsrhetorik zeigte Pfemfert gegen Ende des Krieges: Der scheinbar harmlose Satz aus den 'Hamburger Nachrichten' "Nur das Kind ist glücklich, das die ganze Süßigkeit des Wortes 'Spiel' voll und ganz auskosten darf" (A 8, 37/38, 483) wird von der Beschreibung eines Kinderfestes gefolgt, das die Kinder den Krieg 'nachspielen' läßt. Der Krieg wird 'kindgerecht aufbereitet'. - Anhand solcher Zeitungsberichte erscheint die Szene aus Kraus' 'Letzten Tagen der Menschheit', in der die Kinder der Familie 'Wahnschaffe' Weltkrieg spielen und sich dabei im Jargon der Heeresberichte streiten, als gar nicht mehr übertrieben (Kraus LTdM, S. 401-404).

Im Heft 7/8 von 1917 druckte Pfemfert zwei Artikel aus dem 'Berliner Tageblatt' über die Krönung des neuen österreichischen Kaiserpaars Karl und Zita zum ungarischen König bzw. Königin ab. Aus der von Pfemfert vorgenommenen Sperrung wird deutlich, wie sehr ihn die geschwollene Sprache stört, unter anderem die häufige Wiederholung des Wortes 'Gala'- besonders wenn man bedenkt, daß dieser ganze Prunk sich im vierten Kriegsjahr entfaltet (A 7, 7/8, 102-03).

In Heft 16/17 druckte Pfemfert zwei Leitartikel Theodor Wolffs ab, des Chefredakteurs des 'Berliner Tageblatts'. Der Artikel vom 21. 3. 1917 enthält unter der Überschrift 'Der Rückzug zwischen Ancre und Oise' eine ausführliche Schilderung der Versuche der deutschen Truppen, möglichst viel Gelände zu verwüsten und so das Nachrücken der Alliierten zu behindern.

> "[...] Die Frühjahrswitterung half uns, das Terrain in Brei zu verwandeln. Die Brunnen sind gesprengt, verunreinigt, verstopft. Es ist zwischen Ancre und Oise eine Wüste entstanden, die auf lange Zeit nichts von allen Lebensbedingungen geben kann. [...]" (A 7, 16/17, 233)

---

[412] Vgl. auch Baumeister, S. 201.

Im Leitartikel vom 10. 4. 1917 beschwert sich Wolff dann darüber, die ausländische Presse hätte den Bericht mißverstanden.

> "Georg Queri [d. Kriegsberichterstatter], dessen gutmütiger Mitleidston so mißdeutet wird, hat gewiß beim Anblick der armen Menschen und Stätten keinerlei Freudengefühle verspürt. Und dieses Blatt ist nicht der Platz, wo gegenüber fremdem Unglück kannibalische Instinkte erlaubt und üblich sind..." (A 7, 16/17, 234)

An der von Pfemfert vorgenommenen Sperrung wird ersichtlich, daß er unter 'gutmütigem Mitleidston' etwas anderes versteht als die selbstzufriedene Beschreibung eines Zerstörungswerks.

Mit einem kleinen, informativen Kommentar versieht Pfemfert einen Artikel der 'B. Z. am Mittag', in dem anläßlich der Einnahme Rigas durch deutsche Truppen davon die Rede ist, daß dort "jedermann deutsch fühlt und deutsch spricht" (A 7, 39/40, 542). Er schreibt: "In Livland betrug die Zahl der Deutschen: 1881: 9, 7%; 1887: 7, 5% der Bevölkerung. Rigas Einwohner nach der Zählung von 1913: 42% Letten, 25% Russen, 6, 5% Juden, 9% Polen, 5 % Litauer, 13 % Deutsche." (A 7, 39/40, 542) Die naheliegende Schlußfolgerung, daß solche Zahlen eigentlich nicht dazu berechtigen, Riga als 'deutsche Stadt' zu charakterisieren, was der Artikel jedoch versucht, überläßt Pfemfert seinen Lesern.[413]

Der 'Kleine Briefkasten' erscheint zwar schon seit 1913 (ab Heft 42), zum Ort für anklagende Zeitdokumente wird er jedoch erst später; zunächst bietet er Platz für Verlagsnachrichten, (echte und fingierte) Antwortschreiben und Polemiken - ähnlich wie Karl Kraus' 'Fackel'-Rubrik 'Antworten des Herausgebers'.[414] Seit den Kriegsjahren finden sich auch hier immer mehr sprachkritische Zeitungsausschnitte mit Quellenangaben, allerdings hier zum Teil auch mit Kommentaren.[415] Baumeister bezeichnet diese Kommentare als "explizite doch unverfängliche Kritik"[416]. Die Vorsicht war natürlich wegen der Zensur geboten; besonders heikle Zitate mußte Pfemfert unkommentiert lassen.[417]

Weniger anklagend als geradezu amüsiert kommentiert Pfemfert einen Ausschnitt aus dem 'Berliner Lokalanzeiger':

> "Die unnötige Erregung wirkt schon gar zu stilblütentreibend. Der 'Lokalanzeiger' [...] schrieb (15. 7. 1917): "Mit jener Rede vom 7. März, aus der jeder, der sie hörte, die Klaue des Löwen spürte, die von glühender Vaterlandsliebe getragen war, und aus der ein eiserner Wille sprach, [...]."" (A 7, 29/30, 416)

---

[413] Vgl. Baumeister, S. 203.
[414] Baumeister, S. 192/93, 195.
[415] Halliday, S. 184/85.
[416] Baumeister, S. 247.
[417] Baumeister, S. 205.

Gar nicht mehr amüsiert ist Pfemfert über einen Artikel im 'Deutschen Kurier' vom 14. 9. 1917. Darin wird von einem Vorstoß des Buchhandels berichtet, "den Friedensgedanken zu fördern und völkerverhetzende und kriegsverlängernde Schriften möglichst vom Markt fernzuhalten" (A 7, 39/49, 543) - einem Vorhaben, das Pfemferts volle Unterstützung hat. Der 'Deutsche Kurier' bezeichnet jedoch diese Formulierungen als "Jargon der Flaumacher [, der] in eine mehr redliche Sprache übertragen" (A 7, 39/40, 543) werden müsse, um ihn zu verstehen. Dann würde man erkennen, daß durch das Vorhaben "die vaterländischen Schriftsteller, die für einen starken deutschen Frieden einzutreten wagen, zugunsten der scheinheiligen Friedensfreunde kapitalistisch boykottiert werden sollen" (A 7, 39/40, 543).

Hier üben diejenigen, deren Floskeln sonst Pfemfert sprachkritisch betrachtet, selbst Sprachkritik. Jeder wirft somit dem anderen Phrasenhaftigkeit bzw. Jargon vor. Den Konflikt, daß somit jeder dem anderen vorwerfen könne Unwahrheiten zu verbreiten, erklärt Hans Jürgen Heringer für unlösbar: Es sei unvermeidbar, "daß jeder der politischen Gegner die Realität für sich reklamiert und auch den Hilfssatz, was der Gegner für Realität halte, sei Ideologie, retournieren kann. So kann jeder leicht Remis spielen in diesem Spiel."[418]

In der 'Deutschen Tageszeitung' entdeckt Pfemfert noch ganz andere Bezeichnungen für Pazifisten und deren Verhalten: "Friedenshetzer [...] Friedensgewinsel [...] Friedensbolde" (A 8, 15/16, 207). 'Friedenshetzer' scheint eine Replik auf die Bezeichnung 'Kriegshetzer' zu sein, während 'Friedensgewinsel' eine assoziative Nähe zu 'Gnadengewinsel' aufweist und 'Friedensbold' an das verächtliche 'Tugendbold' erinnert.

Nach dem Krieg erklärt Pfemfert im 'Kleinen Briefkasten', daß in der Rubrik 'Ich schneide die Zeit aus' "viele Beiträge wegen Platzmangel nicht erschienen [sind], die noch heute 'aktuell' wären." (A 9, 21/22, 343) Gleich sein erstes Beispiel zeigt, wie die Menschen verunsichert wurden: Die Behauptung, Franzosen hätten Brunnen mit Bakterien infiziert, wird zuerst, mit dem Etikett "amtliche Meldung" (A 9, 21/22, 343) versehen, als unzweifelhafte Wahrheit propagiert. Einen Tag später ist nur noch (in einer allerdings viel kleineren Notiz) von einem "halbamtlichen Bureau" (A 9, 21/22, 343) die Rede, und die Geschichte wird als "Erfindung" (A 9, 21/22, 343) bezeichnet. Trotzdem wird der Bevölkerung geraten: "Aufmerksamkeit scheint aber weiter geboten." (A 9, 21/22, 343)

Dieselbe Methode, die Bevölkerung durch angebliche Wahrheiten zu verunsichern, wird einige Hefte später in 'Die Journaille. 4 Akte' thematisiert (ohne Au-

---

[418] Heringer, Sprachkritik, S. 15.

torenangabe): Auch hier werden aus einer Nachricht aus "zuverlässiger Quelle" (A 9, 29, 497) schließlich "von verschiedenen Seiten ausgestreute Gerüchte" (A 9, 29, 498), die sich als "Irrtum" (A 9, 29, 498) erwiesen hätten.

Die Texte und Dokumente gegen den Krieg stammen aber nicht nur von Franz Pfemfert selbst. Hans Reimann z.B. nimmt 1915 die Art, in der Todesanzeigen Gefallener in der Presse erscheinen, zum Anlaß für die Groteske 'Der Kampf mit der Phrase'. Darin geht es allerdings um einen zivilen (und damit unverfänglichen[419]) Trauerfall: Beim Verfassen der Todesanzeige schwankt der Witwer Neumann zwischen "angemessen Worten" (A 5, 45/46, 573), die sich an üblichen Formulierungen orientieren, und dem Versuch nach Unverwechselbarkeit hin und her. Obwohl er sich eine Zeit lang geradezu in einen Haß auf alte, abgegriffene Formulierungen hineinsteigert, bleibt er schließlich doch an ihnen hängen: "Neumann schrieb eine Traueranzeige aufs Papier, die an hohlen, garnichtssagenden Worten nicht zu wünschen übrig ließ. Eine Phrase gab die andere." (A 5, 45/46, 576)

Baumeister sieht in der Groteske Reimanns "auch die Zweifel an den sprachkritischen Möglichkeiten"[420] der Traueranzeigen, wie sie in der Aktion erschienen waren: in diesen hatten jegliche Anklänge an 'Heldentod' gefehlt und dafür das Motiv des gewaltsamen Todes vorgeherrscht.[421]

Allerdings scheint mir das vorherrschende Element des Reimann-Texts doch selbst Sprachkritik zu sein: nämlich die Kritik an der Unfähigkeit der Menschen, ihre Gefühle mit ihren eigenen Worten auszudrücken, ohne in Gemeinplätze zu verfallen.

Die Sprache der 'Aktions'-Artikel ist natürlich so unterschiedlich wie die Autoren. Zu Pfemferts eigenen Stil bemerkt Halliday, daß jener selbst auch eine gewisse Kriegsrhetorik verwendete, besonders im Kontext der Revolution von 1918 und seiner späteren Agitation für den Kommunismus.

> "The use of words such as 'Sieg', 'kämpfen', 'ausharren', 'unsere Sache' etc. indicate that Pfemfert's language was often that of the wartime propaganda bulletin, rather than the intellectual pacifist."[422]

Auch dort, wo Pfemfert der Zensur wegen nicht kommentieren, sondern nur abdrucken konnte, bringt er eigene Elemente hinein: Ein Mittel ist die bewußte

---

[419] Baumeister, S. 176.
[420] Baumeister, S. 176.
[421] Baumeister, S. 175.
[422] Halliday, S. 202.

Anordnung der Zitate zueinander bzw. die Montage von längeren Textstücken. Ein anderes ist die Sperrung und damit Hervorhebung bestimmter Worte oder Phrasen - allerdings setzte sich Pfemfert dadurch wieder der Zensur-Gefahr aus, da die Sperrung bereits als Änderung galt.[423]

Die Sprachkritik in der 'Aktion' läßt sich zusammenfassend in zwei große Aspekte teilen:
Da ist zum Ersten die eher 'ästhetische' Kritik an pathetischer, geschwollener Sprache und schlechter Grammatik, die oft in spottender Form vorgetragen wird; ernsthafte Klage ist hier die Ausnahme. Diese Kritik läßt sich in die Nähe der allgemeinen Kritik der Expressionisten an der bürgerlichen Kunst rücken. Sie findet sich hauptsächlich vor dem Krieg.

Der zweite Aspekt, die Kritik an politischen Phrasen, Schlagworten und Euphemismen, zieht sich durch den ganzen Erscheinungszeitraum der 'Aktion', ist aber besonders kurz vor, während und kurz nach dem Krieg bedeutsam. Der Ernsthaftigkeit des Themas angemessen, ist der Ton hier weniger spottend als anklagend. Gezeigt wird nicht die unfreiwillige Komik einzelner journalistischer Texte, sondern die Grausamkeit und Tragik des Krieges im Spiegel der beschönigenden Pressemeldungen. Kritisiert wird eine Sprache, die zur Verschleierung, Verharmlosung und Legitimierung des Krieges benutzt wird.

2.3.2 'Die Schaubühne'/'Die Weltbühne' (1905-1933)

Die Besonderheiten, die Zeitschriften wie 'Die Schaubühne'/'Die Weltbühne' (und 'Die Aktion') seiner Meinung nach vom damals üblichen Zeitungsbetrieb unterschieden, listet Hans Natonek 1916 in 'Zeitung und Zeitschrift' (SB 12/ II, 44, S. 403-409) auf: Eine Zeitung kreise um Meldungen, die Zeitschrift dagegen um eine oder mehrere Persönlichkeiten; die Zeitung bediene die Massen und müsse sich daher nach ihnen richten und sie umwerben, während die Zeitschrift ohnehin von einem (kleineren) Leserkreis von Gleichgesinnten ausgehe; daher habe die Zeitschrift eine viel größere Freiheit und können ihrer Überzeugung gemäß schreiben.[424] Beate Porombka beschreibt Jacobsohns Zeitschrift als "eine Art Nische des Weimarer Pressesystems mit ihrem nahezu anachronistischen traditionellen Zeitungsunternehmer - Siegfried Jacobsohn war Verleger, Herausgeber und Redakteur in einer Person - [...]."[425]

---

[423] Baumeister, S. 202/203.
[424] Vgl. Tucholsky, WB 26/II, 37, S. 380. Enseling, S. 104; Jacobi, S. 36.
[425] Porombka, S. 165.

2.3.2.1 Die Zeitschrift und ihr Weg vom Theater zur Politik

Wie die 'Aktion' machte auch die Zeitschrift 'Die Schaubühne', die spätere 'Weltbühne', eine längere Entwicklung durch, während der sie zunehmend politischer wurde. Sie vertrat aber weder jemals eine so strikt festgelegte Politik wie Pfemferts 'Aktion' seit den zwanziger Jahren, noch löste sie sich völlig von ihren 'literarischen Wurzeln'. Sie engagierte sich auch für keine bestimmte Partei. Axel Eggebrecht beschreibt die Zeitschrift als "ein radikal demokratisches, erklärt linkes Kampfblatt - aber nie diente sie einer Partei, [...]."[426]

Die von Siegfried Jacobsohn (1881-1926) 1905 gegründete Zeitschrift sah sich allerdings auch nie als ein Forum für junge, experimentierfreudige Künstler. Sie war ursprünglich als Theater-Zeitschrift konzipiert. Jacobsohn, von 1901 bis 1904 Theaterrezensent der 'Welt am Montag', war vorgeworfen worden, ein Plagiator zu sein. Es sah so aus, als hätte Jacobsohn Stellen aus alten Kritiken für seine eigenen verwendet. Jacobsohn erklärte, seine intensive Beschäftigung mit der Geschichte des Berliner Theaters hätte dazu geführt, daß er Unmengen von alten Kritiken im Kopf hätte, aus denen er unbewußt einige Sätze in seine eigenen Kritiken übernommen hätte. Obwohl er von einflußreichen Persönlichkeiten (so z.B. von Maximilian Harden) verteidigt wurde, glaubte ihm die Öffentlichkeit seine Darstellung nicht. Jacobsohn sah sich gezwungen, die 'Welt am Montag' zu verlassen.[427]

Seine Antwort auf den sogenannten 'Fall Jacobsohn' war die Gründung der 'Schaubühne', einer "Theaterrevue, deren Wirkungskreis durch die begrenzte Thematik [...] beschränkt war"[428]. Auch waren die vorherrschenden ästhetischen Prinzipien eher konservativ; Jacobsohns Ziel war die Belebung "eines klassisch-idealistischen Theaters"[429]. Von der neuen expressionistischen Strömung in der Kunst hielt Jacobsohn wenig.[430]

Zu einem der wichtigsten Mitarbeiter von Jacobsohn wurde ab 1913 Kurt Tucholsky (1890-1935) samt seinen vier Pseudonymen Ignaz Wrobel, Peter Panter,

---

[426] Eggebrecht, Axel: Essay. In: Das Drama der Republik. Zum Neudruck der Weltbühne. Zwei Essays von Axel Eggebrecht und Dietrich Pinkerneil. Königstein/Ts.: Athenäum 1979. S. 4. (zit. als: Eggebrecht 1979) Vgl. auch Lunke, Erwin Wilhelm: Die deutsche Presse im eigenen Urteil. 1918-1933. Eine fragmentarische Darstellung der publizistischen Kritik - unter besonderer Berücksichtigung der radikaldemokratischen Zeitschrift 'Die Weltbühne' - an den geistigen, politischen und wirtschaftlichen Mängeln der Presse. Univ.-Diss. (masch.). München 1952. S. 32.
[427] Siehe Enseling, S. 20/21; sowie Deák, S. 30/31; Nickel, S. 85/86.
[428] Enseling, S. 32; vgl. auch Deák, S. 33/34.
[429] Nickel, S. 24.
[430] Hecht, S. 71.

Theobald Tiger und (nach dem Krieg) Kaspar Hauser. Tucholsky und Jacobsohn verband bald eine enge Freundschaft, in der jener den Älteren als große Inspiration und geistigen Mentor verstand.[431]

Von 1913 an beschäftigte sich die 'Schaubühne' zunehmend auch mit politischen und gesellschaftspolitischen Themen; für die Annäherung an die Politik wird allgemein zumindest ein gewisser Einfluß Tucholskys angenommen, wobei die Gewichtung dieses Einflusses in der Forschungsliteratur zum Teil stark schwankt.[432] Die offizielle Bestätigung des Veränderungsprozesses war die Umbenennung der Zeitschrift in 'Die Weltbühne' im Jahr 1918.

Hatten während des Krieges noch patriotische und pazifistische Ansätze in der 'Schaubühne' nebeneinander existiert bzw. die patriotischen zeitweise klar dominiert, setzte sich die 'Weltbühne' nach Kriegsende vehement für die junge Republik ein; auch wenn es manchmal so aussah, als würden die Autoren der 'Weltbühne' nur die Fehler des neuen Staates wahrnehmen[433] (ein Bild, das auch noch durch Teile der Forschungsliteratur geistert[434]).

Ab 1926 schrieb auch Carl von Ossietzky (1889-1938) für die 'Weltbühne', deren Herausgeber 1927 er nach Jacobsohns plötzlichem Tod wurde - nach einer kurzen Interimszeit, während der der widerstrebende Tucholsky diesen Posten inne hatte.[435] Tucholsky war schon seit 1924 häufiger im Ausland gewesen als in Berlin, bevorzugt ihn Paris. 1929 verließ er Deutschland endgültig; bis zu seinem Selbstmord 1935 lebte er in Schweden. Im August 1933 war ihm, zusammen mit 32 anderen Personen des kulturellen Lebens, die deutsche Staatsbürgerschaft aberkannt worden.[436]

---

[431] Siehe Häfliger, Anton: Kurt Tucholsky als Kulturkritiker. Univ.-Diss. Freiburg 1971. S. 6/7; sowie Suhr, Elke: Zwei Wege, ein Ziel: Tucholsky, Ossietzky und Die Weltbühne. München: Weismann 1986. S. 15.

[432] Deák, S. 34; Hecht, S. 16-18; sowie Eggebrecht, S. 13.

[433] Vgl. Enseling, S. 74/75; Hecht, S. 51-54, 61, 69/70, 90, 98/99, 103, 121, 166-72; Madrasch-Groschopp, S. 117/118; sowie King, William John: Kurt Tucholsky als politischer Publizist. Eine politische Biographie. Frankfurt a. M.: Lang 1983. S. 38-40.

[434] Vgl. einerseits Lunke, S. 38; andererseits Lang, Dieter: Staat, Recht und Justiz im Kommentar der Zeitschrift "Die Weltbühne". Frankfurt a. M.: Lang 1996 in Europ. Hochschulschriften. Reihe I. Dt. Sprache und Literatur. Bd. 1584.). S. 203.

[435] Brinson, Charmian/Malet, Marian (Hg.): Rettet Ossietzky! Dokumente aus d. Nachlaß v. Rudolf Olden. Oldenburg: Bibliotheks- u. Informationssystem d. Univ. Oldenburg 1990 (= Schriftenreihe d. Fritz Küster-Archivs. Gleichz. Publications of the Institute of Germanic Studies (University of London) 46.). S. 11; sowie Baumer, Franz: Carl von Ossietzky. Berlin: Colloquium-Verlag 1984 (= Köpfe d. 20. Jh. Bd. 102.). S. 61/62.

[436] Häfliger, S. 18-20, 22-27; King, S. 74; sowie Lang, S. 28/29.

Ossietzky mußte im Mai 1932 wegen "Landesverrat und Verrat militärischer Geheimnisse"[437] ins Gefängnis; sich der Haftstrafe durch rechtzeitige Flucht zu entziehen, kam für ihn nicht in Frage.[438] Zu Weihnachten 1932 wurde er freigelassen, jedoch kurz nach der Machtergreifung durch die Nationalsozialisten wieder verhaftet; ab März 1933 war er zuerst im Gefängnis, dann in den Konzentrationslagern Sonnenberg und Papenburg-Esterwegen. Nachdem die Bemühungen seiner Freunde im Exil, ihm den Friedensnobelpreis zuerkennen zu lassen 1936 erfolgreich waren, wurde Ossietzky schließlich, totkrank, in ein Krankenhaus verlegt. Er starb 1938.[439]

'Die Weltbühne' wurde 1933 von den Nazis verboten. Die Exil-'Weltbühne' in Prag, später in Paris, und die Neugründung in Berlin nach dem Krieg aber hatten nach der Meinung der Forschung nur mehr wenig mit dem Original zu tun.[440]

2.3.2.2 Die 'Schaubühne'/'Weltbühne' und andere Sprachkritiker

Fritz Mauthner und Gustav Landauer

Zu der Zeit, in der Siegfried Jacobsohn seine Karriere als Theaterkritiker begann, war Mauthner bereits eine 'Institution' auf diesem Gebiet. Mauthner unterstützte den jungen Jacobsohn[441], der ihn sehr bewunderte[442]. Fritz Mauthner war jedoch nicht nur auf dem Gebiet der Theaterkritik ein Vorbild für Jacobsohn: Dieser gehörte

> "zu der Generation, die im Gefolge Fritz Mauthners gegen den Mißbrauch des Wortes durch pseudopathetische Literatur, Naturalismus und Presse protestierte und bestrebt war, Wort und Begriff wieder exakt in Deckung zu bringen, d. h. die Phänomene richtig und klar zu bezeichnen."[443]

Wie angesehen Mauthner nicht nur bei Jacobsohn war, zeigen zwei Artikel aus der 'Schaubühne'/'Weltbühne': Julius Bab schreibt im November 1909 eine Lobeshymne anläßlich Mauthners 60. Geburtstag, in der er ihn als den "große[n] Worte-Bezweifler, Worte-Verdächtiger, Worte-Verächter" (SB 5/II, 47, S. 529) bezeichnet und "ihm bei dieser Gelegenheit einmal danken [will] für das, was er uns [...] gegeben hat" (SB 5/II, 47, S. 529). Neun Jahre später rezensiert Moritz

---

[437] Brinson/Malet, S. 13.
[438] Brinson/Malet, S. 12-15; Baumer, S. 79; Suhr, S. 53-57.
[439] Siehe Brinson/Malet, S. 16-19; Enseling, S. 29; Lang, S. 30.
[440] Enseling, S. 36; Deák, S. 219-221.
[441] Eggebrecht 1979, S. 7; Enseling, S. 20.
[442] Eggebrecht 1979, S. 9.
[443] Enseling, S. 28.

Goldstein Mauthners Autobiographie 'Prager Jugendjahre' (WB 14/II, 33, S. 151/52); auch er spart nicht mit Lob.

In der 'Schaubühne'/'Weltbühne' wurden zudem Artikel von Mauthner veröffentlicht: in zweien beschäftigt er sich mit dem Thema 'Humor' (SB 7/I, 11, S. 281-86; SB 7/I, 12, S. 309-12), zwei nehmen zu gerade aktuellen literarischen Themen Stellung (SB 9/II, 48, S. 1164-68; Sb 17/II, 47, S. 525), zwei sind an Jacobsohn adressierte 'Briefe' (SB 12/II, 37, S. 239/40, zum Thema 'Goethe'; SB 17/II, 43, S. 437/38, zum Thema 'Kunstsprache Esperanto').

Von Kurt Tucholsky gibt es allerdings auch eine kritische Bemerkung zu Mauthner, zwar nicht in der Zeitschrift, aber in einem Brief an Hans Erich Blaich aus dem Jahr 1916: Tucholsky schreibt, daß er zwar den Sprachkritiker Mauthner sehr schätze, den Feuilletonisten jedoch für ausgesprochen seicht halte. "Is er denn e Ozean, daß er kann sein zegleich tief und flach?"[444]

Auch Texte vom Mauthner-Schüler Gustav Landauer finden sich in der Zeitschrift: vier davon befassen sich mit Theater und Literatur[445]; in 'An Romain Rolland' verurteilt Landauer scharf jede Art von Krieg und betont, daß jeder der kriegführenden Staaten einen Teil der Schuld am Kriegsausbruch trage (SB 10/II, 38, S. 196-98);[446] in einem weiteren Text stellt Landauer Überlegungen zur Verbindung von Haß und Furcht im Tierreich an, die er anschließend auf die Menschen überträgt (WB 14/II, 27, S. 3-9).
In der Rubrik 'Antworten' empfiehlt Jacobsohn bereits 1914 Landauer und dessen Zeitschrift 'Der Sozialist' als lesenswertes Blatt (SB 10/I, 12, S. 342).

Ferdinand Kürnberger und Daniel Spitzer

Kürnbergers Pressekritik war den Autoren der 'Schaubühne'/'Weltbühne' bekannt und traf wohl auf Zustimmung: Hans Natonek bezieht sich im Oktober 1914 in seinem Artikel 'Aufmachung' (SB 10/II, 39, S. 227/28) auf Kürnbergers Klagen über die zunehmende Illustrierung der Zeitungen[447]. Er gibt seinen Lesern den Auftrag: "man lese in den 'Literarischen Herzenssachen' nach" (SB

---

[444] Tucholsky, Kurt: An Hans Erich Blaich. 4. März 1916. In: Kurt Tucholsky. Ausgewählte Briefe. 1913-1935. Reinbeck b. Hamburg: Rowohlt 1962 (= Kurt Tucholsky. Gesammelte Werke. Hrsg. v. Mary Gerold-Tucholsky u. Fritz J. Raddatz. Ergänzungsband). S. 30. Vgl. auch Kühn, S. 48/49.
[445] SB 1/II, 7, S. 192-94; SB 2/I, 6, S. 151-59; WB 14/I, 19, S. 333-37; WB 25/I, 20, 755/56.
[446] Siehe Hecht, S. 52/53.
[447] Vgl. Kürnbergers Feuilletons 'Das Illustrationswesen' (Kü II, S. 424-429) und 'Glosse zum Wiener Zeitungswesen' (Kü II, S. 504-508).

10/II, 39, S. 228). Allerdings stellt Natonek fest, daß sich die Zustände seit Kürnbergers Zeit noch stark verschlimmert hätten.[448]

Kürnberger taucht allerdings nicht nur als Presse- und Sprachkritiker in der Zeitschrift auf: Bereits 1913 war sein Feuilleton 'Grillparzers Lebensmaske' (Kü II, S. 271-75) in der 'Schaubühne' abgedruckt worden (SB 9/I, S. 245- 48).

Anfang 1917 verweist Siegfried Jacobsohn im Zusammenhang mit einer Lobrede auf Karl Kraus auf Kürnberger. Er sieht ihn als Vorgänger von Karl Kraus; beide würden von der Öffentlichkeit viel zu wenig gewürdigt: "Kürnberger [...], der vor vierzig Jahren, wie sein Landsmann Kraus, zehntausendmal so viele Leser hätten haben müssen, als er hatte." (SB 13/I, 7, S. 168)

Kurz nach Kriegsbeginn wurde aber auch ein Text Kürnbergers aus dessen 'nationalistischer Phase' während des deutsch-französischen Krieges von 1870/71 gedruckt. Unter der Rubrik 'Zu diesem Krieg', in der Jacobsohn seit Kriegsbeginn Texte 'großer Männer' sammelte,[449] findet man unter 'Kürnberger' (SB 10/II, 35/36, S. 145-48) Sätze wie: "Solange Frankreich eine Macht ist, ist es auch eine Übermacht." (SB 10/II, 35/36, S. 146) – Während sich Franz Pfemfert 1913 auf den ideologiekritischen Kürnberger bezieht, der Worte wie 'Verzweiflungskampf' als Phrasen entlarvt (A 2, 43, 1353/54), zitiert Jacobsohn auch den Nationalisten Kürnberger.

Der einzige (und sehr kurze) Text von Daniel Spitzer, der in Jacobsohns Zeitschrift abgedruckt wurde, erschien 1923: eine Kürzestglosse gegen den Krieg ('Zu diesen Feldgeistlichen', WB 19/II, 34, S. 196).

Karl Kraus

Deák schreibt über Siegfried Jacobsohn: "He hated with a passion Alfred Kerr, Maximilian Harden and Karl Kraus."[450] Für einen gewissen Zeitraum mag das stimmen - aber insgesamt gestaltete sich das Verhältnis der 'Schaubühne'/'Weltbühne' zu Karl Kraus ähnlich abwechslungsreich wie das zwischen Kraus und der 'Aktion'.

Nach Martina Bilke kannten sich Karl Kraus und Siegfried Jacobsohn seit 1903; seit der Gründung der 'Schaubühne' habe ein Tauschverhältnis mit der 'Fackel'

---
[448] Siehe Kap. 2.3.2.3.
[449] Hecht, S. 53.
[450] Deák, S. 36.

bestanden.[451] Kraus erwähnte die 'Schaubühne' im Januar 1907 auch positiv in der 'Fackel' (F 216, S. 25).[452]
Dieses anfänglich so gute Verhältnis zwischen den beiden Publizisten schlug 1909 in eine in den Zeitschriften ausgetragene Fehde um: Kraus polemisiert in der 'Fackel' vom 25. 10. 1909 gegen zwei Artikel aus der 'Schaubühne', nämlich zum einen gegen Erich Mühsams Verteidigung Max Reinhardts (SB 5/II, 42, S. 408-09), zum anderen gegen Hans Wantochs Lobeshymne auf Felix Salten (SB 5/II, 42, S. 409/10);[453] unter anderem bezeichnet Karl Kraus Mühsam als "Schmierfink" (F 289, S. 9). Mühsam griff daraufhin seinerseits in der 'Schaubühne' Kraus an (SB 5/II, 47, S. 553), woraufhin dieser das Tauschverhältnis kündigte.[454]

In der 'Schaubühne' erschienen in der darauf folgenden Zeit mehrere gegen Kraus gerichtete Artikel:
Karl Adler verfaßte drei Angriffe (SB 6/I, 4, S. 99/100; SB 6/I, 6, S. 157/ 158; SB 6/I, 9, S. 244-46) auf Kraus.[455] Dieser ging auf den ersten in der 'Fackel' ein (F 294/95, S. 32-35), bezeichnete ihn als "hysterischen Anfall" (F 294/95, S. 34) und die 'Schaubühne' als "Organ des psychologisch vertieften Kulissentratsches" (F 294/95, S. 34). Adlers zweiter Artikel ist als Antwort auf Kraus gemeint; angeschlossen ist ein Kommentar Jacobsohns, der unter anderem moniert, Kraus hätte den wahren Grund für die Kündigung des Tauschverhältnisses (den Artikel Mühsams) nicht genannt, um nicht als 'Beleidigter' dazustehen (SB 6/I, 6, S. 158/59). In seinem dritten Artikel bezeichnet Adler Kraus als "wiener [sic!] Ehrabschneider" (SB 6/I, 9, 244).

Anfang 1911 finden sich dann zwei Artikel von Fritz Wittels gegen Kraus (SB 7/I, 12, 331-33; SB 7/I, 13, S. 356-58).[456] Wittels beschreibt Kraus als eine Art 'Ur-Schmock', der die Journalisten nur kritisiere, um von sich selbst abzulenken. Seine Waffe sei der "Nebensatzrevolver" (SB 7/I, 13, S. 358), mit dem er seine Gegner vernichte, während er in seine Hauptsätzen als "ein anständiger Mensch" (SB 7/I, 13, S. 358) erscheine.
Kraus ging auf diese Attacken jedoch nicht weiter ein.

---

[451] Bilke, S. 153.
[452] Vgl. Enseling, S. 149.
[453] Enseling schreibt, Kraus hätte sich in dieser 'Fackel'-Nummer noch einmal positiv zur 'Schaubühne' geäußert (Enseling, S. 149). Da aber die Formulierung "Ich sehe die 'Schaubühne' gern" (F 289, S. 7), auf die sich Enseling wohl bezieht, zu Beginn der Polemik gegen die beiden 'Schaubühnen'-Artikel steht, scheint es sich eher um eine ironische Wendung zu handeln.
[454] Bilke, S. 154; Enseling, S. 149.
[455] Bilke, S. 154/55; Enseling, S. 149.
[456] Vgl. Bilke, S. 155.

In der 'Affäre Kerr' standen Kraus und Jacobsohn jedoch auf derselben Seite; Jacobsohn wies in der 'Schaubühne' sogar auf die Fackel-Nummern hin, in denen Kraus über Kerr schrieb (SB 7/II, 26/27, S. 30; SB /II, 28/29, S. 64).[457]

Ab diesem Zeitpunkt scheint sich das Verhältnis Kraus-Jacobsohn wieder gebessert zu haben; zumindest verzichtet sowohl die 'Fackel' als auch die 'Schaubühne' auf weitere Polemiken gegen das jeweils andere Blatt. Allerdings findet man in der 'Fackel' vom Februar 1913 unter der Überschrift 'Ein Debütant der Literaturkritik' einen unkommentierten, aber für sich selbst sprechenden Ausschnitt aus einem Artikel Kurt Tucholskys: "Die Literaten werden wissen aus den Zeitschriften, aus den Gedichten, aus den Aufsätzen von ihm und über ihn, was er ist..." (F 368/69, S. 9)

Ähnlich wie Franz Pfemfert war Siegfried Jacobsohn vom Engagement der 'Fackel' im Krieg beeindruckt. Enseling schreibt: "[...] vom Jahre 1917 ab galt Kraus als das leuchtende Vorbild publizistischer Redlichkeit"[458].
Jacobsohn organisierte ab 1917 die Vorlesungen Kraus' in Berlin[459] und verfaßte unter der Rubrik 'Antworten' eine zweiseitige Verteidigung bzw. Lobeshymne auf ihn (SB 13/I, 7, S. 167/68). Er schreibt:

> "Kraus ist aus unbezwingbarem Stoff gemacht. Für schwache schöne Seelen ist er nichts. Schon an der überlegenen Naturanlage ihres Erzfeinds werden sie zuschanden. Klug ist allein, wer eines Tages sich kühn entschließt, ihn grenzenlos zu lieben, weil ihn der Mut verließ, ihm gleich zu sein." (SB 13/I, 7, S. 168)

Unter anderem hatten ihn auch die Fähigkeiten Kraus' als Vorleser beeindruckt.[460] Karl Kraus druckte den ganzen Artikel mit folgendem Kommentar in der 'Fackel' ab:

> "Nicht weil die Kritik [seiner Vorlesung] der Berliner Wochenschrift 'Die Schaubühne' (herausgegeben von Siegfried Jacobsohn, XIII. Nr. 7, 15. Februar) die stärkste Anerkennung, sondern weil sie das stärkste Bekenntnis ist und eine so ehrliche Umkehr von ehemaliger Mißgunst enthält - das männliche Gegenstück zu dem hysterischen Haß, mit dem enttäuschte Ekstase um meine Beachtung wirbt -, finde sie Beachtung." (F 454-56, S. 30)

In einem insgesamt 11-teiligen Aufsatz, der "längste[n] Aufsatzfolge, die jemals in der Zeitschrift veröffentlicht wurde"[461], wurde Karl Kraus von Berthold Vier-

---

[457] Bilke, S. 155/56.
[458] Enseling, S. 150.
[459] Bilke, S. 156, 287.
[460] Vgl. dazu auch Jacobsohns Artikel 'Vorleser Karl Kraus' (WB 14/I, 20, S. 360-62).
[461] Enseling, S. 150.

tel gewürdigt.[462] Dreimal wurden auch kurze Texte von Kraus in der 'Schaubühne' bzw. der 'Weltbühne' abgedruckt (SB 13/II, 32, S. 135; SB 14/I, 3, S. 66/67; WB 19/II 46, S. 479-81).

In diese Zeit der Übereinstimmung zwischen Jacobsohn und Kraus scheinen auch die von Martina Bilke erwähnten Überlegungen Jacobsohns zu fallen, gemeinsam gegen Franz Pfemfert und die 'Aktion' vorzugehen. Im Fall Jacobsohn ist das nachvollziehbar, da dieser gerade zu der von Bilke erwähnten Zeit (Oktober 1920)[463] von Pfemfert heftig angegriffen wurde - über Karl Kraus jedoch wurde nach Kriegsende in der 'Aktion' sehr positiv geschrieben.[464]

Auch Kurt Tucholsky stimmte in das Lob ein. Er hatte Kraus noch während des Krieges ein Bild eines von einer Granate getroffenen Kruzifixes geschickt, das Kraus in der 'Fackel' veröffentlicht und als Schlußbild der 'Letzten Tage der Menschheit' verwendet hatte.[465] 1919 verfaßte Tucholsky als Kaspar Hauser ein 'Geburtstagsgedicht' zum 20-jährigen Jubiläum der 'Fackel', die er unter anderem als "Rauchlos helle Flamme" (WB 15/I, 16, 426) beschreibt. 1921 setzte Ignaz Wrobel ein Kraus-Zitat als Motto über seinen Artikel 'Herausgeber oder Verleger?' (WB 17/II, 28, 32).

Eine dritte und diesmal endgültige Wendung erfuhr das Verhältnis 'Schaubühne'/'Weltbühne'-'Fackel' im Jahr 1925. Ein ungerechtfertigter Angriff Jacobsohns auf Wilhelm Herzog, den Herausgeber des 'März', sowie sein (wie sich später herausstellte) ebenfalls ungerechtfertigter an Heinrich Fischer gerichteter Plagiatsvorwurf[466] führten zum Bruch zwischen Kraus und Jacobsohn.

Karl Kraus verfaßte einen langen Artikel mit dem Titel 'Der Fall Jacobsohn', in dem er sich völlig von Jacobsohn und bedingt auch von Kurt Tucholsky distanzierte (F 686-90, S. 54-69). Er habe genug von Jacobsohns "Haßgetändel, das im Briefkasten der 'Weltbühne' den gegenwärtig unsympathischesten publizistischen Typ vorstellt" (F 686-90, S. 62). Was die Haltung der Zeitschrift im Krieg

---

[462] SB 13/I, 11, S. 246-49; SB 13/I, 12, S. 268-71; SB 13/I, 13, S. 291-95; SB 13/I, 15, S. 338-42; SB 13/I, 16; S. 365-71; SB 13/I, 18, S. 408-13; SB 13/I, 19, S. 431-34; SB 13/I, 22, S. 499-505; SB 13/I, 23, S. 520-25; SB 13/I, 24, S. 546-50; SB 13/I, 26, S. 594-600. 1921 erschien dann noch eine enthusiastische Rezension Viertels der Buchausgabe der 'Letzten Tage der Menschheit' (WB 17/II, 41, S. 377).
[463] Bilke, S. 159, 288 (Anmerkung Nr. 275).
[464] Vgl. Kap. 2.3.1.2.
[465] Siehe F 423-25; sowie Kraus LTdM, S. 771, 796 (Anhang). Vgl. Krolop, S. 108/109; sowie Bilke, S. 160. Karl Kraus erwähnt dieses Bild mit Dank an Tucholsky in der 'Fackel', auch in Artikeln, in denen er Tucholsky sonst kritisiert (F 686-90, S. 61; F 827-33, S. 76).
[466] Nickel, S. 87-89.

betrifft, so unterscheidet Kraus (im Gegensatz zu Franz Pfemfert) dabei stark zwischen den Heften der 'Schaubühne'/'Weltbühne', die eine Antikriegshaltung ausdrücken, und denen, "welche die Kriegsanleihe-Inserate und die üblen Artikel seines Politikers [d. i. 'Germanicus' Robert Breuer] enthielten." (F 686-90, S. 56) Kraus kritisiert auch die Sprache Jacobsohns:

> "Immer peinlicher [wurde] die Humorigkeit dieser Briefkastenonkelei, die etwa eine Buchhändlerbörse mit 'du' anspricht ('Du schreibst mir'); immer magenumdrehender die Anwendung eines hinweisenden Fürworts 'zu diesem Deutschland, [...]" (F 686-90, S. 56/57).

Die Artikel, die Tucholsky als Ignaz Wrobel verfaßt hatte, würdigt Kraus als "eine wirklich tüchtige und mutige Antikriegsleistung" ((F 686-90, S. 61), verurteilt Tucholskys Rolle bei den Plagiatsvorwürfen gegen Fischer jedoch scharf (F 686-90, S. 59-61).[467] Jacobsohn antwortet diesmal allerdings nicht mit einer Gegenpolemik, sondern beschränkte sich darauf, die Hinweise auf die 'Fackel' einzustellen. Enseling sieht darin zum einen ein Schuldeingeständnis Jacobsohns, zum anderen dessen Einsicht, daß "zu dieser Zeit die Bedeutung personaler Polemik schon stark gesunken war"[468].

Kraus ließ Jacobsohn allerdings auch nach dessen 'Erledigung' in der 'Fackel' auftreten; so zitiert er zum Beispiel aus der begeisterten Kritik Jacobsohns anläßlich einer seiner früheren Berliner Lesungen (F 697-705; S. 35/ 36).

Kurz nach dem Tod Jacobsohns (Ende 1926) erschien in der 'Fackel' eine Art Ergänzung zum 'Fall Jacobsohn'. Anscheinend wollte Kraus - durch den plötzlichen Tod Jacobsohns überrascht - die harsche Absage nicht ganz ungemildert stehen lassen:

> "Die Publikation einer [...] Polemik mit schroffer Wendung gegen die 'Weltbühne' wäre, trotz der sachlichen Notwendigkeit dem Autor selbst mißtönig, würde nicht, nach dem Tode Siegfried Jacobsohns, auch der Gesamtleistung einer Zeitschrift gedacht, die vor und neben allen Abwegen eine gute Richtung eingeschlagen hat." (F 743-50, S. 69)

Karl Kraus betont anschließend die Ambiguität seines Verhältnisses zur 'Schaubühne'/'Weltbühne' und zählt noch einmal die positiven und negativen Aspekte der Zeitschrift auf. Er wolle seinen Tadel, den er nicht zurücknehme, durch "die Anerkennung ergänzen, die einer Leistung gebührt, welche vor dem Unsäglichen der deutschen Druckwelt zu richten mich Überwindung gekostet hat" (F743-50, S. 69).

---

[467] Siehe Häfliger, S. 130.
[468] Enseling, S. 150.

Seit dem Tod Siegfried Jacobsohns tauchte Kraus in der 'Weltbühne' nur noch sporadisch auf. Peter Panter lobt an einer Stelle seine Leistungen (WB 24/I, 21, S. 793), bezeichnet ihn aber auch als einen Vertreter der inzwischen überkommenen Individualpublizistik, die durch persönliche Fehden gekennzeichnet sei (WB 25/II, 27, S. 2/3).[469] Panters Rezension des Kraus-Dramas 'Die Unüberwindlichen', das die korrupte Verquickung von Presse und Politik an den Fällen des Journalisten Bekessy und des Wiener Polizeipräsidenten Schober behandelte, fiel nicht sehr positiv aus. Panter kritisiert das Typenhafte der Figuren-Darstellung; das ganze Drama scheint ihm zu sehr auf die aktuelle Wiener Situation zugeschnitten: "Was ist uns Bekessy?" (WB 25/II, 46, S. 739)

Kraus antwortet ihm daraufhin in der 'Fackel', daß er "bestimmt nicht so dumm ist, das zu glauben, was er schreibt" (F 827-33, S. 74), und daß ihm eigentlich klar sein sollte, daß Bekessy nur als Chiffre für das allgemeine Verhalten der Journalisten stünde. Er bezeichnet Tucholsky im folgenden als Vertreter des "Typus des linksradikalen Journalisten mit kriegerischen Meriten, des preßversippten Revolutionärs [...]" (F 827-33, S. 75). In späteren 'Fackel'-Heften weist Kraus immer wieder darauf hin, daß Tucholsky 1918 (initiiert durch ein Preisausschreiben) Werbe-Verse für die Kriegsanleihe gedichtet hatte[470] und erst seit Kriegsende als Pazifist auftrete (F 845/46, S. 23; F 847-51, S. 77; F 857-63, S. 63; F 868-72, S. 59, 81).

Einen weiteren Konflikt gab es zwischen dem 'Weltbühne'-Autor Walter Mehring und Karl Kraus. Mehring hatte die Offenbach-Operette 'Die Großherzogin von Gerolstein' für die Berliner Volksbühne bearbeitet. Kraus kritisierte die Bearbeitung heftig, worauf Mehring seinerseits Kraus angriff (vgl. WB 27/II, 52, S. 929-931; F 868-72, S. 38-43).

Die Antikriegs-Haltung des Karl Kraus hatte die Autoren der 'Schaubühne'/ 'Weltbühne' ebenso begeistert wie Franz Pfemfert. Während im Fall der 'Aktion' die Zustimmung des Herausgebers für Kraus anhielt, war die Harmonie zwischen Jacobsohn und Kraus aber nur von relativ kurzer Dauer. Auch Tucholskys Kraus-Begeisterung flaute in den zwanziger Jahren merklich ab.
Auffallend ist, daß Karl Kraus Jacobsohn und seine Zeitschrift viel differenzierter betrachtete als Pfemfert es tat. Obwohl er im Grunde ebenso unerbittlich gegen die Unterstützer oder Entschuldiger des Krieges schrieb wie dieser, erkannte er an, daß in der 'Schaubühne'/'Weltbühne' auch kritische Texte (z.B. von Ignaz Wrobel) erschienen waren, während Pfemfert die Zeitschrift in ihrer Gesamtheit verdammte.

---

[469] Vgl. Bilke, S. 160/61.
[470] Häfliger, S. 9/10; vgl. auch Suhr, S. 75.

2.3.2.3 Kritik an der Pressesprache in der 'Schaubühne'/'Weltbühne'

Alf Enseling schreibt zum Thema 'Pressekritik in der 'Schaubühne'/'Weltbühne'" folgendes: "Im Kampf um die Sicherung der Republik erachtete Jacobsohn die Stellung gegen die Tagespresse als einen der wichtigsten Frontabschnitte."[471]

Was die zeitliche Verteilung der sprachkritischen Texte in der 'Schaubühne'/'Weltbühne' angeht, so ergibt sich hier ein ganz anderes Muster als bei der 'Aktion': In den Nummern der unpolitischen 'Schaubühnen'-Zeiten finden sich wenige sprachkritische Artikel in der Zeitschrift. Während des Krieges steigt die Zahl langsam, in der zur 'Weltbühne' umbenannten Zeitschrift dann stark an- in diesem Fall bringt die Hinwendung zur Politik auch ein verstärktes Interesse an Sprachkritik. Bilke führt das auch auf den Einfluß Karl Kraus' zurück, der ja seit Kriegsende in der 'Weltbühne' sehr verehrt wurde und so das Interesse der Autoren an Sprache und Presse zumindest verstärkt hätte.[472] Außerdem muß man beachten, daß die 'Schaubühne' zu Anfang ja einen sehr stark eingeschränkten Themenkreis hatte; im Gegensatz zur 'Aktion', die vielen Themen offen stand und von Anfang an politischer war.[473] Die 'Schaubühne'/'Weltbühne' erweiterte ihren Interessens- und damit auch Themenkreis während des Krieges und danach, während sich der der 'Aktion' nach dem Krieg deutlich einschränkte.

Während ein großer Teil der sprachkritischen Texte in der 'Aktion' vom Herausgeber Pfemfert selbst verfaßt wurden, ist bei der 'Schaubühne'/'Weltbühne' weder Jacobsohn noch Ossietzky der Hauptlieferant, sondern Kurt Tucholsky samt seinen Pseudonymen Wrobel, Panter, Tiger und Hauser (wobei der Hauptanteil bei Wrobel und Panter liegt). Jacobsohn geht zwar des öfteren in seiner Rubrik 'Antworten' auf die Presse ein[474], längere sprachkritische Artikel von ihm gibt es jedoch kaum.

Tucholsky schrieb nicht ausschließlich für die 'Schaubühne'/'Weltbühne': Zwischen 1918 und 1920 war er Chefredakteur des 'Ulk', der humoristischen Wochenbeilage des 'Berliner Tageblattes'[475]. Man konnte Beiträge von ihm unter anderem in der 'Vossischen Zeitung', im sozialdemokratischen 'Vorwärts' (allerdings nur vor dem Krieg), in der 'Berliner Volkszeitung', und zeitweise in kommunistischen Blättern finden.[476] Dieser 'Pluralismus' war typisch für die gesamte Zeitschrift, wie Gunther Nickel folgendermaßen beschreibt:

---

[471] Enseling, S. 103.
[472] Bilke, S. 159.
[473] Vgl. Hecht, S. 16.
[474] Siehe z.B. WB 14/I, 18, S. 425; WB 14/I, 22, S. 510-13.
[475] Häfliger, S. 11/12.
[476] Deák, S. 40; Häfliger, S. 15; Heß, S. 80/81; King, S. 35, 76, 188.

"Jacobsohn sammelte und redigierte Beiträge freier Mitarbeiter, die teils im Staatsdienst arbeiteten, teils freie Schriftsteller waren, teils als hauptberufliche Journalisten bei einer Tageszeitung ihr Geld verdienten."[477]

In diesen personalen Verbindungen zwischen 'Schaubühne'/'Weltbühne' und anderen Zeitungen bzw. Zeitschriften sieht Enseling auch einen Grund dafür, warum der Ton von Jacobsohns Zeitschrift gegenüber anderen Presseorganen noch relativ gemäßigt ausfiel - mit Ausnahme der Angriffe auf die 'Vossische Zeitung'.[478]

Der 'Vorwärts' wurde bereits während des Krieges als "eines der konservativsten, lern-unwilligsten, geistesträgsten Zentren Deutschlands" (SB 11/I 21, S.481) bezeichnet. Gegenüber dem Scherl-Verlag waren ohnehin keine Rücksichten erforderlich, da keiner der 'Schaubühne'/'Weltbühne'-Autoren für den 'Berliner Lokalanzeiger' schrieb, der als absolut indiskutabel angesehen wurde.[479] Dementsprechend scharf waren die Attacken: so spricht Jacobsohn von der "schmutzige[n] Hure des Verlags August Scherl" (WB 14/II, 46, S. 470), die mit "raffinierten Giftmischerkünsten und [...] zähem Zynismus" (WB 14/II, 46, S. 470) den Krieg unterstützt hätte. Lob erntete hingegen hin und wieder die 'Frankfurter Zeitung'.[480]

Überhaupt forderte Jacobsohn 1915 die Schaffung einer völlig neuen Tageszeitung: Er bezeichnet den Krieg an einer Stelle als "verbrecherische, barbarische, namenlos schändliche Einrichtung" (SB 11/II, 29, 95) (wobei er jedoch an einen Sieg Deutschlands glaubte) und die Presse als einen der Schuldigen am Kriegsausbruch. Allerdings bezieht er sich dabei nicht wie Pfemfert auf die Unterstützung des Imperialismus durch Phrasen; er sieht die Schuld der Presse darin, im Ausland nicht genug Propaganda für Deutschland gemacht zu haben.[481] - Mit seiner Forderung nach einer 'besseren' Zeitung stand Jacobsohn übrigens im Gegensatz zu Kraus, der keine anderen Zeitungen, sondern aufmerksamere und mißtrauischere Leser verlangte.[482]

Die Anforderungen an eine neue Zeitung wurde einige Monate lang in der 'Schaubühne' diskutiert; das Ganze verlief jedoch schließlich im Sande.[483]

---

[477] Nickel, S. 54.
[478] Enseling, S. 105.
[479] Enseling, S. 105/106.
[480] Z.B. SB 11/I, 11, S. 265; SB 11/I, 21, S. 482; WB 17/II, 28, S. 34.
[481] Hecht, S. 84/85.
[482] Bohn, S. 10.
[483] Vgl. u.a. SB 11/I, 11, S. 264; SB 11/I, 14, S. 313-16; SB 11/I, 21, S. 481-83; siehe Enseling, S. 107/108; sowie Hecht, S. 86/87.

Ein weiterer Unterschied zwischen 'Schaubühne/Weltbühne' und 'Aktion' liegt in der Art der kritischen Texte: Die 'Schaubühne'/'Weltbühne' präsentierte nie solche Mengen an direkten Presse-Zitaten, wie man sie in Pfemferts Rubriken 'Ich schneide die Zeit aus' und 'Kleiner Briefkasten' findet. Ein Grund dafür mag darin liegen, daß das kritische Interesse der 'Schaubühne'/'Weltbühne' an der Pressesprache erst zu Zeiten der Republik bedeutend wurde - zu einer Zeit, wo man sich nicht mehr vor der Zensur fürchten mußte, sondern Mißliebiges direkt ansprechen konnte. Außerdem scheint der Schwerpunkt der Sprachkritik in der 'Schaubühne'/'Weltbühne' insgesamt stärker auf theoretischen Überlegungen zu Presse und Pressesprache zu liegen. Während in der 'Aktion' durch die Anhäufung vieler einzelner Beispiele ein allgemeines Bild der Presse und ihrer Sprache entsteht, gehen die Autoren der 'Schaubühne'/'Weltbühne' meist von allgemeinen Phänomenen, wie z.B. dem Hang zu riesigen Überschriften, aus, die sie zum Teil mit einigen Beispielen illustrieren - sie betreibt somit hauptsächlich Sprachbrauch-Kritik, weniger Sprachverwendungs-Kritik.

Die meisten Texte, die in der 'Schaubühne'/'Weltbühne' das Thema Journalismus und Sprache berühren, handeln ausschließlich von den Mängeln der Presse. Eine der Ausnahmen ist der Text 'Journalisten im Drama' von Willi Handl (SB 3/I, 8, S. 194-198): Den Rahmen bildet die Erklärung des Autors, warum es unmöglich sei, ein (gutes) modernes Drama über Journalisten zu schreiben. Dabei stellt er fest, daß es "weder einen idyllischen Journalismus, wie ihn Freytag so gemütlich hingepinselt hat, noch einen heroisch-tragischen, wie er zu Zeiten bürgerlicher Gährung [sic!] und reaktionärer Gewalt bestanden haben mag" (SB 3/II, 8, S. 194) mehr gibt. Handl zählt dann auch mehrere negative Aspekte des Journalismus auf: "eine dauernde angespannte Interesselosigkeit, eine unaufhörliche Hast ohne Ziel" (SB 3/II, 8, S. 194), die allen Journalisten eigen sei; dazu komme die Kurzlebigkeit der Texte, die an einem Tag etwas behaupten, was am nächsten bereits überholt oder widerrufen sei. Hier klingt ein wenig von Kürnbergers "Sprache der Aufregung" (Kü II, S. 28) an: so beschreibt Handl den Journalismus auch als "ohne inneres Erlebnis, aber immer aufgeregt, immer mit Lärm" (SB 3/II, 8, S. 195).[484]

Allerdings nimmt Handl die Journalisten anschließend vor dem Vorwurf in Schutz, die Zeitungen würden ihr Publikum verdummen lassen: Es sei zwar unbestritten, daß die Zeitungen nicht gerade dazu beitrügen, die Massen klüger zu machen:

---

[484] Hans Landsberg hofft 1919 auf einen Wandel im Journalismus; dieser solle sich darauf besinnen, daß er (wieder) Kunst sein könnte, "weil hier alles aus dem Gefühl und Erlebnis, [...] entspringt und sich in einer gewählten, einprägsamen Form geben muß" (WB 15/II, 36, S. 264).

> "Aber ich sehe nicht ein, warum der Autor, [...] , sich plötzlich wehklagend an die Seite der dummen Masse stellt, ihre Sache auszufechten vorgibt und wütend auf den Sack schlägt, in dem der zufriedenen Esel seine tägliche geistige Nahrung mit nach Hause schleppt. Den Esel müßte er treffen. Die Masse müßte er höhnen, [...]. Denn die Masse ist es, die die Zeitung verlangt, verschlingt und täglich neu erschafft. Freilich, der größte Kunstgriff der journalistischen Industrie ist es, den Appetit der Unzähligen täglich aufs neue zu reizen. Aber daß sie sich reizen lassen, daß ihnen diese Reizung zur unentbehrlichen Gewohnheit geworden ist, das ist eben ihre Schuld. Auf sie komme die Satire!" (SB 3/II, 8, S. 197)

Es ist die Frage, die im Zusammenhang mit Zeitung(ssprache) und Zeitungslesern immer wieder aufgeworfen wurde und wird: Beeinflußt die Presse ihre Leser, oder umgekehrt? Steht in der Presse, was und wie es die Abonnenten lesen wollen, oder ziehen die Zeitungen ihre Leser auf ihr Niveau (herauf oder herab)? Nachdem die Meinung der Forschung eine Zeit lang zwischen den beiden Extremen hin und her geschwankt hatte, scheint sich inzwischen die Theorie einer wechselseitigen Beeinflussung durchgesetzt zu haben.[485]

Eine ähnliche Argumentationslinie wie Handl verfolgt auch das Spott-Gedicht 'An das Publikum' von Theobald Tiger aus dem Jahr 1931. Tiger fragt:

> "Hochverehrtes Publikum,/ sag mal: bist du wirklich so dumm,/ wie uns das an allen Tagen/ alle Unternehmer sagen?/ [...] So dumm, daß in Zeitungen, früh und spät,/ immer weniger zu lesen steht?/ [...] Hast du einen so schwachen Magen?/ Kannst du keine Wahrheit vertragen?/ Bist also nur ein Grießbrei-Fresser -?/ Ja, dann.../ Ja dann verdienst dus nicht besser." (WB 27/II, 27, S. 32)

Allerdings unterscheidet sich Tucholskys Gedicht von Handls Artikel dadurch, daß dieser das Argument 'das Publikum will es nicht anders' als Tatsache hinstellt, während jener durch seine Fragen klarmacht, daß er immer noch hofft, die Antwort werde 'nein' sein. Während Handls Artikel relativ emotionslos beschreibt, was er als Fakten ansieht, klingt Tucholskys Gedicht eher wehmütig-resignierend. Es ist einer der letzten Beiträge Tucholskys zum Thema 'Presse'- überhaupt nahmen die Beiträge Tucholskys in der 'Weltbühne' zu dieser Zeit stark ab und "versiegten seit November 1932 völlig"[486].

Es gibt aber auch von Kurt Tucholsky Artikel, die, wenn schon nicht die Presse als Ganzes, so doch einige ihrer Vertreter in Schutz nehmen: Zwei Artikel von Ignaz Wrobel beschäftigen sich mit der Spezies 'Auslandskorrespondent' (WB 20/II 35, S. 320-322; WB 21/I, 19, S. 694-697). Er erklärt, die schlechte Qualität der Auslandsberichte rühre zu einem großen Teil daher, daß die Korrespondenten zu schlecht bezahlt würden. Sie hätten gar keine Chance, wirklich interes-

---

[485] Moores, S. 11. Vgl. Kap. 2.5.
[486] King, S. 109.

sante Informationen zu bekommen, da sie zu wenig Geld hätten, sich in den wirtschaftlich, politisch und gesellschaftlich bedeutenden Kreisen zu bewegen.[487] Eine ähnliche Ansicht hatte übrigens Jacobsohn bereits 1915 in seiner Rubrik 'Antworten' vertreten (SB 11/II, 29, S. 95/96).

Ebenfalls benachteiligt sei der Journalistennachwuchs, um den sich niemand kümmere. Anstatt sie zu fördern, würden die erfahrenen Redakteure junge Journalisten aus Angst vor Konkurrenz bestenfalls sich selbst überlassen (WB 24/I, 1, S. 12-14).[488]

Was Handl als "ohne inneres Erlebnis" (SB 3/II, 8, S. 195) beschreibt, nennt Kahane in 'Der Journalist' "beziehungslos, nichts als beziehungslos, ohne Verhältnis zur Realität, andachtslos und gleichgültig gegen seine angeblich einzige Göttin: die Tatsache" (SB 6/II, 48, S. 1227). Die Journalisten würden zwar immer behaupten, den puren Fakten verpflichtet zu sein; in Wirklichkeit werde aber alles "der Vollständigkeit und der Wendung" (SB 6/II, 48, S. 1227) untergeordnet: Die Zeitung müsse immer den Eindruck erwecken, über alles unterrichtet zu sein, und sie müsse ein einheitliches Erscheinungsbild, bis hinein in den Stil der Artikel, pflegen. Die individuelle Sprache verkomme auf diese Weise zur "journalistische[n] Wendung, diese[r] Erfindung des Teufels der Unpersönlichkeit und Unsachlichkeit." (SB 6/II, 48, S. 1227)

Während also Fritz Mauthner noch an die Möglichkeit eines "ehrenhaften Nachrichtendienstes" (Mauthner KdS, S. 148) und den "Positivismus der Tatsachen"[489] glaubte, kann Kahane an der Presse keinen Rest von objektiven Fakten mehr finden, die seiner Ansicht nach alle unter journalistischen Floskeln begraben würden. Für ihn steht deshalb auch die Presse auf der Liste "Feinde[] und Krebsschäden der Kultur" (SB 6/II, 48, S. 1227) gleich hinter der Politik an zweiter Stelle.[490]

Auch Tucholsky ist der Ansicht, daß die Wirklichkeit in der Presse kaum vorkommt. Als Ignaz Wrobel schreibt er in 'Presse und Realität" (WB 17/II, 41, S. 373-76), daß "die Reproduktion der Wirklichkeit unendlich wichtiger ist als das Geschehnis selbst" (WB 17/II, 41, S. 373)[491] - eine These, die Karl Kraus ja bereits seit langem vertrat. Tucholsky unterscheidet zwei Methoden, mit deren Hilfe die Presse die Wirklichkeit bearbeite: erstens die Auswahl der Nachrichten,

---
[487] Vgl. Häfliger, S. 150.
[488] Häfliger, S. 154.
[489] Arntzen 1983, S. 103.
[490] Vgl. Enseling, S. 104.
[491] Vgl. Enseling, S. 15; Lunke, S. 118.

"was sie bringt und was sie nicht bringt" (WB 17/ II, 41, S. 373);[492] zweitens die 'Aufmachung' der Nachrichten, die dafür sorgt, daß der Leser "die Welt so [erlebt], wie sie ihm seine Zeitung vermittels großer und kleiner Schriftgrade ordnet. Er teilt - unbewußt - die Erde in Groß- und Kleingedrucktes ein." (WB 17/II, 41, S. 374).

Die Selektion und Aufbereitung der Nachrichten in einer bestimmten Zeitung werde zudem in von den Interessen der Inserenten beeinflußt (WB 17/II, 41, S. 375)[493] - eine Tatsache, die auch Jacobsohn (in Anlehnung an Ferdinand Lassalle) beklagte[494], und die bereits Karl Kraus angeprangert hatte, der zu Mißtrauen gegenüber der "kommerzialisierten Meinungspresse"[495] aufgerufen hatte.

Ignaz Wrobel hatte schon mehrmals auf den Zusammenhang zwischen Wirtschaft und Presse hingewiesen: Kurz nach Kriegsende überlegt er, ob nicht "reine Nachrichtenblätter" (WB 15/II, 51, S. 738) besser, weil objektiver wären. In einem anderen Artikel stellt er klar, daß die Redakteure sich den Interessen der Inserenten unterordnen müssen[496]: "Eine Zeitung kann ungeheure Wirksamkeit haben – aber nie gegen den Inserenten." (WB 17/II, 28, S. 34)[497] Die Beeinflussung sei meistens so subtil, daß sie den Lesern nicht auffalle, da sonst ihre Wirkung viel geringer wäre. Dies funktioniere über den geschickten Einsatz von Aufmachung und Sprache[498]:

> "So wird tot geschwiegen und lebendig geschrieben. Keine Glosse, kein Bildchen, hinter denen nicht irgendeine unausgesprochene Tendenz steckte. Es wird immer etwas gewollt, was nicht gesagt wird. Man könnte den Text jeder Zeitungsnummer ins Wirkliche übersetzen. [...] Die Wirklichkeit, wie sie die Zeitung serviert, hat ein Sieb passiert. Was da steht, das ist nicht die Welt. Das ist: Die Welt. Gekürzte Volksaus-

---

[492] Vgl. Moores, S. 15/16, 21. Vgl. auch Theobald Tiger, 'Zeitungsstreik', WB 17/II, 43, S. 436.
[493] Vgl. Enseling, S. 103/104; King, S. 173/74; sowie Heß, S. 33.
[494] Enseling, S. 104.
[495] Krolop, S. 18; vgl. auch Ederer, S. 268, 272.
[496] Vgl. auch Wrobels Artikel 'Standesdünkel und Zeitung' (WB 22/I, S. 417-20) und 'Für wen sind eigentlich die Zeitungen da?' (WB 23/I, 21, S. 838/39). Eine andere Ansicht vertritt 1913 'Der lose Vogel' in der 'Aktion': Er betont die Macht der Redakteure innerhalb der Zeitungen ('Ueber den Grössenwahnsinn der Redakteure', A 3, 34, S. 807-10) - diese Macht hat der Redakteur für Tucholsky nur in der Beziehung zu den ihm untergeordneten 'freien Mitarbeitern' (WB 28/I, 22, S. 813-16; WB 28/I, 23, S. 856-59); vgl. Heß, S. 34; Häfliger, S. 147/48; Porombka, S. 151-54; Lunke, S. 111. Auch der 'Original-Schmock' Gustav Freytags beklagt sich über die Willkür der Redakteure (Freytag, S. 97/98).
[497] Vgl. Hans Landsberg, WB 15/II, 29, S. 37; WB 15/II, 36, S. 264/65.
[498] Vgl. Mauthners Aussage, Journalismus sei die moderne Form der Rhetorik (Mauthner, KdS, S. 146-48).

gabe und für den Schulgebrauch bearbeitet. Man sollte sich lieber an das Original halten." (WB 17/II 41, S. 375/76)

Verstärkt wurde diese Entwicklung noch durch "die Bildung von Kulturkartellen nach dem Vorbild der Industriekartelle."[499] Das Medienimperium Alfred Hugenbergs, der unter anderem den 'Berliner Lokalanzeiger' gekauft hatte, schrieb für die konservativ-reaktionäre, die Häuser Mosse und Ullstein ('BZ am Mittag' und 'Vossische Zeitung') für die republikanische Seite.[500]

Eine ähnlich schlechte Meinung über den Realitätsgehalt der Zeitungen findet man auch in der 'Aktion', in der die Presse von Hanns Braun als "Küche der Wahrheit" (A 7, 3/4, 50) bezeichnet wird.

Einen Mann, der die 'Volksausgabe' mit dem Original verwechselt, hatte Wrobel schon 1913 in der Groteske 'Von dem Manne, der keine Zeitung mehr las' (SB 9/II, 43, S. 1030-33) beschrieben:
'Andreas Grillruhm' hat jahrelang die Welt durch seine vier Zeitungen betrachtet; als seine Fabrik abbrennt, dies aber in einer Zeitung nicht gemeldet wird, beginnt er darüber nachzudenken, ob etwa doch nicht alle wichtigen Ereignisse in der Presse stünden - bzw. ob vielleicht andererseits auch völlig Unwichtiges in der Presse stehen könnte.[501] Er beginnt sich besonders über kurze Notizen zu ärgern, die ein Thema anreißen, aber abrupt aufhören (SB 9/II, 43, S. 1032) - ähnlich wie es Daniel Spitzer in 'Die Zeitungsnotiz' (Spitzer WS 2, S. 8-10) gegangen war.

Die 'Aufmachung' ist eines der großen pressekritischen Themen in der 'Schaubühne'/'Weltbühne'. 1914 verfaßte Hans Natonek einen ganzen Artikel zu diesem Thema ('Aufmachung', SB 10/II, 39, S. 227-28). Für Natonek ist die 'Aufmachung' "der Inbegriff und die Summe der Einrichtungen und Unternehmungen zur Verbreitung der Phantasielosigkeit" (SB 10/II, 39, S. 227). Die Größe der Überschriften steht für ihn diametral zum Niveau des Inhalts. Keine Nachricht mehr dürfe für sich selbst sprechen, alles würde "in die Orgien der Ueberschriften im Fettdruck hineingezogen" (SB 10/II, 39, S. 228). Statt mitriesigen Überschriften die Augen der Leser zu beschäftigen, sollen die Journalisten lieber deren Gehirne zum Arbeiten anregen.

---

[499] Gay, Peter: Die Republik der Außenseiter. Geist und Kultur in der Weimarer Zeit: 1918-1933. Frankfurt a. M.: Fischer 1970. S. 175.
[500] Gay, S. 175/76; vgl. Enseling, S. 15, sowie Moores, S. 36-40, 60, 63/64.
[501] Vgl. auch Ignaz Wrobel, WB 20/II, 51, S. 919; Alfred Polgar/Theobald Tiger, WB 23/II, 36, S. 371/72 ('Gebet des Zeitungslesers'); sowie Kaspar Hauser, Wb 27/I, 15, S. 548/59 ('Weltbild, nach intensiver Zeitungslektüre). Vgl. Häfliger, S. 145.

Auch Hans Landsberg beklagt, daß die Presse

> "gegenüber dem Uebergreifen des Technischen, der handfertigen Komposition, der tüchtigen Mache, der routinierten 'Aufmachung' so wenig von der grundsätzlichen Inspiration des Tagesschriftstellers verrät" (WB 15/II, 29, S. 36).

Landsberg will die Presse aber nicht einfach verdammen, sondern sie verbessern; die Journalisten sollen sich wieder mehr wie Schriftsteller fühlen und dementsprechend schreiben, anstatt nur "fertige Journalisten-Gebrauchsware" (WB 15/II, 29, S. 37) abzuliefern.

Während Natonek in seinem Artikel hauptsächlich ästhetische Argumente gegen die 'Aufmachung' anführt, greift Kurt Tucholsky sie auch wegen ihrem Manipulationscharakter an: Ignaz Wrobel hält dem "stumpfsinnige[n] Glaube[n] an das bedruckte Papier" (WB 16/II, 28, S. 56) entgegen, daß "jedes gedruckte Zeitungswort [...] Aufmachung, Tendenz, Gleichgültigkeit oder Mache irgendwelcher Art" (WB 16/II, 28, S. 56) sei. Er lehnt es ab, sich von den Journalisten durch die 'Aufmachung' vorschreiben zu lassen, wie bedeutend ein bestimmtes Ereignis sei; denn sehr oft sei gar nichts dahinter: "Das kleinste Lausetelegramm kann durch eine geschickte 'Aufmachung' zu einer Art Sensation werden." (WB 20/II, 51, S. 918)

Auch Hans-Jürgen Bucher bezeichnet die Aufmachung, besonders die Schlagzeile, eines Pressetextes als wichtiges Lenkungsinstrument einer Zeitung. Durch die fettgedruckten Überschriften würden sowohl die Bedeutung als auch die Wertung der Nachricht bereits vorweggenommen.[502]

Tucholsky empfiehlt als Gegenmittel, möglichst viele unterschiedliche Zeitungen zu lesen und zu vergleichen. Dadurch würde man merken, daß die Ereignisse nicht automatisch einen bestimmten Stellenwert haben, sondern daß dieser durch Arrangement und Fettdruck mitbestimmt werde. Es würde dem Leser auffallen,

> "wie hier auf der ersten Seite brüllt, was dort auf der vierten flüstert; wie sich hier versteckt, was sich dort spreizt; und wie da gar nicht vorhanden ist, was hier den Verkaufswert als Schlagzeile erhöht." (WB 22/II, 40, S. 551)[503]

Leider würden viel zu viele Leser nur 'ihre' Zeitung lesen; dies jedoch wirke "lähmend und einschläfernd" (WB 18/I, 11, S. 279) auf den Geist und verhindere kritisches Nachdenken.[504]

---

[502] Bucher, S. 52-54.
[503] Vgl. Porombka, S. 157.
[504] Vgl. Häfliger, S. 146; Gay, S. 105/106; sowie Ederer, S. 276.

Auch Rudolf Leonhard erklärt, daß er noch nie etwas in einer Zeitung gelesen habe, "das ich mir noch nicht vorgestellt, das ich noch nicht gedacht, oder nicht schon gewußt habe" (WB 23/I, 14, S. 542).

Dieses Überlegungen erinnern an Ferdinand Kürnbergers Klagen, daß sich "jede Zeitung um ihren Leserkreis" (Kü I, S. 378) bewege, daß also jeder in 'seiner' Zeitung nur die Bestätigung seines ohnehin festgefügten Weltbildes erfahre- ein Vorstellung, an die Franz Pfemfert explizit angeknüpft hatte (A 2, 15, 453; A 7, 3/4, 52), und die sich in ähnlicher Form auch bei Fritz Mauthner findet (Mauthner KdS, S. 148). Karl Kraus warf den Lesern ebenfalls ihre mangelnde Kritikfähigkeit bzw. völliges Fehlen von Mißtrauen vor (F 98, S. 4).

Die Klage über den Unwillen der Leser, sich einen größeren Horizont zu schaffen, einerseits, und über die Methoden der Presse, den Leser in seiner Einseitigkeit zu bestärken, andererseits, scheint sich somit wie ein roter Faden von den frühen siebziger Jahren des 19. bis in die zwanziger Jahre des 20. Jahrhunderts zu ziehen.

Natonek schlägt an anderer Stelle scherzhaft ebenfalls ein Mittel gegen die Manipulation der Leser vor: wenn zu allen Zeitungsartikeln die Fotos der Verfasser abgedruckt würden, könnte man viel leichter erkennen, was hinter den Artikeln stecke. "Denn es gibt Leute, die zwar ihr Denken und Schreiben, nicht aber das Gesicht verstellen können." (WB 20/I, 3, S. 76) Über die Beziehung zwischen dem Stil und dem Charakter eines Menschen hatte auch schon Karl Kraus nachgedacht; im Fall des Feuilletonisten Ludwig Speidel hatte Kraus bedauert, daß die "Knorrigkeit des Stils [...] bei dem Manne nicht immer die Festigkeit des Charakters bedingt" (F 38, S. 27) hat.[505]

Karen Moores weist in ihrer Untersuchung 'Presse und Meinungsklima in der Weimarer Republik' darauf hin, daß die Ansicht, die Leser würden durch die 'Aufmachung' beeinflußt, keine Übertreibung ist:

> "Die formale Betonung eines Artikels, darunter versteht man Schlagzeilengröße, Plazierung und Bebilderung, und die Anzahl und Intensität der in dem Artikel enthaltenen Nachrichtenfaktoren [z.B. Sensationen, Prominente, Katastrophen] haben weit mehr Einfluß darauf, ob der Rezipient ihn liest, als die mögliche Konsonanz beziehungsweise Dissonanz zwischen Information und Lesermeinung."[506]

Auch der Vorwurf der Phrasenhaftigkeit wird in der 'Schaubühne'/'Weltbühne' erhoben. Hans Natonek sieht in der Phrase ein Indiz für die Feigheit der Presse,

---

[505] Quack, S. 20.
[506] Moores, S. 19.

die es nicht wage, ihre Meinung auszusprechen, sondern sich lieber hinter Formeln verstecke: "Zum Schreiben ist aber ein wenig Mut nun einmal unerläßlich, und die Phrase ist das bequemste Mittel, sich klug und vorsichtig diesem Mut zu entziehen." (WB 12/II, 44, S. 407)
Hans Landsberg stellt fest, daß jedes Ereignis in vorgefaßte sprachliche Schablonen gepreßt und der Leser mit "fertigen Chlichés" (WB 15/II, 36, S. 265) abgespeist werde.
Peter Panter blättert 1920 in alten Zeitungen und beklagt, daß bereits vor dem Krieg die Blätter "durch Lyrik und Schmalz ersetzten, was ihnen an Korrektheit und Information abging" (WB 16/I, 12-14, S. 382). Besonders bedrückt ihn die Unbekümmertheit der Presse kurz vor Kriegsausbruch und die anschließende Kriegsbegeisterung: "Am zweiten August waren sie alle im Bilde und wateten in Blut und Phrasen." (WB 16/I, 12-14, S. 382)

Bereits kurz nach Kriegsbeginn war in der 'Schaubühne' ein anonymer Artikel mit dem Titel 'Verteidigung der Phrase' (SB 10/II, 35/36, S. 137-38) erschienen. Der Autor stellt fest, daß vom "deutschen Sprachschatz [...] nur noch Papiergeld im Kurs" (SB 10/II, 35/36, S. 137) sei. Er beschwert sich erstens über die sprachliche Eintönigkeit:

> "Es ist fast gleichgültig, welche Zeitung man zur Hand nimmt. In allen steht dasselbe, und die zwei, drei Gedanken, die diese Wochen beherrschen, werden von allen auf dieselbe Weise ausgedrückt, sogar mit den gleichen Worten." (SB 10/II, 35/36, S. 137)

Sein zweiter Kritikpunkt thematisiert die Erscheinung, daß die militärischen Phrasen auch in die Kunst hineingetragen würden:

> "daß unsere Soldaten gute Stiefel haben müssen, weist der deutschen Malerei keineswegs 'neue' Wege. Ebensowenig zwingt die 'tolle, verwegene Jagd' der Bonner Husaren, die deutschen Lyriker ohne Waffe, auf Körners Leier und Schwert zurückzugreifen." (SB 10/II, 35/36, S. 138)

Der Autor wehrt sich somit dagegen, daß z.B. Schriftsteller die nationalistischen Phrasen aufgreifen;[507] hier trifft er sich ein wenig mit Kraus und Pfemfert; der Hintergrund ist allerdings ein anderer: Kraus und Pfemfert verdammten die kriegerischen Phrasen selbst, da sie erstens den Krieg an sich und deshalb zweitens auch jegliche Verherrlichung oder Rechtfertigung desselben ablehnen. Der anonyme Autor der 'Schaubühne' hingegen schreibt in seinem Artikel nichts Ablehnendes über den Krieg. Auch die Phrasen bereiten ihm keine Sorgen, er empfindet sie nur als eintönig und, ihm Fall von übertriebenen Eindeutschungen, als

---

[507] Vgl. auch Heidemarie Hecht zu Siegfried Jacobsohns Engagement gegen Kunst-Chauvinismus zu Anfang des Krieges; Hecht, S. 69-71.

ein wenig lächerlich. - Es scheint ihm ausschließlich um ästhetische Kritik gegangen zu sein, während sich besonders Karl Kraus mit den Auswirkungen der Phrasen auf das Denken der Menschen beschäftigte.

Besonders zwei Text-Gattungen bzw. deren Stil werden in der Zeitschrift angegriffen: Feuilleton und Essay. Dabei geht es allerdings nicht darum, diese beiden Gattungen prinzipiell zu verdammen, sondern die spezifischen Ausprägungen, die sie in der Weimarer Republik angenommen hatten.

Ähnlich wie Fritz Mauthner in 'Schmock' entwirft Peter Panter ein 'Rezept des Feuilletonisten' (WB 18/II, 35, S. 237/38). Eine Grundregel sei: "Protze. Du mußt protzen mit Allem, was es gibt, und mit allem was es nicht gibt" (WB 18/II, 35, S. 237). Zudem müsse man die Kunst der Andeutung beherrschen "- und der Leser denkt dann, wenn er dumm ist, prompt an Schlösser, englische Tänzerinnen, Lust-Yachten [...]" (WB 18/II, 35, S. 237). Panter tritt am Ende des Textes jedoch aus seiner 'Rolle' heraus und stellt klar, daß ihm dieser Stil sehr mißfällt; Feuilletons dieser Art sind für ihn "Talmikram" (WB 18/II, 35, S. 238), also unecht und prätentiös. In dieselbe Richtung geht das 'Lehrgedicht' von Theobald Tiger, in dem dieser rät, bei Schreibschwierigkeiten einfach ein paar modische Schlüsselwörter wie "Mythos [...] Logos [...] Eros" (WB 25/II, 29, S. 105) einzuflechten.[508]

An anderer Stelle zitiert Panter den Grundsatz 'Man muß über alles schreiben können', dem er seine eigene Meinung gegenüberstellt: "Man soll eben nicht über alles schreiben können und nicht über alles plaudern." (WB 25/II, 31, S. 174/75) Er habe genug von den beliebigen 'Geschichten' der Feuilletonisten, die über Themen schrieben, von denen sie nichts verstünden. Diese Art von Texten seien für ihn "ein Spiel, jeder kann das, der nur einigermaßen auf der Schreibmaschine Literaturklavier spielen kann" (WB 25/II, 31, S. 174).

Josef Räuscher spricht von einer regelrechten Text-Produktion, die nur der Selbstbestätigung der Autoren gelte und vom Publikum gedankenlos bejubelt werde. Ein Grund dafür ist die "Leichtigkeit der technischen Vermittlung" (WB 16/II, 36, S. 261).

M. M. Gehrke wiederum weist in 'Reporterdeutsch' auf die Kluft zwischen dem (prestigeträchtigen) Feuilletonstil und dem fehlerhaften Deutsch der Kurzmeldungen hin; er nennt es eine "kaum zusammengeleimte[] Kriegsware von Deutsch" (WB 16/II, 50, S. 595).

---

[508] Vgl. Häfliger, S. 153.

Neben dem beliebigen Plauderton ist es vor allem der in Zeitungen und Zeitschriften (und Büchern) überhand nehmende 'essayistische' Stil, der Peter Panter mißfällt und den er "modernen Literatenjargon" (WB 22/I, 14, S. 540) und "preußisches Barock" (WB 22/I, 14, S. 544) nennt.
Dieser Stil hätte sich seit dem Krieg entwickelt und ausgebreitet; Panter spricht sogar von einem regelrechten "Verfall der deutschen Sprache" (WB 25/II, 51, S. 921). Die neue Art zu schreiben skizziert Panter folgendermaßen:

> "Die Kennzeichen des neudeutschen Stils sind: innere Unwahrhaftigkeit; Überladung mit überflüssigen Fremdwörtern, vor denen der ärgste Purist Recht behält; ausgiebige Verwendung von Modewörtern; die grauenhafte Unsitte, sich mit Klammern (als könne mans vor Einfällen gar nicht aushalten) und Gedankenstrichen dauernd selber - bevor es ein Andrer tut - zu unterbrechen, und so (beiläufig) andere Leute zu kopieren und dem Leser - mag er sich doch daran gewöhnen! - die größte Qual zu bereiten; Aufplusterung der einfachsten Gedanken zu einer wunderkindhaften und gequollnen Form." (WB 22/I, 14, S. 540)

Was Panter in dem Artikel kritisiert, ist das Vortäuschen von Gelehrsamkeit durch in Mode gekommene Fremdwörter und durch möglichst komplizierte Sätze.[509] In den Essays herrsche ein wildes Durcheinander von Fachbegriffen, die außerhalb ihres Gebietes angewandt würden. Jeder Autor versuche, durch möglichst viele Anspielungen sein breites Wissen vorzuführen - ein Zustand, der scheinbar immer noch aktuell ist: So erklärt Uwe Pörksen 1994: "Die Kunst, mit Hilfe prestigebesetzter Ausdrucksweisen sprachliche Attrappen aufzubauen, hat zur Zeit viele Anhänger."[510]

Panter stellt fest: "Man kann gewiß nicht Alles simpel sagen, aber man kann es einfach sagen. Und tut man es nicht, so ist das ein Zeichen, daß die Denkarbeit noch nicht beendet war." (WB 22/I, 14, S. 541) Es sei gar nicht notwendig, aus einem Satz wie "'Die Auswanderung ließ nach.' [...] [den Satz] 'Emigration ist ein völkergeschichtliches Problem, dessen Diminuation zu dieser Epoche ein beachtliches Phänomen darstellt'" (WB 22/I, 14, S. 541) zu machen. Sein Rat zu solchen Sätzen ist: "Lacht doch das Zeug aus - ! Glaubt ihnen das doch nicht." (WB 28/II, 28, S. 57) Diese Sprache klänge "wie wenn einer die Stiefel aus dem Morast zieht: quatsch, quatsch, platsch, quatsch..." (WB 28/II, 28, S. 57)

Auch als Ignaz Wrobel beschäftigte sich Tucholsky mit dem neuen Stil: In einem etwas ernsterem Ton als in den Panter-Texten erklärt er in 'Die Essayisten' (WB 27/I, 17, S. 620-625) den Unterschied zwischen 'klarem Deutsch' und 'Neudeutsch' anhand von Schopenhauer und Nietzsche.[511] Er verweist die Es-

---

[509] Vgl. Häfliger, S. 148.
[510] Pörksen, S. 267. Vgl. auch S. 255, 275-79; sowie Schiewe, S. 256, 258.
[511] Auf Schopenhauer hatte sich auch Karl Kraus bezogen; siehe Quack. S. 204-214; Bohn,

sayisten besonders auf Schopenhauers 'Über Schriftstellerei und Stil' und 'Über Sprache und Worte'[512], in dem dieser eine klare Sprache verlangt. Leider sei aber Nietzsche zum Vorbild der Essayisten geworden; sie würden seine sprachlichen Finessen nachzuahmen versuchen, "allerdings mit dem Unterschied, daß die Nachahmer einzig die Formeln geben, während sie bei Nietzsche meist das Ende langer Gedankenketten bilden" (WB 27/I, 17, S. 621). Von Nietzsche hätten sie auch die "Vermanschung der Termini" (WB 27/I, 17, S. 621) und die Unart, 'man' zu sagen, wo sie 'ich' meinten. Wrobels Fazit: "So versauen sie durch ihr blechernes Geklapper eine schöne und klare Sprache wie es die deutsche ist." (WB 27/I, 17, S. 625)

Bereits 1918 hatte Peter Panter das 'Neudeutsch' beschrieben und als eines der Charakteristika die Mode genannt, neue zusammengesetzte Hauptwörter zu erfinden. Das Ergebnis sei "ein lallendes Gestammel wichtigtuerischer Journalisten und aufgeblähter Bureaukraten" (WB 14/II, 45, S. 439). Kurz darauf hatte sich Siegfried Jacobsohn in der Rubrik 'Antworten' auf diesen Artikel bezogen und abschließend gefordert: "Wir wollen kein Neudeutsch, sondern gutes Deutsch!" (WB 4/II, 48, S. 520)

Wie genau Jacobsohn als Herausgeber darauf achtete, daß in seiner Zeitschrift kein 'Neudeutsch' geschrieben wurde, beschreibt Tucholsky in 'Start':

> "Einmal fand er [Jacobsohn] eine Stelle, die er nicht verstand. 'Was heißt das? Das ist wolkig!' sagte er. Ich begehrte auf und wußte es viel besser. 'Ich wollte sagen...', erwiderte ich - und nun setzte ich ihm genau auseinander, wie es gemeint war. 'Das wollte ich sagen', schloß ich. Und er: 'Dann sag's.' Daran habe ich mich seitdem gehalten." (WB 23/II, 52, S. 965)[513]

Eine exakte Sprache war für Jacobsohn eine strikte Voraussetzung für 'Schaubühnen'-/'Weltbühnen'-Artikel. Deák beschreibt ihn folgendermaßen: "Jacobsohn was an unyielding pedant with regard to linguistic purity, but he did not refrain from colorful Yiddish or Berlin Jargon. He was a dictator of style [...]"[514].

Jacobsohn prüfte die Sprache aller Artikel sehr genau, bevor diese in der Zeitschrift erscheinen durften. Enseling erwähnt in diesem Zusammenhang auch die Konflikte zwischen dem Herausgeber und manchen Autoren, denen diese Art

---

[512] S. 80/81 (= Anmerkung 63).
Schopenhauer, Arthur: Parerga und Paralipomena: Kleine philosophische Schriften. Bd. II. Zürich: Haffmans Verlag 1988 (= Arthur Schopenhauers Werke in fünf Bänden. Nach den Ausgaben letzter Hand hrsg. v. Ludger Lütkehaus. Bd. V.). S. 445-479, 487-495.
[513] Vgl. auch Tucholsky, WB 26/II, 37, S. 375; sowie Madrasch-Groschopp, S. 165.
[514] Deák, S. 35.

der Kontrolle zu weit ging.[515] Dabei war Jacobsohns Orthographie in mancher Hinsicht selbst ungewöhnlich, so zum Beispiel bei der Groß- /Kleinschreibung. In solchen Fällen berief sich Jacobsohn auf seine "eigene sprachliche Autorität"[516]. Darin, daß er sein eigenes Sprachgefühl über die Norm stellt, ähnelt Jacobsohn Karl Kraus; allerdings hatte dieser Jacobsohns Eigenheiten in der 'Fackel' kritisiert.[517]

Enseling sieht in Jacobsohns Betonung eines 'guten' Deutsch den Einfluß Fritz Mauthners, aber auch "eine Reaktion auf die antisemitischen Vorwürfe, der Jude mißbrauche die deutsche Sprache und sei ihrer nicht würdig."[518] Den Vorwurf, mit der Sprache sorglos umzugehen, gaben die 'Schaubühnen'-/'Weltbühnen'-Autoren dem Bildungsbürgertum zurück:

> "es sehe die Leistungen des Geistes nur noch unter dekorativem Aspekt, es habe das Wort entwertet und den Zusammenhang zwischen dem Geist und den Dingen in blindem Vertrauen auf den ökonomischen und den technischen Fortschritt gelöst; [...]."[519]

Hier liegt die Zeitschrift ganz auf der Linie von Karl Kraus, der in 'Heine und die Folgen' feststellt:

> "Das literarische Ornament wird nicht zerstampft, sondern in den Wiener Werkstätten des Geistes modernisiert. Feuilleton, Stimmungsbericht, Schmucknotiz - dem Pöbel bringt die Devise 'Schmücke dein Heim' auch die poetischen Schnörkel ins Haus." (Kraus U, S. 189)

Ähnliche Klagen gegen den Essayismus wie Tucholsky führt auch Kurt Hiller. Er spricht davon, daß

> "ein schwummriger Essayismus gelegentlich kultiviert [werde], tieftuendes Gebildetengeschwätz ohne Zielidee, ohne Randschärfe der Begriffe, Aesthetelei, die vom Wesentlichen ablenkt, ethisches Geschwafel, das zu nichts verpflichtet" (WB 23/I, 20, S. 777).

Auf der anderen Seite gäbe es aber auch revolutionäre Zeitungen, die einen betont simplen, aber dafür grobschlächtigen Stil kultivierten. Dieser wolle es den

---

[515] Enseling, S. 28.
[516] Enseling, S. 28.
[517] Vgl. F 686-90, S. 56/57; vgl. auch Kap. 2.3.2.2.
[518] Enseling, S. 28. Vgl. dazu Jacobsohns Antwort auf den Vorwurf der 'Alldeutschen Blätter', er mische sich in 'fremde' (= deutsche) Angelegenheiten (WB 14/I, 21, S. 389). Siehe auch Hecht, S. 11; sowie Michaelis, Rolf: Von der Bühnenwelt zur Weltbühne. Siegfried Jacobsohn und Die Schaubühne . Königstein/Ts.: Athenäum 1980. S. 44/45. Zur Diskussion um den 'Kunstcharakter' der Sprache Ossietzkys, siehe Nickel, S. 182- 187; sowie Deák, S. 61.
[519] Enseling, S. 14.

Lesern auf keinen Fall zu schwer machen und sei deshalb im Grunde genauso überheblich wie der 'Essayismus', da er stillschweigend davon ausgehe, die Leser verstünden nur die allereinfachsten Sätze. Hiller verlangt einen Mittelweg: eine Zeitung, in der "weder gesinnungstüchtig hingestammelt noch gesinnungslos hingeglitzert" (WB 23/I, 20, S. 778) werde.

Über den 'Essayismus' hatte sich 1911 schon Max Brod in der 'Aktion' beklagt. Für ihn ist der 'Essayismus' eine scheußliche Vermengung von Wissenschaft und Kunst, bei dem keine der beiden Bereiche zu ihrem Recht kommen würden. Essayisten wurden "beispielsweise ein aktuelles Problem (oft unter dem Vorwande der Kompliziertheit) möglichst schön, in heißen ungewöhnlichen Worten vortragen" (A 1, 20, 623). Heraus komme dann schließlich gar nichts Vernünftiges mehr, denn wer "die Wahrheit schön sagen will, sagt weder die Wahrheit, noch sagt er etwas Schönes" (A 1, 20, 623).[520]

Die Tatsache, daß Tucholsky sich negativ zu den Mode-Fremdwörtern äußerte, macht ihn allerdings noch lange nicht zu einem Puristen. Im Gegenteil, Sprachpuristen sind für ihn Leute, "die so lange an der Sprache herumreinigen, bis keine Flecke mehr, sondern bloß noch Löcher da sind" (WB 26/I, 16,S. 573). In 'Die hochtrabenden Fremdwörter' (WB 26/I, 16, S. 573-75) trennt Ignaz Wrobel scharf zwischen zwei Sorten von Fremdwörtern: Es gäbe diejenigen, welche dem Autor nur dazu dienten, sich wichtig zu machen, und die deshalb abzulehnen sind.[521] - Das sind wohl auch jene, die laut Kürnberger "aus purem Affentrieb" (Kü II, S. 18) verwendet würden. -
Andererseits gäbe es viele Fremdwörter, die als Teil einer Fachsprache z.B. im wissenschaftlichen Diskurs unerläßlich seien. Es sei nun einmal nicht möglich, in wissenschaftlichen Diskussionen alle Fremdwörter wegzulassen - wer sich mit solchen Themen beschäftige, müsse die Fachsprache lernen.

Wrobel stellt sich hier wie Hiller gegen den, wie er es nennt, "Snobismus der schwieligen Faust" (WB 26/I, 16, S. 573), gegen die seit Kriegsende moderne, pathetische und oft verlogenen Solidarisierung mit den Arbeitern. Es sei kein Vorzug, eine geringe Bildung zu besitzen; anstatt diesen Zustand zu idealisieren, sollte man versuchen, die Bildung zu verbessern.

> "Die Intellektuellen eines Volkes sollen nicht auf dem Niveau von schnapsdummen Gutsknechten stehn - sondern der Arbeiter soll in Stand gesetzt werden, die intellektuellen Leistungen der Gemeinschaft zu verfolgen." (WB 26/I, 16, S. 575)

---

[520] Brod zählt allerdings auch Karl Kraus zu den Essayisten, bzw. zu der noch viel schlimmeren Gattung der 'essayistischen Polemiker'; siehe Kap. 2.3.1.2.
[521] Vgl. Sanders, S. 102.

Dies ist auch eine Absage an die Vorstellungen des späten Franz Pfemfert, der alles 'Intellektuelle' ablehnte und bekämpfte. Lothar Peter spricht in diesem Zusammenhang von Pfemfert und seinen Mitstreitern als von

> "jener kleinen Gruppe der politisch-literarischen Intelligenz, die sich ihrer bürgerlichen Bildung und Denkformen zu entledigen suchte, um sich in die Front des revolutionären Proletariats einzureihen."[522]

Nach Gunther Nickel steckte Tucholsky in dem Dilemma, zwischen den streitenden Positionen einer autonomen, apolitisch-künstlerischen und einer politisch engagierten Literatur zu stehen, die sich um die Form des Geschriebenen wenig kümmerte.[523] Nickel sieht diesen Konflikt als Tucholskys größtes Problem an, als einen wichtigen Grund für sein 'Verstummen' im Exil. Er beschreibt Tucholsky

> "als einen Schriftsteller [...], der nach literarischen Lösungen suchte, die der Moderne angemessen erscheinen, verschiedene Strategien ausprobierte letztlich keine für vollends befriedigend hielt und sich wohl auch deshalb schließlich entschlossen hat, sich dem Schweigen zu überantworten."[524]

In zweifacher Hinsicht interessant ist der Text 'Mir fehlt ein Wort' (WB 25/ II, 38, S. 459) von Peter Panter. Erstens enthält auch er ein Plädoyer für Sprachbewußtsein, auch und gerade im politischen Kampf. Der Ansicht, nur auf die Gesinnung komme es an, hält er entgegen: "Sprache ist eine Waffe. Haltet sie scharf. [...] Wer aus Zeitungswörtern und Versammlungssätzen seines dahinlabert, der sei ausgewischt, immerdar." (WB 25/II, 38, S. 459)[525]
Zweitens gesteht Panter hier ein, daß ihm ein Wort fehlt. Er sucht einen passenden Ausdruck für die Bewegung von Birkenblättern im Wind:

> "Was tun die Birkenblätter -? Nur die Blätter der Birke tun dies; bei den andern Bäumen bewegen sie sich im Wind, zittern, rascheln, die Äste schwanken, mir fehlt kein Synonym, ich habe sie alle. Aber bei den Birken, da ist es etwas andres, das sind weibliche Bäume - merkwürdig, wie wir dann, wenn wir nicht mehr weiterkönnen, immer versuchen, der Sache mit einem Vergleich beizukommen; [...]. Was tun die Birkenblätter? Während ich dies schreibe, stehe ich alle vier Zeilen auf und sehe nach, was sie tun. Sie tun es. Ich werde dahingehen und es nicht gesagt haben." (WB 25/II, 38, S. 459)

Panter beschreibt seine eigene, allerdings hier nur auf ein Wort beschränkte, Sprachkrise. Er sieht etwas, hat auch ein genaues Gefühl von diesem Vorgang,

---

[522] Peter, S. 65.
[523] Nickel, S. 10.
[524] Nickel, S. 174. Zur Diskussion um Tucholskys 'Verstummen', siehe u.a. Heß, S. 212, King, S. 110, Porombka, S. 8-10.
[525] Vgl. Porombka, S. 133.

kann ihn aber nicht benennen. Er sucht nach einem Begriff, umkreist und umschreibt das, was er sieht, aber das passende Wort findet er nicht.

Für Heß ist dies bereits das erste Anzeichen von Tucholskys Verstummen im Exil. Er schreibt:

> "Die Realität hat - einmal - die sprachliche Bewältigung überholt, ausgeschaltet. Sie ist nicht mehr beschreibbar; die Funktion von Sprache reduziert sich darauf, die Unmöglichkeit, alles mit Sprache zu erklären, zu beschreiben."[526]

So thematisiert Tucholsky im selben Artikel, in dem er die Macht der Sprache betont, auch ihr gelegentliches Versagen.

Man findet in der 'Schaubühne'/'Weltbühne' neben allgemeinen sprachkritischen Artikeln auch direkte Presse-Zitate - auch wenn die Präsentation von Zitaten nie denselben Stellenwert in der Sprachkritik der 'Schaubühne'/'Weltbühne' hatte wie in der 'Aktion'. Unter den Zitaten sind unpolitische Beispiele, die einfach das schlechte Sprachgefühl der Journalisten demonstrieren, ebenso vorhanden wie Kritik an politischen Phrasen.

Unter ausschließlich sprachästhetischem Aspekt wurde zum Beispiel unter der Überschrift 'Zeitungsdeutsch' folgendes aus einer nicht näher genannten Zeitung zitiert: "Oberbürgermeister Dr. Jarres ist von seiner auf der Wahlreise befallenen Grippe wieder hergestellt." (WB 21/I, 15, S. 566)
Unter dem Titel 'Jargon' druckte die 'Weltbühne' 1927 wahre 'Satz-Ungetüme' aus der 'Kaufmännischen Korrespondenz' ab:

> "An und für sich widerstrebt es unserm Gefühl, für einen Artikel flau zu sein, wo wie bei Kaffe gegenwärtig das Brennergeschäft vorzüglich geht, sodaß bis jetzt wenigstens keiner dran gedacht hat, seine Preise wesentlich zu ermäßigen. [...]" (WB 23/I, 12, S. 477)

Einen im Grunde inhaltsleeren Satz aus dem '12-Uhr-Blatt' präsentiert die 'Weltbühne' 1931 unter dem Titel 'Schmock definiert':

> "Bewußt oder unbewußt, gewollt oder ungewollt, liegt allen repräsentativen Kämpfen deutscher und französischer Teams ein gewisses 'Etwas' zugrunde, das jeder fühlt, ein Fluidum, dessen Charakteristikum eben sein Vorhandensein ist." (WB 27/II, 51, S. 942)

Alle drei Zitate werden ohne Kommentar wiedergegeben; eine Erläuterung ist wohl auch nicht notwendig.

---

[526] Heß, S. 198.

Um die Frage, ob die 'B. Z. am Mittag' den uneingeschränkten U-Bootkrieg bejaht hatte, geht es Ende 1918 in Siegfried Jacobsohns Rubrik 'Antworten'. Als Beleg, daß dies tatsächlich der Fall gewesen sei, zitiert Jacobsohn einen Artikel der 'B. Z. am Mittag', der "folgendermaßen an[fing]: 'Wir grüßen den 18. Februar 1915. Der Tag (des uneingeschränkten U-Boot-Krieges) ist da...'" (WB 14/II, 49, S. 542)

Politisches behandelt auch Olf (d. i. Rudolf Leonhard) in seiner Kritik an der 'Vossischen Zeitung'. Die 'Vossische Zeitung' hatte zwei Anschuldigungen, nämlich daß England und die Vereinigten Staaten erstens Rußland 'geopfert' und zweitens Deutschland ruiniert hätten, in kausalen Zusammenhang gebracht - vielleicht, um die anglo-amerikanische Politik dadurch noch diabolischer und rücksichtsloser erscheinen zu lassen:

> "... die großzügige Kriegspolitik Englands und Amerikas, die den eignen Bundesgenossen Rußland ins Verderben gestürzt hat, um im Westen Deutschland, im Osten Japan zu isolieren und unschädlich zu machen." (WB 15/I, 10, S. 231)

Olf kommentiert: "'Um' involviert die Absicht Englands, sich durch die Vernichtung seines Bundesgenossen in die größte Gefahr bringen zu lassen!" (WB 15/I, 10, S. 231)

Drei Wochen später entlarvt Olf einen Euphemismus der 'B. Z.': Diese hatte sich über das übermäßige Engagement und die politischen Forderungen von Landauer, Mühsam und Levien beschwert und von ihnen die "Voraussetzung der praktischen Politik: Bescheidung" (WB 15/I, 13, S. 308) verlangt. Olf meint dazu, daß die Zeitung in Wahrheit nicht 'Bescheidung', sondern "Opportunismus" (WB 15/I, 13, S. 308) fordere.

Unter 'Druckfehler' zitiert die 'Weltbühne' die 'Basler Nachrichten' wie folgt:

> "In der Generalkommission der Abrüstungskonferenz [...] forderte Botschafter Gibson namens der Amerikaner unerwartet die Abschaffung der schweren Artillerie und der Tanks als ausgesprochene Offensivwaffen." (WB 28/I, 20, S. 758).

Der Satz erweckt den (wohl unfreiwilligen) Eindruck, als sollten Artillerie und Panzer nur noch als 'Defensivwaffen' eingesetzt werden dürfen.

Es gibt allerdings auch Druckfehler, die ungewollt die Wahrheit aufdecken: Olf schreibt, daß einer dieser Druckfehler der 'Weimarischen Zeitung' (der auf einem Hörfehler beruhte) ihn "fast mit der ganzen Presse aussöhnen [könnte]: da wurde für 'genialer Hazardeur Ludendorff' verstanden: 'Haßredakteur'; und beim Himmel, auch das war er ja wirklich!" (WB 15/I, 10, S. 232)

Ein 'Freud'scher Versprecher' der 'Täglichen Rundschau' bereitet ihm ebenfalls Vergnügen: "sie sprach von den früher Regierenden als den Männern 'der alten Regimenter', und sie hatte recht." (WB 15/I, 10, S. 232)
Auch Karl Kraus betrachtete die Druckfehler manchmal als das Aussagekräftigste an Zeitungsartikeln: "An ihren Druckfehlern werdet ihr sie erkennen." (F 347/48, S. 7)[527]

Eine Form der Kritik, die es z.b. in der 'Aktion' nicht gab, stellen Peter Panters Parodien auf Anzeigen-Texte dar (WB 23/II, 52, S. 974/75; WB 24/ I, 23, S. 871).[528] Panter verspottet sowohl die (Luxus-)Artikel, die beworben werden, als auch die Sprache, in der das geschieht. So formuliert er Anzeigen für exklusiven Sekt mit Fichtennadelaroma, der "auch als Badezusatz zu verwenden" (WB 23/II, 52, S. 974) ist. Besonders macht er sich über die scheinbar bei den Werbetextern dieser Zeit sehr beliebten Adjektive "edel, schnittig und rassig"(WB 23/II, 52, S. 974, 975) lustig, indem er sie gehäuft verwendet und sogar Toilettenpapier auf diese Weise beschreibt.

Tucholsky parodierte allerdings nicht nur Anzeigen: In der 'Weltbühne' vom 15. 9. 1925 überlegt er als Ignaz Wrobel 'Was wäre, wenn...' (WB 21/II, 37, S. 415-417) Wilhelm II. plötzlich sterben würde.[529] Er formuliert fiktive Reaktionen der verschiedenen Blätter auf den Tod des früheren Kaisers und ahmt dabei ihren Tonfall nach: So schlägt der "Demokratische Leitartikel" (WB 21/II, 37, S.415) bei sanfter Kritik an Wilhelm II. versöhnliche Töne an; der 'Berliner Lokalanzeiger' nutzt die Gelegenheit zu einem Seitenhieb auf die Kommunisten (WB 21/II, 37, S. 415); die 'Deutsche Zeitung' wiederum betont die große Zahl der Beileidsbekundungen, unter denen auch eine des "Eskimo-Fußballklub[s] 'Nanuk' aus Grönland" (WB 21/II, 37, S. 416) sei.

Zwei Jahr später bedient sich Wrobel des gleichen Verfahrens, diesmal für einen Blick in die Zukunft zum Thema 'Prügelstrafe' ('Was wäre wenn...', WB 23/II, 38, S. 445-449). Er läßt hier zwischen den verschiedenen 'Stellungnahmen' von Presse und Politikern zum Teil Monate verstreichen. Die letzte Meldung ist auf März 1956 datiert: eine Rückschau auf 25 Jahre Prügelstrafe, die besonders die Erfolge des "Reichserzüchtigungsamt[es]" (WB 23/II, 38, S. 449) würdigt.

Vor und während des Ersten Weltkriegs erreichten die sprachkritischen Texte in der 'Schaubühne'/'Weltbühne' nicht die politische Schärfe, die Pfemferts detaillierte Kritik an der Kriegspropaganda der Presse auszeichnet. Dafür findet man

---
[527] Vgl. Rogers, S. 35.
[528] Vgl. Häfliger, S. 154/55.
[529] Vgl. Riha 1971, S. 92.

in den 'Schaubühnen'/'Weltbühnen'-Artikeln Überlegungen zum allgemeinen Sprachgebrauch der Presse. Mit der Politisierung der Zeitschrift und ihrem Bekenntnis zur Demokratie steigt auch der politische Inhalt der Sprachkritik, zum Beispiel in der Diskussion um die Sprache, in der man für die Arbeiter schreiben sollte. In den Texten über das Phänomen des 'Feuilletonismus', der seine Leser mit kunstvollen Anspielungen blendet, sowie in Tucholskys Verweisen auf Schopenhauer und seine Überlegungen zum Realitätsgehalt von Zeitungsartikeln gibt es Parallelen zur Sprachkritik von Karl Kraus.

2.4 Sprachkritik in den 30er und 40er Jahren: Innere Emigration oder Exil?

Mit der Machtübernahme der Nationalsozialisten Ende Januar 1933 änderte sich die Situation für jegliche Art von Kritik schlagartig: sie war nicht nur nicht erwünscht und damit gefährlich; kritische Texte auf normalem Weg zu publizieren wurde schlicht unmöglich. Einzig im Exil konnte Kritik noch gefahrlos artikuliert werden.

Wie so viele andere auch, hatte die 'Aktion' Hitler anfangs unterschätzt. Franz Pfemfert hatte 1923 ein Flugblatt der Nationalsozialisten abgedruckt, da seiner Meinung nach "schon durch das Zitieren die Verlogenheiten entlarvt und damit wirkungslos werden" (A 13, 8, 207). Die Besonderheiten des Textes sind für Pfemfert der "Radauantisemitismus" (A 13, 8, S. 207) und der "plump angerührte Phrasenfusel" (A 13, 8, 207). Pfemfert nennt Hitler im folgenden einen "Durchschnittsantisemiten" (A 13, 8, 211), den er "trotz einigen demagogischen Talenten" (A 13, 8, 211) für nicht sehr schlau im Umgang mit den Massen hält. Sein abschließendes Urteil, das sich leider nicht bestätigen sollte, lautet:

> "Aber so - saublöd, wie Hitler arbeitet, wird er weder Nationalbolschewisten noch Parteikommunisten noch Sozialdemokraten einfangen. Sogar der proletarisierte Mittelstand wird kopfschüttelnd abseits bleiben, wenn er vernimmt, welch Stumpfsinn der "Nationalsozialist" Hitler ausschwitzt." (A 13, 8, 211)

Im April 1931 meldete sich Pfemfert nach einer längeren Pause mit einem neuen Heft zurück. Darin erwähnt er an nennenswerten Ereignissen seit dem letzten Heft (August 1930) unter anderem: "... schwoll die Hitlerpest rapid an- um jetzt noch rapider abzunehmen..." (A 21, 1/2, 21). Im Juli desselben Jahres erwähnt er den "Phraseur Hitler" (A 21, 3/4, 84). Ein Jahr später befaßt er sich in dem Artikel 'Nationalisten-Zirkus 'Deutschland" (A 22, 1/4, 15-27) auch mit der NSDAP: Er betont, sie werde hauptsächlich von der Mittelschicht gewählt, hält es aber für ein sehr schlimmes Zeichen, daß es auch Arbeiter unter ihren Wählern gäbe. Pfemfert floh bald nach der Machtergreifung Hitlers aus Deutschland.

Auch die 'Weltbühne' übersah lange die Gefahr, die von Hitler und seinen Anhängern ausging. Kurt Tucholsky spottet im September 1930 in der Rubrik 'Kleine Wahlnachrichten': "Adolf Hitler hat geschworen, eines seiner braunen Hemden nicht eher zu waschen, als bis das Dritte Reich gegründet ist. Die Waschung entfällt demnach vorläufig." (WB 26/II, 37, S. 414)[530]

---

[530] Zu Reaktionen der 'Weltbühne' auf Hitler (vor 1933) siehe Radkau, Joachim: Die 'Weltbühne' als falscher Prophet? Prognostische Versuche gegenüber dem Nationalsozialismus. In: Weimars Ende. Prognosen und Diagnosen in der dt. Literatur und polit.

Bald nach der Machtergreifung wurde Ossietzky verhaftet; de facto kam er bis zu seinem Tod im Jahr 1938 nicht mehr frei. Kurt Tucholsky war zwar sicher im schwedischen Exil, doch nahm er sich dort 1935 das Leben.

Karl Kraus sollte den Einmarsch der Nazis in Österreich ebenfalls nicht mehr erleben; er starb 1936. Zuvor hatte er noch in der relativen Sicherheit des österreichischen Staates gelebt. Dennoch wagte er es nicht, die 'Dritte Walpurgisnacht' ganz zu veröffentlichen. Der Zorn der Nationalsozialisten auf sein Werk konnte sich schließlich nur allzu leicht gegen die Juden in Deutschland richten, deren Schicksal Kraus nicht noch verschlimmern wollte.[531]

Es war aber noch mehr, was Kraus zu schaffen machte: die Schwierigkeit, über die Nationalsozialisten zu schreiben - ein Problem, das Ernst Bloch in 'Der Nazi und das Unsägliche' thematisiert:

> "Es ist niemals leicht, das rechte Wort zu setzen. Sehr ferne oder sehr neuartige Dinge zu beschreiben, das macht oft völlig ratlos. Aber noch schwieriger ist, eine Sache darzustellen, die ebenso erbärmlich wie furchtbar ist."[532]

Man könne die Nazis nicht einfach nur grob beschimpfen, schreibt Bloch, weil dies deren Besonderheiten außer Acht lasse. Groteske oder Komik werde dem Grauen nicht gerecht, moralisches Pathos wiederum vernachlässige die mickrige Kleinbürgerlichkeit des Nationalsozialismus.

> "Die Schwierigkeit hat immer denselben Grund: es war möglich, große Verbrechen mit ihrer Aura haarscharf abzubilden, aber die sprachlichen Verkehrsmittel reichen eben nicht oder noch nicht bis zu gigantisch gewordenen Kellerasseln."[533]

Als die noch am ehesten geeignete Sprache nennt Bloch die "*beschreibende*[...]. Erst recht die *wissenschaftliche*; denn die Analyse, die den Nazi erforscht, bewirkt zugleich, daß sie ihn bloßstellt."[534]
Daß Kraus die 'Dritte Walpurgisnacht' trotz allem geschrieben hat, zeigt, wie sehr er sich bereits 1933 der Tragweite der Machtergreifung Hitlers bewußt war und wie wichtig es ihm war, gegen die Verbrechen der Nazis anzuschreiben.

---

[531] Publizistik 1930-1933. Hrsg. v. Thomas Koebner. Frankfurt a. M.: Suhrkamp 1982. S. 57-79. Sowie Moores, S. 127-130, 171, 242, 243, 262, 269; Enseling, S. 82-87, 136. Kraus DW, S. 20; vgl. Ederer, S. 399; Quack, S. 169. Zur Enstehung der DW, siehe auch Stremmel, S. 66-72; Krolop, S. 53-55; Zohn, S. 149-155.
[532] Bloch, Ernst: Der Nazi und das Unsägliche (1938). In: Politische Messungen. Pestzeit. Vormärz. Frankfurt a. M.: Suhrkamp 1970 (= Ernst Bloch. Gesamtausgabe. Bd. 11). S. 185. (zit. als Bloch, das Unsägliche) Vgl. Ederer, S. 400-402. Zu Kraus' Schwierigkeiten im sprachlichen Umgang mit dem Nationalsozialismus, siehe Kap. 2.2.2.4.
[533] Bloch, das Unsägliche, S. 191.
[534] Bloch, das Unsägliche, S. 190.

Mit dem (wie auch immer motivierten) Verstummen vieler Intellektueller brach eine Linie der Sprachkritik in Deutschland (und bald auch in Österreich) abrupt ab - oder wurde abgebrochen: die der humorvoll bis satirischen öffentlichen Auseinandersetzung. Dafür wurde eine andere aufgenommen: die einer zunächst geheimgehaltenen, wissenschaftlich geprägten Beschäftigung mit der Sprache der neuen Machthaber; also ganz im Sinne Blochs. Der wohl bekannteste und bedeutendste Vertreter dieser Sprachkritik ist Victor Klemperer.

Die politischen Veränderungen in Deutschland betrafen natürlich auch die Presse. Die Zeitungen, die nicht verboten, sondern 'nur' 'gleichgeschaltet', also dem Willen der Regierung völlig untergeordnet wurden, konnten sich glücklich schätzen. Aber auch über ihnen schwebte ständig die Drohung des zeitweisen oder endgültigen Verbots.[535]

Die gleichgeschaltete Presse war für die Nationalsozialisten ein wichtiges Mittel der Propaganda. Hagemann schreibt dazu: "Aufgabe der Presse ist es, als Kampfschrift und Sprachrohr des Nationalsozialismus aufzutreten. Jede objektive Berichterstattung ist unerwünscht, ja verboten."[536]

Nicht nur die Inhalte der Zeitungen sollten kontrolliert werden, sondern auch deren Sprache. Durch die Zeitungen sollte die Sprache, und damit auch die Vorstellungen der Nationalsozialisten, an die Bevölkerung herangebracht werden.[537] Um dieses Ziel zu erreichen, wurden den Korrespondenten der verschiedenen

---

[535] Hagemann, Jürgen: Die Presselenkung im Dritten Reich. Bonn: Bouvier 1970. S. 55, 57, 296. Vgl. Berning, Cornelia: Vom 'Abstammungsnachweis' zum 'Zuchtwart'. Vokabular des Nationalsozialismus. Mit einem Vorwort v. Werner Betz. Berlin: de Gruyter 1964. S. 95. (zit. als Berning 1964; vgl. Bernings frühere Arbeiten zum Wortschatz d. Nationalsozialismus: Berning Cornelia: Die Sprache des Nationalsozialismus. In: Zeitschrift f. dt. Wortforschung. Teil 1: 16. Bd. = Bd. 1 d. neuen Folge (1961). S. 71-118. Teil 2: S. 178-188. Teil 3: 17. Bd. = Bd. 2 d. neuen Folge (1962). S. 83-121.) Vgl. d. Kommentar Klemperers zum Verbot des 'Berliner Tageblatts' (K T1, S. 9), zur Erklärung der 'Dresdner Neuesten Nachrichten' 'in eigener Sache' (K T1, S. 15/16), sowie zum Verbot anderer aufmüpfiger Zeitungen bzw. Zeitschriften (K T1, S. 171, 315). Zur verwendeten Ausgabe von Klemperers Tagebüchern, siehe Fn. 540. Vgl. auch Liebsch, Heike: 'Ein Tier ist nicht rechtloser und gehetzter.' Die Verfolgung der jüdischen Bevölkerung Dresdens 1933 bis 1937. In: Im Herzen der Finsternis. Victor Klemperer als Chronist der NS-Zeit. Hrsg. v. Hannes Heer. Berlin: Aufbau ²1997. S. 77/78. (der Sammelbd. wird im folg. zit. als Heer, Im Herzen d. Finsternis)

[536] Hagemann, S. 13; vgl. S. 16/17.

[537] Glunk, Rolf: Erfolg und Mißerfolg der nationalsozialistischen Sprachlenkung [Teil 1]. In: Zeitschrift für dt. Sprache. Bd. 22 (1966). S. 58, 62. (zit. als Glunk Teil 1) Sowie Glunk Rolf: Erfolg und Mißerfolg der nationalsozialistischen Sprachlenkung (Fortsetzung) [Teil 4]. In: Zeitschrift für dt. Sprache. Bd. 23 (1967). S. 182-85. (zit. als Glunk Teil 4)

Zeitungen auf Pressekonferenzen des Propagandaministeriums in Berlin die neuesten sprachlichen Richtlinien mitgeteilt - wobei jedoch streng geheim bleiben sollte, daß es tatsächlich Richtlinien von oben waren, um die Glaubwürdigkeit der Presse nicht zu gefährden. Die Regionalzeitungen wurden über die jeweiligen Gaupropagandaämter informiert. Zusätzlich wurden die Vorschriften noch in gedruckter Form verbreitet. Die bis ins Detail gehenden Anweisungen nahmen über die Jahre eine gewaltige Zahl an, wodurch die Übersichtlichkeit natürlich nicht gerade erhöht wurde - dadurch waren aber auch Möglichkeiten für kleinere Unbotmäßigkeiten von Seiten der Zeitungen gegeben.[538]

Der Sprachgebrauch der Nationalsozialisten drang aber nicht nur durch diese expliziten Anweisungen 'von oben' in die Presse ein, sondern auch durch das allgemeine "geistig-politische Klima [...], welches sich nun in spezifischen Wendungen Ausdruck verschaffte."[539]

2.4.1 Victor Klemperer

2.4.1.1 Die Rolle des Chronisten

Die Gründe dafür, daß aus dem Dresdener Romanistikprofessor Victor Klemperer (1881-1960) ein genauer Chronist wurde, der in seinen Tagebüchern und später im 'Notizbuch eines Philologen'[540] die Geschehnisse und die Sprache seiner Umgebung während der Nazi-Diktatur aufzeichnete, lassen sich in zwei große Zweige aufteilen:

---

[538] Hagemann, S. 32-49, 193; Berning, Cornelia: Die Sprache des Nationalsozialismus (Fortsetzung) [Teil 6]. In: Zeitschrift für dt. Wortforschung. 18. Bd. = Bd. 3 d. neuen Folge (1962). S. 160-172. (zit. als Berning Teil 6) Glunk Teil 4, S. 178/179, 181. Glunk, Rolf: Erfolg und Mißerfolg der nationalsozialistischen Sprachlenkung (Fortsetzung) [Teil 2]. In: Zeitschrift für dt. Sprache, Bd. 22 (1966). S. 146. Glunk, Rolf: Erfolg und Mißerfolg der nationalsozialistischen Sprachlenkung (Fortsetzung) [Teil 3]. In: Zeitschrift für dt. Sprache. Bd. 23 (1967). S. 111. (zit. als Glunk Teil 3) Vgl. Bauer, Gerhard: Sprache und Sprachlosigkeit im 'Dritten Reich'. Köln: Bund-Verlag 1988. S. 76/77.

[539] Bork, Siegfried: Mißbrauch der Sprache. Tendenzen nationalsozialistischer Sprachregelung. Bern: Francke 1970. S. 12.

[540] Verwendete Ausg.: Klemperer, Victor: Ich will Zeugnis ablegen bis zum letzten. Tagebücher 1933-1945. Hrsg. v. Walter Nowojski unter Mitarbeit v. Hadwig Klemperer. Bd. 1: 1933-1941. Bd. 2: 1942-1945. Lizenzausg. für d. Wissenschaftl. Buchges. Berlin: Aufbau ^{10}1998.
Klemperer, Victor: So sitze ich denn zwischen allen Stühlen. Tagebücher 1945-1959. Hrsg. v. Walter Nowojski unter Mitarbeit v. Christian Löser. Bd 1: 1945-1949. Bd. 2: 1950-1959. Berlin: Aufbau 1999.
Klemperer, Victor: LTI. Notizbuch eines Philologen. Berlin: Aufbau 1947.

Der erste Zweig betrifft die politischen und gesellschaftlichen Realitäten der NS-Diktatur, die Klemperer als Juden von seinem bis dahin normalen Leben immer mehr abschnitten. Er wurde 1935 aus seinem Amt gedrängt ('entpflichtet') und schrittweise immer mehr isoliert (K T1, S. 6, 195/96). Zu Hilfe kam ihm anfangs die Tatsache, daß er als Kriegsfreiwilliger im Ersten Weltkrieg gekämpft und das Königlich Bayerische Militärkreuz erhalten hatte. Später schützte ihn nur noch die Ehe mit seiner nicht-jüdischen Frau vor der Deportation und damit vor dem sicheren Tod.[541]

Der zweite Zweig ist in Klemperer selbst begründet. Seit seiner Jugendzeit führte er regelmäßig Tagebuch und gab diese Gewohnheit auch nicht auf, als das, was er berichtete, einen immer gefährlicheren (weil kritischen) Inhalt hatte.[542] Dazu kam, daß ihm Anfang Dezember 1938 mit dem Bibliotheksverbot für Juden die letzte Chance auf normale wissenschaftliche Arbeit, die ihn bis dahin aufrecht gehalten hatte, genommen wurde. Was blieb, war die Möglichkeit, aufzuzeichnen, was um ihn herum vorging.[543]

Auch Klemperers Einstellung zu Deutschland und zur Aufklärung ist wichtig. Klemperer betrachtete sich ganz selbstverständlich als Deutscher, fühlte sich sowohl in der deutschen Nation als auch in der deutschen Kultur zu Hause. Auch war er ein starker Verfechter der Assimilierung der Juden und der Kraft der Aufklärung, des Verstandes.[544] Die Tatsache, daß Deutschland nun in ein bestürzendes Ausmaß an Irrationalität und Wahn verfiel und er selbst auf einmal kein Deutscher mehr sein sollte, weckten nicht nur Verzweiflung, sondern auch wissenschaftlichen Forscherdrang in ihm.

Da er für sich weder eine Möglichkeit sah, im Ausland seinen Beruf fortzuführen, noch im Grunde den Wunsch hegte, seine Heimat zu verlassen, schloß er sich dem Emigrantenstrom nicht an. Im Juli 1933 beschreibt er die Auswanderungspläne ihm bekannter Familien, die für sich Möglichkeiten sehen, im Ausland ihre Berufe weiter auszuüben. "Ich dagegen - nicht einmal Sprachlehrer kann ich sein, nur Geistesgeschichte vortragen und nur in deutscher Sprache und

---

[541] Siehe u.a. K T1 S. 20; Nowojski, Walter: Nachwort. In: K T2. S. 866. (zit. als Nowojski 1998) Schiewe, S. 207.
[542] Siehe K T1, S. 12, 60; Nowojski 1998, S. 865, 868.
[543] Siehe K T2, S. 49, 438/39, 449; LTI, S. 17. Vgl. Wildt, Michael: Angst, Hoffen, Warten, Verzweifeln. Victor Klemperer und die Verfolgung der deutschen Juden 1933-1941. In: Heer, Im Herzen d. Finsternis. S. 64. Sowie Nieden, Susanne zur: Aus dem vergessenen Alltag der Tyrannei. Die Aufzeichnungen Victor Klemperers im Vergleich zur zeitgenössischen Tagebuchliteratur. In: Heer, Im Herzen d. Finsternis, S. 118.
[544] Walser, Martin: Das Prinzip Genauigkeit. Laudatio auf Victor Klemperer. Frankfurt a. M.: Suhrkamp 1996 (= edition suhrkamp. Sonderdruck). S. 21-33, 36, 38; Nieden, S. 121.

in völlig deutschem Sinn. Ich muß hier leben und sterben." (K T1, S. 39) Als er schließlich nach dem Novemberpogrom von 1938 doch eine Flucht ins Ausland erwog, war es bereits zu spät.[545]

Also setzte er sich selbst die Aufgabe, als Chronist alles aufzuzeichnen, was ihm im alltäglichen Leben wichtig und bedeutsam erschien- eine gefährliche Aufgabe, die bei Entdeckung der Tagebuchblätter seinen Tod bedeutet hätte. Er selbst schwankte deshalb auch immer wieder zwischen zwei Gefühlen hin und her: einerseits Unsicherheit, ob das Risiko, dem er sich, seine Frau und deren Freundin (die seine Aufzeichnungen ab Dezember 1941 aufbewahrte) aussetzte, überhaupt gerechtfertigt sei; andererseits die Gewißheit, daß ihn allein das selbstauferlegte Chronistenamt sowie die Hoffnung aufrechterhielt, später von dem berichten zu können, was er erlebt und aufgezeichnet hatte. "Das ist *mein* Heldentum. Ich will Zeugnis ablegen, und exaktes Zeugnis!" (K T2, S. 99)[546] In der 'LTI' schreibt er später: "Mein Tagebuch war in diesen Jahren immer wieder meine Balancierstange, ohne die ich hundertmal abgestürzt wäre." (K LTI, S. 15; vgl. S. 16)

Klemperers Quellen waren seine eigenen Erlebnisse, die Erzählungen anderer, das Radio und immer wieder Bücher und Zeitungen. Anfang Juni 1935 entschloß sich der bis dahin regelmäßig Zeitungen lesende Klemperer, die gedruckten Lügen nicht mehr ertragen zu können und verweigerte die Lektüre. Am 5. Oktober schreibt er dann jedoch in sein Tagebuch:

"Ich habe nun doch wieder nach monatelanger Pause eine Zeitung ('Dresdener NN') abonniert. Mir wird beim Lesen jedesmal übel; aber die Spannung ist zu groß, man muß wenigstens wissen, was gelogen wird." (K T1, S. 223; vgl. S. 206, 215)[547]

Im November 1937 notiert Klemperer: "die Zeitung täglich zum Kotzen. Heute wieder ein Rassenschänderprozeß [...]. Die Berichterstattung darüber stinkt förmlich nach ekelerregender Lüge." (K T1, S. 384) Im Juni 1941 ärgert er sich über den "maßlose[n] Schimpf- und Schmutzton der Zeitungen" (K T1, S. 384). Ein zeitweiser Unwille gegenüber der Presse war wohl durchaus allgemein verbreitet: Klemperer beschreibt die Kampagnen der Nationalsozialisten, die Leser werben sollten, und folgert: "Die Leute haben es satt, immer dasselbe zu hören und zu wissen, daß sie die Wahrheit doch nicht hören." (K T1, S. 309)

---

[545] Siehe u.a. K T1, S. 431, 436-38. Vgl. Wildt, S. 61-65; sowie Nerlich, Michael: Victor Klemperer Romanist oder Warum soll nicht einmal ein Wunder geschehen. In: Heer, Im Herzen der Finsternis. S. 47.

[546] Vgl. K T1, S. 691/92; K T2 S. 54, 182/83, 261, 503, 550, 594/95. Vgl. auch Nieden, S. 114/115; Nowojski 1998, S. 866; sowie Heer, Hannes: Vox populi. Zur Mentalität der Volksgemeinschaft. In: Heer, Im Herzen d. Finsternis. S. 136.

[547] Vgl. K T1, S. 621; sowie Heer, S. 124/25.

Als es ab Juli 1942 Juden verboten war, Zeitungen zu kaufen, war Klemperer auf die Exemplare angewiesen, die im Judenhaus unter der Hand weitergereicht wurden.[548] Am häufigsten nennt er in seinen Tagebüchern die 'Dresdener Neuesten Nachrichten', die 'Dresdener Zeitung', die 'Dresdener Allgemeine Zeitung' sowie ab 1940 die Wochenzeitung 'Das Reich'.[549]

Sehr lange war ihm selbst unklar, wann und in welcher Form er seine Erkenntnisse publizieren würde.[550] Zwischenzeitlich, kurz vor Kriegsende, schwankte er sogar, ob er sein Vorhaben nicht gänzlich aufgeben sollte. In 'LTI' berichtet er von der Begegnung mit einer Frau, die schließlich sein Zweifeln beendete. Die Frau erzählte, einige Zeit im Gefängnis verbracht zu haben.

"'Warum haben Sie denn gesessen?' fragte ich. 'Na wejen Ausdrücken...' (Sie hatte den Führer, die Symbole und die Einrichtungen des Dritten Reichs beleidigt.) Das war die Erleuchtung für mich. [...] Wejen Ausdrücken. Deswegen und daherum würde ich meine Arbeit am Tagebuch aufnehmen. Die Balancierstange wollte ich aus der Masse des Übrigen herauslösen und nur eben die Hände dessen mitskizzieren, die sie hielten. So ist dies Buch zustandegekommen, aus Eitelkeit weniger, hoffe ich, als wejen Ausdrücken." (K LTI, S. 301)[551]

---

[548] Siehe K T1, S. 621; K T2 S. 174, 211, 270, 282, 426, 488, 636; K LTI, S. 17/18, 75, 193, 272. Trotz aller damit verbundene Gefahren verschaffte sich Klemperer Zugang zu einer erstaunlichen Fülle von Zeitungen und Büchern - im Gegensatz zu dem, was Wolfgang Werner Sauer impliziert. Dessen Aufsatz wurde allerdings vor dem Erscheinen der Tagebücher Klemperers aus der NS-Zeit verfaßt und konnte dementsprechend Klemperers Lesepensum nicht so einfach nachvollziehen. Sauer, Wolfgang Werner: Sprachlosigkeit. Zum Problem der Sprachkritik während der Zeit des Faschismus. In: Kunst u. Kultur im dt. Faschismus. Hrsg. v. Ralf Schnell. Stuttgart: Metzler 1978 (= Literaturwissenschaft u. Sozialwissenschaft. Bd. 10). S. 338; vgl. S. 336/337.

[549] Mehrmals erwähnt werden der 'Dresdener Anzeiger', die 'Dresdener Nachrichten', die 'Frankfurter Zeitung', die 'Vossische Zeitung', die 'Berliner Illustrierte', die 'Leipziger Neuen Nachrichten', der 'Freiheitskampf' (die Dresdener Parteizeitung), sowie die Wochenzeitung 'Der Stürmer'. Einmal genannt werden das 'Berliner Tageblatt', die 'Auerbacher Zeitung', das 'Kamener Tageblatt', die 'Kamener Zeitung', die 'Jüdischen Nachrichten', die 'Deutsche Ukraine Zeitung', der parteiamtliche 'Völkische Beobachter', sowie diverse Fachzeitschriften.

[550] Siehe u.a. K T1, S. 622-24; K T2, S. 59, 75, 83, 297/80, 369; KT3, S. 37/38, 45, 46, 49, 52, 53, 71, 75, 84, 94, 95, 106, 112; K LTI, S. 298- 301. Vgl. Nieden, S. 116-119.

[551] Vgl. Bauer, S. 28. Zu den Zweifeln und Schwierigkeiten, die Klemperer nach Kriegsende bis zur Publikation der LTI beschäftigten, siehe K T3, S. 47, 51, 54, 57, 58/59, 62, 63, 66, 67, 94, 99, 111/112, 119, 125, 126, 127, 131, 138, 141, 144, 168, 183, 198, 224, 226, 232, 233, 235, 245, 246, 251, 281, 282, 285, 299, 318, 321, 329, 330, 331, 349, 369, 374, 376, 545, 654.

2.4.1.2 Victor Klemperer und die Sprache

Klemperers persönliches Sprachideal findet man in einer Tagebucheintragung vom 24. August 1938:

> "Klassisch schreiben heißt einfach schreiben. Nicht affektiert, also auch nicht zu einfach, denn das ist affektiert. Auch nicht vom Sprachgebrauch seiner Zeit abweichen, heute etwa ein Goethedeutsch schreiben, denn das ist wieder affektiert. Aber auch nicht den Sprachgebrauch der Zeit mit 'aktueller Sprache verwechseln, denn alles Aktuelle ist schon morgen veraltet. [...] Man hat immer die Wahl zwischen dem Aktuellen und dem Dauernden; beides zusammen geht nicht." (K T1, S. 421)

Nachdem sie ihn zuerst einfach nur abgestoßen hatte, begann die Sprache der Nationalsozialisten Klemperer bald immer mehr wissenschaftlich zu interessieren, wobei er auch bald an eine eigene Studie zu diesem Thema dachte. 1941 notiert er das Kürzel LTI mit der Bemerkung: "(schöne gelehrte Abkürzung für Lingua tertii imperii, künftig zu benutzen)" (K T1, S. 622).[552]

Klemperer war davon überzeugt, daß die Bösartigkeit der Nationalsozialisten am besten durch Beschreibung ihrer Sprache zu charakterisieren sei. Als Motto für seine Sprachstudie notiert Klemperer im April 1937 "In lingua veritas" (K T1, S. 354; vgl. K T2, S. 75). Im Juni 1941 hält er fest: "Aus ihrer Sprache ihren Geist feststellen. Das muß den untrüglichsten, den umfassendsten Steckbrief ergeben." (K T1, S. 621) Im März 1942 schreibt er:

> "LTI. Die Sprache bringt es an den Tag. Bisweilen will jemand durch Sprechen die Wahrheit verbergen. Aber die Sprache lügt nicht. Bisweilen will jemand die Wahrheit aussprechen. Aber die Sprache ist wahrer als er. Gegen die Wahrheit der Sprache gibt es kein Mittel." (K T2, S. 58)[553]

Diese Überzeugung deckt sich mit der von Karl Kraus, der sein Leben lang die Gesinnung der Menschen mit Hilfe ihrer Sprache zu entlarven versuchte. Friedrich Dürrenmatt beschreibt denn auch 1953 in seiner Besprechung der 'Dritten Walpurgisnacht'[554] das Werk als Versuch, "von der Sprache her, diesem durch Hitler nie zu erobernden Gebiet, zurückzuschlagen. Die Sprache rächt sich an Hitler, das Zitat verhaftet ihn, die Grammatik wird zur Guillotine." (Dürrenmatt W, S. 248/49)

---

[552] Siehe K T1, S. 129, 215, 332/33; K LTI, S. 16/17. Vgl. Heer, S. 124.
[553] Vgl. K LTI, S. 16. Vgl. Berning, Cornelia: Die Sprache des Nationalsozialismus (Fortsetzung) [Teil 5]. In: Zeitschrift f. dt. Wortforschung. 18. Bd. = Bd. 3 d. neuen Folge (1962). S. 114. (zit. als Berning Teil 5)
[554] Dürrenmatt, Friedrich: Die Dritte Walpurgisnacht. In: Friedrich Dürrenmatt. Theater-Schriften und Reden. Zürich: Arche 1966. S. 247-250. (Zum ersten Mal abgedruckt in der 'Weltwoche' v. 13. 3. 1953; vgl. Stremmel, S. 180.)

Bereits Ende 1933 bedrückte Klemperer, daß die einhelligen Lügen in Presse und Rundfunk auch ihn selbst nicht unbeeinflußt ließen: "Wenn ich etwas überall lesen und hören muß, drängt es sich mir auf. Und wenn *ich* mich kaum vor dem Glauben hüten kann - wie sollen sich Millionen naiverer Menschen hüten?" (K T1, S. 69; vgl. S. 68, 106, 501/502; K LTI, S. 235)

Besonders beunruhigte Klemperer, wie stark sich der Sprachgebrauch der Nationalsozialisten in der Bevölkerung ausbreitete und die individuellen Sprachstile erstickte. Im November 1941 schreibt er: "LTI ist so uniform, weil die ganze Presse in *einer* Regie, weil jedes Wort des Führers und der paar Unterführer millionenfach nachgebetet und katechismusartig eingeführt wird." (K T1, S. 684) Und im Februar 1944: "Derselbe Jargon auf allen Gebieten." (K T2, S. 482)[555] Eine ähnliche Einschätzung findet man nach dem Krieg in Karl Korns 'Sprache in einer verwalteten Welt': "Charakteristisch für das braune Aktionsdeutsch war die Schablonisierung des pathetisch-geschwollenen Geredes." (Korn vW[556], S. 40; vgl. S. 39)

Das Streben der Nationalsozialisten nach völliger Vereinnahmung der Bevölkerung spiegelt sich auch in Wörtern wie 'total' und 'verschworene Gemeinschaft' wieder, deren Verbreitung Klemperer an mehreren Stellen seines Tagebuches registriert.[557] Er mußte zudem zu seinem Mißfallen feststellen, daß die Sprache des Dritten Reiches zum Teil auch in den Sprachgebrauch der Juden und anderer Gegner des Regimes (und sogar in seinen eigenen) Einzug hielt - unbewußt natürlich, aber doch.[558]

Die Vereinnahmung der Bevölkerung machte auch Karl Kraus Sorgen: "Denn das ist ja das Erschütternde an dem Ereignis, daß es ganz wie jener Weltkrieg nicht nur die schlichten Idioten berauscht, sondern auch die Intellektuellen um den Verstand gebracht hat." (Kraus DW, S. 87)

In der 1947 veröffentlichten 'LTI' betont Klemperer, daß es noch ein langer Weg sei, bis alles Nationalsozialistische aus Deutschland verschwunden sein würde:

---

[555] Vgl. K T1, S. 58, 624, 670; K T2, S. 425, 588; K LTI, S. 27, 272. Vgl. auch Glunk Teil 4, S. 187/188; Glunk, Rolf: Erfolg und Mißerfolg der nationalsozialistischen Sprachlenkung (Fortsetzung) [Teil 6]. In: Zeitschrift für dt. Sprache. Bd. 24 (1968). S. 184-186; sowie Hagemann, S. 198/199.

[556] Korn, Karl: Sprache in der verwalteten Welt. Erweiterte Ausg. München: dtv 1962.

[557] K T1, S. 36, 141; K T2, S. 285, 333, 510/511, 585, 624; vgl. S. 625; vgl. K LTI, S. 41.

[558] K T1, S. 214; vgl. S. 118, 455, 585; K T2, S. 55/56, 209, 319, 425, 483; K LTI, S. 109, 193. Vgl. Nieden, S. 121; Schiewe, S. 217; Jäger, Siegfried: Sprache- Wissen- Macht. Victor Klemperers Beitrag zur Analyse von Sprache und Ideologie d. Faschismus. In: Muttersprache 1 (1999). S. 2, 8, 9.

"denn zu verschwinden hat ja nicht nur das nazistische Tun, sondern auch die nazistische Gesinnung, die nazistische Denkgewöhnung und ihr Nährboden: die Sprache des Nazismus. Wie viele Begriffe und Gefühle hat sie geschändet und vergiftet! Am sogenannten Abendgymnasium der Dresdener Volkshochschule [...] ist mir oft und oft aufgefallen, wie die jungen Leute in aller Unschuld [...] an den Gedankengängen des Nazismus festhalten. Sie wissen es nicht; der beibehaltene Sprachgebrauch verwirrt und verführt sie." (K LTI, S. 8)[559]

Durch die unendlichen Wiederholungen der nationalsozialistischen Worte und Phrasen seien die nationalsozialistischen Gedanken langsam in das Denken der Menschen hineingesickert. "Worte können sein wie winzige Arsendosen: sie werden unbemerkt verschluckt, sie scheinen keine Wirkung zu tun, und nach einiger Zeit ist die Giftwirkung doch da." (K LTI, S. 21)[560]

Cornelia Berning beschreibt die Gefahr, die von einer Sprache wie der LTI ausgeht, sobald sie von der Bevölkerung übernommen wird, folgendermaßen: "[Sie] liegt darin, daß zwar auf der einen Seite der Mensch der Sprache das Gesicht gibt, daß aber andererseits das menschliche Denken und Fühlen von der Sprache selbst gebildet und geformt werden können."[561]

Wenn bestimmte Wörter oft genug in negativen Kontexten verwendet würden (wie es in besonderem Maß mit 'Juden' oder 'jüdisch' der Fall war), so würden sie nach einiger Zeit unwillkürlich mit etwas Negativem assoziiert- auch wenn sie einmal allein stünden; umgekehrt sei eine Festlegung aufs Positive natürlich ebenso möglich (K LTI, S. 188/189).[562]

Klemperer sah es als seine Aufgabe an, das Gift der LTI sichtbar zu machen und vor ihm zu warnen. Die Worte, die durch die Nazis 'verdorben' worden waren, könnten auf lange Zeit nicht mehr neutral benutzt werden. In Analogie zur jüdischen Tradition, unreine Gegenstände durch Vergraben wieder zu reinigen, schreibt Klemperer bereits im Juli 1934: "So wird man das Wort 'Führer' auf lange Zeit eingraben müssen, ehe es wieder rein und gebrauchsfähig ist." (K T1, S. 123)[563] Victor Klemperer weist jedoch den Wörtern keine autonomen Eigenschaften zu. Nicht die Wörter selbst sind böse, sondern die Menschen, die sie in

---

[559] Vgl. Ohlmeier, Dieter, Nazifaschistische Züge in der Sprache heutiger Psychoanalysen. In: 'Gift, das du unbewußt eintrinkst...' Der Nationalsozialismus und die deutsche Sprache. Hrsg. v. Werner Bohleber u. Jörg Drews. Bielefeld: Aisthesis 1991 (= Breuniger Kolleg. Forschungsmonographien der Breuniger Stiftung. Bd. 1). S. 45. (der Sammelband wird im folg. zit. als Bohleber/Drews)
[560] Vgl. K LTI, S. 33, 108; vgl. Schiewe, S. 210/211.
[561] Berning 1964, S. 3/4. Vgl. Bork, S. 98.
[562] Vgl. Schiewe, S. 212, 217-219..
[563] Vgl. K LTI, S. 22, 51.

einem bestimmten Kontext verwenden - diesen Kontext läßt er nie außer acht.[564] Susanne zur Nieden betont, daß Klemperers Analysen sich nicht in einer einfachen (Wort-)Kritik der NS-Sprache erschöpften, sondern dazu beitragen sollten, zu verstehen, wie diese gewirkt habe bzw. wieso sie wirken konnte.

> "Er versucht [...] eine kulturhistorische Analyse der Gesellschaft, [...]. Heute würde man sagen, Klemperer habe nach dem 'mastercode' des Dritten Reiches gesucht, wobei diese Terminologie dem Philologen bestimmt nicht behagt hätte."[565]

Siegfried Jäger formuliert es so:

> "Klemperer sieht also, dass es nicht das einzelne Wort und der einzelne Text ist, der sich nachhaltig auf das Bewußtsein der Menschen auswirkt, sondern die langfristige und ständige Verwickeltheit in den Diskurs, der sich netzartig über die Gesellschaft legt und in den jeder einzelne verstrickt ist."[566]

Klemperer entdeckte aber auch eine Gegenbewegung zur LTI: Die Versuche, trotz Zensur und Gestapo z.B. brieflich miteinander zu kommunizieren, erinnern ihn an die "Umgehungskünste der Enzyklopädisten"(K T1, S. 79; vgl. S. 163, 657; K T2, S. 350, 488, 489) im Frankreich des 18. Jahrhunderts. Allerdings seien die sprachlichen Tricks und Codewörter bereits mehr "als bloß enzyklopädischer Stil. Der verdeckt Konterbande an Wissen. *Hier* geht es um Leben und Sicherheit im Alltag." (K T2, S. 627) Auch besondere Witze entstehen, in denen z.B. die Herrschenden lächerlich gemacht wurden oder neu eingeführte Worte mit Hilfe von Sprachspielen verspottet wurden.[567]

Aber auch die Herrschenden würden hin und wieder eine Art enzyklopädischen Stil verwenden, wenn sie halb-verschleierte Drohungen aussprächen (K T1, S. 128/29).

Klemperer betont, daß das Besondere, das Neue der LTI nicht nur in 'neuen' Wörtern liege: "Das Dritte Reich hat die wenigsten Worte seiner Sprache selbstschöpferisch geprägt, vielleicht, wahrscheinlich sogar, überhaupt keines." (K LTI, S. 21) Vieles sei entweder aus dem Ausland oder der Zeit vor Hitler übernommen.

> "Aber sie [die LTI] ändert Wortwerte und Worthäufigkeiten, sie macht zum Allgemeingut, was früher einem einzelnen oder einer winzigen Gruppe gehörte, sie beschlagnahmt für die Partei, was früher Allgemeingut war, und in alledem durchtränkt sie Worte und Wortgruppen und Satzformen mit ihrem Gift, macht sie die Sprache ih-

---

[564] Siehe K LTI, S. 157. Vgl. Schiewe, S. 212/213, 216; Bork, S. 8, 9; Heringer, Sprachkritik, S. 12; sowie Jäger, S. 4.
[565] Nieden, S. 120. Vgl. Schiewe, S. 211.
[566] Jäger, S. 7; vgl. S. 3, 14/15.
[567] K T1, S. 79, 157, 510, 578/79. Siehe auch Glunk Teil 3, S. 111-113; Schwiewe, S. 215; Jäger, S. 11/12.

rem fürchterlichen System dienstbar, gewinnt sie an der Sprache ihr stärkstes, ihr öffentlichstes und geheimstes Werbemittel." (K LTI, S. 22)

Die LTI war somit keine 'neue' Sprache, sondern eine 'verschobene': Wörter bedeuteten auf einmal etwas anderes als früher, sollten positive statt negative Assoziationen wecken oder umgekehrt; manche Begriffe wurden verboten, manche auf eine Bedeutung festgelegt und damit eingeengt, manche erfuhren eine Ausweitung. Dabei dehnte sich diese 'verschobene' Sprache durch ihre ständige Wiederholung auch auf diejenigen aus, die eigentlich mit den dahinterstehenden Vorstellungen nichts zu tun haben wollten.[568]
Dahinter stand jedoch keine stringente Theorie über die Sprache oder über die zu erreichenden Ziele: je nach Bedarf (z.B. abhängig von der Kriegslage) wurden neue Richtlinien aufgesetzt.[569] So schreibt Klemperer im Juni 1940 in sein Tagebuch, daß ihm "der skrupellos blitzartige Wechsel in der Tonart" (K T1, S. 534) auffalle, der z.B. gut an den unterschiedlichen Adjektiven sichtbar sei, mit denen England oder Frankreich in der Presse beschrieben würden.

Auch wenn sich Klemperers und Kraus' Texte zur Sprache der Nationalsozialisten äußerlich grundlegend unterscheiden, so kommen sie doch zu ähnlichen Ergebnissen.
Auch Karl Kraus schreibt über das Neue am Sprachgebrauch des Dritten Reichs, wobei er die neuen Wörter stärker betont: "Die Sprache verdankt freilich dem Umsturz, [...], manche neuen Worte, und solche, die man eben vor dem Aufbruch des neuen Wesens unmöglich hätte bilden oder denken können." (Kraus DW, S. 122) Er spricht von der "Fähigkeit, [...] zu arteigener Neubildung zu gelangen, welche die Sprache dem Bedürfnis einer tiefen Unehrlichkeit anpaßt und dem Hang zur Scheinheiligung, zur Verschleierung schmählicher Sachverhalte gerecht wird." (Kraus DW; S. 127) Er meint damit Wörter wie 'Reichskulturkammer' und 'Gleichschaltung' ebenso wie die vielen neuen Abkürzungen (Kraus DW, S. 127-29). - Über die Häufung von Abkürzungen schreibt wiederum Klemperer in der 'LTI':

---

[568] Als wirklich neu kann man zumindest die Bezeichnungen für die vielen Verwaltungsbereiche und -organisationen betrachten; siehe Berning, Cornelia: Die Sprache des Nationalsozialismus (Fortsetzung) [Teil 4]. Charakteristische Züge der NS-Sprache. In: Zeitschrift f. dt. Wortforschung. 17. Bd. = Bd. 2 d. neun Folge (1961). S. 171-73. (zit. als Berning Teil 4) Sowie Berning Teil 6, S. 168; Berning 1964, S. 5. Vgl. auch Glunk Teil 1, S. 58; Glunk Teil 3, S. 110; sowie Hagemann, S. 206-209. Siegfried Bork hingegen spricht der LTI ab, neue Wörter kreiert zu haben und sieht das Neue an ihr ausschließlich im Ausmaß und in der Frequenz der "Wertpervertierung" (Bork, S. 28; vgl. S. 101) von Wörtern. - Zur Sprache im Nationalsozialismus vgl. auch Seidel, Eugen/Seidel-Slotty, Ingeborg: Sprachwandel im Dritten Reich. Eine kritische Untersuchung faschistischer Einflüsse. Halle: Verl. Sprache u. Literatur 1961.

[569] Glunk Teil 1, S. 63/64.

"Kein vorgehender Sprachstil macht einen so exorbitanten Gebrauch von dieser Form wie das Hitlerdeutsch. Das moderne Kurzwort stellt sich überall dort ein, wo technisiert und wo organisiert wird. Und seinem Anspruch auf Totalität gemäß technisiert und organisiert der Nazismus eben alles." (LTI, S. 99)[570]

2.4.1.3 Die Lingua Tertii Imperii in der deutschen Presse

Zeitungen waren für Victor Klemperer eine wichtige Quelle zur Erforschung der LTI. Die Schlagzeilen, Berichte und Kommentare der gleichgeschalteten Presse waren nach kurzer Zeit in der Sprache der neuen Machthaber verfaßt. Zu Beginn verwunderte und empörte sich Klemperer noch darüber, wie schnell die Zeitungen 'zu Kreuze krochen' und Inhalt und Stil dem Nationalsozialismus anpaßten. So schreibt er am 21. Februar 1933 in sein Tagebuch: "Und alles ist still und duckt sich, am tiefsten die Judenheit und ihre demokratische Presse."(K T1, S. 6) Einen Monat später notiert er: "Und die Zeitungen winseln. Die 'Dresdener NN' macht der Regierung Komplimente." (K T1, S. 13; vgl. S. 15/16) "Niemand atmet mehr frei, kein freies Wort, weder gedruckt noch gesprochen." (K T1, S. 15) Und im Oktober: "Die philologischen Fachschriften, die Zeitschrift des Hochschulverbandes bewegen sich derart in Gesinnung und Jargon des dritten Reiches, daß jede Seite Brechreiz verursacht." (K T1, S.63)

Beim Spazierengehen sah sich Klemperer mit den ausgehängten Nummern des 'Stürmer' konfrontiert, dessen Anschlagtafeln Inschriften wie "'Die Juden sind unser Unglück.'" (K T1, S. 192) trugen. Der 'Stürmer' selbst stellte ein besonders extremes Beispiel für die Aufschaukelung des Judenhasses dar.[571]
Im Juli 1944 stellt Klemperer fest: "So sehr ich mich dagegen gesträubt habe, *der Jude* ist in jeder Hinsicht Zentralpunkt der LTI, der ganzen Epochen-Betrachtung." (K T2, S. 547) Bork dreht diese These um, kommt aber zu einem ähnlichen Ergebnis, wenn er schreibt: "Die Sprache wurde zum wichtigsten Vehikel bei der Verbreitung des Judenhasses."[572]

An die Hetzschriften gegen alles Jüdische schon beinahe gewöhnt, war Klemperer im Juli 1942 von einem Artikel in der 'Deutschen Ukrainezeitung', die er zufällig zu sehen bekam, geradezu positiv überrascht. "Da war ein merkwürdig undreckiger, im Ton geradezu ruhig gehaltenen Artikel über das 'jüdische Volk'." (K T2, S. 178)

---

[570] Vgl. K LTI S. 95-98;K T1 S. 287, 497; K T2, S. 31, 605, 624. Vgl. auch Korn vW, S. 80/81; sowie Bork, S. 51.
[571] K T1 S. 228, 372, 378, 459. Vgl. Bork, S. 39/40.
[572] Bork, S. 37. Vgl. Hagemann, S. 181/182.

Klemperer machte sich auch Gedanken zur Ausrichtung der verschiedenen Zeitungen innerhalb des Systems: So schreibt er im Juni 1942 über die 'Frankfurter Zeitung', die er hin und wieder von einem Bekannten zu lesen bekam:

> "Sie ist genauso nationalsozialistisch orientiert wie die anderen Blätter, aber sie wahrt eine gewisse Höhe des Stils - sie ist auch ein bißchen bedächtiger im Rosafärben. Man muß die 'Frankfurter Zeitung' mit den anderen Blättern vergleichen, um zu sehen, wie tief der Presseton gesunken. Es heißt, die 'Frankfurter' nehme Rücksicht auf die ausländische Diplomatie, repräsentiere." (K T2, S. 139)

Auch Karl Kraus hebt die 'Frankfurter Zeitung' in seiner 'Dritten Walpurgisnacht' auf seine sarkastische Art ein wenig über die anderen Blätter hinaus:

> "Sie hat sich inzwischen der Vorschrift, überhaupt keine Meinung zu haben, anpassen müssen, wiewohl ein starker finanzieller Rückhalt ihr die förmliche Gleichschaltung zu ersparen und ein wenig von jener relativen Sauberkeit, die nicht viel wert ist, zu bewahren schien, [...]." (Kraus DW, S. 44)

Die 'Frankfurter Zeitung' wurde von Hitler gehaßt, aber wegen ihrer Wirkung auf das Ausland zunächst geduldet. Sie wurde einerseits von der nationalsozialistischen Propaganda gegen das Ausland eingesetzt, leistete sich aber andererseits immer wieder kleine Akte des sprachlichen Widerstands, z.B. durch deutlich distanzierte, bewußt emotionsfreie Berichte.[573]

Nachdem die 'Frankfurter Zeitung' 1943 schließlich doch verboten worden war, abonnierte Klemperers Bekannter die 'Dresdener Allgemeine Zeitung' ('DAZ'); Klemperers Einschätzung:

> "Sie enthält genau die gleichen Kommentare wie die 'Dresdener Zeitung', ein bißchen ausführlicher, ein bißchen dem Stil des Stammpublikums angepaßt - etwa: potenzierte 'Tägliche Rundschau', Adel, höhere Beamte, Superintendenten -, aber in allen Argumenten und Stich- und Schlagworten buchstäblich übereinstimmend." (K T2, S. 436)

Im September 1944 erwähnt Klemperer die 'DAZ' als das momentane "Repräsentationsblatt" (K T2, S. 572; vgl. K LTI, S. 75/76, 268).

Im Oktober 1939 schreibt Klemperer: "Notierte ich schon zur Sprache: Gegensatz zur Pressefreiheit der Demokratie heißt *disziplinierte Presse* (Hitlerrede nach dem Polensieg in Danzig)." (K T1, S. 497/98)[574]

---

[573] Hagemann, S. 294-305; Bauer, S. 16; Bork, S. 91; vgl. Gillessen, Günther: Auf verlorenem Posten. Die 'Frankfurter Zeitung' im Dritten Reich. Berlin: Siedler 1986. S. 527-538. - Für die 'Frankfurter Zeitung' schrieb auch Dolf Sternberger, siehe Kap. 2.5.2.1.

[574] Siehe auch Glunk, Rolf: Erfolg und Mißerfolg der nationalsozialistischen Sprachlenkung (Fortsetzung) [Teil 10]. In: Zeitschrift für dt. Sprache. Bd. 26 (1970). S. 178; sowie Hagemann, S. 17/18.

Victor Klemperer hatte einsehen müssen, daß aus der Presse nur das zu erfahren war, was die Machthaber wollten, und in der Sprache, in der sie es wollten: "Wahrheit spricht für sich allein - aber Lüge spricht durch Presse und Rundfunk." (K T1, S. 87; vgl. S. 393/94, 424; K T2, S. 560) Dabei ärgerte sich Klemperer besonders über "die schamlose Kurzbeinigkeit ihrer Lügen. Immerfort geht man kaltschnäuzig von Behauptungen ab, die man tags zuvor gemacht hat." (K T2, S. 58)

Cornelia Berning nennt die LTI auch eine "Sprache der Verschleierung"[575]: Niederlagen und Versorgungsprobleme wurden abgeschwächt und schöngeredet, die systematischen Grausamkeiten an Juden verschwiegen. "Totalitäre Publizistik ist keine totale Publizität; die Vernichtung des Gegners erfolgt lautlos."[576] Siegfried Bork schreibt dazu: "So wurde denn das Wort als Waffe gegen Wahrheit und Objektivität propagandistisch geschickt eingesetzt."[577]

Hin und wieder gab es jedoch kleine Ausnahmen: wer zwischen den Zeilen lesen konnte und sich auf den Sprachgebrauch der Nationalsozialisten verstand, erfuhr manchmal gerade das, was verborgen bleiben sollte. So dechiffriert ein Bekannter Klemperers Floskeln wie 'heldenmütig', 'heldenhaft' in Verbindung mit Kriegsberichten als Zeichen für Niederlagen der Deutschen: "Heldenhaft klingt wie Nachruf, verlassen Sie sich drauf." (K LTI, S. 14; vgl. K T1, S. 699; K T2, S. 116/17, 138, 434). Gegen Ende des Krieges fanden sich schließlich auch Artikel, in denen z.B. die schlechte militärische Lage zugegeben wurde (K T2, S. 471; vgl. S. 493, 521, 559).

Die Todesanzeigen für die im Krieg Gefallenen wurden Klemperer zu einem versteckten Indikator für die Stimmung der Bevölkerung. Im Juni 1941 bemerkt Klemperer eine gehäufte Verwendung des Attributs 'sonnig' in den Todesanzeigen: "Mein sonniger Gatte ... in jeder dritten Todesanzeige, insbesondere bei Heldentodten (bei denen das 'Für Führer und Vaterland' übrigens seltener wird. [...])." (K T1, S. 654)[578] Im Mai 1942 berichtet er, daß nun seit einiger Zeit Formeln der Bestürzung dominierten - was Klemperer als Zeichen für Kriegsmüdigkeit deutete, und was scheinbar auch von den Herrschenden so gedeutet wurde: ein (wohl bestellter) 'Brief' eines Soldaten wurde in der Presse abgedruckt,

---

[575] Berning Teil 5, S. 113. Vgl. Techtmeier, Bärbel: Bedeutung zwischen Wort und Text - Die Sprache des Faschismus im Spiegel von Victor Klemperers 'LTI'. In: Bedeutungen u. Ideen in Sprachen u. Texten. Hrsg v. Werner Neumann u. Bärbel Techtmeier. Berlin: Akademie-V. 1987 (= Sprache u. Gesellschaft. Bd. 20). S. 320/321. Vgl. auch Bauer, S. 87/88.
[576] Hagemann, S. 15; vgl. S. 175, 180.
[577] Bork, S. 5; vgl. S. 10/11, 86-90.
[578] Vgl. K T1, S. 599, 648, 656, 684; T2, S. 562.

der die Todesbereitschaft der Soldaten betonte. Klemperers Folgerung: "Von nun an wird die Fassung: 'Für Führer und Vaterland'– 'in stolzer Trauer' dominieren."[579] (K T2, S. 81)

Klemperer filterte aus seiner Beispielsammlung bald einige grundsätzliche Eigenschaften der LTI heraus. Ende Juli listet er fünf Merkmale auf: "1. der mechanistische Stil, 2. der enzyklopädische Stil der Emigranten [...], 3. der enzyklopädische Stil der Regierung, 4. der Reklamestil, 5. der germanische Stil: Namens, Namensänderungen [...]"[580] (K T1, S. 128). Am 2. August faßt er seine Eindrücke folgendermaßen zusammen: "Die Sprache des 3. Reichs begann lyrisch-ekstatisch, dann wurde sie Kriegssprache, dann glitt sie ins Mechanistische-Materialistische." (K T1, S. 132)

Der 'Reklamestil' wurde besonders in der reißerischen Aufmachung der Zeitungen sichtbar: Im August 1934 erwähnt Klemperer, daß der viele Fettdruck allein nun schon fast nicht mehr auffällig wirke;[581] bei den Schlagzeilen werde oft der Artikel weggelassen, um Dynamik zu suggerieren (K T1, S. 160).
Die Aufmachung war tatsächlich ein wichtiges Element der nationalsozialistischen Presselenkung: Nichts sollte dem Zufall überlassen werden, weder die Größe der Schlagzeilen noch der Platz, an dem eine Meldung stand, und schon gar nicht die Plazierung von Bildern.[582]
Klemperer durchschaute allerdings die besondere 'Gemachtheit' des Zeitungsbildes: Ende 1937 berichtet er von einer Rede Goebbels', in der dieser sich brüstet, nach der Vertreibung der Juden (u.a.) aus dem Zeitungsgeschäft erschienen die Zeitungen "in besserer *Aufmachung* als je zuvor! Spottet seiner selbst, ohne es zu ahnen..." (K T1, S. 385)

Ziemlich uneinheitlich war die LTI bezüglich des Gebrauchs von Fremdwörtern: einerseits versuchte man das 'Deutschtum' durch Übersetzung von Fremdwörtern zu betonen, andererseits gab es beliebte und verbreitete Fremdwörter, die auch Fortschrittlichkeit dokumentieren sollten. Der 'Allgemeine Deutsche Sprachverein' wurde in seiner Hoffnung, von den Nationalsozialisten Unterstützung im Kampf gegen Fremdwörter zu erhalten, schließlich völlig enttäuscht.[583]
Klemperers eigene Regel für den Gebrauch von Fremdwörtern lautet: "benutze das Fremdwort nur da, wo du keinen vollwertigen und einfachen Ersatz im

---

[579] Vgl. K T2, S. 57, 309, 477; K LTI, S. 128-130; vgl. Heer, S. 134/135.
[580] Zum Thema Namensänderung, siehe auch K T2, S. 276; K LTI, S. 81, 87.
[581] K T1, S. 130; vgl. S. 129/30, 164, 250, 258, 425, 501, 524; K T2, S. 70, 473, 639; K LTI, S. 227.
[582] Hagemann, S. 40-42, 47, 48.
[583] Glunk Teil 1, S. 59-62; Sauer, S. 323/33. Vgl. Schiewe, S. 207.

Deutschen dafür findest, in diesem Fall aber benutze es." (K LTI, S. 266; vgl. K T1, S. 675)

Klemperer erwähnt den Zwiespalt zwischen dem Streben der Nationalsozialisten nach "Sprachreinheit" (K T2, S. 180) auf der einen und u.a. Hitlers Fremdwörtergebrauch auf der anderen Seite. Dieser sei einerseits der Eitelkeit des Autodidakten entsprungen, solle aber andererseits auch gezielt die Massen lenken, die viele Fremdwörter nicht verstehen würden: "in seinem Nichtbegriffenwerden beirrt und betäubt es [das Fremdwort], übertönt es das Denken." (K LTI, S. 267) Ein besonders beliebtes Fremdwort war 'Garant', zu dem Klemperer notiert: "Fremdwort gebildet, Anknüpfung an alte Staatskunst und magisch wie Kirchenlatein. Bluffmittel neben Verteutschungen." (K T1, S.524)[584]

Ein Wort, das zum Beispiel im Wehrmachtsbericht auftauchte, war 'liquidieren', das auf Klemperer noch schlimmer wirkte als das zuvor oft gelesene und gehörte 'niedermachen' (wobei 'liquidieren' wahrscheinlich für viele andere weniger real und tödlich und somit 'angenehmer' geklungen hat):

> "Liquidieren ist ein Wort aus der Kaufmannssprache, als Fremdwort noch um einen Grad kälter und sachlicher als seine jeweiligen deutschen Entsprechungen; [...] Werden Menschen liquidiert, so werden sie eben erledigt oder beendet wie Sachwerte." (K LTI, S. 158/59)[585]

In 'LTI' zieht Klemperer dann eine Verbindungslinie, die Franz Pfemfert wahrscheinlich gar nicht gefallen hätte:

> "Formen der Willensbetonung und des stürmischen Vorwärtsdrängens erbt die LTI von den Expressionisten oder teilt sie mit ihnen. 'Die Aktion' und 'Der Sturm' hießen die Zeitschriften der jungen, nur erst um Anerkennung ringenden Expressionisten. [...] Aktion gehörte vom Anfang bis zum Schluß zu den unverdeutschten und unentbehrlichen Fremdwörtern der LTI, [...]". (K LTI, S. 73)[586]

An mehreren Stellen seines Tagebuches stellt Klemperer fest, daß die Zeitungsberichte sehr stark ins Religiöse und Hymnische abdrifteten, sobald es in Reden oder Zeitungsberichten um Hitler ging.[587] Überall werde der 'feste Glaube an Hitler' betont: "Der Nationalsozialismus will nicht wissen, nicht denken, *nur*

---

[584] Vgl. S. 222, 578. Vgl. Berning Teil 4, S. 180/81; Berning, 1964, S. 85/86; sowie Bork, S. 95-97.
[585] Vgl. K LTI S. 267; K T2, S. 539. Vgl. auch Glunk Teil 3, S. 83-86; sowie Berning 1964, S. 124.
[586] Vgl. K T2, S. 477, 557/58. Zu Ausdrücken der Dynamik, vgl. auch Bork, S. 19; sowie Bauer, S. 48.
[587] K T1, S. 54, 67, 127, 225, 344, 365, 401, 405, 469, 505; vgl. K LTI, S. 40. Vgl. Berning Teil 4, S. 173-77; Berning 1964, S. 40/41; Bork, S. 54, 57, 77-86; Bauer, S. 59.

glauben." (K T1, S. 590) Das passe auch zu der Angst und dem Haß, den die Nationalsozialisten dem (selbständig) "denkenden Menschen" (K LTI, S. 9) gegenüber empfänden; ebenso zu der Forderung, Befehlen 'blindlings', also ohne nachzudenken, zu gehorchen.[588] Statt an den Verstand wandte sich die Sprache der Nationalsozialisten an "irrationale Kräfte und Erlebniskomplexe"[589], die durch die vielen Wiederholungen der zentralen Schlagworte wachgehalten werden sollten.

Hier ist auch die Verbindung zwischen der religiösen und der technisch-mechanistischen Ebene der LTI gegeben. Letztere zeichnet sich durch Wörter wie 'überholen', (groß) 'aufziehen', 'organisieren', 'Einstellung', 'Einsatz', 'ankurbeln' und 'gleichschalten' aus. Dabei sei 'aufziehen' zuerst negativ besetzt gewesen, erhielt aber noch im Sommer 1933 seine spätere positive Bedeutung.[590]

Sowohl der fast religiöse Glaube als auch das automatisierte Gehorchen führen zu dem erwünschten Effekt des Fehlens jeglicher Reflexion und damit Kritikmöglichkeit - alle sind 'gleichgeschaltet' (K LTI, S. 163- 165). Berning erwähnt in diesem Zusammenhang auch die Verbindung von Bildhaftigkeit und scheinbarer Sachlichkeit einer technisierten Sprache. Auch weist sie darauf hin, daß der Einfluß der Technik auf die moderne Sprache insgesamt noch genauer untersucht werden sollte.[591]

Auch Karl Kraus vermerkt mit Abscheu die quasi-religiöse Begeisterung für Hitler und die Verachtung alles Rationalen oder gar Intellektuellen (Kraus DW, S. 18, 21, 23/24). Die mechanistische Seite des nationalsozialistischen Weltbilds versucht er ad absurdum zu führen: Für eine Beschreibung Joseph Goebbels' verwendet Kraus in der 'Dritten Walpurgisnacht' einen Teil des Vokabulars der LTI und parodiert damit gleichzeitig den Stil des Propagandaministers:

"Er hat die Einstellung wie die Einführung, er kennt den Antrieb wie den Auftrieb, die Auswertung wie die Auswirkung, die szenische Aufmachung, den filmischen Aufriß wie die Auflockerung und was sonst zum Aufbruch gehört, [...]." (Kraus DW, S. 54)[592]

---

[588] K LTI, S. 160/61; vgl. K T1, S. 175, 322. Vgl. Korn vW, S. 77; Berning Teil 5, S. 114; Berning 1964, S. 92-94; sowie Bork, S. 25/26.
[589] Berning Teil 4, S. 171; vgl. S. 172, 177. Vgl. auch Bork, S. 48-50, 58, 61, 91; Glunk Teil 4, S. 186; sowie Hagemann, S. 13.
[590] K T1, S. 37/38, 114, 158, 250, 322, 405, 505, 645; K T2, S. 49, 51, 73; K LTI, S. 50. Vgl. Berning 1964, S. 29/30; Bork, S. 17/18. Zum Gebrauch des Verbs 'aufziehen' nach dem 2. WK, siehe auch Korn vW, S. 32/33.
[591] Berning Teil 5, S. 11/112. Vgl. Bork, S. 17. Vgl. auch Kap. 2.5.
[592] Siehe Quack, S. 162, 164, 166.

Victor Klemperer stellt im Dezember 1938 fest, daß Weihnachten in den Zeitungen völlig "dechristianisiert" (K T1, S. 448) worden sei und nur noch über den Ruhm und die Glorie des neuen deutschen Staates bzw. Volkes definiert werde. Ende 1941 jedoch habe Hitler in einer Rede Gott angerufen (K LTI, S. 237). Zu Beginn 1944 notiert Klemperer dann eine "Annäherung an den kirchlichen Stil" (K T2, S. 470), ein Jahr später sogar eine "Anrufung des Allmächtigen" (K T2, S. 636), was er als Zeichen für eine weitere Verschlechterung der militärischen Lage Deutschlands deutet.

Als interessant erwähnt Klemperer auch, daß einige Wörter der LTI, die anfangs häufig gebraucht würden, später verschwänden, dann eventuell wieder auftauchten. Ein Beispiel sei 'Blitzkrieg', das laut Klemperer bis Sommer 1941 im Umlauf war, dann aber nicht mehr auftauchte (K T2, S. 138; vgl. T1 S. 525)- wohl aus dem einfachen Grund, daß man einen nun mehrere Jahre dauernden Krieg einfach nicht mehr als 'Blitzkrieg' bezeichnen konnte. Ein anderes Wort, daß eine Zeit lang oft gebraucht, dann aus der Mode gekommen und schließlich (im Gegensatz zum vorherigen Beispiel) im Juli 1944 wieder verwendet worden sei, sei 'anfällig' (K T2, S. 551); ähnlich verhalte es sich mit 'spontan' (K T2, S. 553).

Ein Charakteristikum sei auch die Sport- bzw. "Boxersprache" (K T2, S. 345; vgl. 532, 552; LTI, S. 271, 289) z.B. in Goebbels' Artikeln im 'Reich'. Dort sei von 'Runden', 'Gegner' und 'entscheidenden Schlägen' die Rede. Zudem verwende Goebbels oft eine "gewollte Vulgärsprache" (K T2, S. 404). Da Goebbels' Artikel und Reden (und ebenso natürlich die Adolf Hitlers[593]) laut Hagemann "unverhüllt als Sprachregelung für die Presse"[594] galten, verbreitete sich die 'Sportsprache' natürlich um so schneller.

Cornelia Berning betont, daß die Verwendung von Sportausdrücken und Sportmetaphern zwar nichts Neues sei; sie hätte besonders seit Ende des 19. Jahrhunderts stark zugenommen. In der LTI erlebe der Sport jedoch den (vorläufigen) "Höhepunkt seines Einflusses"[595].

Ein Wort der Sprache des Dritten Reichs, das ihm besonders unangenehm aufgefallen war, präsentiert Karl Kraus: In der 'DAZ' vom 25. Mai 1933 fand er in einem Artikel über die deutsche Wirtschaftslage den Satz "es sei notwendig, daß die Maßregeln, die getroffen werden, nach der fachlichen und psychologischen Seite hin durchschlagen." (Kraus DW, S. 137)

---

[593] Bork, S. 93/94.
[594] Hagemann, S. 39.
[595] Berning Teil 5, S. 108; vgl. 109-111. Vgl. Bork, S. 16/17.

Das Element des Kampfes wurde natürlich auch durch die vielen militärischen Ausdrücke verstärkt, die in die LTI einflossen. Bereits im Juli 1933 mokiert sich Klemperer über Zeitungsartikel, in denen von der "siegreiche[n] Arbeitsschlacht in Ostpreußen" (K T1, S. 44) die Rede sei; Ende 1936 notiert er die Begriffe "Erzeugerschlacht" (K T1, S. 325/26) und "Käuferschlacht" (K T1, S. 326).[596] Im September 1934 hält er folgenden Satz fest: "'Der deutsche Lustspielfilm *marschiert.*'" (K T1, S. 305) Ende Januar 1939 stellt Klemperer sich die Frage: "Gehört im Wetterbericht die *Regenfront* zu den Wortmilitarisierungen des dritten Reiches? Ich glaube es fast." (K T1, S. 460) Im August desselben Jahres stellt er fest: "Für den Parteitag waren nicht Sanitäter vorgesehen, sondern*Feldschere.*" (K T1, S. 481)[597]

Ein weiteres Merkmal der LTI bezeichnet Victor Klemperer als "Superlativismus" (K T1, S. 393).[598] Im Gegensatz zu den Amerikanern, die auf eine naiv-enthusiastische Weise prahlten, täten es die Nazis "halb größenwahnsinnig, halb in krampfhafter Autosuggestion" (K T1, S. 393). Später nennt er als wichtiges Charakteristikum des nationalsozialistischen Superlativs "seine bewußte Böswilligkeit, denn er geht überall skrupellos auf Betrug und Betäubung aus."(K LTI, S. 229) Bork schreibt dazu: "Was der nationalsozialistischen Sprache an fundierter Aussagekraft fehlte, ersetzte sie durch leeren bombastischen Wortschwall."[599]

Klemperer unterscheidet drei grundsätzliche Arten des Superlativs: normal gesteigerte Adjektive, einzelne Wörter mit superlativischem Beiklang und ganze Superlativ-Sätze (K LTI, S. 232). Spezielle Lieblingswörter seien zum Beispiel 'ewig', 'einmalig', 'hundertprozentig' bzw. sogar 'hundertfünfzigprozentig', 'unvorstellbar' und 'total'; zusätzlich neigten die Nationalsozialisten zur Verwendung von möglichst großen Zahlen, besonders in den Siegesnachrichten der Wehrmachtsberichte.[600] Dadurch würde aber die eigentlich präzise Militärsprache "ins Märchenhafte" (K LTI, S. 229) verkehrt.

Trotz (oder wegen?) dem Hang zu Superlativen nehme sich die LTI insgesamt sehr eintönig und arm aus. Im Juni 1942 erwähnt Klemperer die "Schimpfarmut" (K T2, S. 125) der Nazi-Sprache, deren verbale Attacken im Grunde nur aus ein paar stereotype Phrasen bestünden. Im Juli 1944 notiert Klemperer nach der Zei-

---

[596] Vgl. Berning 1964, S. 21, 73.
[597] Vgl. Bork, S. 20/21.
[598] Vgl. K T1 S. 380, 441, 624, 651, 695, 698; K T2, S. 617. Siehe K LTI, S. 227-236.
[599] Bork, S. 40; vgl. S. 41-47.
[600] K T1, S. 393, 568, 583, 647, 648, 652, 660; K T2, S. 159/160, 556, 607; K LTI, S. 229, 230/31. Vgl. Berning 1964, S. 183.

tungslektüre: "Sehr wenige Gedanken, sehr wenige stilistische Wendungen." (K T2, S. 540; vgl. S. 605, 630) "Die allzuleicht übersehbare, die armselige LTI!" (K T2, S. 550; vgl. K LTI, S. 25) Im September des gleichen Jahres erklärt er: "Sprachlich festzuhalten ist die engstirnige Gleichförmigkeit und Eintönigkeit der LTI bis zuletzt." (K T2, S. 585)
Einen Grund für diese Eintönigkeit beschreibt Klemperer folgendermaßen:

> "Jede Sprache, die sich frei betätigen darf, dient allen menschlichen Bedürfnissen, sie dient der Vernunft wie dem Gefühl, sie ist Mitteilung und Gespräch, Selbstgespräch und Gebet, Bitte, Befehl und Beschwörung. Die LTI dient einzig der Beschwörung. [...] Die LTI ist die Sprache des Massenfanatismus." (K LTI, S. 29)[601]

Besondere Bedeutung kommt laut Klemperer den "ironischen Anführungszeichen" (K LTI, S. 78) zu. Indem die Nazis z.B. Einstein einen 'Forscher' unter Anführungszeichen nannten, stellten sie klar, daß ihm diese Bezeichnung ihrer Meinung nach nicht gebühre. "Es gibt keinen Zeitungsartikel, keinen Abdruck einer Rede, die nicht von solchen ironischen Anführungszeichen wimmelten, [...]." (K LTI, S. 79)[602]

Mit einigen Wörtern der LTI beschäftigte sich Klemperer besonders intensiv. Eines dieser Wörter ist 'angeben' bzw. 'Angabe': Klemperer selbst kannte es "als spezifisch judendeutsch für aufgeregte Präpotenz, nervöse Heftigkeit, viel von seinen Leiden hermachen etc." (K T2, S. 5; vgl. 523) Anfang 1942 las er dann einen Artikel von Goebbels im 'Reich', in dem dieser 'Angeber' bzw. 'Angabe' im Sinne von Übertreibung verwendet hatte. "Er hat also, ohne es zu wissen, ein Wort der Judensprache übernommen und ausschließlich in dem ihm, Goebbels, natürlichen Sinn angewandt." (K T2, S. 5) Im Oktober 1943 kommt Klemperer, durch einen Artikel in der 'DAZ' angeregt, auf das Wort zurück. Er stellt fest, daß 'angeben' nun beides meinen könnte: 'jemanden angeben' (anschwärzen) genauso wie 'angeben' im Sinne von "wichtigtun, aufbauschen, nörgelnd lärmen" (K T2, S. 444), das aus dem jüdischen Jargon eingeflossen sei.[603]

Ein anderes Wort ist 'liberalistisch', das Pejorativ der LTI zu 'liberal'. 'Liberalistisch' zu sein war ein heftiger Vorwurf, der z.B. Thomas Mann traf. Klemperer registrierte das Wort Anfang 1934 als neues Mode-Schlagwort (K T1, S. 80/81; vgl. S. 331, 585). (Genauso war aus 'intellektuell' 'intellektualistisch' geworden

---

[601] Vgl. K LTI, S. 28. Vgl. Schiewe, S. 225/26; Hagemann, S. 214; Bork, S. 100/101; Berning Teil 5, S. 112.
[602] Vgl. T1, S. 322; vgl. auch Kraus DW, S. 220.
[603] Vgl. Korn vW, S. 41-45, 55; sowie Adorno, Theodor W.: Karl Korn, Die Sprache in der verwalteten Welt. In: Theodor W. Adorno. Vermischte Schriften II. Frankfurt a. M.: Suhrkamp 1986 (= Theodor W. Adorno. Gesammelte Schriften. Hrsg. v. Rolf Tiedemann. Bd. 20. 2.). S. 518. (zit. als Adorno, Vermischte Schriften)

(K T1, S. 315).) Im März 1942 entdeckte er durch Zufall, daß bereits Bismarck im Jahr 1863 'liberalistisch' im abwertenden Sinn verwendet hatte. Die Nationalsozialisten hatten das Wort nur verallgemeinert - und zwar so stark, daß das ursprüngliche 'liberal' zum Teil völlig vergessen wurde. So berichtet Klemperer von einem jungen Mann, der 1936 von sich und seinen Freunden sagte: "'Wir sind alle liberalistisch.' Er kannte 'liberal' gar nicht mehr, 'liberalistisch' war ihm ein tadelfreies Grundwort geworden." (K T2, S.42)

'Fanatisch' (bzw. 'Fanatismus') war ebenfalls ein Wort, das Klemperer sehr beschäftigte. Anfang 1935 notiert er die Bedeutungsverschiebung vom Negativwort zur erstrebenswerten Eigenschaft. In der folgenden Zeit erwähnt Klemperer immer wieder Verwendungen im Sinne von etwa 'leidenschaftlich'.[604] Für Siegfried Bork ist 'fanatisch' das "Schlüsselwort einer pervertierten nationalsozialistischen Tugendlehre."[605]

Im Februar 1943 zitiert Klemperer den 'Freiheitskampf', in dem es "eine Entgleisung oder einen Rückfall [gegeben habe]; es war von den 'fanatisierten russischen Horden' die Rede, wo dann das geheiligte 'fanatisch' wieder ins Unheilige zurückgesunken war." (K T2, S. 327) In 'LTI' schreibt er später, daß das Wort 'fanatisch' als positive Eigenschaft bereits wieder aus dem Wortschatz der Deutschen verschwunden sei. Er folgert daraus,

> "daß eben doch im Volksbewußtsein oder -unterbewußtsein der wahre Sachverhalt all die zwölf Jahre hindurch lebendig geblieben ist: dies nämlich, daß ein umnebelter, der Krankheit und dem Verbrechen gleich nahestehender Geisteszustand durch zwölf Jahre hinweg als höchste deutsche Tugend betrachtet wurde." (K LTI, S. 67)[606]

Auch über das Wort 'charakterlich' wundert sich Klemperer und fragt nach dessen Entstehungszeit (K T1, S. 585; vgl. S. 653). Laut Werner Betz taucht 'charakterlich' tatsächlich in der LTI zum ersten Mal auf, nämlich in Hitlers 'Mein Kampf': die erste gesicherte Belegstelle findet sich in der Auflage des Jahres

---

[604] K T1, S. 175, 678, 684, 698; K T2, S. 308, 470, 607/608, 690; vgl. K LTI, S. 21, 62-67. Vgl. auch Sternberger, Dolf/Storz, Gerhard/Süskind, Wilhelm E.: Aus dem Wörterbuch des Unmenschen. Neue erweiterte Ausgabe mit Zeugnissen des Streites über die Sprachkritik. München: dtv 1970. S. 59. Siehe auch Kap. 2.5.2.2.

[605] Bork, S. 24; vgl. S. 23. Siehe auch Berning 1964, S. 74-78; sowie Ehlich, Konrad: "..., LTI, LQI, ..." - Von der Unschuld der Sprache und der Schuld der Sprechenden. In: Das 20. Jahrundert. Sprachgeschichte - Zeitgeschichte. Hrsg. v. Heidrun Kämpe u. Hartmut Schmidt. Berlin/ New York: de Gruyter 1998 (= Institut f. dt. Sprache. Jahrbuch 1997). S. 289-91, 300-303.

[606] Andererseits notiert er in seinen Tagebücher der Jahre 1945-1959 ebenfalls Verwendungen von 'fanatisch'; siehe Kap. 2.5.1.2.

1932.[607] Im Januar 1943 erklärt Klemperer die Neubildung folgendermaßen: "Charakter ('Gesinnung') ist so wesentlich, wesentlicher als Geist und Wissen, daß man ein neues Adjektiv bildet, um Menschen zu werten." (K T2, S. 320)

Das neue Adjektiv 'charakterlich' wird nach dem Krieg auch in das 'Wörterbuch des Unmenschen' von Sternberger, Storz und Süskind aufgenommen. Dolf Sternberger prangert es als unmenschlich an, da

"es nie zu einem lebendigen Hauptworte und lebendigen Wesen in Beziehung [tritt], sondern ganz im Gegenteil immer und ausschließlich zu den anonymen Mächten, die sich den Charakter dienstbar machen und mit ihm umgehen wie mit einem Stück Holz. Da kommt die 'charakterliche Begutachtung' oder die 'charakterliche Beurteilung, wohl auch die 'charakterliche Erziehung und Schulung." (WU, S. 32)

Ein Wort der LTI, von dem Victor Klemperer erst nach Kriegsende durch die Berichterstattung über die Nürnberger Prozesse erfuhr, war 'Endlösung'. Er kommentiert es in seinem Tagebuch mit "Linie Menschenmaterial, Stück" (K T3, S. 173).
Karl Korn schreibt später:

"Endlösung klingt wie eine Rechnung mit Logarithmen [...]. Die rechnerische Abstraktheit der Vorgänge und der Nomenklatur ist das Unmenschliche. Die Worte sind so schematisch wie die Akten, in denen der gewaltsame Tod von Millionen sich in Vollzugsmeldungen und Ziffern niederschlägt." (Korn vW, S. 138)

Victor Klemperers Sprachkritik ist über weite Strecken hin Sprachbrauch-Kritik oder Sprachverkehrs-Kritik, wenn er das Auftauchen neuer Wörter registriert. In den Tagebücher findet man an vielen Stellen sogar Sprachverwendungs-Kritik: dort, wo Klemperer wörtliche Zitate z.B. aus Zeitungen (oder Rundfunkansprachen) mit Quellenangaben notiert und kommentiert hat. Aber auch dort kritisiert Klemperer nicht die Presse(-Sprache) an sich, sondern die Presse(-Sprache) im Nationalsozialismus.
Im 'Notizbuch eines Philologen' ist der größte Teil der Sprachverwendungs- Kritik einer (allgemeineren) Sprachbrauch- bzw. Sprachverkehrs-Kritik gewichen, da Klemperer die vielen Einzelstellen wohl kaum hätte alle aufnehmen können.

Klemperers Sprachkritik war nicht ästhetisch motiviert; er kritisierte nicht, weil ihm bestimmte Wörter oder Wendungen nicht gefielen, sondern weil er in ihnen Ausdruck und Mittel der nationalsozialistischen Gewaltherrschaft erkannt hatte.[608] Ebenso wie Karl Kraus es sein ganzes (publizistisches) Leben getan hatte,

---

[607] Betz, Werner: Zum Wörterbuch des Unmenschen. In: Zeitschrift für dt. Wortforschung. Bd. 17 (1960) = Bd. 1 d. neuen Folge. H 1/2. S. 120. (zit. als Betz W. 1960). Vgl. Berning 1964, S. 52/53.
[608] Vgl. dazu Bork, S. 102/103.

versuchte er dagegen anzukämpfen, daß die Menschen durch eine 'schiefe'Sprache eine ebenso 'schiefe' Realität' als normal und gerechtfertigt akzeptieren.

Für Jürgen Schiewe sind Klemperers Aufzeichnungen ein Beispiel dafür, wie man gegen Sprachlenkung und Manipulation geistig Widerstand leisten kann:
> "Sprachkritik im Sinne eines Aufdeckens sprachlicher Manipulation und eines Ausbrechens aus dem Sprachgefängnis aber ist möglich durch einen bewußten, reflektierten - und somit auch selbstverantwortlichen - Umgang mit der Sprache. Und dazu bietet die Geschichte der Sprache, die Geschichte auch der Wörter, mit der in ihr erhaltenen 'Wahrheit' eine gute, wenn auch vielleicht die einzige Möglichkeit."[609]

Und Klaus Podak sieht Klemperer als eines der besten Beispiele dafür an, "daß Emotionalität und Rationalität sehr wohl eine der Erkenntnis dienende Verbindung eingehen können."[610]

2.4.2 Stimmen aus dem Exil[611]

2.4.2.1 Thomas Mann

Einer, der noch rechtzeitig aus Deutschland fliehen konnte, war Thomas Mann (1875-1955). Er verließ seinen Wohnort München im Februar 1933, ursprünglich für Vorträge in Amsterdam und Brüssel und eine anschließende Kur in der Schweiz. Auf Drängen seiner Familie unterließ er die Rückkehr - der Beginn seines Exils zunächst in der Schweiz, ab 1938 dann in den USA.[612]

Seine Haltung zum nationalsozialistischen Deutschland wird in denTagebucheintragungen der Jahre 1933 und 1934 sowie in zahlreichen Ansprachen (die zum Teil ursprünglich im Radio gehalten worden sind) deutlich.[613] Mann geht dabei auf die politische Lage in Deutschland ein und bezieht sich auch des öfteren auf Reden oder Aussagen Hitlers oder Goebbels'. Es gibt keinen längeren

---

[609] Schiewe, S. 227; vgl. S. 226; vgl. auch Jäger, S. 10/11.
[610] Podak, Klaus: Spiegel des Unheils. Hitlers Mein Kampf : Annäherung an ein Buch, das es nicht gibt. In: Bohleber/Drews. S. 19.
[611] Zu weiteren sprachkritischen Beiträgen im Exil, siehe Sauer, S. 339-341.
[612] Siehe Prater, Donald A.: Thomas Mann. Deutscher und Weltbürger. Eine Biographie. München/Wien: Hanser 1995. S. 281-300, 375-388, 489.
[613] Mann, Thomas: An die gesittete Welt. Politische Schriften und Reden im Exil. Nachwort v. Hanno Helbig. Frankfurt a. M.: Fischer 1986 (= Thomas Mann. Gesammelte Werke in Einzelbänden. Frankfurter Ausgabe. Hrsg. v. Peter de Mendelssohn.). Thomas Mann hatte allerdings bis 1936 damit gewartet, seine Verachtung öffentlich u. offiziell zu formulieren; siehe Prater, S. 336-344.

zusammenhängenden Text über die (Presse-)Sprache im Nationalsozialismus, aber aus verschiedenen verstreuten Kommentaren lassen sich einige prinzipielle Aussagen ablesen.
So schreibt Thomas Mann im März 1933 in sein Tagebuch:

> "Die keß-sadistischen Propaganda-Pläne der Regierung, die angekündigte Niederwalzung und totale Uniformierung der öffentlichen Meinung, Ausrottung jeder Kritik, Zweckloserklärung jeder Opposition. [...] Das Moderne, Tempomäßige, Futuristische im Dienst der zukunftwidrigsten Ideenlosigkeit (Futurismus ohne Zukunft). Mammutreklame für nichts. Es ist schauderhaft und miserabel. [...] Bildung und Denken sind selbstverständlich nicht erwünscht, gewollt wird die restlose Vollendung der Massenverdummung zum Zwecke mechanisch einförmiger Beherrschung mit Hilfe der modernen Suggestionstechnik. (Mann gW, S. 7)

Er bezieht sich hier bereits auf die beginnende Vereinnahmung der Presse für propagandistische Zwecke, auf die Geist-Feindlichkeit der Nationalsozialisten und auf die Beschwörung der Massen (vgl. auch Mann gW, S. 12, 18/ 19, 41).

An vielen Stellen drückt Mann seine Verachtung für die Selbstüberschätzung des Nationalsozialismus als 'Weltanschauung' aus: er spricht vom "Geschwätz welthistorischer Betrunkenheit" (Mann gW, S. 11), ärgert sich über die gehäufte Verwendung des Ausdrucks 'geschichtliche Wende' in Presse und Reden (Mann gW, S. 27) und ruft zum Sturz Hitlers mit den Worten auf: "Macht, daß das ekle Gebell inferiorer Verlogenheit, daß diese Übelkeit erregende Stimme eines hysterischen Hausknechts im Radio verstumme, damit das europäische Ohr nicht länger davon gequält werde!" (Mann, gW, S. 18; vgl. S.14, 284, 486/487)
Anläßlich der Aberkennung der Ehrendoktorwürde der Philosophischen Fakultät der Universität Bonn im Dezember 1936 schreibt Mann an den Dekan:

> "Das Geheimnis der Sprache ist groß; die Verantwortlichkeit für sie und ihre Reinheit ist symbolischer und geistiger Art, sie hat keineswegs nur künstlerischen, sondern allgemein moralischen Sinn, sie ist die Verantwortlichkeit selbst, menschliche Verantwortlichkeit schlechthin, [...]" (Mann gW, S. 163).[614]

In dem Manifest 'An die gesittete Welt' aus dem Jahr 1938 'übersetzt' Thomas Mann einige der gängigen Schlagworte der Nationalsozialisten,[615]

> "die 'Friede' sagen, wenn es den Krieg, 'Ordnung', wenn es die Anarchie, 'Erhebung', wenn es die tiefste Erniedrigung, 'Freiheit', wenn es die letzte Knechtschaft, 'Männlichkeit', wenn es die Bestialität, 'Kultur', wenn es den Terror rachsüchtiger Dummheit gilt;" (Mann gW, S. 277)

---

[614] Vgl. Prater, S. 355/356.
[615] Das Manifest wurde allerdings 1938 doch nicht veröffentlicht; Thomas Mann verwendete aber den größten Teil davon für seine Rede 'Der Feind der Menschheit', gehalten 1939 in Beverly Hills und Chicago; siehe Mann gW, S. 301-310, 915/916; vgl. Prater, S. 404.

Seine Konsequenz aus der Sprache der Nationalsozialisten ist, daß es nicht sein dürfe, "daß diese Kreatur allein das Wort führe, um es zu schänden, zu verdrehen, durch den Kot zu ziehen" (Mann gW, S. 278).

Die deutsche Presse und ihren Umgang mit der Sprache bezeichnet Mann an einer Stelle als "Kloake" (Mann gW, S. 13); an anderer Stelle schreibt er über eine Rede des Schriftstellers Rudolf Binding in "der 'Rundschau' [...], erstaunlich durch den wohl obligatorischen Kotau vor dem 'Führer', sonst fromm nationalistischer Bewunderung voll für die deutsche Sprache, die etwas verschwommen gehandhabt wird." (Mann gW, S. 26/27) Im Juni 1933 notiert er: "Die deutschen Zeitungen: - Grauen. Nichts als unheimliche, drohende, bösartige Texte." (Mann gW, S. 31) Im September desselben Jahres kommentiert er eine Ausgabe der 'Münchner Illustrierten-Zeitung': "Welch unsinniger Tiefstand! Welche Erniedrigung für Vernunft und Geschmack: all diese Fälschungen, lächerlichen Gewaltsamkeiten und stumpfsinnigen Sentimentalitäten auch nur zu überfliegen!" (Mann gW, S. 38; vgl. S. 588/589)

Wie Victor Klemperer scheint auch Thomas Mann eine geradezu körperliche Abscheu vor den Phrasen der nationalsozialistischen Presse entwickelt zu haben - er setzt sich allerdings nicht so detailliert mit ihnen auseinander wie Klemperer.

Manns Kommentare zur Sprache finden sich hauptsächlich in Appellen oder Manifesten zur politischen Lage in Deutschland und sind dementsprechend selbst rhetorisch gestaltet, während Klemperer sich um wissenschaftliche Exaktheit bemühte.

2.4.2.2 Bertolt Brecht

Auch Bertolt Brecht (1898-1956) war bereits 1933, über Prag und Wien, in die Schweiz gereist; von dort aus ging er zuerst nach Dänemark, später nach Schweden, Finnland und schließlich 1941 in die USA.[616] Unter seinen Schriften aus der Zeit des Exils[617] finden sich auch Überlegungen zur Sprache.

---

[616] Siehe Hecht, Werner: Brecht Chronik. 1898-1956. Frankfurt a. M.: Suhrkamp 1997. Für die Zeit der Flucht aus Deutschland bis zur Ankunft in der Schweiz, siehe S. 349-53. (zit. als Hecht W.)

[617] Brecht, Bertolt: Schriften 2. 1933-1942. Teil 1. Berlin/Weimar bzw. Frankfurt: Aufbau bzw. Suhrkamp 1993 (= Bertolt Brecht. Werke. Große kommentierte Berliner u. Frankfurter Ausgabe. Bd. 22).

Sprachkritik war für Brecht ein Mittel im Kampf gegen Herrschaft und Unterdrückung. Sie soll sich nicht nur auf ästhetische oder grammatischeAspekte beschränken, sondern die Absichten der Unterdrücker entlarven. In diesem Zusammenhang lobt er ausdrücklich Karl Kraus:

> "Die Kritik der Sprache erschöpfte sich im allgemeinen in der Kritik derer, die sich schlecht ausdrücken. Wenn nun auch die Sprache derer, die Kraus untersucht, vielfach in dem Sinne schlecht ist, daß sie das Gewollte nicht oder mangelhaft ausdrückt, so ist es doch die andere Seite, die Kraus noch mehr interessiert. Vergewaltigung der Sprache mag an sich auf gewisse moralische Schäden hindeuten, aber in großem Maßstab fruchtbar wird die kritische Prüfung der Sprache, wenn sie als Werkzeug der Schädigung angewendet betrachtet wird." (Brecht S 2/1, S. 35)

Besonders beeindruckt zeigte sich Brecht von Kraus' Technik des "kommentarlosen Zitierens" (Brecht S 2/1, S. 34). Allein dadurch, daß Kraus ihnen einen (neuen) Titel gäbe, würden die zitierten Aussagen "dem furchtbarsten Zweifel preisgegeben" (Brecht S 2/1, S. 34).[618]

Über die Probleme, sprachlich angemessen auf den Nationalsozialismuszu reagieren, schreibt Brecht in 'Fünf Schwierigkeiten beim Schreiben der Wahrheit'. Man brauche

> "den Mut [...], die Wahrheit zu schreiben, [...]; die Klugheit, sie zu erkennen, [...]; die Kunst, sie handhabbar zu machen als eine Waffe; das Urteil, jene auszuwählen, in deren Händen sie wirksam wird; die List, sie unter diesen zu verbreiten." (Brecht S 2/1, S. 74)

So solle man z.B. *"statt Volk Bevölkerung und statt Boden Landbesitz"* (Brecht S 2/1, S. 81) sagen; so nehme man "den Wörtern die faule Mystik" (Brecht S 2/1, S. 81; vgl. S. 82).
An anderer Stelle entlarvt Brecht einige der Lieblingssätze der Nationalsozialisten als Phrasen, so z.B. 'Gemeinnutz geht vor Eigennutz':

> "Wirklich, wer ist diese Allgemeinheit, der da von den einzelnen genützt werden soll, deren Gemeinnutz da vor dem Eigennutz gehen soll? Ist es vielleicht nur der Haufen Leute, der diesen Satz Gemeinnutz geht vor Eigennutz verbreitet und von den 60 Milliarden Volkseinkommen im Jahr 20 Milliarden verschlingt, die Nationalsozialistische Partei?" (Brecht S 2/1, S. 59; vgl. S. 57/58, 60)[619]

---

[618] Zum Verhältnis zwischen Karl Kraus und Bertolt Brecht siehe auch: Bilke, S. 246-256; Krolop, S. 54-56. Vgl. Brechts Gedicht 'Über die Bedeutung des zehnzeiligen Gedichtes in der 888. Nummer der Fackel (Oktober 1933)'; in: Brecht, Bertolt: Gedichte 4. Gedichte u. Gedichtfragmente 1928-1939. Berlin/Weimar bzw. Frankfurt: Aufbau bzw. Suhrkamp 1993 (= Bertolt Brecht. Werke. Große kommentierte Berliner u. Frankfurter Ausgabe. Bd. 14.) S. 195-197.

[619] Auf ähnliche Weise hatte ja bereits Ferdinand Kürnberger Sätze wie "Durch Freiheit zur

Eine Form von Sprachverwendungs-Kritik sind Brechts 'Übersetzungen' von Texten von Göring und Heß. Im Gegensatz zu Thomas Mann, der sich auf die 'Übersetzung' von allgemeinen Begriffen beschränkt, zitiert Brecht Göring und Heß wortgetreu aus der Baseler 'National-Zeitung'.[620] Er tut also genau das, was Kurt Tucholsky 1921 vorgeschlagen hatte, als er in der 'Weltbühne' schrieb: "Man könnte den Text jeder Zeitungsnummer ins Wirkliche übersetzen." (WB 17/II, 41, S. 376). Dabei stellt Brecht jeweils Originalzitat und 'Übersetzung' in Spalten nebeneinander, so daß der Leser genau nachvollziehen kann, was wo verändert wurde.

Zuvor erklärt er seine Methode: Man müsse bei dieser Art von Sprachkritik jede einzelne Aussage für sich richtigstellen und dürfe sich nicht davon beirren lassen, daß logisch richtige Satzkonstruktionen manchmal inhaltliche Richtigkeit vorgaukeln können (Brecht S 2/1, S. 89/90).

Bei diesen Richtigstellungen benutzt Brecht drei Techniken: Einerseits 'übersetzt' er tatsächlich einzelne Wörter oder Satzteile. So wird aus Görings "Überwindung der kommunistischen Gefahr" (Brecht S 2/1, S. 90) durch Paraphrasierung des Adjektivs 'kommunistisch': "Überwindung der Gefahr, daß unter der Herrschaft des arbeitenden Teils der Bevölkerung die Ausnutzung des Eigentums zum Zwecke der Ausbeutung abgeschafft werden könne" (Brecht S2/1, S. 90). Aus Hess' Formel "ein bolschewistisches Chaos" (Brecht S 2/1, S. 94) wird auf diese Weise "eine bolschewistische Gesellschaftsordnung, in der die Ausbeutung des Menschen durch den Menschen unmöglich ist" (Brecht S2/1, S. 94).

Brechts zweite Technik ist es, das von Göring bzw. Hess Gesagte zwar stehen zu lassen, aber dafür an entscheidender Stelle etwas hinzuzufügen. So zitiert Brecht Göring unverändert mit "Testament des ehemaligen Gruppenführers Ernst" (Brecht S 2/1, S. 92), fügt aber an: "den ich habe erschießen lassen" (Brecht, S 2/1, S. 92). Hess' Formulierung "aus der Hand derjenigen, die ihnen einst als Feinde gezeigt wurden" (Brecht S 2/1, S. 94) ergänzt er durch "da sie Feinde sind" (Brecht S 2/1, S. 94).

Die dritte (und am seltensten benutzte) Technik Brechts zur Richtigstellung ist das Weglassen von Wörtern - in einem Fall sogar von nur einem Buchstaben:

Wahrheit, durch Wahrheit zum Licht." (Kü I, S. 89) und Formulierungen wie 'unberechenbare Tragweite' als Phrasen entlarvt, indem er sich die eigentlichen Bedeutungen der Wörter bewußt gemacht hatte; vgl. Kap. 2.1.2.2 u. 2.1.2.3.

[620] Brecht benutzte Die 'National-Zeitung' als Quelle für die Reden Görings und Hess'; er veröffentlichte nicht seine 'Übersetzung' in ihr, wie v. Polenz angibt; siehe Polenz, Sprachkritik, S. 71; vgl. Hecht W., S. 425/426.

Görings Ausführungen über die Entschlossenheit der Nationalsozialisten, den Kommunismus aus Deutschland zu vertreiben, die mit dem Satz enden "Dazu brauchten wir keinen Reichstagsbrand" (Brecht S 2/1, S. 92), läßt er fast unverändert stehen; nur der letzte Satz lautet bei ihm "Dazu brauchten wir einen Reichstagsbrand" (Brecht S 2/1, S. 92). Aus Hess' Formulierung "Mit berechtigtem Stolz" (Brecht S 2/1, S. 93) macht Brecht schlicht "Mit Stolz" (Brecht S2/1, S. 93) - er entzieht ihm die Berechtigung stolz zu sein.

Brecht deckt auf diese Weise nicht nur die Hintergedanken der Nationalsozialisten auf; er zeigt auch, wie deren Verschleierungstaktiken funktionieren, bzw. wie man den Schleier lüften kann. Er prangert so den Nationalsozialismus an, ohne selber zu 'predigen'.

2.5 Sprachkritik seit dem Ende des Zweiten Weltkriegs

2.5.1 Noch einmal Victor Klemperer: Die Lingua Quartii Imperii

2.5.1.1 Ein neues Leben

Nach Kriegsende und ihrer Rückkehr nach Dresden fanden sich die Klemperers in der sowjetischen Besatzungszone wieder. Im Gegensatz zu vielen seiner Mitbürger begrüßte Klemperer zunächst die Dominanz der Kommunisten, da er sie im Gegensatz zu den bürgerlichen Parteien als willens ansah, alle Reste des Nationalsozialismus zu beseitigen. Aus demselben Grund trat Klemperer nach einigem Zögern im November 1945 in die KPD ein:

> "Wenn ich schon in eine Partei muß, dann ist diese das kleinste Übel. Gegenwärtig zumindest. Sie allein drängt wirklich auf radikale Ausschaltung der Nazis. Aber sie setzt neue Unfreiheit an die Stelle der alten! Aber das ist im Augenblick nicht zu vermeiden. [...] Aber es kommt mir wie eine Komödie vor: Genosse Kl.! Wessen Genosse?" (K T3, S. 146)[621]

Nach einigen Behördenkämpfen wieder in Amt und Würden (obgleich es einige Zeit dauerte, bis er schließlich an der Universität Halle eine befriedigende Stelle erhielt), engagierte sich Klemperer in der Kulturpolitik der Sowjetischen Besatzungszone und später der DDR.[622]

Nach teilweise euphorischer Hoffnung auf einen völligen Neuanfang gewann allerdings sein Skeptizismus bald wieder Oberhand: Zuerst mißfiel ihm nur die russisch-kommunistische Kultur- und Bildungspolitik. Mit der Zeit wurden aber auch die prinzipiellen Bedenken gegen den Stalinismus und die totalitären Elemente der DDR immer stärker.[623]

Sehr lange klammerte sich Klemperer an die Formel des "kleinere[n] Übel[s]" (K T4, S. 455).[624] 1958, während der China-Reise, gesteht er sich ein, daß er nun "zum endgiltigen Antikommunisten geworden" (K T4, S. 722) sei. Am 25. Oktober 1959 schließlich notiert er völligdesillusioniert, er sei überzeugt, "daß man hier russische Politik treibt, u. daß die Russen genauso imperialistische Machtpolitik treiben wie die Westdeutschen, nur etwas blutiger asiatischer als der kul-

---

[621] Vgl. K T3, S. 41, 147, 150. Siehe auch Greiner, Bernd: 'Zwiespältiger denn je.' Victor Klemperers Tagebücher im Jahr 1945. In: Heer, Im Herzen d. Finsternis. S. 149-151.
[622] Siehe u.a. K T3, S. 116, 119, 132, 165, 336, 673. Siehe auch Nowojski, Walter: Nachwort. In: K T4. S. 912- 915. (zit. als Nowojski 1999)
[623] Siehe z.B. K T4, S. 96, 113, 114, 127, 142, 237, 389, 390, 411, 429, 450, 505, 528, 578, 673. Siehe Nowojski 1999, S. 917/918; Nieden, S. 120.
[624] Vgl. K T3, S. 146, 150; K T4, S. 578.

tiviertere Westen." (K T4, S.751/752) Sein Schweigen in der Öffentlichkeit begründet er in seinem Tagebuch mit der Furcht, seiner zweiten Ehefrau Hadwig (die er nach dem Tod Eva Klemperers geheiratet hatte) könnten daraus Nachteile erwachsen - um sich selbst fürchte er nicht mehr. Knapp vier Monate später starb Victor Klemperer in Dresden.

2.5.1.2 Die 'Sprache des Vierten Reiches'

Während Klemperer mit der expliziten politischen Kritik lange zögerte, war der Sprachkritiker in ihm sehr schnell wieder aktiv geworden.

An Zeitungen kam Klemperer zunächst nicht sehr leicht heran - diesmal lag es nicht an einer Diskriminierung seiner Person, sondern an der allgemeinen Zeitungs- bzw. Papierknappheit (vgl. K T3, S. 65/66). Die "erste[] annähernd wirkliche[] Zeitung" (K T3, S. 7) war laut Klemperer die in Berlin herausgegebene 'Deutsche Volkszeitung' der KPD. Im August 1945 beklagt sich Klemperer:

> "Es fehlt eine wirkliche Zeitung, das communist. Nachrichtenblatt, das täglich für 20 Pf gebracht wird, enthält nichts als die Nachrichten u. die fragwürdigsten Phrasen, die ständig, mindestens 3 x täglich, durch den Funk gehen." (K T3, S. 76)

Nach Verbesserung der Situation hätte Klemperer in Zeitungen schwelgen können, doch seine vielen Tätigkeiten und Verpflichtungen ließen ihm wenig Zeit; seine verbliebene Zeit mußte er zwischen großen Mengen von Lesestoff aufteilen, die er im August 1947 wie folgt aufzählt:

> "Ich bekomme jetzt, seit ich im Praesidialrat sitze, regelmäßig 'Sonntag' u. 'Aufbau', ich kaufe 'Einheit' u. 'Neue Welt' von einem Hausierer, Berlin (Kahanes) schicken 'Bam' u. 'Les Lettres Francaises', 'Lancelot' dringt öfters zu mir - aber lesen tue ich fast nichts von alledem, ich halte das Buch für nährender." (K T3, S. 416)[625]

Im Juli 1952 schreibt er: "Ich kann den täglichen Zeitungsstoß nicht bewältigen, durchblättere seinen Inhalt - die ewige Dasselbigkeit! - aufs flüchtigste..." (K T4, S. 297; vgl. S. 359) Im Mai 1956, während seines Aufenthaltes in Paris, befiehlt er sich selbst: "Mehr Zeitung lesen! Aber wo die Zeit hernehmen?" (K T4, S. 553) Dafür publizierte er nun selbst wieder Artikel in der Presse, unter anderem in der 'Täglichen Rundschau'.[626]

---

[625] Vgl. K T3, 415/416; K T4, S. 668. Unter den Zeitungen, die Klemperer mehrmals erwähnt, sind die 'Deutsche Volkszeitung' (Zentralorgan d. KPD), die 'Tägliche Rundschau', die kommunistische Tageszeitung 'Sächsische Volkszeitung' (bis April 46), die 'Berliner Zeitung', die 'Sächsische Zeitung', sowie der Westberliner 'Tagesspiegel'.

[626] K T3, S. 113, 185/186, 309, 423, 584; K T4, S. 88, 225, 227, 244, 251, 359. Vgl. Nowojski 1999, S. 918.

Neben dem Rundfunk und den Reden bei (kultur-)politischen Versammlungen blieben Zeitungen und alltägliche Gespräche aber wichtige Quellen für seine sprachkritischen Beobachtungen - die er allerdings immer mehr für sich behielt, je mehr er auch prinzipiell am politischen System zu zweifeln begann.

Eine seiner Beobachtungen war, daß sich die Menschen an viele Wörter der LTI gewöhnt hatten. Sie erschienen ihnen meist nicht speziell nationalsozialistisches gab für sie also keinen Grund diese Wörter zu meiden. Klemperer moniert zum Beispiel von Anfang an das Wort 'hundertprozentig' und die Formulierung 'unter Beweis stellen'.[627]

Bereits im Juni 1945 notiert Klemperer folgende Überlegung:

"Ich muss allmählich anfangen, systematisch auf die Sprache des vierten Reiches zu achten. Sie scheint mir manchmal weniger von der des dritten unterschieden als etwa das Dresdner Sächsische vom Leipziger. Wenn etwa Marschall Stalin der Grösste der derzeit Lebenden ist, der genialste Stratege usw. [...] Jedenfalls will ich unser Nachrichtenblatt und die Deutsche Volkszeitung , die mir jetzt zugestellt wird, genau sub specie LQI studieren." (K T3, S. 26)[628]

Wenig später beschreibt er den momentanen Sprachzustand als ein *"Zwischenreich der LTI u.* LQI" (K T3, S. 28); im Oktober stellt er fest: "Jeden Tag beobachte ich von neuem die Fortdauer von LTI in LQI." (K T3, S. 126)

Die 'LQI' (Lingua Quartii Imperii) setzt sich für Klemperer aus zwei großen Strömungen zusammen: aus Überbleibseln der LTI und aus Elementen (besonders Wortschöpfungen) der Nachkriegszeit.[629]

Victor Klemperer mußte feststellen, daß einige der Grundprinzipien seiner LTI offensichtlich allgemeine Merkmale moderner totalitärer Herrschaftsformen waren: Er diagnostizierte ein Andauern der Mischung aus Superlativismus, Pathos und religiöser Verehrung von Führerpersönlichkeiten.[630] Auch erinnerten ihn Wörter der kommunistischen Verwaltungs- und Parteisprache frappant an die der Nationalsozialisten.[631] Im April 1949 stellt Klemperer fest: "(An die Stelle von 'artbewußt' scheint jetzt 'klassenbewußt' getreten. LQI.)" (K T3, S. 638/39; vgl. S. 641)

---

[627] K T3, S. 19, 22, 53; K T4, S. 66, 133, 358. 1946 entdeckte Klemperer übrigens 'unter Beweis stellen' in seiner eigenen Literaturgeschichte von 1930 (K T3, S. 211).
[628] Vgl. K T3, S. 42, 76. Vgl. Ehlich, S. 287/288.
[629] Allerdings hatte sich auch die Tendenz zu Wortspielen und Witzen erhalten: vgl. K T4, S. 12, 469, 730.
[630] K T3, S. 26, 38, 108; K T4, S. 66, 108, 181, 329, 689.
[631] K T3, S. 120; vgl. S. 446, 448, 593, 608, 611, 687; K T4, S. 25, 505.

Im Sommer 1952 konstatiert er eine starke "Wendung zum Nationalismus u. Militarismus" (K T4, S. 307).[632] Die Ausdrücke der Militärsprache und der technisierten Sprache wurden allerdings von Anfang an oft benutzt (K T3, S. 28). Im Juli 1945 überlegt Klemperer als Reaktion auf die Verwendung von 'kämpferisch' sowie verschiedenen Wortformen von 'Einsatz' in Zeitung und Rundfunk die Forderung nach einem "antifaschistische[n] Sprachamt" (K T3, S. 38). Überhaupt würden "sämtliche nazistische[] Schlagworte, die wie Leichengift wirken" (K T3, S. 50), pausenlos angewandt. Wörter wie 'kämpferisch', (sogar 'fanatischer') 'Einsatz', 'Aktion', 'aufziehen', 'zersetzend', 'Garant', 'Aufbruch', 'Erlebnis' oder die Betonung des 'Charakters' bemerkt Klemperer immer wieder.[633]

Als erstes 'neues' Wort notiert Klemperer im August 1945 'Atombombe', als zweites (Radio-)'Sendung' (K T3, S. 68; vgl. K T4, S. 457).

Im Februar 1946 berichtet Klemperer von landwirtschaftlichen Themen im Radio und stellt sich die Frage: "Wird Landwirtschaftliches in die LQI eindringen?" (K T3, S. 202) Als LQI-Wörter des Wirtschaftsbereichs notiert Klemperer "Das Combinat" (K T3, S. 597; vgl. 608), "Schwerpunktbetrieb" (K T3, S. 630; vgl. T4, S. 16, 21), "SOLL ERFÜLLEN" (K T3, S. 630), "*Werktätige* [], die man - leider - von den 'Berufstätigen' unterscheidet" (K T3, S. 664; vgl. 673, 712; K T4, S. 311, 481).

Die Techniksprache trage ebenfalls zu Neuschöpfungen bei: Im März 1946 fällt Klemperer das erste Mal das Wort 'einblenden' als "neues Wort der Umgangssprache wie 'einschalten'" (K T3, S. 206) auf; auch 'überfahren' im metaphorischen Sinn notiert Klemperer, mit dem Zusatz "LQI??" (K T3, S. 292).

Auch die politische Situation prägte neue Wörter: Nicht eigentlich neu, aber nach langer Zeit wieder benutzt sei das Wort 'Junker', das mit Vorliebe auf die Enteigneten oder zu Enteignenden angewendet werde (K T3, S. 15). Neu sei dafür der Begriff 'Umerziehung' (K T3, S. 108). Im Mai 1947 schreibt Klemperer als neues Wort, sonst kommentarlos, aber in Großbuchstaben "ENTBRÄUNEN" (K T3, S. 382) in sein Tagebuch.

Im Zusammenhang mit der Unzufriedenheit vieler mit den russischen Besatzern entdeckte Klemperer "russenhörig" (K T3, S. 401) als Adjektiv für die SED. Ebenfalls ein Teil der LQI seien die kontrastiven Bezeichnungen "Der Westen!" (K T3, S. 407) bzw. 'drüben' (K T3, S. 568). Seit dem wirtschaftlichen Zusammenschluß der amerikanischen mit der britischen Besatzungszone (= 'Bizone')

---

[632] Vgl. K T4, S. 302. Vgl. Schiewe, S. 220/21.
[633] K T3 S. 108, 133, 164, 196, 202, 533, 630; K T4, S. 66, 484, 490, 675.

seien außerdem die Begriffe 'Bizonesien' oder 'Bizonien' sowie der Vergleich Frankfurts mit Vichy sehr beliebt (K T3, S. 465). So zitiert Klemperer aus der 'Täglichen Rundschau' vom 3. 10. 1948: "Der spalterische 'parlamentarische Rat' für... Bizonien" (K T3, S. 594). Für die Flucht nach Westdeutschland kursierten die Formulierungen "über die Grenze ... nach dem Westen ... oder auch bloß: 'abhauen'" (K T 3, S. 685).

Ende September 1948 notiert sich Klemperer den Terminus 'Luftbrücke' (K T3, S. 591). Auch die Unterscheidung "Alte Intelligenz, Neue Intelligenz" (K T3, S. 627) fällt für Klemperer unter LQI; im Juni 1950 kommt noch die *"technische Intelligenz"* (K T4, S. 65; vgl. S. 142) dazu.

Auch stellt Klemperer eine Hochkonjunktur des Verbums 'befreien' fest: "Niemand erobert mehr, jeder 'befreit'." (K T3, S. 679; vgl. K T4, S. 663) "Alle Kriegstechnika gewohnt vom 2. Weltkrieg sind wieder da in der Berichterstattung über Korea." (K T4, S. 74) Die Truppen der westlichen Alliierten würden inzwischen als *"völkerrechtswidrige Interventisten"* (K T4, S. 15; vgl. S. 106) bezeichnet.

Im Februar 1951 führt Klemperer die verschiedenen Bezeichnungen für den neuen ostdeutschen Staat auf: "Früher bloß Republik. Jetzt *Volks*republik, *demokratische* Republik, DDR." (K T4, S. 143) Im Oktober 1952 notiert er den Terminus "Innerpolitische Demokratie" (K T4, S. 328). Der Aufstand vom 17. Juni 1953 werde als *"faschistische[s] Abenteuer"* (K T4, S. 389) bezeichnet. Im September 1955 fügt er seiner Liste die Wörter 'Republikflucht', 'Abwerbung' und 'Kalter Krieg' hinzu (K T4, S. 512; vgl. S. 607).

Bezüglich der Anrede 'Genosse' fragt sich Klemperer, ob sie noch reine Parteisprache oder schon in die LQI eingeflossen sei (K T3, S.448). Ebenfalls zumindest innerhalb der Partei modern sei 'eine Frage anreißen'- Klemperer notiert dazu: "E. [Eva Klemperer] sagt: Fachausdruck der Zeichner. (Reißbrett)" (K T3, S. 605). Im Oktober 1950 listet Klemperer auf: "LQI:*Dialektisch, positiv*, positive u. *Selbstkritik.*" (K T4, S. 99; vgl. S. 135) Im November 1951 bemerkt er die häufige Verwendung von 'konstruktiv' (K T4, S. 228).

Im Oktober 1947 notiert Victor Klemperer als gerade aktuelle Modewörter 'Existentialismus' und 'genuin' (K T3, S. 451), im Februar 1948 fällt ihm 'Ideologie' (K T3, S. 513) auf. Kurz darauf fragt er sich, seit wann man statt 'Universität' nur noch kurz 'Uni' sage (K T3, S. 533). Als typisch für die LQI beschreibt er Doppeltitel wie *"Werden und Wirken"* (K T3, S. 595) und die Formulierung 'darüber hinaus': "E. sagt, das habe sie schon *in einem Wort* geschrieben gesehen." (K T3, S. 687) Seltsam erscheint ihm auch die umgangsprachliche Wendung 'schief liegen' (K T4, S. 41; vgl. S. 139). Zwei äußerst beliebte Modewörter mit der Vorsilbe 'ent-' seien 'entfalten' (K T4, S. 237, 252, 328) und 'entlarven' (K T4, S. 359). Anläßlich des nur mehr gelegentlichen Auftauchens des früheren Modewortes 'hauchdünn' in den Zeitungen stellt sich Klemperer "Immer wieder die gleiche Frage: welches Modewort bleibt?" (K T4, S. 467; vgl. S. 607)

Auch zu Grammatik und Sprachlogik findet man (wenn auch wenige) Einträge im Tagebuch. Im September 1952 schreibt Klemperer:

> "Tausende Männer ... '*demonstrierten* aus den Betrieben ... *zum* Platz vor dem alten Rathaus.' (Nachtexpreß 3. 9. 52) Neue Syntax! So hat der Zeitungskauf doch mehr als Clo-Zweck."(K T4, S. 314; vgl. S. 737)

Anläßlich der Formulierung in der Presse, man wolle "unseren Arbeiter- u. Bauernkindern *das Führen* [...] *lernen*" (K T4, S. 745) schreibt Klemperer: "Reinster Nazismus, in *noch* schlechterem Deutsch!" (K T4, S. 745)

Anfang 1953 konstatiert er ein "Zerfließen des Begriffes 'humanistisch'" (K T4, S. 358; vgl. S 442), der nun vermehrt (und fälschlicherweise) mit 'human' gleichgesetzt bzw. anstelle von 'human' verwendet würde.

In seiner 'LTI' betont Klemperer noch, daß die Vielzahl der technischen Ausdrücke bei den Kommunisten nicht unbedingt auf die Instrumentalisierung der Menschen hindeuten müsse: "wenn zwei sich derselben Ausdrucksform bedienen, müssen sie durchaus nicht von gleicher Absicht ausgehen. Ich will es gerade heute und hier besonders dick unterstreichen." (K LTI, S. 166)[634] Diese Aussage zeigt abermals, wie wichtig der Bezug auf den jeweiligen Kontext für Klemperer war, und daß er es strikt ablehnte, pauschale Urteile zu treffen - und auch, wie sehr er auf einen politischen Neuanfang hoffte. Liest man aber die Tagebucheintragungen Klemperers aus jener Zeit, wird auch sichtbar, daß er sich bereits damals Sorgen zu machen begann.

Im Mai 1948 versuchte Klemperer, auf politischen Versammlungen darauf hinzuweisen, daß man bei öffentlichen Ansprachen leere Phrasen meiden solle:

> "Keine Klischeephrasen! Kein Funktionärsdeutsch. (Und keine LQI! In dem eben erwähnten Bildungsheft, [...], heißt ein Randstichwort: 'Kommunismus als Schrecken *diffamiert!*')" (K T3, S. 535; vgl. S. 706; T4 S. 46)

Im Oktober 1952 formulierte er seine Bedenken auf Versammlungen schon sehr viel milder: er schreibt, er habe "eine ferne u. zu vermeidende Gefahr [genannt],

---

[634] Vgl. dazu Techtmeier, S. 319.

was ich vordem als nun schon vorhandenen Tatbestand gezeichnet hatte." (K T4, S. 328) Während seine Tagebuchkommentare zu Sprache und Politik der DDR immer schärfer wurden, hielt er seine Kritik in der Öffentlichkeit mehr und mehr zurück.

Klemperer konnte seine Beobachtungen zur LQI nicht mehr veröffentlichen. In seinen Tagebüchern beschränkt er sich zum größten Teil auf Verweise zu Parallelen zwischen LTI und LQI und auf die Auflistung neuer, ihm für die Nachkriegszeit charakteristisch erscheinender Wörter und Formulierungen. Darunter befinden sich sowohl Wörter, die heute zum alltäglichen Sprachgebrauch gehören (wie z.B. 'Radiosendung' oder die Abkürzung 'Uni'), als auch solche, die sich inzwischen selbst überlebt haben: 'Republikflucht' oder 'Umerziehung' werden heute aus naheliegenden Gründen wohl kaum mehr verwendet (höchstens im historischen Bezug). Auch waren viele der von ihm als 'Modewörter' beschriebenen Ausdrücke (wie z.B. 'entfalten' oder 'Existentialismus') keine DDR-Spezifika.

Victor Klemperer wurde bereits zu Lebzeiten immer wieder von verschiedenen Seiten vorgeworfen, er würde sich inkonsequent verhalten, da er zwar gegen die LTI gewettert habe, aber nun deren Fortdauer bzw. das Entstehen einer LQI nicht wahrhaben wolle.[635] Daß er die Parallelen sehr wohl erkannt hatte, konnte niemand wissen.

2.5.2 Sprachkritik als Reaktion auf beharrende Elemente? Sternberger, Storz, Süskind: das 'Wörterbuch des Unmenschen'

2.5.2.1 Dolf Sternberger und die westdeutsche Nachkriegspresse

Peter Glotz und Wolfgang Langenbucher, die an der Presseentwicklung bis zum Ende der Weimarer Republik sowohl den deutschen Gesinnungsjournalismus als auch dessen Hang zu Provinzblättern kritisieren, beurteilen 1969 die Lage der deutschen Presse pessimistisch: "[Sie] hatte nach 1945 die Chance eines radikalen Neuanfangs. Diese Chance wurde vertan."[636] Die Presse hätte ihre Stellung als wichtigste Informationsquelle der Bürger verloren. Sie müsse nun nicht nur

---

[635] K T3, S. 501; K T4, S. 91, 94, 237, 251, 683. Vgl. Ritzler, Rolf: Landung mit weichen Knien. Victor Klemperers Weg in der DDR vom Stalinsten zum Antikommunisten. In: Der Spiegel. Nr. 11 (1999). S. 286/287. Vgl. auch Baring, Arnulf: Die verfluchte allerdümmste Eitelkeit. Die Tagebücher des Victor Klemperer 1945 bis 1959. In: Frankfurter Allgemeine Zeitung. Nr. 154. 7. Juli 1999. S. 8.
[636] Glotz/Langenbucher, S. 96.

mit dem Rundfunk, sondern auch mit dem Fernsehen konkurrieren; diesem sei sie an Aktualität zwangsläufig unterlegen.[637]

Daß sich Dolf Sternberger (1907-1989) immer wieder mit der Rolle der Presse im Staat auseinandergesetzt hat, verwundert wenig: schließlich war er über lange Jahre hin selbst Journalist. Er schrieb unter anderem für die 'Deutsche Republik' (seit 1930), war von 1934-43 Redakteur der 'Frankfurter Zeitung', von 1945-49 Mitherausgeber der Zeitschrift 'Die Wandlung' sowie bis zu seinem Tod Mitarbeiter der 'Frankfurter Allgemeinen Zeitung'.[638]

In verschiedenen Aufsätzen von den vierziger bis zu den sechziger Jahren ordnete Dolf Sternberger der Presse eine wichtige Funktion im öffentlichen Leben der Nachkriegszeit zu. Die Situation, in der sich die Presse befinde, habe sich grundlegend gewandelt, schreibt er 1962:

> "Es scheint paradox, trifft aber sicherlich zu, daß der politische Einfluß der Presse, der eigentlichen 'Meinungspresse', kurz, des Leitartikels, mit der Verwirklichung der Demokratie nicht zugenommen, sondern abgenommen hat. Ehedem waren es die Zeitungen - und fast nur sie -, worin sich die Stimme des Volkes als 'öffentliche Meinung' kundtat, [...]. Heute rangieren sie mit dem Rundfunk dem Fernsehen unter dem Begriff der 'Massenkommunikationsmittel' [...]." (Sternb. SP[639], S. 109/10)

Sternberger sah eine große Chance in einer Neudefinierung oder zumindest Neuakzentuierung der Rolle der Presse: Sie sollte nicht mehr nur dem alten Ideal der politischen 'Meinungspresse' nachhängen und sich auch nicht mit Rundfunk und Fernsehen um die stärkste 'Macht' streiten. Statt zu versuchen, die Leser (politisch) zu erziehen, sollte sie sich stärker darauf konzentrieren sie möglichst umfassend darüber zu informieren, was im Staate vorgehe. "Nicht die Meinung an sich ist interessant, sondern die Wahrheit."[640]

Deshalb seien auch unabhängige Zeitungen so wichtig: nur hier habe der Leser eine Chance auf parteipolitisch nicht eingefärbte Fakten. Dabei spricht Sternberger den Parteizeitungen nicht ihre Berechtigung ab. Er wehrt sich nur gegen

---

[637] Glotz/Langenbucher, S. 97-99.
[638] Orth, Elsbeth: Nachwort. In: Sternberger, Dolf: Sprache und Politik. Frankfurt a. M.: Insel 1991 (= Dolf Sternberger. Schriften XI. Hrsg. v. Peter Haungs, Klaus Landfried, Elsbeth Orth u. Bernhard Vogel.). S. 433-36. Storz, Gerhard: Statt einer Vita im Stil des Sallust. In: Sprache und Politik. Festgabe für Dolf Sternberger zum sechzigsten Geburtstag. Hrsg. v. Carl Joachim Friedrich u. Benno Reifenberg. Heidelberg: Verlag Lambert Schneider 1968. S. 11, 14/15. Sowie Schiewe, S. 208. Vgl. Sternb. SP, S. 444.
[639] Sternberger, Dolf: Sprache und Politik. Frankfurt a. M.: Insel 1991 (= Dolf Sternberger. Schriften XI. Hrsg. v. Peter Haungs, Klaus Landfried, Elsbeth Orth u. Bernhard Vogel.).
[640] Vgl. Sternb. SP, S. 138-140, 145, 148, 149, 174-76, 190, 192, 212. Vgl. Moores, S. 46/47.

'heimliche' Zuneigung zu bestimmten Parteien; hier könne der Leser nicht mehr zwischen Information und Meinung unterscheiden (Sternb. SP, S. 156). Sternberger betrachtete die Presse als wichtiges Verbindungsglied zwischen Politik und Bürger. In einem Aufsatz aus dem Jahr 1949 hatte er Regierung und Presse auch als "Handlung und Kritik" (Sternb. SP, S. 134) beschrieben- er sah die Aufgabe der Presse also in einer Verbindung von Information über die Handlungen der Politik und (wenn nötig) Kritik an diesen Handlungen (Sternb. SP, S. 159).[641]

Sternbergers Vorstellung von den Aufgaben einer verantwortungsvollen Presse unterscheidet sich von der Franz Pfemferts oder Kurt Tucholskys, die, ebenso wie Freytag, Kürnberger oder Spitzer, Anhänger einer politisch aktiven Gesinnungspresse waren. Aber auch mit Fritz Mauthner oder Karl Kraus hat Sternbergers Presse-Bild wenig zu tun: es ist nämlich durchwegs positiv. Sternberger erwähnt zwar auch die 'Auswüchse' der Branche am Beispiel des Sensationsjournalismus, jedoch nur am Rande.[642] Die Gefahr, die Redakteure würden sich zu sehr den Interessen der Inserenten beugen müssen, sieht er als nicht so groß an, wie es zum Beispiel Kraus und Tucholsky getan hatten (Sternb. SP, S. 156). Auch das Problem der Manipulation der Leser betrachtet er als nicht besonders gravierend: Die Kombination aus Zeitung, Radio und Fernsehen würde sicherstellen, daß allzu Einseitiges als solches erkannt werde. Auch sei es die Pflicht des Bürgers, sich umfassend zu informieren.[643]

Sternberger hat sicher recht, daß die Nutzung mehrerer unterschiedlicher Medien die Gefahr einer völlig einseitigen Meinungsbildung verringert. (Genau das war es ja auch gewesen, was Kurt Tucholsky in der 'Weltbühne' gefordert hatte.) Durch die stärkere Verbreitung des Rundfunks und das Aufkommen des Fernsehens in den fünfziger Jahren waren die Möglichkeiten, sich aus unterschiedlichen Quellen zu informieren, natürlich im Vergleich zu früher stark gewachsen. Umfragen aus der Mitte der sechziger Jahre belegen zudem, daß von einem großen Teil der Bevölkerung auch tatsächlich mehr als ein Medium genutzt wurde.[644] Allerdings helfen diese Möglichkeiten auch nur denjenigen, die sie auch nutzen wollen. Abonnenten, die so von der Wahrhaftigkeit 'ihrer' Zeitung überzeugt sind, daß sie anderen Medien gar keine Chance geben, eventuelle Einseitigkeiten zu korrigieren, wird es wohl immer geben.

---

[641] Vgl. Orth, S. 433/34.
[642] Siehe Sternb. SP, S. 175, 188.
[643] Sternb. SP, S. 204-210, 216.
[644] Rundfunkanstalten und Tageszeitungen. Eine Materialsammlung. Hrsg. v. d. Arbeitsgemeinschaft d. öffentlich-rechtlichen Rundfunkanstalten der Bundesrepublik Deutschland (ARD). 5 Bde. Frankfurt a. M. 1965-69. Bd. 4, S. 7-9, 13, 29/30; Bd. 5, S. 29. (d. Sammelband wird im folg. zit. als Rundfunkanstalten u. Tageszeitungen)

Zudem gibt es laut Karen Moores im Journalismus 'universelle' "Regeln darüber, welche Eigenschaften ein Ereignis berichtenswert machen. [...] Diese journalistischen Auswahlkriterien verzerren aber auch die Berichterstattung und damit das Bild, das der Rezipient von der Welt erhält."[645] Auch die Forderung nach objektiver Berichterstattung ist laut Moores kaum erfüllbar, da die individuellen Ansichten der Journalisten ihre Berichterstattungen unwillkürlich stark beeinflussen.[646]

Sternberger betont, daß die Presse im Grunde nicht Macht, sondern einen Dialog sowohl mit der Politik als auch mit den Bürgern anstrebe; sie wolle "Gehör und Antwort" (Sternb. SP, S. 112). Die Journalisten seien "weder die Feinde der Regierungen noch aber die Mitarbeiter der Regierungen oder sonstiger Führungsorgane. Sie sind ihre Partner." (Sternb. SP, S. 189) 1964 bezeichnet er den Journalismus als "herrlichen Beruf" (Sternb. SP, S. 173).

2.5.2.2 'Aus dem Wörterbuch des Unmenschen'

"Totalitäre Sätze gibt es nicht nur in totalitären Systemen"[647], betont Helmut Arntzen in 'Sätze über Sätze. Zur Sprache der Zeitgenossen'. Arntzen sieht die moderne Werbesprache als heute wichtigsten Produzenten 'totalitärer' Sätze an. Dolf Sternberger ging nach dem Zweiten Weltkrieg einen Schritt weiter und diagnostizierte ein echtes Verbleiben totalitärer Elemente in der Sprache der Nachkriegszeit:

> "Lange hatten wir geglaubt, dieser gewalttätige Satzbau, diese verkümmerte Grammatik, dieser monströse und zugleich krüppelhafte Wortschatz seien der Ausdruck der Gewaltherrschaft - ihr Ausdruck oder ihre bleckende Maske -, und so würde dies alles auch mit ihr in Trümmer gesunken. Es ist auch mit ihr in Trümmer gesunken. Aber kein reines und neues, kein bescheideneres und gelenkigeres, kein freundlicheres Sprachwesen ist entstanden. Sondern der durchschnittliche, ja der herrschende deutsche Sprachgebrauch behilft sich mit diesen Trümmern bis auf unsern Tag."
> (WU, S. 7)[648]

Zu dieser 'neuen' Sprachkritik nach 1945, die versuchte, zur Aufarbeitung und Bewältigung der Geschichte beizutragen, schreibt Wimmer:

> "Das 'Wörterbuch des Unmenschen' von Sternberger, Storz und Süskind bietet ein gutes Beispiel für eine Sprachkritik, die in Auseinandersetzung mit der politischen Vergangenheit darauf aus war, bestimmte Gebrauchsweisen bestimmter Wörter und

---
[645] Moores, S. 15/16. Vgl. S. 20, 21.
[646] Moores, S. 18, 30, 73/74.
[647] Arntzen 1971, S. 363.
[648] Vgl. Ehlich, S. 281/282.

Wendungen bewußt kulturkritisch, moralisch und politisch zu bewerten. Auch grammatisch-syntaktische Phänomene wurden auf diese Weise inhaltlich bewertet; [...]."[649]

Das 'Wörterbuch des Unmenschen' ist eine Sammlung von sprachkritischen Artikeln zu bestimmten Wörtern oder Phrasen, die die Autoren Dolf Sternberger, Gerhard Storz (1898-1983) und Wilhelm E. Süskind (1901-1970) 1945 und 1946 in der Zeitschrift 'Die Wandlung' abdruckten.[650] Die Idee dazu war ihnen bereits Ende der dreißiger Jahre gekommen. Die Buchform kam 1957 heraus, 1967 erschien eine leicht veränderte Ausgabe, in deren Anhang einige Dokumente des Streits zwischen Linguisten und Sprachkritikern aufgenommen worden waren.[651]

Der Idee hinter dem 'Wörterbuch' war folgende: Die Autoren hatten festgestellt, daß mit dem Ende des Zweiten Weltkriegs zwar die nationalsozialistische Diktatur verschwand, jedoch nicht das gesamt Vokabular dessen, was Klemperer 'LTI' genannt hatte.[652]
Dies nahmen sie zum Anlaß, Wörter aus dem inzwischen alltäglichen Gebrauch der Nachkriegszeit entweder als direkt aus der LTI stammend zu entlarven oder aus anderen Gründen für 'unmenschlich' zu erklären. Durch die Verwendung dieser Wörter, so die Autoren, würde die Unmenschlichkeit des NS-Regimes in der jungen Republik weiterwirken können. Die Wörter würden ihr negatives Potential auch ausspielen können, wenn sie nicht mit böser Absicht verwendet würden.[653]

Dem Konzept dieser Sprachbrauch-Kritik liegt eine Sprachauffassung zugrunde, die anschließend von vielen Linguisten scharf kritisiert wurde:[654] Sternberger, Storz und Süskind teilten den Wort- bzw. Sprachschatz in Gut und Böse ein und wiesen den Wörtern damit autonome Eigenschaften zu.

Ein Teil dieser Eigenschaften sei durch den Mißbrauch durch die Sprecher erworben; als Beispiel dafür führt Sternberger u.a. die Begriffe 'Lager' und 'Anlie-

---

[649] Wimmer, S. 292/93.
[650] Von den Aufsätzen in der 'Wandlung' hatte im Oktober 1946 auch Victor Klemperer erfahren; für ihn waren sie ein Anlaß, sich mit seiner 'LTI' noch mehr zu beeilen: "ich fürchte, daß sie an Aktualität einbüßt u. womöglich nicht mehr veröffentlicht wird." (K T3, S. 318)
[651] WU, S. 8/9. Storz, Vita, S. 12; sowie Schiewe, S. 206/207, 227/28.
[652] Sternberger würdigt Klemperers Werk als ein "durch Aufrichtigkeit wie durch geistige Disziplin gleich ergreifende[s] Buch" (Sternb. SP, S. 256/ 57; vgl. 263/64).
[653] Vgl. Polenz 1964, S. 103; Schiewe, S. 208.
[654] Zum Konflikt zwischen Linguisten und Sprachkritikern vgl. Kap. 1.1.3.

gen[655] sowie das Verbum 'durchführen'[656] an. Andere Wörter, wie z.B. 'Menschenbehandlung' seien schon mit böser Absicht geschaffen worden. Als eine dritte Gruppe von Wörtern beschreibt Sternberger solche, die zwar früher in einem harmlosen Zusammenhang verwendet worden waren, jedoch "im unmenschlichen Gebrauch [...] mit einem Mal nach ihrer Form und Bildung eine gleichsam geborene Anlage zu eben diesem Gebrauch offenbaren" (WU, S. 11). Ein Beispiel dafür sei das Verbum 'betreuen'[657] - dessen Ausbreitung Sternberger 1986 noch einmal heftig kritisierte (Sternb. S[658], S. 30).

Sternberger betont in seiner Rede 'Über die Menschlichkeit der Sprache' das Ausgeliefertsein der einzelnen Sprecher gegenüber der Sprachnorm. Wer sich nicht (zumindest in groben Zügen) an die Norm halte, werde nicht verstanden (Sternb. SP, S. 19/20). Auch sei unsere Weltsicht von der jeweiligen Sprache geprägt, die wir sprechen (Sternb. SP, S. 20/21, 248/49). "Die Sprache steht und fällt mit dem Menschen - das ist unsere Herrlichkeit. Aber der Mensch steht und fällt auch mit seiner Sprache - das ist unsere Knechtschaft." (Sternb. SP, S. 23) Der Mensch verändere seine Gesellschaft und damit auch seine Sprache; aber es sei auch so,

> "daß umgekehrt jede neue Wendung im Sprachgebrauch eine Veränderung in dem betreffenden gesellschaftlichen Verhältnis anzeigt, ja zu bewirken beiträgt. Sprache ist nicht bloßer Zeigestock, nicht bloßes Ausdruckskleid oder Ausdruckshaut, sondern auch Prägestempel, ja sogar Wünschelrute, eine bestimmende und eine entdeckende Macht von eigener Kraft. (Sternb. SP, S. 264/65)

Sternberger geht von der Identität von Geist bzw. Denken und Sprache aus. Deshalb sind die moralischen Maßstäbe, die er an Geist und Denken setzt, seiner Meinung nach genauso für die Sprache gültig (Sternb. SP, S. 265/66).
Die Linguisten wiederum vertraten die Theorie, daß jeweils nur die Sprecher und deren (Sprach)handlungen gut oder böse sein könnten, niemals die Wörter selbst. "Moral und Unmoral zeigen sich erst im Sprachgebrauch der einzelnen Sprecher"[659], erklärt Peter von Polenz 1964. Er warnt zudem davor, Sprache und

---

[655] Siehe WU, S. 10, 13-17.
[656] Siehe WU, S. 34-37.
[657] Vgl. Berning 1964, S. 35-76; Polenz 1964, S. 104/105; Schiewe, S. 232.
[658] Sternberger, Dolf: Die öffentliche Schnödigkeit. In: Sprach-Störungen. Beiträge zur Sprachkritik. Hrsg. v. Hans-Martin Gauger. München/Wien: Hanser 1986 (= Dt. Akademie f. Sprache u. Dichtung. Darmstadt. Dichtung u. Sprache Bd. 4). S. 30. Vgl. auch Stötzel, Georg: Nazi-Verbrechen und öffentliche Sprachsensibilität. Ein Kapitel deutscher Sprachgeschichte nach 1945. In: Deutscher Wortschatz. Lexikologische Studien. Ludwig Erich Schmitt zum 80. Geburtstag. Hrsg. v. Horst Haider Munske u.a. Berlin/New York: de Gruyter 1988. S. 425.
[659] Polenz 1964, S. 109. Vgl. Heringer, Dialog mit P. v. Polenz, S. 163; sowie Betz, Werner: Fünf Gegenthesen. In: Sternberger, Dolf/Storz, Gerhard/Süskind, Wilhelm E.: Aus dem

Geist zu sehr gleichzusetzen. "Hat sich der Mensch im Bösen wirklich immer in der Sprache offenbart? Hat er sich nicht ebenso auch mit Hilfe der Sprache getarnt [...]?"[660]
In einem Gespräch mit Hans-Jürgen Heringer kritisierte von Polenz später auch die mangelnde Rationalität der Sprachkritiker. "Sie haben nur an Symptomen herumkritisiert, nur äußere Erscheinungsformen, und zwar auf sehr emotionale Weise"[661] - und noch dazu mit einer (wie er an anderer Stelle sagt) "antiquierte[n] philologisch-historische[n] Methodik"[662].

Auch Schiewe stellt in seinem Buch fest, daß Sternberger sehr häufig mit der Etymologie eines Wortes argumentiert.[663] Werner Betz hingegen wirft Sternberger vor, manchmal zu wenig auf die Geschichte der Wörter - z.B. wann sie zum ersten Mal aufgetreten sind - geachtet zu haben.[664]
Außerdem seien, so von Polenz, viele Wörter aus dem 'Wörterbuch des Unmenschen' nicht spezifisch nationalsozialistisch, sondern Begriffe aus der Verwaltungssprache, die nun einmal nüchtern und zweckbestimmt sei. Deshalb aber sei sie noch lange nicht bedrohlich; gefährlich sei vielmehr der moderne Stil der Medien, der mit den Emotionen der Menschen spiele.[665]

Von Polenz sprach den Sprachkritikern das Verdienst zu, die neuesten Veränderungen in der deutschen Sprache thematisiert zu haben. Die Linguistik wolle diese Veränderungen aber nicht verdammen, da sich jede Sprache immer weiter entwickle - nicht immer zur individuellen Freude mancher, die am Alten festhalten wollten.[666] Schließlich müsse man zwischen langue (Sprache als System, dem eigentlichen Objekt der Sprachwissenschaft) und parole (individuelles Sprechen) unterscheiden. "Das böswillige Sprechen ist nicht Sache einer ganzen Sprachgemeinschaft, nicht eine Wirkung der Sprache, der die Sprachteilhaber unwissend und wehrlos ausgeliefert sind."[667]

---

[660] Wörterbuch des Unmenschen. Neue erweiterte Ausgabe mit Zeugnissen des Streites über die Sprachkritik. München: dtv 1970. S. 246/47. (zit. als Betz W. 1970)
[661] Polenz 1964, S. 103. Vgl. Betz W. 1970, S. 245; Schiewe, S. 233.
[662] Heringer, Dialog mit P. v. Polenz, S. 163.
[663] Polenz, Sprachkritik, S. 78.
[664] Schiewe, S. 229.
[665] Betz W. 1960, S. 119.
[666] Polenz 1964, S. 105/106, 111; Betz W. 1970, S. 244/45. Vgl. auch Kap. 2.5.3.
[667] Polenz, Peter v.: Funktionsverben im heutigen Deutsch. Sprache in einer rationalisierten Welt. In: Sternberger, Dolf/Storz, Gerhard/Süskind, Wilhelm E.: Aus dem Wörterbuch des Unmenschen. Neue erweiterte Ausgabe mit Zeugnissen des Streites über die Sprachkritik. München: dtv 1970. S. 180/81. (zit. als Polenz 1970; zum ersten Mal veröffentlicht 1963) Vgl. Schiewe, S. 243/244.
[667] Polenz 1964, S. 111.

Sternberger hingegen wehrte sich dagegen, daß nur die 'langue' untersucht werden soll. Für ihn war es die 'parole', die 'wirkliche' Sprache lebendiger Menschen, der man seine Aufmerksamkeit widmen solle (WU, S. 227/ 28).[668] Seiner Ansicht nach kann man Wörter auch nicht von ihrem Gebrauch oder Mißbrauch trennen. "Wörter sind nicht unschuldig, können es nicht sein, sondern die Schuld der Sprecher wächst der Sprache selber zu, fleischt sich ihr gleichsam ein." (WU, S. 10) "Die Sprache drückt nicht nur Sachen und Verhältnisse aus, sie wirkt im gleichen Atemzug auf sie ein." (WU, S. 237)[669] Der angebliche 'bloße Mißbrauch' sei zudem die potentielle Norm von morgen, eine Tendenz, der man entgegensteuern müsse.

Peter von Polenz sah darin wiederum eine normale Entwicklung: Da es seiner Ansicht nach nur die vielen mißbräuchlichen Verwendungen sind, die uns ein Wort als 'böse' erscheinen lassen, würde diese Qualität von selbst verschwinden, wenn sich niemand oder nur mehr wenige an diesen vergangenen Mißbrauch erinnern könnten.[670]

Sternberger warf der Linguistik genau das vor, was diese als eine ihrer Tugenden betrachtet: nämlich Veränderungen wertneutral als 'Strukturveränderung' zu registrieren, höchstens die 'Angemessenheit' oder 'Bequemlichkeit' eines Wortes festzustellen. Damit beeinflusse sie auch die 'normalen' Sprecher, die sich nun ebenfalls nicht mehr um die Qualität ihrer Sprache kümmern würden. Sternberger selbst rief dazu auf, die Sprache und damit die Gesellschaft menschlicher zu gestalten.[671]

Auch Wilhelm E. Süskind erklärt in 'Gedanken zur Sprachpflege', jeder einzelne Mensch sei für seine Sprache verantwortlich (Süskind[672], S. 191). Andererseits kann er sich aber auch vorstellen, daß die Deutsche Akademie für Sprache und Dichtung "Rügebriefe" (Süskind, S. 193) z.B. an Zeitungen schicke, um deren Sprachbewußtsein bei Bedarf 'aufzuwecken'. Die Art, wie er sich diese Briefe vorstellt, erinnert an Kraus' Sprachverwendungs-Kritik in der 'Fackel' (allerdings sollten diese Briefe nicht öffentlich gemacht werden):

---

[668] Vgl. Orth, S. 429; sowie Schiewe, S. 248.
[669] Vgl. Storz, Gerhard: Mißtrauen gegen die Sprache? In: Deutsch - gefrorene Sprache in einem gefrorenen Land? Polemik/Analysen/Aufsätze. Hrsg. v. Friedrich Handt. Berlin: Literarisches Colloquium 1964. S. 117. Sowie Orth, S. 437/38. Vgl. Sternb. SP, S. 250/51. Vgl. Schiewe, S. 232; Ehlich, S. 282; sowie Stötzel, S. 425.
[670] Heringer, Dialog mit P. v. Polenz, S. 165-167.
[671] Siehe WU, S. 233/34, 237, 242, 243; vgl. Sternb. SP, S. 260
[672] Süskind, Wilhelm E.: Gedanken zur Sprachpflege. In: Sprachnorm, Sprachpflege, Sprachkritik. Jahrbuch 1966/67. Düsseldorf: Schwann 1968 (= Sprache der Gegenwart. Schriften d. Instituts f. dt. Sprache. Hrsg. v. Hugo Moser u.a. Bd. II.). S. 191-203. (zum ersten Mal abgedruckt in Heft 4 (1957/58) der 'Neuen deutschen Hefte')

"immer bei vorliegendem Anlaß, immer punktuell! Aber dann auch rücksichtslos, auch wenn ein Hochmögender dabei verletzt wird! Und nicht aus Rechthaberei, nie ohne das innere Beben des verletzten individuellen Sprachgefühls!" (Süskind, S. 198)

Die Pressesprache selbst ist innerhalb des 'Wörterbuchs des Unmenschen' nur ein Teilaspekt. Sie wird nicht als spezifisch 'unmenschlich' dargestellt, aber auch nicht aus der Kritik ausgenommen. An einigen Stellen gehen die Autoren auf die Pressesprache innerhalb der Sprache der 'Unmenschen' ein:

So wird die Presse als ein Beispiel für den inflationären und unangebrachten Gebrauch des Wortes 'Anliegen' genannt; Sternberger beschreibt es als ein ursprünglich "hochintimes Wort" (WU, S. 14), das nun immer mehr als schöner klingender Ausdruck für 'Interesse(n)' benutzt werde.

Ebenfalls besonders beliebt bei den Journalisten sei 'durchführen', dessen Hauptmerkmal Sternberger folgendermaßen beschreibt: "Im Vordergrund stehen jetzt die Zähigkeit, die Unbeirrbarkeit, sogar die Härte des Führenden gegen sich selbst oder gegenüber den Geführten." (WU, S. 34)[673] Sternberger findet an dem Wort "etwas Klirrendes, und dieses Geräusch wurde damals [in der NS-Zeit] gern, oft gedankenlos hervorgebracht: es gehörte zum neuen Stil der Waffenröcke und Stiefel [...]" (WU, S. 36). Der 'Stil der Waffenröcke und Stiefel' erinnert nur noch vom Bild her an Kürnbergers 'ritterlichen Zeitungsstil'; stärker an seine Fortsetzung in den ritterlichen Beschreibungen des Ersten Weltkriegs, die Karl Kraus angeprangert hatte.

Über das Wort 'durchführen' hatte Sternberger bereits 1946 geschrieben. Karl Korn stellt über zehn Jahre später fest, daß "'eine Veranstaltung zur Durchführung bringen' [...] als klassische Untat des Unmenschen so angeprangert [ist], daß es niemand von einiger Informiertheit mehr zu sagen oder zu schreiben wagt." (Korn, S. 17). Allerdings sei das Verb 'durchführen' selbst, in anderen Konstruktionen, inzwischen zum Universalverb avanciert (Korn vW, S. 34).

Wie 'durchführen' sind inzwischen viele Wörter aus dem 'Wörterbuch des Unmenschen' sind so in den allgemeinen Sprachschatz integriert, "daß eine Beziehung zur Ideologie und Sprachpraxis des Nationalsozialismus von heutigen Sprechern und Sprecherinnen nicht mehr erfahren wird."[674]

Wilhelm E. Süskind zitiert eine Zeitschrift, die sich damit rühme, sie sei "in ihrer vorletzten Ausgabe (wie immer) *hart* gewesen, in ihrer letzten *härter*; die

---

[673] Vgl. Berning 1964, S. 58/59.
[674] Ehlich, S. 283.

gegenwärtige sei '*am härtesten*'." (WU, S. 61) 'Härte' sei durch den Unmenschen von einer physikalischen Größe zu einer moralischen geworden. "Er leitet es todernst ab von der Vorstellung der Materialfestigkeit [...], und erklärt förmlich triumphierend eine Eigenschaft, die er am Gußeisen, an der Panzerplatte, am Betonbunker festgestellt hat, zur moralischen Forderung an den Menschen." (WU, S. 60)[675]

Häufig würden die Zeitungen auch das Wort 'Kontakt' verwenden - sowohl im redaktionellen als auch im Anzeigenteil. Sternberger zitiert als Beleg wörtlich eine Anzeige aus der 'Frankfurter Allgemeinen Zeitung' (WU, S. 71). 'Kontakt' ist für ihn ein Beispiel eines eigentlich technischen Wortes, das nun in die Sphäre der menschlichen Beziehungen gerutscht sei. In diesem Fall ist die Ausweitung der Bedeutung kein Werk nationalsozialistischer Sprachregelung, sondern der 'Nachkriegs-Unmenschen'. Für Sternberger ist der 'Kontakt' eine "reduzierte, eine rudimentäre, eine kümmerliche Art menschlichen Umgangs" (WU, S. 75).

In seinem Aufsatz 'Mißtrauen gegen die Sprache?' stellt Gerhard Storz fest: "Reklame- und Nachrichtengewerbe sind heute geradezu eine Industrie, deren Produkt in sekundärer Wirklichkeit besteht." (Storz MS, S. 118) Diese Feststellung deckt sich sowohl mit Aussagen, die man in der 'Aktion' und der 'Weltbühne' finden kann, als auch mit Kraus' Überzeugung, die Phrasen u.a. der Presse würden eine 'schiefe' Realität erzeugen. Für Dolf Sternberger hingegen ist ein derartiges Mißtrauen nur die "pathologische[] Sucht des Manipulationsargwohns" (Sternb. SP, S. 210).[676]

Von Wilhelm E. Süskind erhielt der Sprachgebrauch der Presse auch Unterstützung. In 'Gedanken zur Sprachpflege' erklärt er:

> "die Zeitungssprache ist besser als ihr Ruf. Journalisten sind in der Regel Leute, die es keineswegs leicht mit der Sprache nehmen. [...] Auch heute noch möchte ich behaupten, daß der sprachliche Stand der deutschen Presse höher ist als in den berühmten kaiserlichen oder Weimarer Zeiten." (Süskind, S. 189/99)

Ein Grund dafür seien die heftigen Diskussionen um die Sprache des Dritten Reichs gewesen, der viele Journalisten gelehrt hätte, "daß es eben doch böse Sprache gibt und daß sich sauberhalten mit seine Sprache sauberhalten weithin gleichbedeutend war." (Süskind, S. 199)
Die Journalisten sähen sich aber manchmal einfach gezwungen, z.B. Modewörter zu verwenden, da sie ihnen in Interviews oder bei Reden von Politikern 'vorgesetzt' würden. Auch der Zwang, sich den Spaltenbreiten gemäß kurz zu fas-

---

[675] Siehe dazu auch Berning 1964, S. 99-101; Borke, S. 26/27.
[676] Siehe A 7, 3/4, S. 50; WB 17/II, 41, 376; Kap. 2.2.2.2; sowie Sternb. SP, S. 204-210, 216.

sen, führte hin und wieder zu "Sprachhäßlichkeiten wie den *US-Streitkräften*" (Süskind, S. 201) oder zum Weglassen des bestimmten Artikels in den Schlagzeilen (Süskind, S. 202). Er wolle daher dem Vorurteil, daß die "Zeitungssprache ein einziger Sumpf von Schluderei und Leichtfertigkeit" (Süskind, S. 202) sei, entgegenwirken.[677]

Sternberger bezieht sich an mehreren Stellen auf Karl Kraus[678]- obwohl er ja im Grunde auf der anderen Seite, auf seiten der von Kraus bekämpften Presse steht. So beruft er sich auch nicht auf den Presse-, sondern auf den Sprachkritiker Kraus. Als Antwort auf den Vorwurf, die Sprachkritiker würden den Sprachgebrauch der Menschen kontrollieren wollen, zitiert er zum Beispiel den folgenden Aphorismus (allerdings ohne den letzten Satz):

"Sprachanweisungen müssen unleserlich geschrieben sein, um dem Sprecher annähernd den Respekt einzuflößen wie das Rezept dem Patienten. Wenn man nur entnehmen wolle, daß vor dem Sprachgebrauch der Kopf zu schütteln sei. Mit dem Zweifel, der der beste Lehrmeister ist, wäre schon viel gewonnen: manches bliebe ungesprochen." (Kraus A, S. 464 bzw. Kraus S, S. 8; bzw. WU, S. 232)

Er zitiert diesen Aphorismus noch an anderen Stellen bzw. weist auf ihn hin (Sternb. SP, S. 266; WU, S. 236, 241). Zudem zitiert er Kraus' Forderung nach dem Dienst an der Sprache (Sternb. SP, S. 21/22, vgl. S. 250) und bezieht sich auf dessen Ideal vom richtigen Sprachgefühl; dabei spricht er von Kraus als dem "geniale[n] Eiferer, [...] Scharfrichter und Menschenfresser unter den Sprachkritikern" (Sternb. SP, S. 249). Auch im Bezug auf die Einheit von Sprechen und Denken verweist Sternberger auf Kraus (Sternb. SP, S. 265).[679]

Sternberger beklagt unter anderem die "Anfälligkeit der deutschen 'Sprachgemeinschaft' gegen Wort-Epidemien aller Art" (WU, S. 72; vgl. S. 240). Modewörter wären innerhalb kürzester Zeit in aller Munde. "Es ist, als bliebe den Leuten die *eigene* Sprache weg." (WU, S. 241) Diese Diagnose erinnert an Kraus, der bereits in den 'Letzten Tagen der Menschheit' seine Charaktere als eigentlich sprachlose 'Phrasen auf zwei Beinen' beschrieben hatte (vgl. Kraus LTdM, S. 9). Auch Tucholsky hatte sich darüber beschwert, daß das Vokabular des 'Neudeutschen' hauptsächlich aus wichtigtuerischen Fachbegriffen und Modewörtern bestehe (WB 22/I, 14, S. 540).

---

[677] Vgl. dazu Benckiser, Nikolas: Zeitungssprache. In: Handbuch der Publizistik. Hrsg. v. Emil Dovifat. Bd. 3. Praktische Publizistik. 2. Teil. Berlin: de Gruyter 1969. S. 167/168, 170, 172/173. Ebenso Mackensen, Lutz: Über die sprachliche Funktion der Zeitung. In: Worte u. Werte. Bruno Markwardt zum 60. Geburtstag. Hrsg. v. Gustav Erdmann u. Alfons Eichstaedt. Berlin: de Gruyter 1961. S. 234.
[678] Vgl. Polenz 1964, S. 102.
[679] Vgl. Schiewe, S. 233/34.

Werner Betz weist in diesem Zusammenhang mit Sternbergers Klage über die Modewörter dann auch darauf hin, daß dieses Phänomen nichts Neues sei; es stelle sich somit höchstens die Frage, ob die Sprecher der Nachkriegszeit anders mit ihren Modewörtern umgingen als z.b. die Sprecher der Weimarer Republik.[680] Im Zusammenhang mit seiner Kritik an der Zunahme von Amerikanismen in der deutschen Sprache entgegnet Sternberger 1986, es bleibe

> "der akute Effekt beklagenswert, daß jeweils ein ganzes breites Band von einander nahen, aber fein unterscheidenden Ausdrücken gleichsam zusammenschnurrt, und nur noch dieser eine 'Mode'-Ausdruck das Feld beherrscht." (Sternb. S, S. 32)

Daß Sternberger in seiner Sprachkritik sehr viele Emotionen zeigt, ist wohl unbestritten. Er spricht von "der mörderischen Zerhackung des Satzes, [...] der Verdorrung des Zeitwortes" (Sternb. SP, S. 17); dabei bezeichnet er die 'neuen' zusammengesetzten Hauptwörter als "monströs[]" (Sternb. SP, S. 17), Verben wie 'durchführen' oder 'erfolgen' als "armselig[] und nichtsnutzig[]" (Sternb. SP, S. 17). An anderer Stelle spricht Sternberger sogar (ohne Anführungsstriche oder sonstige Zeichen von Ironie) von "Entartung" (WU, S. 234), ein Wort, das doch eigentlich in seine Kategorie der 'bösen Wörter' gehören müßte.

Nicht der Grad seiner Emotionalität unterscheidet ihn jedoch von seinem Vorbild Karl Kraus. Der Unterschied liegt darin, daß Kraus niemals den Wörtern selbst irgendeine Schuld angelastet hätte, daß er der Sprache vertraute. Er verwies im Gegenteil immer auf die Sprecher als diejenigen, die sich menschlich oder unmenschlich verhielten. Er kämpfte zwar gegen die Täuschung der Menschen durch Phrasen, klagte dabei jedoch stets diejenigen an, die diese Phrasen verwendeten, nicht die Wörter selbst.
Auch Helmut Arntzen wehrt sich dagegen, daß Wörter wie 'durchführen' in sich selbst etwas 'Böses' tragen. Für ihn muß jedes Wort im Text- und Situationszusammenhang gesehen werden. Allerdings stellt er fest: "Aber Sätze, die immer noch mitteilen, daß Tagungen durchgeführt werden, sollten zu sprachkritischen Reaktionen führen."[681]
Darin, daß Sternberger den Wörtern, losgelöst von ihrem aktuellen Gebrauch, Eigenschaften zuschreibt, liegt sicher sowohl eine Hauptschwäche seiner Methode als auch gleichzeitig der Grund für die scharfe Ablehnung seiner Sprachkritik durch die Linguistik.[682]

Wie Kraus ist Gerhard Storz der Meinung, daß der Schlüssel zum Umgang mit der Sprache Vertrauen ist:

---

[680] Betz W. 1970, S. 244.
[681] Arntzen 1971, S. 356. Vgl. Arntzen 1964, S. 92.
[682] Vgl. Schiewe, S. 246.

"das Mißtrauen, sofern man aus ihm nicht die radikale, utopische Konsequenz trappistischen Schweigens zieht, führt seltsamerweise, aber erwiesenermaßen zum Schwulst als letztem Ergebnis. Das Vertrauen - wenn erst das Wagnis begriffen ist, das es bedeutet -, leitet anderswohin: weniger zur Strenge, als zur Bescheidung, nämlich zur Unauffälligkeit des Ausdrucks und zur Geselligkeit als dem Gefüge, das unser Reden rechtens bestimmen soll." (Storz MS, S. 119)

2.5.3 Karl Korns Kritik an der 'Sprache in der verwalteten Welt'

Ähnlich wie Sternberger, Storz und Süskind widmete sich Karl Korn (1908-1991) 'unmenschlichen' Tendenzen in der Sprache der Nachkriegszeit. Korn beschrieb die Sprache einer technisierten, bürokratisierten Gesellschaft. Er kritisierte sowohl einzelne Wörter als auch grammatische Tendenzen und allgemeine Stilmerkmale der 'verwalteten Welt'.

"Die verwaltete Welt funktioniert durch Sprache; Verwaltung geschieht durch Sprache. Dies bedeutet, daß der in einem bestimmten geschichtlichen Augenblick gegebene Sprachzustand durch Verwaltung geprägt und verändert wird." (Korn vW, S. 12)

Korn geht in seiner Sprachkritik nicht so weit wie die Autoren des 'Wörterbuchs des Unmenschen'. Zwar sah auch er einen Einfluß der Sprache auf das Denken des Einzelnen und der Gesellschaft; allerdings sprach er nie von 'bösen' Wörtern. Im Gegenteil betont er in dem Aufsatz 'Sprachkritik ohne Sprachwissenschaft?'[683], daß er sich Sternbergers Unterscheidung zwischen guten und bösen Wörtern "nicht anschließen kann" (Korn SK, S. 151).
Korn erklärt in 'Sprache in der verwalteten Welt', daß man die einzelnen Wörter auf keinen Fall isoliert betrachten dürfe. "Man könnte paradox sagen, in der Sprache sei das Entscheidende nicht das einzelne Wort, sondern das, was zwischen den Wörtern ist." (Korn vW, S. 92)
An anderer Stelle vergleicht er die Sprache mit einem "Seismograph[en]. Kein Beben bleibt ihr verborgen. Und ihre Aufzeichnungen sind Wörter, deren verdächtiger Klang bereits das oder die Beben anzeigt." (Korn vW, S. 77)
Über grammatische Veränderungen wie gehäufte Substantivierung schreibt er:

"[man soll sie] insgesamt vorsichtig [...] beurteilen. Trotzdem scheint in den meisten Fällen die Deutung richtig, daß Sprachfiguren wie 'zur Durchführung bringen' typische Erscheinungen des Sprachzerfalls sind." (Korn vW, S. 25/26)[684]

---

[683] Korn, Karl: Sprachkritik ohne Sprachwissenschaft? In: Sprachnorm, Sprachpflege, Sprachkritik. Jahrbuch 1966/67. Düsseldorf: Schwann 1968 (= Sprache d. Gegenwart. Schriften d. Instituts für dt. Sprache. Hrsg. v. Hugo Moser u.a. Bd. II). 135-158.
[684] Für diese Deutung wurde Korn von Peter v. Polenz kritisiert; Polenz 1970, S. 183-190.

In 'Sprachwandlungen im heutigen Deutschland: Der serielle Satz[685] kommt er im Hinblick auf die Verwendung von substantivierten Infinitiven zu folgendem Schluß: "Unsere Satzarchitektur verschwindet oder wird auf eine Addition von monoton aneinandergereihten Wortplakaten reduziert."(Korn SW, S. 185)

Bezüglich der Wortkritik warnte Korn davor, einzelne Wörter pauschal abzuschreiben. Wer diese Art von Sprachkritik betreibe, "müßte Wort für Wort den Sprachgeist vom Sprachungeist scheiden" (Korn vW, S. 139). Auch gegen Anglizismen bzw. Fremdwörter hatte er prinzipiell nichts einzuwenden:

"Sprachimport hat allemal Gründe, denen es nachzuspüren gilt, zumal dann, wenn eine ältere 'einheimische' Worbedeutung sich mit der neu importierten überschneidet oder zu überschneiden scheint." (Korn MS[686], S. 41)

Korn kritisierte im wesentlichen folgendes: In der Sprache der Nachkriegszeit wandelten Menschen und Ereignisse sich sprachlich immer mehr zu Abstrakta, zu statistischen Größen, und verlören somit (nicht nur sprachlich) ihre Individualität (Korn vW, S. 13-15, 136, 137).[687]

"Die Macht der Statistik verwandelt die Sprache. Durch die Möglichkeiten der modernen Kommunikationsmittel wird jeder einzelne Vorgang sofort mit allen möglichen vergleichbaren in Beziehung gesetzt, seiner individuellen Farbigkeit entkleidet, auf gemeinsame Nenner gebracht und in die Zeichensprache der Registraturen (Lochkarten, Aktenzeichen) übertragen." (Korn vW, S. 17)

Begonnen habe diese Entwicklung jedoch bereits gegen Ende des 19. Jahrhunderts mit den - manchmal umständlichen - Eindeutschungen des 'Allgemeinen Deutschen Sprachvereins' (Korn vW, S. 35-38; vgl. S. 111).

Korn bestritt nicht, daß abstrakte Formulierungen für die Verwaltung nützlich oder gar unersetzlich sind. Deshalb sei es aber um so wichtiger, daß "in Schulen und Büchern, Zeitungen und Kathedern" (Korn vW, S. 143; vgl. Korn SK, S. 147, 152) eine andere Sprache gesprochen werde, die dem Individuum gerechter werde.

Schiewe kritisiert besonders die Bezeichnung 'Sprachzerfall', die er als noch negativer einstuft als das in der Sprachkritik häufiger verwendete 'Sprachverfall'; Schiewe, S. 240.

[685] Korn, Karl: Sprachwandlungen im heutigen Deutschland: Der serielle Satz. In: Deutsch - gefrorene Sprache in einem gefrorenen Land? Polemik/Analysen/Aufsätze. Hrsg. v. Friedrich Handt. Berlin: Literarisches Colloquium 1964. S. 179-185. (Erstveröffentlichung d. Aufsatzes 1962)

[686] Korn, Karl: Macht Sinn? In: Sprach-Störungen. Beiträge zur Sprachkritik. Hrsg. v. Hans-Martin Gauger. München/Wien: Hanser 1986 (= Dt. Akademie f. Sprache u. Dichtung Darmstadt. Dichtung u. Sprache Bd. 4). S. 41-45.

[687] Vgl. Schiewe, S. 237/38.

Ein weiteres Kennzeichen der Sprache der 'verwalteten Welt' sei das "Vokabular der Angabe" (Korn vW, S. 41) - natürlich im Klemperer'schen Sinne von "wichtigtun, aufbauschen, nörgelnd lärmen" (K T2, S. 444)-, mit dessen Hilfe sich die Menschen wichtiger und größer fühlten (Korn vW, S. 44, 55).

Die Sprache der Presse war für ihn, der selbst lange als Journalist gearbeitet hatte,[688] ebenso wie für Sternberger, Storz und Süskind nur *ein* Objekt der Kritik unter vielen. Er widmete ihr weder ein eigenes Kapitel noch entwickelte er besondere Gesetzmäßigkeiten der Pressesprache; er erwähnt sie jedoch immer wieder.

Die Presse verwendet laut Korn in besonders hohem Maße die Sprache der 'verwalteten Welt' und trägt damit zu ihrer Verbreitung und Akzeptanz bei. So könne zum Beispiel die 'Sprache der Angabe' "über eine gewisse Presse und Massenliteratur, zu der die Schlagzeilenblätter und auf Massenabsatz berechneten Magazine gehören, in die Schriftsprache eindring[en]." (Korn vW, S.41).
Korn zitiert aus (nicht näher genannten) Zeitungen Beispiele für die von ihm kritisierte Sprache, so u.a.: "Sinkiang wird derzeit verkehrsmäßig erschlossen." (Korn vW, S. 15) Das vielfach gebrauchte '-mäßig' bewirke, daß Ereignisse nicht mehr als Einzelfälle mit ihren jeweiligen besonderen Gegebenheiten beschrieben würden. Statt dessen erscheine "der einzelne Vorgang [...]durch die aktenhafte Ausdrucksweise [...] als Sonderfall eines allgemeinen, in der Verwaltung der Welt längst registrierten Vorgangs." (Korn vW, S. 16, vgl. S. 64/65) Diese Einordnung des Einzelfalles in "künstliche Organisations- und Kommunikationszusammenhänge" (Korn vW, S. 93) stellt für Karl Korn ein wichtiges Charakteristikum der Sprache der 'verwalteten Welt' dar.

Eine andere Seite der Zeitungssprache, nämlich die der Fortsetzungsromane in Illustrierten, beschreibt er als "modernistisch flott ausstaffierte[] Schablonensprache" (Korn vW, S. 140). Der anspruchsvollere Journalismus (oder der, der als solcher gelten wolle) wiederum bediene sich häufig eines Stils, den Korn als "Flucht in ein neues Preziosentum" (Korn vW, S. 141), als "modernes Zivilisationsgerede" (Korn vW, S. 142) bezeichnet. Das Hauptmerkmal dieses Stils seien betont elegante (Mode-)Wörter, die sich ebenso schnell wieder abnutzten, wie sie aufgekommen seien.

Mit dem Vorwurf, daß der Journalismus geistvoll klingen wolle, in Wahrheit aber nur imposante Floskeln gebrauche, steht Korn mit den Autoren der 'Schau-

---

[688] Karl Korn arbeitete für das 'Berliner Tagblatt', die 'Neue Rundschau' und das 'Reich'; er erhielt 1940 Berufsverbot. Nach dem Krieg schrieb er für die Mainzer 'Allgemeine Zeitung' und die 'Frankfurter Allgemeine Zeitung'. Siehe Schiewe, S. 208/209.

bühne'/'Weltbühne' ebenso auf einer Seite wie mit Karl Kraus, auf den er sich auch bezieht. Er stellt eine rhetorische Frage von Kraus als Motto über eines seiner Kapitel: "Wäre denn eine stärkere Sicherung im Moralischen vorstellbar als der sprachliche Zweifel?" (Kraus S, S. 372 bzw. Korn vW, S. 9) Allerdings übernimmt er Kraus' Urteile in sprachlichen Dingen nicht bedingungslos, sondern kritisiert z.b. dessen Argumentation in einem speziellen Fall.[689] Der Linguistik wirft Korn vor, Kraus zwar oft zu loben und ihn als unerreichtes Vorbild der Sprachkritik darzustellen, sich aber in Wirklichkeit kaum näher mit ihm befaßt zu haben (Korn SK, S. 139).

Bei Theodor Adorno wird Korn als derjenige dargestellt, der Kraus' Werk fortgeführt hat:

> "Sprache in der verwalteten Welt: das ist nicht länger, was die von Kraus demaskierte wesentlich noch war, das ebenso prompte wie verwahrloste Geschwätz des Vermittlers und seiner Kumpane im Betrieb der öffentlichen Meinung. Sondern der Unterschied von Unmittelbarkeit und Vermittlung, von der Rede der Menschen und dem Jargon des Betriebs, ist liquidiert; [...]."[690]

Die Sprache der verwalteten Welt ist für Adorno ein Gemisch aus der

> "Verwaltungssprache [...], Residuen aus dem Kommiß, dem Dritten Reich, der Schnoddrigkeit von Halbwüchsigen und der Zungenfertigkeit von Vertretern, [...] eingeschmolzen in einen präparierten Wismutbrei, der den Menschen aus dem Mund rinnt, metallen und konturlos."[691]

Für Willy Sanders hingegen war Karl Kraus, dessen "Sprachkritik nichts anderes als Zeitkritik im Spiegel der Sprache war, [...] über die Alltags-Sprachkritik erhaben"[692] und sei daher als Traditionslinie für Korn nicht geeignet.

Wie die Autoren des 'Wörterbuchs des Unmenschen' wurde auch Karl Korn von einigen Linguisten kritisiert. Jürgen Schiewe wirft Korn vor, seiner Kritik das Ideal einer klassischen Bildungssprache zugrunde zu legen, ohne die Realität einer sich immer stärker in Teilbereiche differenzierenden Sprache zu akzeptieren.[693]

Sehr scharfe Kritik an Korns Methode und Ergebnis hatte bereits 1961 Herbert Kolb geäußert. Er beklagt, "daß Korn die moderne Sprache mit der Voreingenommenheit dessen betrachtet, der zur Technik kein Verhältnis finden kann."[694]

---

[689] Siehe Korn, S. 23/24; sowie Kraus S, S. 256/57.
[690] Adorno, Vermischte Schriften, S. 516.
[691] Adorno, Vermischte Schriften, S. 517.
[692] Sanders, S. 9.
[693] Schiewe, S. 241.
[694] Kolb, Herbert: Sprache in der unverstandenen Welt. In: Zeitschrift für deutsche Wortfor-

Helmut Arntzen verteidigte jedoch einen Teil von Korns Analysen, auch wenn er anmerkte, daß sie einige sachliche Fehler enthielten[695]. Korns Kritik z.B. an dem Ausdruck 'Kleinkind' sei jedoch sehr wohl berechtigt, da dieser tatsächlich nicht mehr das Kind selbst meine, sondern nur eine "statistische Größe"[696]. Er sei aber seiner Ansicht nach nicht die Aufgabe der Sprachkritik, "ein Wörterbuch des zu Vermeidenden (und sei es das des Unmenschen) [zu] verfassen."[697]

Uwe Pörksen wiederum verteidigt die prinzipielle Berechtigung der Sprachkritik an der 'verwalteten Welt'. Zwar gäbe es schon sehr lange eine besondere Verwaltungssprache, doch Korns Kritik träfe "deren Wucherungen über den Rahmen ihrer ursprünglichen Verwendung."[698] Die Verwaltungssprache sei ein Beispiel unter vielen für eine Milieusprache, die sich über ihr Gebiet hin immer mehr ausdehne.

Korns Sprachkritik fällt nach von Polenz' Schema zum Teil in den Bereich der Sprachbrauch-Kritik. Zwar zitiert er einige Sätze wörtlich u.a. aus der Presse, nennt aber seine Quelle nicht genau, so daß keine eigentliche Sprachverwendungs-Kritik vorliegt. Insoweit Korn neue Wörter und Tendenzen beschreibt, könnte man auch von Sprachverkehrs-Kritik sprechen - der Übergang ist fließend, da schwer festzustellen ist, wie lange ein Wort 'neu' und ab wann es Teil des allgemeinen Sprachbrauchs ist.[699]

Korn selbst verstand seine Arbeit als "Verbindung der Analyse sprachlicher Neubildungen mit kulturkritischer Betrachtung" (Korn vW, S. 7). Er erwähnte auch die Probleme, die sich aus der Übernahme kulturkritischer Begriffe für die sprachliche Analyse ergeben könnten (Korn vW, S. 10).[700] Besonders wehrte er sich gegen das Klischee, Sprachkritiker seien stets "konservativ bis reaktionär gestimmte, ewig Gestrige" (Korn SK, S. 143). Der Linguistik warf er vor, sich sowohl mit Sprachkritik im allgemeinen als auch mit der Thematik einer rationalisierten und technisierten Sprache noch viel zu wenig befaßt zu haben. (Korn vW, S. 10/11, 94; Korn SK, S. 137)

Trotz aller Kritik nennt Peter von Polenz Korns Arbeit eine wichtige Anregung, sich mit diesen neuen Aspekten der Gegenwartssprache zu beschäftigen.[701] Er

---

[695] schung. 17. Bd. = Bd. 2 d. neuen Folge (1961). S. 156.
[696] Vgl. Polenz 1970, S. 180.
[697] Arntzen 1964, S. 91; vgl. S. 90.
[698] Arntzen 1964, S. 93. Vgl. Kap. 1.1.3.
[699] Pörksen, S. 256.
[700] Vgl. Polenz, Sprachkritik, S. 71-73.
[701] Vgl. Polenz 1970, S. 180; sowie Schiewe, S. 235.
Polenz 1964, S. 112; vgl. Polenz 1970, S. 180/81.

empfiehlt allerdings, anstelle von Korns 'Sprache in der verwalteten Welt' die Formulierung 'Sprache in der rationalisierten Welt' zu verwenden. Diese definiert er als den Teil der Sprache,

> "der sich weder an das traditionelle sprachästhetische Vorbild von Rhetorik und Dichtung noch an den emotional vorbelasteten und wild wachsenden Sprachvorrat der Alltagssprache hält, sondern die Sprache durch eigenmächtige zweckgebundene Umformung und Weiterentwicklung in den Dienst der ratio stellt, die fast alle Lebensbegriffe mit abstraktem Denken erfüllt."[702]

Auch sei er durchaus mit Korn darin einer Meinung, daß "die routinemäßige Anwendung, der sinnlose Verbrauch und Mißbrauch dieser Stilmittel [der rationalisierten Sprache] eine beklagenswerte Erscheinung"[703] seien.

Korn betont zu Beginn seines Buches, daß er nicht der Illusion erliege, man könne die Entwicklung der Sprache wieder völlig zurückschrauben. "Der Anspruch des Buches ist, Beiträge zu einer Wesenserhellung der verwalteten Welt auch von einem eingegrenzten Erfahrungsbereich aus liefern zu können." (Korn vW, S. 12) Sprachkritik könne zum Beispiel "einzelne mißlungene Wortbildungen" (Korn vW, S. 29) anprangern und eventuell sogar zu ihrer Ächtung beitragen. Allerdings würde dies nicht oft gelingen. Das wichtigste Ziel der Sprachkritik sei es daher, "das, was man mit einem undeutlichen Ausdruck das Sprachgefühl nennt, [zu] wecken, beleben und [zu] fördern." (Korn vW, S.139)[704]

2.5.4 Karl Kraus verbunden: Mechtilde Lichnowsky und Hans Weigel

2.5.4.1 Mechtilde Lichnowsky und ihre 'Worte über Wörter'

Willy Sanders würdigt Mechtilde Lichnowsky (1897-1958) als die "erste, beste deutsche Sprachkritikerin (das Komma ist wichtig)"[705]. Ihre Verbindung zu Karl Kraus wird deutlich, sobald man ihr im Jahr 1949 erschienenes Buch 'Worte über Wörter'[706] aufschlägt: "In Freundschaft dem damals lebenden Karl Kraus gewidmet und heute dem unsterblichen" (Lichn., S. 6).

Die Widmung betont erstens die Freundschaft zwischen Lichnowsky und Kraus und deutet zweitens an, wie hoch die Autorin Kraus und sein Werke einschätz-

---

[702] Polenz 1970, S. 193.
[703] Polenz 1970, S. 194.
[704] Vgl. Schiewe, S. 242.
[705] Sanders, S. 111; vgl. S. 158.
[706] Lichnowsky, Mechtilde: Worte über Wörter. Reinbeck b. Hamburg: Rowohlt 1964.

te.⁷⁰⁷ Drittens ist sie aber auch ein Hinweis auf Lichnowskys Sprachverständnis: ein Buch über Wörter, das Kraus gewidmet ist, kann wohl keine völlig Krauskonträre Sprachauffassung haben.⁷⁰⁸
Tatsächlich verbindet Lichnowsky und Kraus eine große Liebe zur Sprache, die sich auch in Zorn auf leichtfertigen Umgang mit ihr äußern kann (Lichn., S. 17; vgl. S. 172). In der Einleitung zu ihrem Buch beschreibt Lichnowsky den unendlichen Reichtum der Sprache.

> "Ein Begriff, ein Ding, kann Namen haben ohne Zahl und so verschiedene wie ein Mensch, je nachdem, wer ihn anspricht oder von ihm spricht, ob Geschwister, Bekannte, ob die Geliebte, ob Vorgesetzte, Behörden, Freunde, Feinde, die Nachwelt. [...] Worte, Sprache, welch ein Mysterium." (Lichn., S. 7)

Wie Kraus sah auch Lichnowsky im Dichter jemanden, der sich um die Sprache bemüht, nicht jemanden, der sie beherrscht: "Der Dichter sorgt sich um die Sprache, will ihr Gutes tun, ihr, die vor ihm war, der Schönen, die das erste Wort sprach. Geht er mit ihr den Bund fürs Leben ein, wird sie zur Spenderin." (Lichn., S. 8) "Eine Dichtung entsteht nicht, weil sich einer etwas ausgedacht hat, sondern weil Sprache ihn und seine Phantasie ohne Unterlaß aufrüttelt, [...]." (Lichn., S. 109) Ebenso an Kraus erinnert die enge Verbindung zwischen Gedanke und Sprache, die Lichnowsky an mehreren Stellen ihres Buches beschreibt (Lichn., S. 11; vgl. S. 14, 109/110).

Ähnlich wie Kraus betont Lichnowsky in 'Worte über Wörter' die große Bedeutung grammatikalischer Korrektheit beim Schreiben.

> "Im geschriebenen Satz sind Worte eingebettet, und der Punkt an seinem Ende gebietet Ruhe. Nur wenn sie richtig eingebettet sind, befolgen Worte und Wörter dieses Gebot. Andernfalls wiegelt eines das andere auf, jedes schiebt die Schuld auf seinen Nachbarn und keines gibt nach. Der Punkt wird zerstampft, die Wörter laufen über ihn hinaus, es geschieht ein Unglück." (Lichn., S. 7/8)

Ebenso beruft sie sich für manche Fälle auf ihr "Sprachgefühl [...] und [auf] jene Logik, jene Schönheit der Sprache, die von ihr nicht zu trennen ist."(Lichn., S. 9)⁷⁰⁹ Dieses Sprachgefühl läßt sie auch gegen den Purismus einwenden: "Fremder noch als ein gutes Fremdwort - und in dieser Fremdheit liegt das Sprachverbrechen - kann ein sprach- und sinnwidrig gebautes, sogenanntes deutsches Wort wirken, [...]." (Lichn., S. 25; vgl. S. 24)⁷¹⁰

---

[707] Zur Freundschaft zwischen Mechtilde Lichnowsky und Karl Kraus siehe Ott, Ulrich: Mechtilde Lichnowsky. 1879-1958. Marbach a. Neckar: Dt. Schillergesellschaft 1993 (= Marbacher Magazin 64/1993). S. 38-47.
[708] Siehe Ott, S. 76, 78; Sanders, S. 9/10.
[709] Vgl. Sanders, S. 24.
[710] Vgl. Ott, S. 78; Sanders, S. 91.

An einigen Stellen mag es scheinen, als würde Lichnowsky wie Dolf Sternberger der Sprache eine eigenständige, handelnde Macht zugestehen. Auch verwendet sie das Bild von der 'kranken' Sprache recht häufig.[711] An anderer Stelle wird jedoch klar, daß die Sprecher die Handelnden sind.
Im Gegensatz zu Sternberger verneint Lichnowsky eine autonome Schuld mancher Wörter oder Phrasen, wenn sie von der Sprache sagt: "Sie selbst begeht Unrecht nicht. Sie duldet es." (Lichn., S. 9) Sie deutet zudem an, daß ihrer Meinung nach die Sprache nie nachhaltig beschädigt werden kann. "Sie wird länger leben als wir, wird sich befestigen, wird erlittene Schmach und Mißhandlungen mit unerbittlicher Strenge ahnden. Vielleicht lacht sie schon wieder." (Lichn., S. 199)

Lichnowsky beschränkt ihre Kritik in 'Worte über Wörter' ausschließlich auf Gedrucktes, also Veröffentlichtes. Gedrucktes sei nämlich für unachtsame Leser gefährlich, die alles in sich aufnähmen und später selbst genauso falsch verwendeten (Lichn., S. 12, 13, 41, 75).
Als ihre Quellen nennt sie Zeitungen, Zeitschriften und Bücher; sie erklärt jedoch ausdrücklich, weder Autoren noch Titel nennen zu wollen. Sie will in ihrem Werk somit nicht Einzelpersonen angreifen (Sprachverwendungs-Kritik betreiben), sondern Beispiele für schlechten Sprachgebrauch bringen (Lichn., S. 12).

So zitiert sie als Beispiel für das vermehrt auftretende Duzen die Abonnenten-Werbung einer Zeitung: "'Schenke Deinen Angehörigen im Felde das Abonnement unserer Zeitung, [...].'" (Lichn., S. 39)
Die plumpe Vertraulichkeit des Duzens sei an sich schon eine Zumutung; übertroffen werde sie aber dadurch, daß der Vordruck des an die Zeitung zu sendenden Formulars laute: "'Ich bitte *Sie*, Ihre Zeitung an folgende Anschrift...'" (Lichn., S. 39) Die Zeitung nimmt sich also heraus, ihre Leser zu duzen, will aber andersherum selbst gesiezt werden - was auch einen Einblick in das prinzipielle Verhältnis zwischen Leser und Zeitung gibt. Lichnowsky meint anschließend, es werde bald soweit sein, daß der Leser

> "nach wenigen Minuten schon den Eindruck gewinnen muß, sich lesend mit einem Trottel eingelassen zu haben, mit einem bösartig prätentiösen Trottel, dessen Unwissenheit und Eingebildetheit um die Wette zum Himmel schreien." (Lichn., S. 40)

An anderer Stelle zitiert und korrigiert sie grammatikalische und semantische Fehler einer Zeitungsausgabe und schließt: "Und sowas, das in viel zu großen Redakteur-Schuhen steckt, nennt sich Schriftleiter."(Lichn., S. 47)[712]

---

[711] U.a. Lichn., S. 12, 34, 178. Vgl. Sanders, S. 151.
[712] Vgl. Lichn., S. 46, 52; zu 'Schriftleiter', vgl. Kraus S, S. 10.

Eine ebenfalls sehr weit verbreitete Unart sei es, eine direkte Rede mit Verben zu verbinden, die gar nichts mit Sprechen, Antworten, Sagen oder Ähnlichem zu tun hätten. Zwei Beispiele dafür habe ein Freund in einer Zeitung entdeckt und ihr zugeschickt: "'<Was soll der Unsinn>, sah Weber argwöhnisch über die Brille...' '<Nichts, gar nichts steht drin>, sah sein Gesicht zerknitterter noch als zerknülltes Papier aus...'" (Lichn., S. 73/74)

Den Titel der Kolumne 'Am Rande bemerkt' würde Lichnowsky gerne in 'An den Rand geschrieben' ändern. 'Am Rande bemerkt' könne nämlich nur bedeuten, daß jemand etwas z.B. am Waldrand entdeckt hätte (Lichn., S. 80/81).

Ein Trend, den Lichnowsky in ihrem Buch ebenfalls kritisiert, ist die Vorliebe für Superlative. Besonders schlimm seien falsch gebildete Superlative.

"Es kann tief und tiefer und selbst am tiefsten geschürft werden, obgleich Gefahr besteht, daß das Schürfen mit 'am tiefsten' schon eher ein Umgraben geworden ist; was aber soll mit dem Journalisten geschehen, der den Superlativ 'tiefschürfendst' schuf?" (Lichn., S. 114)[713]

'Worte über Wörter' ist im Grunde ein unpolitisches Werk. Lichnowskys Sprachkritik ist eine pure Verteidigung 'ihrer' Sprache, die sie vor Sprachbanausen retten möchte.[714]
Eine Ausnahme bildet der kurze Abschnitt, in dem sie aus Hitlers 'Mein Kampf' zitiert - jedoch ohne explizite Quellenangabe:

"Aus dem in widerwärtigstem Un-Deutsch geschriebenen und gedruckten Machwerk, das Millionen von Deutschen gezwungen wurden zu lesen und Millionen mit Begeisterung und Wonne lasen, sei ein Satz gewählt, der allein hätte genügen sollen, den Autor der Lächerlichkeit preiszugeben, ihn auf immer bloßzustellen, ja ihm rechtzeitig das Handwerk zu legen und den Garaus zu machen. Wo blieb das große Gelächter, warum setzte es nicht ein, erlösend und rettend?" (Lichn., S. 89)

Der von ihr zitierte Satz versucht drei Metaphern bzw. Redensarten miteinander zu verbinden, nämlich 'im Schweiße des Angesichts', die 'Würde des Hauses' (= Parlaments) und 'etwas in Gang/in Fluß setzen':

"und es entstand folgender Wirrwarr von Metaphern: '... versuchten, im Schweiß ihres Angesichts, die Würde des Hauses wieder in Fluß zu bringen...' So schreibt der elende Wirrkopf trostlos trauriger Berühmtheit, dessen Name niemals über meine Lippen kommt." (Lichn., S. 89)

---
[713] Vgl. Sanders, S. 131.
[714] Sie ist somit eine Vertreterin dessen, was Sanders unter 'freier Sprachkritik' oder Stilkritik versteht: einer "Kritik von Spracherscheinungen um ihrer selbst willen" (Sanders, S. 15; vgl. S. 16).

Lichnowsky verbindet Sprache und Moral miteinander, sieht das eine als Erkennungszeichen für das andere - auch hierin ähnelt ihre Auffassung der von Kraus, aber auch der von Klemperer und Sternberger.
Ulrich Ott schreibt dazu: "Hier berühren sich die 'Worte über Wörter' in der 1949 erschienenen Gestalt mit Victor Klemperers 'LTI', der schärfsten Analyse der 'Lingua Tertii Imperii'."[715]

Lichnowskys Ziel war es nicht, rigoros Wörter oder Formulierungen zu verbannen; sie wußte, daß dies ohnehin ein unerreichbares Ziel gewesen wäre. Aber sie wollte die Menschen zum Nachdenken über die Sprache anregen, wollte die "Liebe zur Sprache [...] wecken" (Lichn., S. 10; vgl. S. 192).

Auch wenn die Sprache der Presse bei Mechtilde Lichnowsky nur einer der Aspekte ist, und sie sich an keiner Stelle detailliert über eventuelle Besonderheiten dieser Sprache ausläßt: daß sie von der Presse(-Sprache) nicht viel hielt, wird schon an ihrem Kommentar zu der Formulierung 'Natur des Zeitungspapiers' deutlich:

> "Es ist zwar kein sprachlicher Fehler, aber wenn aus Fichten Zeitungspapier (aus göttlicher Natur die schlechteste Sorte von Papier), aus der schönen Sprache etwas Schäbiges geworden ist, wenn Wälder fallen müssen, damit man Zeitungen machen könne, dann von 'der Natur' dieses Papiers sprechen..." (Lichn., S. 141)[716]

2.5.4.2 Hans Weigel beklagt 'Die Leiden der jungen Wörter'

Der Titel von Hans Weigels (1908-1991) 'Antiwörterbuch' spielt mit Goethes Romantitel[717] - abgesehen davon lassen sich aber leichter Parallelen zwischen Weigel und Kraus knüpfen als zwischen Weigel und Goethe; die Widmung lautet: "In memoriam Karl Kraus" (Weigel LdjW, S. 5).

Hans Weigel hat seine Bewunderung für Karl Kraus und dessen Werk oft betont.[718] In seinem Aufsatz 'Über Karl Kraus' (1980) schreibt Weigel: "Er verzeihe mir die Sünde: er war ein großer, ein leidenschaftlicher, ein echter Journalist.

---

[715] Ott, S. 79; vgl. auch S. 78.
[716] Siehe dazu auch Sanders, S. 10.
[717] Weigel, Hans: Die Leiden der jungen Wörter. Ein Antiwörterbuch. Zürich/München: Artemis ²1975. Vgl. dazu Sanders, S. 143.
[718] U.a. Weigel, Hans: Karl Kraus oder Die Macht der Ohnmacht. Versuch eines Motivberichtes zur Erhellung eines vielfachen Lebenswerkes. Wien/Frankfurt a. M./Zürich: Molden 1968. Weigel, Hans: Über Karl Kraus. In: Hans Weigel. Nach wie vor Wörter. Literarische Zustimmungen, Ablehnungen, Irrtümer. Graz/Wien/Köln: Styria 1985. S. 95-106.

Er ist als Journalist angetreten, um das Journalistische zu bekämpfen." (Weigel KK, S. 95; vgl. MdO, S. 11, 42, 80).

Weigel, als Theaterkritiker selbst jahrelang journalistisch tätig,[719] erklärt, Kraus sei als einziger Journalist wirklich unabhängig gewesen (Weigel KK, S. 98), und er, Weigel, wolle

> "die Behauptung riskieren: Er hatte immer recht. Er hatte immer recht, wenn er auch manchmal extrem weit ging, wenn er - wie bei der Psychoanalyse - die Symptome vor die Sache stellte. Sein einziges bedeutsames Fehlurteil scheint mir seine Wendung gegen Gustav Klimt und die Wiener Sezession, die er ablehnen mußte, weil sein Erzfeind Hermann Bahr ihr Vorkämpfer war. Aber man darf sagen: Er hatte immer recht. Er hat bis heute recht behalten." (Weigel KK, S. 97/98)

Im Jahr 1964 erklärt Hans Weigel in seinem Aufsatz 'Blühende Sprache in einem aufgetauten Land'[720] als Replik auf die Sprachverfallsklagen:

> "Das Gerede vom Verfall der Sprache dürfte kaum weniger alt sein als die Sprache. Man dürfte wohl schon in der Bronzezeit beklagt haben, daß die Sprache nicht mehr das ist, was sie in der guten alten Steinzeit gewesen ist." (Weigel BS, S. 30)[721]

Nicht nur weist er auf Übertreibungen bei der allgemein üblichen positiven Bewertung der Sprache der zwanziger Jahre hin (Weigel BS, S. 30-33); er verteidigt auch die Sprachleistungen seit 1945.

> "Die Sprache der Zeitungen ist kaum besser, aber gewiß nicht ärger, als in den zwanziger Jahren, die Sprache der Politiker und der Jargon der Propaganda sind so, wie sie seit dem Überhandnehmen des Journalistischen immer gewesen sind, die Mundarten leben ihr eigenständiges, heilsam kraftvolles Leben weiter, Umgangssprache und Jargon entwickeln sich fort, höchst lebendig und kräftig, in keiner Hinsicht böser, schädlicher, 'gefrorener' als in den vergangenen Jahrzehnten, [...]." (Weigel BS, S. 33)

Die neue Generation von Schriftstellern sei ebenfalls so vielversprechend, daß es insgesamt um die deutsche Sprache, "ihre Lebendigkeit, ihre Kraft, ihre Gegenwart und ihre Zukunft nicht ganz so übel bestellt sein [könne]" (Weigel BS, S. 35), wie viele Kritiker es behaupteten.

Zehn Jahre später jedoch schlägt Weigel andere Töne an. In den 1974 erschienen 'Leiden der jungen Wörter' erklärt er zu Beginn:

---

[719] Patzer, Franz (Hg.)/Obermaier, Walter (Gestaltung u. Text): Hans Weigel. Leben und Werk. Zum 80. Geburtstag. Wien 1988 (= 213. Wechselausstellung d. Wiener Stadt- und Landesbibliothek.). S. 12-13. Vgl. Sanders, S. 17.

[720] Weigel, Hans: Blühende Sprache in einem aufgetauten Land. In: Deutsch - gefrorene Sprache in einem gefrorenen Land? Polemik/Analysen/Aufsätze. Hrsg. v. Friedrich Handt. Berlin: Literarisches Colloquium 1964. S. 30.

[721] Vgl. Sanders, s. 76/77.

"Jede Zeit sagt, daß derzeit die Sprache so gefährdet und von Zersetzung bedroht sei wie nie zuvor. In unserer Zeit aber ist die Sprache tatsächlich so gefährdet und von Zersetzung bedroht wie nie zuvor." (Weigel LdjW, S. 7)[722]

Seine Antwort darauf sei ein "Antiwörter-Buch" (Weigel LdjW, S. 7), in dem er den schlechten unter den neuen Wörtern den Kampf ansagen und zum Gebrauch einiger anderer ermutigen wolle. Er distanziert sich auch bewußt von linguistischen oder sonstigen wissenschaftlichen Zielsetzungen; seine Methode sei "durchaus subjektiv, un-, anti-, ja a-akademisch, einzig durchdrungen von eigenen Erfahrungen und Überzeugungen." (Weigel LdjW, S. 7)

Als seine Quellen nennt er Bücher, Zeitschriften, Zeitungen, Radio, Fernsehen und Gespräche (Weigel LdjW, S. 14/15). Er erhebe auch weder Anspruch auf Systematik noch auf Vollständigkeit seiner glossenhaften[723] Kommentare zu den alphabetisch geordneten Wörtern und Redewendungen; es sei ein "Versuch der Legung eines Ariadnefadens im Jargonlabyrinth, [...] nicht autoritativ, aber gut gemeint, ermutigt und inspiriert vom Dienst an der besseren Sprache." (Weigel LdjW, S. 15)

In seiner Suche nach den Schuldigen erklärt er zunächst, es seien keinesfalls pauschal die Fremdwörter[724], sondern eher die Fachsprachen. Damit meine er nicht die Fachausdrücke, die innerhalb ihrer Zunft gebraucht würden; auch gäbe es einige "glücklich geprägte Fachausdrücke" (Weigel LdjW, S. 8), wie zum Beispiel 'verdrängen' oder 'schnell schalten', die inzwischen im Sprachschatz aufgegangen seien. Was er ablehne, sei die "gigantische Fachausdruck-Schwemme, eine Inflation der Halbbildung" (Weigel LdjW, S. 8), die dazu geführt habe, daß jedermann wissenschaftlich (= klug) klingen wolle und diese Fachausdrücke deshalb ständig benutze, ob sie nun in die Situation paßten oder nicht.

Über dieses Phänomen hatte sich Kurt Tucholsky bereits in den zwanziger Jahren beschwert. Man kann es also kaum als neu bezeichnen, höchstens darüber diskutieren, ob es stark zugenommen habe - ein Einwand, den Werner Betz ja schon gegenüber Sternbergers Klage über das Zunehmen von Modewörtern geltend gemacht hatte.[725]

---

[722] Vgl. Sanders, S. 78.
[723] Siehe Sanders, S. 22/23, 24.
[724] Zu Weigels Einstellung gegenüber Fremdwörtern, die sich an Karl Kraus orientiert, siehe Weigel LdjW, S. 55-59.
[725] Vgl. Kap. 2.5.2.2, Fn. 680. Vgl. dazu auch Pörksens Überlegungen zu 'kolonisierender Metaphorik' (Pörksen, S. 253-257).

Doch im Grunde seien, so Weigel, auch die Fachsprachen nicht schuld.

"Der Journalismus ist schuld, der geschriebene Journalismus und der gesprochene des Radios und des Fernsehens. Nein, der Journalismus ist nicht schuld. Er ist nicht Ursache, nur Anlaß. Die Journalisten der Presse und der drahtlosen Anstalten sind nicht die Erreger, nur die Bazillenträger." (Weigel LdjW, S. 8)

Eine Eigenschaft von Journalisten sei es nun einmal, immer am neuesten Trend teilhaben zu wollen. "Schnappen sie eine Vokabel oder eine Redensart auf, die sie nicht kennen, genieren sie sich zunächst, dann aber fügen sie sie beflissen ihrem Vokabular ein." (Weigel LdjW, S. 10) Die Leser wiederum würden die neuen Worte in der Zeitung finden und in ihren Wortschatz übernehmen. "So kommt das junge Wort zu aller Welt." (Weigel LdjW, S. 10)

Ihre Besorgnis darüber, daß die Leser alles glauben und für richtig halten, was in der Zeitung steht, eint Weigel und Lichnowsky. Sie sind damit Teil des (bereits in Kapitel 2.4.2.3 erwähnten) 'roten Fadens' der Kritik, der einerseits die Pressegläubigkeit der Leser, andererseits die Methoden der Presse, jene zu bestätigen, zum Thema hat.

Weigel kommt schließlich zu folgendem Schluß: "Die Fremdwörter sind nicht schuld, die Fachausdrücke sind nicht schuld, die Journalisten sind nicht schuld. Die Professoren sind schuld." (Weigel LdjW, S. 11)[726] Aber auch diesen revidiert er dahingehend, daß die Professoren zumindest nicht allein schuld seien: "sie tun es nicht zufleiß. Sie können nicht anders. Sie wissen nicht, was sie tun. Oft tun sie mir leid." (Weigel LdjW, S. 12) Diejenigen, die er nun endgültig als die Schuldigen identifiziert, bezeichnet Weigel als "Markthelfer" (Weigel LdjW, S. 12). Er spricht von

"der Sprache der Meinungsgötzen, der Umfrage-Apostel, der Konsumologen und Marketosophen, der Empfehlplaner, [...]. Von ihrer Sprache und der Sprache ihrer Pressereferenten und Textlaboranten kommt, was nicht von den Professoren kommt." (Weigel LdjW, S. 12)

Diese 'Markthelfer', die die Bedeutung eines Wortes gar nicht zu wissen brauchten, sondern es einfach nur aussprechen müßten, um Wirkung zu erzielen, hätten die Sprache der Werbung erfunden, die nun von vielen nachgeplappert werde (Weigel LdjW, S. 12/13).
Weigel beschreibt die Sprache der Werbung als Sprache, "die es nicht gibt und die anschmiegsam und kosend und kuschelig und doch herrisch vorgibt, auf der Höhe der Zeit zu sein: eine Mischung aus Märchentante, *Reich mir die Hand, mein Leben* und rororo." (Weigel LdjW, S. 13) Unter dem Titel 'Phrasen aus der

---

[726] Vgl. Sanders, S. 84.

Mottenkiste' stellt Weigel auch eine Liste von Formulierungen vor, die wohl auch Karl Korn unter der Überschrift 'Unnötige Substantivierungen' verfaßt haben könnte: "[...] *In Abrede stellen*? Warum nicht *abstreiten*? *In Rechnung stellen*? Warum nicht *anrechnen, berechnen*? *In Verlust geraten*? Warum nicht *verlorengehen*? [...]" (Weigel LdjW, S. 107).
Die Journalisten und ihre Zeitungen sind somit laut Weigel für die Verbreitung der neuen sprachlichen Unarten verantwortlich. Einige von Weigels Beispielen und Mahnungen beziehen sich auch direkt auf sie.

So beschwert er sich über die Gewohnheit der Presse, von zwei Ministern aus verschiedenen Ländern als von 'Amtskollegen' zu sprechen. "Der Schulkollege hat dieselbe Schule besucht wie ich. Der Bürokollege arbeitet in demselben Büro wie ich. Also müßten zwei AMTSKOLLEGEN in einem Amt arbeiten." (Weigel LdjW, S. 18) Hinter diesem häufig auftretenden Fehler stehe wohl der innere Zwang der Presse, sich in einem Artikel nur ja nicht zu wiederholen. Weigel hingegen erklärt, daß gegen "sachliche Wiederholungen [...] nichts einzuwenden [ist], ganz bestimmt weniger als gegen ein häßliches und irreführendes Ausweichswort!" (Weigel LdjW, S. 18)[727]

Insgesamt geht es in Weigels Antiwörter-Buch jedoch weniger darum, die Journalisten als besondere 'Sprachverbrecher' darzustellen. Weigel konzentriert sich auf die sprachlichen Probleme selbst: er nennt sie, erklärt, was ihm nicht gefällt und führt dabei die 'jungen Wörter' oft ein wenig ad absurdum; so z.B. wenn er fragt: "Wohin möchte der Ankläger seine Behauptungen stellen? *Unter* BEWEIS." (Weigel LdjW, S. 27) Oder: "WO LIEGT diese Behauptung mit der bisherigen Erwartung? *Im Widerspruch!*" (Weigel LdjW, S. 93)

Er zitiert auch nicht aus bestimmten Zeitungen, hält sich also wie Lichnowsky an die Kritik des allgemeinen Sprachgebrauchs. Ebenso wie Lichnowsky gehört Weigel weniger ins Gebiet der (gesellschafts-)politischen Phrasenkritik als in das der allgemeinen Stilkritik.[728]

Den Absatz über die Unterscheidung zwischen 'Worte' und 'Wörter' schließt Weigel übrigens so: "Wäre das Buch der klugen Mechtilde Lichnowsky *Worte über Wörter* bekannter, hätte ich mir zwar nicht dieses Wörterbuch, aber die Worte über *Worte* sparen können." (Weigel LdjW, S. 155)[729]

---

[727] Für weitere Erwähnungen von Journalisten siehe Weigel LdjW, S. 30, 39, 63/64.
[728] Vgl. Sanders, S. 15/16.
[729] Vgl. Weigel LdjW, S. 154; vgl. Sanders, S. 7, 70-74.

2.5.5 Drei Blätter - drei Blickwinkel: Hans Magnus Enzensberger und seine Kritik an 'Spiegel', 'FAZ' und 'Bild'

Medienkritik ist natürlich nur ein Aspekt unter vielen im Werk des Hans Magnus Enzensberger (geb. 1929). Innerhalb der Medienkritik steht wiederum die Pressekritik nicht allein da - allerdings ist die Presse und ihre Sprache ein Thema, zu dem Enzensberger immer wieder zurückgekehrt ist.[730] Auffallend ist dabei, daß er im Gegensatz zu vielen seiner 'Sprachkritiker-Kollegen' nicht die Pressesprache im allgemeinen geißelt, sondern sich jeweils auf ein ganz bestimmtes Organ konzentriert. Dabei sind aber einige der Ergebnisse auch auf andere Zeitungen übertragbar.

Die allgemeine Lage der deutschen Presse der Nachkriegszeit beurteilte Enzensberger 1962 pessimistisch:

> "Die Herrschaft Hitlers hat der deutschen Presse das Rückgrat gebrochen. Nicht eine der Zeitungen, die heute ihr Bild bestimmen, ist älter als zwölf Jahre. Die großen Blätter des Landes, von der Vossischen bis zur Deutschen Allgemeinen, vom Berliner Börsen-Courier bis zur Frankfurter Zeitung, existieren nicht mehr. [...] Unsere großen bürgerlichen Zeitungen sind tot." (Enzensb. E, S. 16)

A. L. Adriaan merkt in seiner Rezension der 'Einzelheiten' dazu an, daß Hitler nicht nur den Zeitungen das Genick, sondern auch den Journalisten das Rückgrat gebrochen habe: "Die wenigsten gestehen es sich selber ein. [...] Aber alle haben gelernt, das, was sie wirklich meinen, was sie gerne sagen möchten, verhüllt, vorsichtig, zwischen den Zeilen auszudrücken, [...]."[731]

Die eigentliche Aufgabe der Presse sieht Enzensberger in der Informierung der Bürger. Neben dieser Verpflichtung habe sie auch das Recht, ihre eigene Meinung zu äußern. Information und Meinung haben jedoch streng voneinander ge-

---

[730] Vgl. Grimm, Reinhold: Bildnis Hans Magnus Enzensberger. Struktur, Ideologie und Vorgeschichte eines Gesellschaftskritikers. In: Hans Magnus Enzensberger. Hrsg. v. Reinhold Grimm. Frankfurt a. M.: Suhrkamp 1984. S. 148. (der sammelbd. wird zit. als Grimm, HME; der Aufsatz als Grimm 1984)
Verwendete Ausgaben: Enzensberger, Hans Magnus: Einzelheiten. Frankfurt a. M.: Suhrkamp 1962. Enzensberger, Hans Magnus: Politische Brosamen. Frankfurt a. M.: Suhrkamp ²1983. Enzensberger, Hans Magnus: Mittelmaß und Wahn. Gesammelte Zerstreuungen. Frankfurt a. M.: Suhrkamp 1988. Enzensberger, Hans Magnus: Baukasten zu einer Theorie der Medien. Kritische Diskurse zur Pressefreiheit. Hrsg. u. eingel. v. Peter Glotz. München: Reinhard Fischer 1997 (= ex libris kommunikation. Bd. 8). Enzensberger, Hans Magnus: Verteidigung der Wölfe. Gedichte. Nachwort v. Reinhold Grimm. Frankfurt a. M.: Suhrkamp 1981.

[731] Adriaan, A. L.: Die Bewußtseins-Industrie und ihr Kritiker. In: Merkur. Dt. Zeitschrift f. europäisches Denken. H. 179-190 (1963). S. 83.

trennt und diese Trennung für den Leser nachvollziehbar zu sein (Enzensb.E, S. 17, 21; vgl. S. 58). Für Enzensberger ist "der Zustand, in dem sich ihre Presse befindet, ein zuverlässiges Indiz für das Maß an innerer Freiheit, das sich eine Gesellschaft bewahrt hat." (Enzensb. E, S. 17/18)

Als bedenklich betrachtet Enzensberger ein Phänomen, das bereits Ferdinand Kürnberger erwähnt hatte: daß nämlich die Presse in Deutschland zwar alles und jeden kritisiere, selbst aber kaum in den Blickwinkel von Kritik gerate. Auch untereinander würde keine nennenswerte Kritik mehr geübt. "Als vornehme Zurückhaltung gibt sich aus, was einem kritischen Ärger erspart und die windstille Bequemlichkeit sichert, die das Klima der heutigen deutschen Tagespresse bestimmt." (Enzensb. E, S. 19/20)

Im Jahr 1962 prägte Enzensberger in dem gleichnamigen Essay den Ausdruck 'Bewußtseins-Industrie' für das Zusammenwirken der Massenmedien. Er bezeichnet sie als "die eigentliche Schlüsselindustrie des zwanzigsten Jahrhunderts" (Enzensb. E, S. 9; vgl. S. 8). "Hergestellt und unter die Leute gebracht werden nicht Güter, sondern Meinungen, Urteile und Vorurteile, Bewußtseinsinhalte aller Art." (Enzensb. E, S. 12) Das Ziel der 'Bewußtseins- Industrie' sei es, "die existierenden Herrschaftsverhältnisse, gleich welcher Art sie sind, zu verewigen." (Enzensb. E, S. 12)[732]

Im Gegensatz zu Dolf Sternberger sieht Enzensberger die Gefahr der Manipulation der bzw. durch Medien als durchaus real an. Er schreibt dazu 1970 im Essay 'Baukasten zu einer Theorie der Medien':

> "Manipulation, zu deutsch Hand- oder Kunstgriff, heißt soviel wie zielbewußtes technisches Eingreifen in ein gegebenes Material. [...] Jeder Gebrauch der Medien setzt also Manipulation voraus. [...] Ein unmanipuliertes Schreiben, Filmen, Senden gibt es nicht. Die Frage ist daher nicht, ob die Medien manipuliert werden oder nicht, sondern wer sie manipuliert." (Enzensb. B, S. 106)

Da bereits die Auswahl der Nachrichten und die Plazierung innerhalb des Blattes zwangsläufig eine Wertung mit sich bringe, dürften die Medien nicht einer Elite überlassen werden - die Massen müßten sich selbst im Bereich (besonders der 'neuen') Medien engagieren.

Im selben Essay formuliert Hans Magnus Enzensberger auch einige Gedanken zur Sprache. Er trennt hier sehr scharf zwischen Sprechen und Schreiben, ver-

---

[732] Vgl. Baumgart, Reinhard: Enzensberger kämpft mit Einzelheiten. In: Über Hans Magnus Enzensberger. Hrsg. v. Joachim Schickel. Frankfurt a. M.: Suhrkamp ²1973. S. 132/133. (d. Sammelbd. wird zit. als Schickel, HME)

gleichbar der Saussure'schen Trennung zwischen parole und langue. Allerdings gilt sein Interesse sehr stark dem Sprechen:

> "Immerhin sprechen fast alle Leute besser als sie schreiben. (Das gilt auch für Schriftsteller.) Das Schreiben ist eine äußerst stark formalisierte Technik, die schon rein physiologisch eine eigentümlich starre Körperhaltung erfordert. [...] Der ganze Vorgang ist außergewöhnlich tabubesetzt. Orthographische Fehler, die für die Kommunikation völlig belanglos sind, werden mit der gesellschaftlichen Deklassierung des Schreibers geahndet;" (Enzensb. B, S. 126)

(Wobei man jedoch einwenden könnte, daß die genormte Rechtschreibung das Verständnis beim Lesen zum Teil sehr erleichtert und somit durchaus einen kommunikativen Zweck erfüllt.)

1983 schreibt Enzensberger in 'Der Triumph der *Bild*-Zeitung oder Die Katastrophe der Pressefreiheit', daß die Pressefreiheit auch ihre Nachteile habe. "Denn sie ist nicht nur eine Wohltat, sondern auch eine Zumutung, und wir müssen sie nicht nur verteidigen, wir müssen sie auch ertragen, und das ist ziemlich viel verlangt." (Enzensb. MuW, S. 77) Ganz ähnlich stellt er 1995 in einem Interview für die 'Zeit' fest[733]: "Wir haben eine Pressefreiheit. Die ist etwas Lästiges. Aber die muß man ertragen. Das sind die Unkosten der Demokratie. Wer die Pressefreiheit haben will, muß auch den Groschenjournalismus erdulden." (Enzensb. I, S. 48)

Auch der allgemeine Optimismus Enzensbergers bezüglich einer Emanzipation der Massen im Umgang mit den Medien wandelte sich in den achtziger Jahren immer mehr in Resignation um.[734] Schwierigkeiten mit Veränderungen, die nach neuen Denkmodellen verlangen, habe er aber nie gehabt, erklärt er:

> "Ich bin kein Theoretiker, ich bin ein Erfahrungsmensch. Im Zweifelsfall entscheidet bei mir die Erfahrung. Wenn die Erfahrung mich eines Besseren belehrt, werfe ich jede Begriffskonstruktion von Plato bis Marx und von Marx bis Wittgenstein über den Haufen. Das ist letzten Endes dann alles Wurst." (Enzensb. I, S. 47)

---

[733] Ich will nicht der Lappen sein, mit dem man die Welt putzt. André Müller spricht mit Hans Magnus Enzensberger. In: Die Zeit. 20. 1. 1995. S. 47/48.

[734] Vgl. auch Enzensbergers Essay aus dem Jahr 1988 'Das Nullmedium oder Warum alle Klagen über das Fernsehen gegenstandslos sind' (Enzensb. MuW, S. 89-103. Vgl. Glotz, Peter: Das Fach-Stichwort: Medienkritik. In: Enzensberger, Hans Magnus: Baukasten zu einer Theorie der Medien. Kritische Diskurse zur Pressefreiheit. Hrsg. u. eingel. v. Peter Glotz. München: Reinhard Fischer 1997 (= ex libris kommunikation. Bd. 8). S. 165-169 (zit. als Glotz, Medienkritik) Siehe auch Kap. 2.5.5.3.

2.5.5.1 Enzensbergers Kritik am 'Spiegel'

Der erste der pressekritischen Essays Enzensbergers (1957) befaßt sich mit der Sprache des Nachrichtenmagazins 'Der Spiegel'.- Dabei ist jedoch schon der erste Kritikpunkt genannt: Enzensberger unterstellt dem 'Spiegel', im Grunde gar kein Nachrichtenmagazin zu sein. Der 'Spiegel' bringe keine Nachrichten, sondern erzähle 'human interest stories'. Die Trennung von Fakten und Meinung sei hier völlig aufgehoben, nur mit äußerster Mühe ließen sich einige klare Informationen aus den 'stories' herauslösen (Enzensb. E, S. 69-74). Helmut Arntzen beschreibt den Sachverhalt folgendermaßen:

> "Für den 'Spiegel muß, was geschieht, eine 'story' werden, um geschehen zu sein. [...] Diese 'Spiegel'-story wird gemacht, indem die Disparatheit der 'faktischen' Einzelheiten durch intentionale Anfänge, pointierte Schlüsse, homogenisierende Metaphorik, für den Schein von Logik sorgende grammatische Tricks im Text aufgehoben wird. [...] nichts ist erfunden, alles ist arrangiert."[735]

Ausdrücklich ausgenommen ist von Enzensbergers Verdikt nur Rudolf Augstein in seiner Funktion als Leitartikler 'Jens Daniel'[736], dessen Texte Enzensberger "zu den besten Leistungen der deutschen Publizistik dieser Jahre" (Enzensb. E, S. 74) zählt. Im Gegensatz zu den Verfassern der 'stories' versuche Augstein nicht, "seine Deutung der Nachrichten als diese selbst auszugeben." (Enzensb. E, S. 74)

Lutz Mackensen betont in seinem Aufsatz 'Über die sprachliche Funktion der Zeitung' aus dem Jahr 1961 die Heterogenität der Pressesprache und bezeichnet die vermeintliche sprachliche Einheit als vom Leser imaginiert. Auch sei die Presse eher Sprachmittlerin als Sprachmacht.[737]

Enzensberger hingegen diagnostiziert eine eigene 'Spiegel'-Sprache, in der die 'stories' verfaßt würden und hinter deren Einheitlichkeit die individuellen Schreibstile der Autoren völlig verschwänden:[738] "Der allgegenwärtige Jargon

---

[735] Arntzen, Helmut: Sprachbeherrschung. In: Arntzen/Nolting, 'Der Spiegel'. S. 13. (zit. als Arntzen, Sprachbeherrschung) Vgl. Feld, Willi: 'Spiegel'-Metaphorik. In: Arntzen/Nolting, 'Der Spiegel'. S. 18; sowie Stave, Joachim: Zweierlei Garn. Über den SPIEGEL und seine Sprache. In: Muttersprache 70 (1960). S. 228/229.
[736] Enzensberger erwähnt auch die Tatsache, daß Augstein sowohl Gesellschafter als auch Herausgeber und "im Grunde wohl der Chefredakteur des Spiegel ist" (Enzensb. E, S. 63) - eine Stellung, die an die von Moritz Benedikt erinnert, des zeitweisen Lieblingsfeindes von Karl Kraus.
[737] Mackensen, S. 232-234.
[738] Vgl. Stave, S. 236; Benckiser, S. 175/76; sowie Straßner, Erich: Mit 'Bild' fing es an. Mediensprache im Abwind. In: Mediensprache - Medienkommunikation - Medienkritik. Hrsg. v. Hans-Jürgen Bucher u. Erich Straßner. Tübingen: Narr 1991. S. 141.

überzieht das, worüber er spricht, also alles und jedes, mit seinem groben Netz: die Welt wird zum Häftling der Masche." (Enzensb. E, S. 67; vgl. S. 65)

Diese Kritik ähnelt den Klagen Arthur Kahanes über die Presse, formuliert in der 'Schaubühne' im Dezember 1910: "[...] und alles muß abgestimmt werden auf den einen Ton, den einen Rhythmus, das eine Tempo, das dem Blatte Charakter, Weltanschauung und Einheit der Persönlichkeit ersetzt." (SB 6/II, 48,S. 1227) Daß die Wirklichkeit von der Presse 'eingefangen' und umgemodelt werde, so daß eine ganz andere Art von 'Wirklichkeit' entstehe, hatte wiederum Kurt Tucholsky in 'Presse und Realität' (WB 17/II, 41, S. 373-376) angeprangert und in der Groteske 'Von dem Manne, der keine Zeitungen mehr las' (SB 9/II, 43, S. 1030-1033) dargestellt.[739]

Enzensberger betont, daß die 'Masche' des 'Spiegel', wenn man sie einmal durchschaut habe, leicht zu erlernen sei:

"Die Koketterie mit der eigenen Gewitztheit, die rasch applizierte Terminologie, die eingestreuten Modewörter, der Slang der Saison, die hurtige Appretur aus rhetorischen Beifügungen, dazu eine kleine Zahl syntaktischer Gags, die sich meist von angelsächsischen Mustern herschreiben: das sind einige der auffälligsten Spezialitäten der Spiegel - Sprache." (Enzensb. E, S. 69)[740]

Den Humor des 'Spiegels' beschreibt Enzensberger als gezwungen und betont, er stehe "zwischen Zote und Ehrabschneiderei" (Enzensb. E, S. 70). Als "infame sprachliche Einzelheit" (Enzensb. E, S. 76) erwähnt er die häufige Verwendung des Dativ-Artikels vor dem Namen des jeweiligen (negativen) Helden der 'stories', welche an die Sprache der Justiz erinnere. Eine weitere beliebte Methode sei das Setzten von ironischen Bildunterschriften (Enzensb. E, S. 79).[741] Überhaupt sei die Ironie eine der wichtigsten Waffen der 'Spiegel'-Autoren; die Leser würden nicht durchschauen, daß sie durch "Hämische[n] Wendungen" (Enzensb. E, S. 80) und das Ausnützen von oft unbewußten Vorurteilen in eine bestimmte Richtung gelenkt würden (Enzensb. E, S. 81/82).

Insgesamt dürfe das sprachliche (und inhaltliche) Niveau der Texte nicht zu hoch sein, um den Durchschnittsleser nicht zu überfordern. "Die *Spiegel*-Redakteure betrachten sich', mit den Worten ihres Herausgebers, 'selbst als Durchschnittsleser ... Das bedeutet, daß *Spiegel*-Redakteure nicht allzu klug sein

---

[739] Vgl. Kap. 2.3.2.3; sowie Nolting, S. 141-143.

[740] Vgl. Stave, S. 232-234; Feld, S. 19, 31/32, 34, 44, 50; sowie Lück, Hartmut: Zeitungsdeutsch und Umgangssprache. Untersuchungen zur Sprache des SPIEGELS. In: Muttersprache 73 (1963). S. 327-337.

[741] Vgl. Krückeberg, Edzard: 'Spiegel'-Embleme. Die Illustration einer story. In: Arntzen/ Nolting, 'Der Spiegel'. S. 96-104.

dürfen.'" (Enzensb. E, S. 68) Dieses Postulat erinnert an Mauthners satirische Belehrung für angehende Journalisten:

> "Will der Literat Karriere machen, so darf sein Bildungsgrad den seiner Leser nicht zu sehr überragen. [...] Da nun derjenige, welcher zufällig etwas mehr gelernt hat, sich dumm stellen muß, um den Lesern zu schmeicheln, so ist es doch besser und leichter, wenn er überhaupt nichts weiß." (Mauthner S, S. 316; vgl. Kap. 2.2.1.2)

Durch die 'Spiegel'-Sprache würde bei den Lesern der Eindruck erweckt, die Autoren des Blattes seien von einer aufgeklärten-skeptischen Grundhaltung bestimmt. Diese "skeptische Allwissenheit" (Enzensb. E, S. 75) sei die einzige durchgehende Position des Blattes. Die Kritik, die der 'Spiegel' in seinen Texten äußere, ziele nur auf eine möglichst wirksame Präsentation und Pointe der jeweiligen 'story', sei also nur "Pseudo-Kritik" (Enzensb. E, S. 76) um des Effekts und des Rufes als kritisches Blatt willen; eine Einschätzung, die auch Helmut Arntzen teilt.[742]

Die Leser, von denen nichts anderes erwartet werde als die "routinierte Kenntnis des Jargons" (Enzensb. E, S. 77), würden sich ebenfalls als aufgeklärt-skeptisch und dem Rest der Welt überlegen einstufen und sich durch das Lesen des Blattes darin bestätigen - neben der Gier nach 'stories' ein weiterer Grund für den ungeheuren Erfolg des 'Spiegel'.[743] Helmut Arntzen schreibt dazu 1975, der 'Spiegel' sei die Zeitschrift der Leser, "die sich als ironische Kenner bestätigt wissen wollen, und es ist ihm darum völlig unmöglich, einen ernsten, nämlich unironischen Text zu veröffentlichen, es sei denn, er sei als Beitrag eines Außenstehenden gewissermaßen eingeklammert."[744] Für Arntzen ist der 'Spiegel' eine Art wahr gewordener Alptraum Karl Kraus', der in ihm "die endgültige Erfüllung der Phrase als Weltverwandlung gesehen"[745] hätte, da in seinen 'stories' "dem Leser [...] alle Katastrophen nur als Reiz [erscheinen]"[746].

Enzensberger stellt seiner Kritik am Ende des Essays jedoch einen Punkt entgegen:

> "Der Spiegel ist unentbehrlich, solange es in der Bundesrepublik kein kritisches Organ gibt, das ihn ersetzen kann. Er ist das einzige Blatt, das auf Interessenverbände, Ministerialbürokratien und Funktionäre keinerlei Rücksicht nimmt; das einzige, das zu keiner Form jener freiwilligen Selbstzensur bereit ist, die in der westdeutschen

---

[742] Arntzen, Helmut: 'Spiegel'-Medisance. In: Arntzen/Nolting, 'Der Spiegel'. S. 51-56. Vgl. Glotz, Medienkritik, S. 161/162.
[743] Enzensb. E, S. 63-65, 77/78. Vgl. Stave, S. 227, 230; Straßner, S. 141.
[744] Arntzen 1975, S. 29.
[745] Arntzen 1975, S. 47. Vgl. Kaddatz, Burckhard: Die story 'War ein Faß'. In: Arntzen/Nolting, 'Der Spiegel'. S. 85, 87.
[746] Arntzen 1975, S. 47; vgl. Arntzen, Sprachbeherrschung, S. 12, 14.

Publizistik gang und gäbe ist; das einzige, das den Mächten nicht deshalb schon seine Reverenz erweist, weil sie an der Macht sind." (Enzensb. E, S. 83; vgl. S. 65)

Er nimmt damit den 'Spiegel' von einem Charakteristikum dessen aus, was er später als 'Bewußtseins-Industrie' beschrieben hat: der Unterstützung der jeweiligen Mächtigen. Allerdings will er die Tatsache, daß der 'Spiegel' durch seine Rücksichtslosigkeit immer noch besser sei als der Rest der Presse, nicht als Entschuldigung für dessen Verfehlungen gelten lassen. Es sei vielmehr eine Anklage gegen die deutsche Presselandschaft:

"Daß wir ein Magazin vom Schlage des Spiegel nötig haben, spricht nicht für das Blatt, das die Masche zu seiner Moral gemacht hat; es spricht gegen unsere Presse im ganzen, gegen den Zustand unserer Gesellschaft überhaupt: es spricht, mit einem Wort, gegen uns." (Enzensb. E, S. 83/83)

Interessant ist des weiteren, daß der 'Spiegel' darum bat, Auszüge von Enzensbergers Essay abdrucken zu dürfen, was der Autor auch erlaubte (Enzensb. E, S. 85). Es handelt sich hier also um einen der seltenen Fälle, in dem die Kritik der Pressesprache im kritisierten Medium selbst veröffentlicht wurde.
Alfred Andersch sah darin 1958 einen schweren Fehler Enzensbergers:

"[Enzensberger] greift in einer blendenden Analyse den Machtapparat in seiner Schein-Opposition, dem allmächtigen Spiegel, an und verkauft eben jenem 'Nachrichten-Magazin' das Recht, den Angriff, aller wirksamen Stellen beraubt, in der Öffentlichkeit zu kastrieren."[747]

Auch Wolfgang Golisch sah in der Veröffentlichung einen Trick des 'Spiegel', der Kritik die Spitze zu nehmen: "Die Kritik an der eigenen Redeweise bestimmt er [der 'Spiegel'] durch den Hinweis auf den Veröffentlichungsort als paradox, [...]."[748] Adriaan hingegen wertete die Reaktion des 'Spiegel' positiv.

"Der 'Spiegel', [...] hat, durchaus mit gutem Humor, nicht nur die Kritik abgedruckt, sondern ihrem Autor monatlich zwei seiner Spalten eingeräumt, auf daß er in einer anderen Sprache als der des Nachrichten-Magazins mitteile, was er gelesen und wie er's gefunden hat."[749]

Für Peter Glotz ist die Entscheidung Enzensbergers ein Zeichen von "Realismus und Entschlossenheit zur Wirkung"[750].

---

[747] Andersch, Alfred: 1 (in Worten: ein) zorniger junger Mann. In: Schickel, HME, S. 10/11. Vgl. dazu den Abdruck im 'Spiegel': Die Sprache des Spiegel. Moral und Masche eines Magazins, von Hans Magnus Enzensberger kritisch untersucht. In: Der Spiegel. 11. Jg. H. 10 (1957). S. 48- 51.
[748] Golisch, Wolfgang: Anfänge und Schlüsse der stories. In: Arntzen/Nolting, 'Der Spiegel'. S. 105. Vgl. Hausmitteilung. In: Der Spiegel. 27. Jg. H. 6 (1973). S. 3.
[749] Adriaan, S. 84.
[750] Glotz, Medienkritik, S. 162. Vgl. Uecker, Matthias: Strategien im Medienkampf. Der Es-

Die Tatsache, daß Enzensberger bis 1964 regelmäßig für den 'Spiegel' schrieb und auch später einige seiner Essays im 'Spiegel' veröffentlichte[751], trug ihm von mancher Seite harsche Kritik ein. Hellmuth Karasek entgegnet 1962 dazu:

> "Enzensberger hat bei seinem Angriff ausdrücklich vermerkt, daß er auf die stories ziele, nicht aber auf persönlich gezeichnete Artikel, die nicht vorgeben, Nachrichten zu liefern, wo es sich um Meinung handelt."[752]

Enzensbergers Technik ist nicht die der marktschreierischen Entlarvung. Er selbst schreibt am Beginn der 'Sprache des *Spiegel*': "Irrationales Pathos versagt vor den meisten gesellschaftlichen Sachverhalten schon deshalb, weil sie zutage liegen. Gerade ihre Evidenz macht sie unsichtbar." (Enzensb. E, S.62)[753] Seiner Ansicht nach ist der 'Spiegel' am besten durch seine Sprache zu begreifen; deshalb ist die Sprache auch der Angelpunkt der Analyse. Enzensberger zitiert Passagen wörtlich aus dem Spiegel, betreibt also Sprachverwendungs-Kritik, wenn er auch das Erscheinungsdatum nicht immer bzw. nur grob angibt. Auf die Zitate folgt meist eine Erklärung oder ein Kommentar Enzensbergers. Dazwischen faßt er seine bisherigen Befunde zusammen. Zum Teil übt er sich auch in 'Rückübersetzung' der 'Spiegel'-Sprache ins Deutsche, so zum Beispiel wenn er einen an Metaphern reichen Absatz über die Schlußfeier der XVI. Olympischen Sommerspiele in Melbourne zitiert und anschließend 'übersetzt': "Bei der Schlußfeier der Olympiade wurde Salut geschossen. Das hat uns mißfallen."' (Enzensb. E, S. 69)

Nach Hans-Albert Walter hat Enzensbergers Methode der Sprachanalyse jedoch eine Schwäche: Es fehle ihr der Bezug auf größere gesellschaftliche und politische Zusammenhänge. Man könne ein Magazin wie den 'Spiegel' erst erklären, wenn man "seine Beschaffenheit weniger als eigengesetzliches Phänomen denn als soziologisch zu sehendes Symptom versteht."[754] Peter Glotz hingegen betont das damals Neue an Enzensbergers medienkritischen Essays: sie hätten "in einer

---

sayist Hans Magnus Enzensberger. In: Der Deutsch- unterricht. H. 6 (1995). S. 89. (zit. als Uecker 1995)

[751] Siehe MuW, S. 278.

[752] Karasek, Hellmuth: Die unbequemen Einzelheiten. In: Schickel, HME. S. 142.

[753] Vgl. Karasek, S. 140, 141/142; Walter, Hans-Albert: Was zutage liegt, und was nicht. In: Schickel, HME. S. 150. Enzensberger weitet diese These Mitte der achtziger Jahre noch aus, wenn er schreibt: "Auf die Dauer wird es daher auch der Enthüllungs-Journalismus in der Bundesrepublik nicht leicht haben. Die ehrwürdige Tradition des muckraking in der Publizistik setzt nämlich eine Leser voraus, der enttäuschbar ist. Demaskieren kann man nur den, dessen Gesicht sich von seiner Maske unterscheidet." (Enzensb. MuW, S. 134) Er kommt hier zu einem ähnlichen Schluß wie Daniel Spitzer, der bereits knapp hundert Jahre zuvor erklärt hatte, daß der Politik mit Satire nicht beizukommen sei (vgl. Kap. 2.1.3.2).

[754] Walter, S. 152. In diese Kritik schließt Walter auch den Essay über die 'FAZ' ein.

Zeit, in der die Medien sich selbst schonten und vornehm aneinander vorbeisahen, klandestine ideologische Orientierungen frech auf[gedeckt]. Enzensberger machte seine Leser bösgläubig."[755]

Als Enzensberger den Essay 1962 in dem Band 'Einzelheiten' abdruckte, fügte er neben zwei Zusätzen über die aktuelle Diskussion auch eine Fußnote hinzu, in der er feststellte, daß der 'Spiegel' sich seit der Entstehung des Essays "erheblich verändert hat; inwiefern, zum Bessern oder Schlechtern, kann der Leser selber entscheiden, [...]" (Enzensb. E, S. 84)[756] - er selbst legt sich also nicht explizit fest.[757] - Wie stark sich die Situation inzwischen tatsächlich verändert hat, kann man an einem Vortrag sehen, den Sigrid Löffler im April 1996 in Wien gehalten hat: In dem Vortrag 'Gedruckte Videoclips. Vom Einfluß des Fernsehen auf die Zeitungskultur' beklagt Löffler den Wandel

"vom E-Journalismus zum U-Journalismus, vom seriösen zum Unterhaltungsjournalismus. [...] weg vom kritisch argumentierenden Informationsjournalismus, hin zum pflegeleichten und marktfreundlichen Dienstleistungsjournalismus."[758].

Als Beispiel für den modernen 'E-Journalismus' bringt Löffler das 1993 gegründete Magazin 'Focus', als Beispiel für die "alteingesessenen Nachrichten-Magazine[]"[759] den 'Spiegel'.

2.5.5.2 Die Sprache der 'Frankfurter Allgemeinen Zeitung'

Fünf Jahre nach der Kritik an der Sprache des 'Spiegel' nahm Enzensberger abermals ein berühmtes Presse-Organ aufs Korn. Diesmal handelte es sich um eine Tageszeitung: die 'Frankfurter Allgemeine Zeitung', die sich als Erbin der angesehenen 'Frankfurter Zeitung' betrachtete - einen Anspruch, den Enzensberger nicht erfüllt sah (Enzensb. E, S. 61). Die 'FAZ' verspreche in ihren Selbst-

---

[755] Glotz, Medienkritik, S. 161.
[756] Vgl. Walter, S. 152.
[757] Vgl. auch das Urteil Hermann Peter Piwitts: "Der 'Spiegel' ist besser geworden." (Piwitt, Hermann Peter: Das Bein des Bergmanns Wu. Praktische Literatur & literarische Praxis. Frankfurt a. M.: März 1971. S. 127.) Böll hingegen vegleicht den 'Spiegel' des Jahres 1982 mit dem von 1950 und entscheidet zu Gunsten des älteren Jahrgangs: "Mir scheint: nackte Häme, der wilhelm-buschige Triumph über die immer wieder bestätigte Schlechtigkeit der Welt - davon gab's weniger;" (Böll, Heinrich: Ein- und Zusprüche. Schriften, Reden und Prosa. 1981-1983. Köln: Kiepenheuer & Witsch 1984. S. 69; vgl. S. 70).
[758] Löffler, Sigrid: Gedruckte Videoclips. Vom Einfluß des Fernsehens auf die Zeitungskultur. Vortrag im Wiener Rathaus am 25. April 1996. Wien: Picus 1997 (= Wiener Vorlesungen im Rathaus. Bd. 54). S. 19.
[759] Löffler, S. 11.

darstellung objektive, weltmännische Information- Enzensberger verglich diese Selbstdarstellung mit der Realität und sah große Mängel.

Als erstes untersucht Enzensberger in seinem Essay die Aufmachung der 'FAZ', da er sie als besonders aussagekräftig ansieht:

> "Aufmachung heißt, was die Zeitungen ihren Lesern zuvörderst anbieten: der erste Text auf der ersten Seite, samt seiner Überschrift. Über ihren Charakter und ihre Absichten besagt allein die Schlagzeile der Aufmachung viel, weil mit ihr die Redaktion zu erkennen gibt, was sie für das Wichtigste hält." (Enzensb. B, S. 21/22)

Das Urteil ist wenig schmeichelhaft: Die Schlagzeilen der 'FAZ' hätten oft nur geringen Informationswert, könnten "leerer, nichtssagender phrasenhafter gar nicht formuliert werden [...]". (Enzensb. E, S. 24; vgl. S. 23) Zudem beschäftigten sie sich häufig nicht mit den großen Themen der Weltpolitik, wie ein Vergleich mit den Schlagzeilen internationaler Tageszeitungen ergebe. Enzensbergers Fazit:

> "In dieser Auswahl drückt sich ein Provinzialismus aus, dessen keine anspruchsvolle Zeitung des Auslands fähig wäre. Auffallend das Bedürfnis, sich unablässig der eigenen Wichtigkeit zu versichern, die Neigung, das eigene Land für den Nabel der Welt zu halten; [...] die freiwillige Selbstbezogenheit der Perspektive." (Enzensb. E, S. 26/27; vgl. S. 24-26)

Schließlich seien viele der Überschriften stark rhetorisch gefärbt, "als hätten sie nicht Mitteilung, sondern Überredung im Sinn" (Enzensb. E, S. 27).

Auch bei der Analyse der Nachrichtenpolitik der 'FAZ' zieht Enzensberger zum Vergleich andere (in- und ausländische) Tageszeitungen heran. Er kommt zu dem Ergebnis, daß die Nachrichtenpolitik vom Verschweigen, Retouschieren und bloßen Andeuten (manchmal enorm wichtiger) Fakten (Enzensb. E, S. 32-45) geprägt sei.

Anschließend zitiert und analysiert Enzensberger die Leitglosse vom 15. Dezember 1961, die von der Schwierigkeit der Bewertung und des Umgangs mit den Partisanenkriegen des Zweitens Weltkriegs in Jugoslawien handelt (Enzensb. E, S. 45-50). Er kommt zu dem Schluß, daß die Glosse vordergründig betrachtet ein Ausbund von "Gesetzlichkeit und Fairness, Weisheit und Gerechtigkeit" (Enzensb. E, S. 49) sei; dahinter verberge sich jedoch etwas ganz anderes, nämlich eine Aufwertung der deutschen Besatzer gegenüber den 'aggressiven' jugoslawischen Partisanen.

> "Diese Technik der Heuchelei könnte man als Palimpsest-Methode bezeichnen. Der Leser hat auf den ersten Blick einen respektablen, honorigen Text vor sich, dessen Vokabular auf anständige, demokratische Gesinnung schließen läßt. Erst beim genau-

en Hinsehen wird darunter ein zweiter Text lesbar, den es eigentlich, und zwar ohne daß der Leser es bemerkt, an den Mann zu bringen gilt; und dieser zweite Text ist von einer abgründigen Verachtung eben jener Grundsätze diktiert, die der erste deklamatorisch verkündet. (Enzensb. E, S. 50)

Aus solchen Doppeldeutigkeiten leitet Enzensberger wohl auch der Titel des Essays ab: 'Journalismus als Eiertanz' (Enzensb. E, S. 16).

Die Methoden der selektiven Berichterstattung im Nachrichtenteil und der 'heuchlerischen' Leitglossen bzw. -artikel würden zusammenwirkend die Trennung zwischen Nachricht und Meinung aufheben, kritisiert Enzensberger. Er stellt dies abermals anhand von Zitaten aus der 'FAZ' und anderen Tageszeitungen dar (Enzensb. E, S. 51-58). Wie in seiner Kritik des 'Spiegel' konstatiert Enzensberger eine Kluft zwischen der Realität und ihrer Darstellung in der Presse. Allerdings moniert er beim 'Spiegel' die Vermischung der Fakten mit Meinungen zu 'stories'; die 'FAZ' wirke äußerlich wie ein seriöses Blatt, erst bei genauem Hinsehen werde das Ineinanderfließen von Fakten und Meinungen deutlich.

Zusammengenommen bezeichnet Enzensberger die Sprache der 'FAZ' als "eine Sprache der Herrschaft" (Enzensb. E, S. 59), deren wirklichen Inhalt nur die Herrschenden verstehen sollten; der Masse bliebe der "Hülltext, die phraseologische Fassade" (Enzensb. E, S. 60). Er wirft den Journalisten der Zeitung vor, "den journalistischen Ehrenkodex, den sie selber unterschrieben haben, täglich zu verleugnen" (Enzensb. E, S. 60). Das sei auch deshalb so schlimm, da sie von keinem totalitären Regime dazu gezwungen, sondern sich freiwillig zu Handlangern der offiziellen Politik machen würden (Enzensb. E, S. 60). Die 'FAZ' trifft also der Vorwurf des Essays 'Bewußtseinsindustrie', der dem 'Spiegel' erspart geblieben war: der, die bestehenden Herrschaftsverhältnisse zu stützen (Enzensb. E, S. 12).

Zwanzig Jahre später kommt Enzensberger noch einmal auf das Prinzip der 'Sprache der Herrschaft' zurück: Er erklärt, der einzige ehrliche Teil einer Zeitung, der einzige, der ohne 'Hülltext' arbeite, sei der Wirtschaftsteil. Nur dort sei ohne Umschweife ausgesprochen, daß bei Fragen der Hochfinanz "die Demokratie nichts zu suchen" (Enzensb. PB, S. 117) habe.

"Der Wirtschafts-Redakteur buhlt nicht um Leser. Im Gegenteil, er scheucht sie davon, wenn sie nichts zu investieren haben. Deshalb ist die Finanz- Presse wohltuend frei von Demagogie, und deshalb muß die Bild-Zeitung auf einen Wirtschaftsteil verzichten. In seiner sturen Unschuld spricht der Journalist, der jeden Morgen seinen Blick in die Wirtschaft wirft, aus, was seine Kollegen aus den anderen Ressorts erfolgreich leugnen: daß er die Stimme seines Herrn, und daß eine Zeitung nicht dazu da ist, die Interessen ihrer Leser, sondern die ihrer Besitzer zu vertreten." (Enzensb. PB, S. 118)

Daß sich seine Einstellung zur 'FAZ' über die Jahre nicht grundlegend geändert hat, zeigt Enzensberger in dem 1983 verfaßten Essay 'Kassensturz. Ein Bonner Memorandum'. Er spricht hier vom "Frankfurter Allgemeine Gezeter" (MuW, S. 113) und erklärt, die 'FAZ' sei "die einzige Zeitung des Landes, die die Kunst des Händeringens wirklich beherrscht" (MuW, S. 113).

Enzensberger geht im 'FAZ'-Essay wie schon in der 'Spiegel'-Analyse von der Sprache aus. Seine Methode zur Untersuchung der 'Frankfurter Allgemeinen Zeitung' ist jedoch differenzierter und genauer und wird zu Beginn des Essays erläutert.[760] Er zitiert mit exakten Quellenangaben und zieht zum Vergleich die Selbstdarstellung der 'FAZ' sowie andere Presseorgane heran, mit deren Schlagzeilen er die Schlagzeilen der 'FAZ' vergleicht. Er folgt damit dem Rat, den Tucholsky bereits in den zwanziger Jahren gegeben hatte: "vielerlei Zeitung lesen. Da wird die mühevolle Art der Arrangeure recht deutlich: [...]."(WB 22/II, 40, S. 551)[761] Auch die Analyse der Glosse vom 15. 12. 1961 geht über das hinaus, was Enzensberger beim 'Spiegel' begonnen hatte. Er geht hier jeden Satz einzeln durch - wieder mit der Technik des 'Übersetzens'.

Peter Glotz würdigt an Enzensbergers Kritik, daß

"sie eben nicht ideologische Verdammungsurteile waren, sondern konsequente Folgerungen aus Prinzipien, die das Blatt selbst als journalistische Grundsätze formuliert hatte."[762]

Die Analyse der Glosse nennt er "ein Kabinettstück kalter, logischer Sezierkunst"[763]. Reinhard Baumgart nennt besonders die Verwissenschaftlichung der Polemik als neues Charakteristikum der Sprach- bzw. Gesellschaftskritik:

"Während sich in den zwanziger Jahren die Gesinnung eines Hugenberg-Blattes noch aus einem einzigen Leitartikel ablesen ließ, derb wie ein Kameradschaftsabend beim Stahlhelm, so kostet es heute Enzensberger einen Essay von 45 Seiten mit 66 Anmerkungen, um die doppelte Zunge im Mund der Frankfurter Allgemeinen zu entdecken. Ich fürchte, es ist ihm gelungen."[764]

Allerdings wirke die Wissenschaftlichkeit bei Enzensberger manchmal ein wenig aufgesetzt. Er gehe nicht vorbehaltlos an das Thema heran, sondern wolle eigentlich nur seine ohnehin feststehende Überzeugung fundieren.[765]

---

[760] Enzensb. E, S. 18-21. Vgl. Walter, S. 150.
[761] Vgl. WB 18/I, 11, S. 279; vgl. Kap. 2.3.2.3.
[762] Glotz, Medienkritik, S. 163.
[763] Glotz, Medienkritik, S. 163.
[764] Baumgart, S. 133.
[765] Baumgart, S. 133.

Auffällig ist, daß Enzensberger in seiner Kritik der 'Frankfurter Allgemeinen Zeitung' in einem viel stärkeren Maße ironisch und sogar sarkastisch wird, als er es noch in der 'Spiegel'-Kritik gewesen war. Besonders stark sichtbar wird diese Ironie, wenn Enzensberger die Selbstdarstellung der 'FAZ' mit seinen Ergebnissen vergleicht, ebenso bei seiner Analyse der Glosse (vgl. u.a. Enzensb. E, S. 45/46, 47/48).

A. L. Adriaan kritisiert an Enzensbergers Essay, daß der Autor es sich etwas zu leicht gemacht hätte: Bei seinem Verfahren des Zeitungsvergleichs "benutzt [er] alle übrigen Blätter nur, um die eine damit zu prügeln, wodurch der Eindruck entstehen könnte, als hielte er die anderen für vorbildlich."[766] Dabei gäbe es doch bei den anderen zitierten Zeitungen ebenso Fälle von Auslassen bzw. Hochspielen von Fakten. Zudem hätte der Autor nicht bemerkt, daß die 'FAZ', ebenso wie früher die 'Frankfurter Zeitung', "nicht ein Aufmachungsblatt ist, sondern eine Artikel-Zeitung mit geradezu zeitschriftenähnlichem Charakter."[767] Deshalb stünde vieles, was der Redaktion wichtig erscheine, eben in längeren Aufsätzen und nicht in den kurzen Meldungen. Eine genauere Analyse hätte dies berücksichtigen müssen.

Auch die 'FAZ' selbst äußerte sich zu Enzensbergers Essay. Sie gab 1963 sogar ihre Erwiderungen gesammelt unter dem Titel 'Enzensberger'sche Einzelheiten. Korrigiert von der Frankfurter Allgemeinen Zeitung[768] heraus. Unter der Überschrift 'Hans Magnus, ein böswilliger Leser' wirft Benno Reifenberg Enzensberger Ungenauigkeit in seiner Recherche und eine verzerrte Wahrnehmung vor.[769] In einer ebenfalls abgedruckten Replik korrigiert Enzensberger ein Detail seines Essays (er hatte eine Schlagzeile übersehen), hält aber seine prinzipiellen Behauptungen aufrecht und stellt sogar noch einige Details richtig, die Reifenberg falsch zitiert hatte.[770] Es folgt das Ergebnis der detaillierten Beschäftigung der 'FAZ' mit Enzensbergers Essay. Bei der Behandlung der von Enzensberger analysierten Glosse wird ihm vorgeworfen, dem Glossenschreiber Gedanken zu unterstellen, die dieser niemals gehabt hätte, sowie mit "billige[r] Ironie"[771] zu arbeiten.

Insgesamt fällt auf, daß die 'FAZ' Enzensbergers Argumenten nicht mit klaren Sätzen entgegentritt, sondern sich in genau die "terminologischen Spitzfindig-

---

[766] Adriaan, S. 84.
[767] Adriaan, S. 85.
[768] Enzensberger'sche Einzelheiten. Korrigiert von der Frankfurter Allgemeinen Zeitung. Frankfurt a. M. 1963.
[769] Enzensberger'sche Einzelheiten, S. 5-8.
[770] Enzensberger'sche Einzelheiten, S. 8/9.
[771] Enzensberger'sche Einzelheiten, S. 35.

keiten"[772] versteigt, die sie ihrem Kritiker vorwirft. Enzensberger antwortet darauf später, indem er seinem Essay eine Fußnote anfügt, mit dem Inhalt, daß durch die 'FAZ'-Broschüre einige geringfügige Änderungen an seinem Text nötig geworden wären. "Im übrigen bestätigt die Broschüre meine Analyse Punkt für Punkt. Sie verteidigt den Eiertanz durch Eiertänze." (Enzensb. E, S. 58)- Eine Schlußfolgerung, die auch Hans-Albert Walter teilt,[773] obwohl er zugibt, daß die Fähigkeit Enzensbergers, aus Texten Unterschwelliges herauszuholen und zu formulieren, mitunter gefährlich sei: "das ist alles so treffend und brillant zugleich gesagt, er ist von einer so gestochen klaren Diktion, daß es, da Unklares betreffend, mitunter schon nicht mehr ganz wahr ist."[774]

Baumgart bemerkt nach der Lektüre der Essay-Sammlung 'Einzelheiten', die u.a. die Kritik am 'Spiegel' und die an der 'FAZ' enthält, daß Enzensberger "hier kandidiert für die verwaisten Ämter von Maximilian Harden, Kurt Tucholsky und Karl Kraus"[775].

Ganz abgesehen davon, daß Kraus sich fürchterlich darüber geärgert hätte, mit Tucholsky, und noch viel mehr darüber, mit Harden in einen Topf geworfen zu werden - gewisse Parallelen zwischen Enzensbergers Kritik und der von Kraus bzw. Tucholsky bestehen tatsächlich.

So zum Beispiel, daß er sich wie Kraus mit 'Einzelheiten' beschäftigt, keine allgemeine Theorie zur Pressesprache entwickelt, sondern lieber bestimmte Blätter genau untersucht und kritisiert;[776] daß er die "Wiederherstellung individuellen Bewußtseins durch strikte Faktenkontrolle"[777] versucht und die Menschen zum Zweifeln erziehen will[778]; daß er die Zeitung mit ihrer Selbstdarstellung konfrontiert und dieser seine Ergebnisse gegenüberstellt; daß auch für ihn das Zitat ein wichtiges Mittel der Beweisführung ist; schließlich, daß die "einzige Überlegenheit, auf die er baute, und die einzige Macht, auf die er sich stützen konnte und wollte"[779] die Sprache war. Ebenso wie Tucholsky lehnt Enzensberger 'Satz-Ungetüme' ab, die nur das sprachliche Geschick bzw. die Bildung des Autors vorführen sollen.[780] Enzensbergers Gedanken zur Kluft zwischen Realität und

---

[772] Enzensberger'sche Einzelheiten, S. 36.
[773] Walter, S. 145.
[774] Walter, S. 151. Vgl. S. 150.
[775] Baumgart, S. 131.
[776] Siehe Karasek, S. 139; vgl. Walter, S. 144.
[777] Walter, S. 146.
[778] Hinderer, Walter: Ecce poeta rhetor: Vorgeifliche Bemerkungen über H. M. Enzensbergers Poesie und Prosa. In: Grimm, HME. S. 201/202; Glotz, Medienkritik, S. 161.
[779] Hinderer, S. 200.
[780] Siehe z.B. Enzensb. E, S. 69; WB 22/I, 14, S. 540.

Presse bzw. zu einer Scheinrealität, die von der Presse erzeugt werde, decken sich mit den Überlegungen sowohl von Kraus als auch von Tucholsky.[781]

2.5.5.3 Kritik an der 'Bild-Zeitung'

Kritik als Erzählung und Reportage: Heinrich Böll und Günter Wallraff

Die Kritik an 'Bild' begann bereits kurze Zeit nach ihrem ersten Erscheinen (Juni 1952). Der durchschlagende Erfolg von 'Bild'- die Zeitung hatte Mitte der sechziger Jahre bereits eine Auflage von über 4 Millionen, 1983, als Enzensberger seinen 'Bild'-Essay verfaßte, eine Auflage von 5, 5 Millionen- und die Reihe von anderen Presseorganen, die zum Springer-Konzern gehörten, machten diesen bald zu einem unübersehbaren Faktor in der deutschen Medienlandschaft. Befürchtungen über eine Monopolisierung des Zeitungsmarktes wurden bald ebenso laut wie Kritik an der Art des Springer-Journalismus.[782]

Hans Magnus Enzensbergers Beiträge zu dieser Kritik gehören sowohl zu den ersten als auch zu den neuesten: sein Gedicht 'Bildzeitung' erschien 1957 im Sammelband 'Verteidigung der Wölfe', sein Essay 'Der Triumph der *Bild*-Zeitung oder Die Katastrophe der Pressefreiheit' im Jahr 1983. Inzwischen hatte sich nicht nur seine Einstellung zu 'Bild' (bzw. zu den Medien insgesamt) verändert; es hatten sich auch andere Kritiker zu Wort gemeldet und einen Rahmen der Kritikpunkte abgesteckt.

Zu den berühmtesten Texten über 'Bild' gehört Heinrich Bölls (1917-1985) Erzählung 'Die verlorene Ehre der Katharina Blum oder: Wie Gewalt entstehen und wohin sie führen kann'[783] aus dem Jahr 1974. Zwar ist der Name des Blattes bei Böll schlicht 'ZEITUNG', doch verweist der Autor selbst am Anfang der Erzählung auf die 'Bild-Zeitung' (Böll KB, S. 5).[784] Böll prangert hier die Prakti-

---
[781] Vgl. Walter, S. 151/152.
[782] Siehe Jänicke, Martin: Die innere 'Pressefreiheit'. In: Rundfunkanstalten u. Tageszeitungen. Bd. 1. S. 175-180. Kötterheinrich, Manfred: Die Konzentrationsbewegung in der deutschen Nachkriegspresse. In: Rundfunkanstalten und Tageszeitungen. Bd. 1. S. 195-200. Müller, Hans Dieter: Der Springer-Konzern. Eine kritische Studie. München: Piper 1968. S. 16, 74, 100, 108, 110. Enzensb. MuW, S. 78.
[783] Böll, Heinrich: Die verlorene Ehre der Katharina Blum oder: wie Gewalt entstehen und wohin sie führen kann. Mit einem Nachwort des Autors: Zehn Jahre später. München: dtv ³1996.
[784] Für eine Zusammenfassung des Konflikts zwischen Böll und 'Bild', siehe Sowinski, Bernhard: Heinrich Böll. Stuttgart/Weimar: Metzler 1993 (= Sammlung Metzler. Bd. 272). S. 20-24; vgl. S. 82/83. Sowie Reid, J. H.: Heinrich Böll. A German for his time. Oxford/New York/Hamburg: Berg 1988. S. 143/144, 164, 181, 194. Vgl. auch Böll EZ, S.

ken eines wildgewordenen Boulevardjournalismus an, der um der 'story' willen einen Menschen zerstört, ihn dazu treibt, einen Mord zu begehen (Böll KB, S. 131). Bezeichnenderweise ist das Mordopfer ein Journalist der 'ZEITUNG'.
Im zehn Jahre später verfaßten Nachwort zu der Erzählung nennt Böll diese "ein Pamphlet, eine Streitschrift" (Böll KB, S. 140), die ihm eigentlich noch zu harmlos geraten sei. Bereits 1972 hatte Böll in 'Die Würde des Menschen ist unantastbar'[785] das Grundgesetz zitiert und die Frage gestellt, warum der Staat nicht eingreife, wenn die Menschenwürde so gravierend verletzt werde wie durch die 'Bild-Zeitung' (Böll W, S. 95; vgl. KB, S. 60, 65). Im selben Text spricht er vom "Polit-Porno-Zynismus von 'Bild'" (Böll W, S. 97).

Die Ansichten Heinrich Bölls über die Sprache der ZEITUNG sind (abgesehen vom Nachwort) meist nicht explizit formuliert. Man muß sie aus den fiktiven Schlagzeilen und Artikeln herauslesen, die Böll die Journalisten der ZEITUNG in seiner Erzählung verfassen läßt.
Ein wichtiges Merkmal der Sprache der ZEITUNG ist ihre Verlogenheit (Böll KB, S. 141); dabei werden Dinge nicht unbedingt erfunden, sondern die Tatsachen oder Aussagen von Personen so geschickt verdreht, daß zwar unter Umständen einige Worte, nicht aber der Inhalt korrekt wiedergegeben wird. So macht ein Journalist aus der verzweifelten Klage der Mutter Katharinas "'Warum mußte das so enden, warum mußte das so kommen?'" (Böll KB, S. 103) folgenden Satz:

> "'So mußte es ja kommen. So mußte es ja enden.' Die kleine Veränderung der Aussage von Frau Blum erklärte er damit, daß er als Reporter drauf eingestellt und gewohnt sei, 'einfachen Menschen Artikulationshilfe zu geben.'" (Böll KB, S. 103; vgl. S. 40/41, 42)

Nicht nur wird der Sinn verdreht, Worte werden auch 'aufgepeppt', so daß zum Beispiel aus der Aussage von Katharinas Arbeitgeber Blorna "'Katharina ist eine sehr kluge und kühle Person'" (Böll KB, S. 35) die Formulierung "'eiskalt und berechnend'" (Böll KB, S. 36) wird.[786] Überhaupt spielt die ZEITUNG mit über-

---

16-22 ('Vorwort in eigener und anderer Sache'). Als Reaktion des Springer-Konzerns auf Bölls Erzählung soll besonders erwähnt werden, daß in dessen Zeitungen für einige Zeit keine Bestseller-Listen abgedruckt wurden, um den Erfolg von 'Katharina Blum' nicht dokumentieren zu müssen (siehe Böll KB, S. 145; Balzer, Bernd: Das literarische Werk Heinrich Bölls. Einführung und Kommentare. München: dtv 1997. S. 343).

[785] Böll, Heinrich: Die Würde des Menschen ist unantastbar. Vorwort zu 'Wie links können Journalisten sein?'. In: Heinrich Böll. Schwierigkeiten mit der Brüderlichkeit. Polit. Schriften. München: dtv 1976. Vgl. auch Böll, Heinrich: Bild, Bonn, Boenisch. In: Heinrich Böll. Die Fähigkeit zu trauern. Schriften u. Reden 1984-1985. München: dtv 1988. S. 64-120. Siehe dazu Reid, S. 210/211.

[786] Vgl. Balzer, S. 352/353.

triebenen, oft pathetischen Worten, die bestimmte positive oder negative Gefühle wecken sollen: von Katharinas Geliebtem Ludwig Götten wird zum Beispiel als von "dem blutbefleckten Götten" (Böll KB, S. 114) geschrieben.[787]

Zu den mächtigsten Waffen der ZEITUNG gehören bei Böll die Schlagzeilen. Er schreibt dazu im Nachwort: "Über die Gewalt von SCHLAGZEILEN ist noch zu wenig bekannt, und wohin die Gewalt von Schlagzeilen führen kann, darüber wissen wir nur wenig." (Böll KB, S. 144)[788] Aber nicht nur die Schlagzeilen sind in Fett- und Großdruck abgefaßt; auch in den Artikeln selber wird mit Großdruck gearbeitet, um die Aufmerksamkeit der Leser auf die richtigen Stellen zu lenken (Böll KB, S. 36/37).

Zudem wirft die ZEITUNG mit wilden Vermutungen und Behauptungen nur so um sich - geschickterweise oft als Fragen formuliert (Böll KB, S. 36/37). Auf diese Weise muß die ZEITUNG keine Beweise vorlegen und gibt sich noch dazu den Anstrich eines investigativen Journalismus.[789]

Die Textform der Erzählung, in der auch die 'Beweise' für die Niederträchtigkeit der ZEITUNG, die Artikel, fiktiv sind, führt natürlich zu einer besonderen Art der Sprachkritik. Es ist von außen betrachtet Sprachbrauch-Kritik, gleichzeitig aber auch eine Art 'fiktive Sprachverwendungs-Kritik' innerhalb der Erzählung selbst. Zudem sind Elemente der Parodie vorhanden: Heinrich Böll schreibt die Artikel der ZEITUNG im Stil von 'Bild'. Theoretische Überlegungen zur (Presse-)Sprache finden sich nicht, ausgenommen die prinzipielle Forderung nach Wahrung der Menschenwürde in Artikeln. Bölls Kritik ist praktische Sprachkritik in literarischer Form; der Text konzentriert sich auf eine bestimmte (Art von) Zeitung, deren Gewalttätigkeit in Vorgehensweise und Sprache er entlarven und anprangern will - daß die meisten Zeitungen seriöser vorgehen, wird in 'Katharina Blum' explizit erwähnt.[790]

---

[787] Siehe auch Reger, Harald: Die Metaphorik in der Boulevardpresse. In: Muttersprache 84 (1974). S. 314-325. Mittelberg, Ekkehart: Die Boulevardpresse im Spannungsfeld der Technik. Eine Sprachanalyse anhand der BILD-Zeitung. In: Muttersprache 78 (1968). S. 1-21. Straßner, S. 114/115. Sowie Ihlenburg, K. H.: Expressive Ausdrucksmittel im Stil der Publizistik. In: Sprachpflege. Jg. 4 (1965). H. 4. S. 66-73. Vgl. dazu auch Reger, Harald: Die Metaphorik in der konventionellen Tagespresse. In: Muttersprache 87 (1977). S. 259-279. Reger, Harald: Zur Idiomatik der konventionellen Tagespresse. In: Muttersprache 87 (1977). S. 337-346.
[788] Vgl. Böll KB, S. 36, 39, 142. Vgl. auch Balzer, S. 351.
[789] Vgl. Straßner, S. 114, 116.
[790] Siehe Böll KB, S. 61. Vgl. Reid, S. 182.

Auf ganz andere Art näherte sich Günter Wallraff (geb. 1942) dem Thema: er ließ sich 1977 als 'Hans Esser' von der 'Bild-Zeitung' als Journalist einstellen, schrieb seine Erlebnisse nieder und veröffentlichte sie unter dem Titel 'Der Aufmacher'[791]. Seine Gründe dafür beschreibt er zu Beginn des Buches:

> "Zwar war vieles in den letzten Jahren darüber geschrieben worden, doch aus dem Innenleben dieses Presseimperiums, das Politik und Gesellschaft der Bundesrepublik bestimmt und häufig kommandiert, ist so gut wie nichts an die Öffentlichkeit gedrungen." (Wallraff, S. 11)

Wallraff stellt sich die Frage, was für eine Art Menschen in den Redaktionen von 'Bild' anzutreffen seien.

> "Sind es Hilfswillige, Sklaven, Infantile, Zyniker? Wer hält die Maschine am Laufen? Manches kann man sich ausdenken, man kann einen dieser Typen so darstellen, wie Heinrich Böll das in seiner 'Katharina Blum' getan hat. Aber wer nimmt einem das ab?" (Wallraff, S. 11/12)

Wallraff will sich also nichts ausdenken, sondern recherchieren, will nicht mit Fiktion, sondern mit Beweisen aufwarten können. Bernd Balzer ist jedoch der Ansicht, daß Bölls "fiktionale[s] Bild doch besser 'getroffen' hat als selbst noch die realistischsten Reportagen"[792].

Der Hauptgesichtspunkt von Wallraffs Recherche ist die Art des Journalismus und der Journalisten bei 'Bild', es werden jedoch auch einige sprachliche Merkmale erwähnt: Nach dem erfolgreichen Bewerbungsgespräch in der Redaktion faßt Wallraff seine ersten Eindrücke zusammen: "Der Jargon erinnert an die Ganovensprache" (Wallraff, S. 23).

Die erste Redaktionskonferenz erlebt 'Hans Esser' dann folgendermaßen: "Es entsteht die tägliche klebrige Mischung. Halbwahrheiten, Fälschungen, offene und versteckte Werbung, verlogener Sex und heuchlerischer Crime." (Wallraff, S. 26)[793]

---

[791] Wallraff, Günter: Der Aufmacher. Der Mann, der bei 'Bild' Hans Esser war. Köln: Kiepenheuer & Witsch ²1982. Zu Verlauf, Ende und Nachspiel von Wallraffs Aktion siehe Hahn, Ulla/Töteberg, Michael: Günter Wallraff. München: Beck/edition text + kritik 1979 (= Autorenbücher Nr. 14). S. 91/92, 96-101.
[792] Balzer, S. 352.
[793] Vgl. dazu Staave, der die Sprache der 'Bild'-Journalisten so beschreibt: "hemdsärmelig-aufgeräumt, volkstümlich-unmittelbar, sofern er sich dazu entschließt, sie von 'rührenden' Tönen freizuhalten." (Stave, S. 234)
Vgl. Piwitts Kritik der Wochenzeitschrift 'Die Zeit':'DIE ZEIT. Ideologie der Objektivität und kulturkulinarische Anpassung' (Piwitt, S. 136-166). Er schreibt dort u.a.: "Wo BILD kalten Blutes lügt, da spricht die ZEIT, BILDs stets besorgte Tante, mit gehobener Stimme; man hebt die Probleme verbal in eine Sphäre, wo sich alle Konflikte in Wohlgefallen

Während seiner Arbeit als 'Bild'-Reporter fallen ihm immer mehr Einzelheiten auf: "BILD lebt von Superlativen. Das Größte, Kleinste, Ärmste, Reichste, Dickste - was sich so nennen läßt, ist eine BILD-Geschichte." (Wallraff, S. 40) Auch der von Böll in seiner Erzählung der 'ZEITUNG' zugesprochene Taktik des geschickten Verdrehens oder Ausschmückens von Interviews begegnet Wallraff: Aus der Tatsache, daß sich in einem Hochhaus manchmal bei Sturm Wasser kräusle, wird im 'Bild'-Bericht "'das Wasser schwappt aus der Badewanne' - es geht blitzschnell, eine Umdrehung mehr, und aus der Wahrheit ist die BILD-Geschichte geworden." (Wallraff, S. 42; vgl. S. 45-47)
Wenn nötig, werden Aussagen zitiert, die überhaupt nie gemacht wurden. Als 'Esser' protestiert, bekommt er zur Antwort: "'Tja, [...] das ist hier nun einmal so bei uns, bei diesem schnellen Journalismus muß man sich halt was einfallen lassen.'"(Wallraff, S. 74) - Konrad Bolz' Anweisung aus den 'Journalisten', "Erfinde deine eigenen Geschichten, wozu bist du Journalist?" (Freytag, S. 19), die in der Komödie so harmlos klingt, hätte bei Günter Wallraff nach seinem 'Bild'-Erlebnis wohl keine Heiterkeitsstürme mehr ausgelöst.

Seine Methode erklärt Wallraff im Vorwort des Buches: er habe "Äußerungen und Dialoge [...] teils direkt mitgeschrieben, teils nach Redaktionsschluß in Gedächtnisprotokollen festgehalten" (Wallraff, S. 10) Um die Authentizität zu unterstreichen, ist auch ein Manuskript 'Hans Essers' abgedruckt, in dem handschriftliche Verbesserungen seines Chefs zu sehen sind (Wallraff, S. 73).

Was fehlt, ist eine genauere Analyse dessen, was Wallraff während seiner Zeit als 'Bild'-Redakteur erlebt hat. So werten auch Ulla Hahn und Michael Töteberg: "Es ist ein entscheidender Mangel des Buches, daß es Wallraff nicht gelungen ist, die eigenen Beobachtungen mit einer Analyse zu verbinden."[794] Anders ausgedrückt: Wallraffs Text sei "zu eilfertig geschrieben, zu gefällig und geschmeidig aneinandergereiht, auf aktuelle Anspielungen getrimmt, zu wenig ausgelotet und abgewogen".[795]
Besonders falle auf, daß Wallraff sich nirgends die Frage stelle, was an diesen Beobachtungen typisch für jede moderne Zeitung, was typisch für Boulevardzeitungen und was genuin 'Bild'-typisch sei.[796] Und schließlich stellt v. Nußbaum fest, was Hans Magnus Enzensberger einige Jahre später ausbauen und zu einem Kernpunkt seines 'Bild'-Essays machen sollte:

---

auflösen; im Wohlgefallen einer kost-baren Metapher, einer erlesen-süffisanten Formulierung, einer vielsagend-nichtssagenden Umschreibung." (Piwitt, S. 147)
[794] Hahn/Töteberg, S. 95.
[795] Nußbaum, Heinrich v.: Günter Wallraff - von BILD umgedreht? In: medium. Jg. 7 (1977). H. 11. S. 8; vgl. S. 9/10.
[796] Hahn/Töteberg, S. 95; Nußbaum, S. 9.

"wer von Wallraffs Leser müßte darüber [über die Praktiken von 'Bild'] noch aufgeklärt werden? Selbst von angeblich 4, 5 Millionen Bildkäufern gleich über 11 Millionen Bildlesern wissen es viele."[797]

Die 'Bild-Zeitung' bei Enzensberger

Der erste Beitrag Enzensbergers zur Diskussion um 'Bild' stammt aus dem Jahr 1957: das Gedicht 'Bildzeitung'. Es ist in jeder Hinsicht ungewöhnlich, ausgenommen seine inhaltliche Botschaft: Es ist eine harsche Kritik an 'Bild'. In den drei ersten Strophen werden zuerst der typische 'kleine Mann', dann die Frau und schließlich Männer und Frauen gemeinsam samt ihren Träumen dargestellt: in der ersten der Arbeiter oder Rentner, der von Wohlstand träumt; in der zweiten die in 'typisch weiblichen' Berufen arbeitende Frau, die sich nach Schönheit und einer entsprechenden Karriere sehnt; in der dritten Männer und Frauen zusammen als 'Bevölkerung', 'Wähler' oder 'Gewerkschaftsmitglieder', die ihre Interessen gewahrt sehen möchten. Dabei wird aber schon klar, daß diese Hoffnungen nichts als Illusionen sind.[798] In der letzten Strophe wird die Hoffnungslosigkeit noch einmal ausgesprochen: "Auch du auch du auch du/wirst langsam eingehen/an Lohnstreifen und Lügen/reich, stark erniedrigt/durch Musterungen und Malz-/kaffee, schön besudelt mit Straf-/zetteln, Schweiß,/atomarem Dreck:" (Enzensb. VdW, S. 86)

Daß es sich dabei um die "abstrakten und hohlen Glücksversprechungen [handelt], die Tag für Tag von der Boulevard- und Regenbogenpresse ihren Lesern, die solches Glück entbehren müssen, eingehämmert werden"[799], wird nicht nur durch den Titel 'Bildzeitung' klar, sondern auch durch das Ende der letzten Strophe: "Möge die Erde dir leicht sein/wie das Leichentuch/ aus Rotation und Betrug/das du dir täglich kaufst/in das du dich täglich wickelst." (Enzensb. VdW, S. 86)[800] Dahinter steht die Anklage des Autors an die 'Bild-Zeitung' ebenso wie

---

[797] Nußbaum, S. 8. Heinrich Böll hingegen scheint Wallraffs 'Bild'-Reportage geschätzt zu haben. In 'Bild, Bonn, Boenisch' - in dem Böll die Sprache des ehemaligen 'Bild'-Chefredakeurs Peter Boenisch als eine "Sprachbrühe" (Böll BBB, S. 64) bezeichnet - rät er: "man lese auch getrost noch einmal Günter Wallraff" (Böll BBB, S. 66).

[798] Siehe Bekes, Peter: Hans Magnus Enzensberger. In: Deutsche Gegenwartslyrik von Biermann bis Zahl. Hrsg. v. Peter Bekes u.a. München: Fink 1982. S. 74-77. Siehe auch Grimm, Reinhold: Montierte Lyrik. In: Schickel, HME. S. 20/21. (zit. als Grimm, Lyrik)

[799] Bekes, S. 74. Vgl. Müller, S. 113/114.

[800] Vgl. Bekes, S. 73. Das Motiv des in-die-Zeitung-eingewickelt-Werdens bzw. von ihnen begraben Werdens taucht in dem Gedichtband 'Landessprache' später auch noch auf: in den Gedichten 'die scheintoten' und 'gedicht für die gedichte nicht lesen'; Enzensberger, Hans Magnus: Landessprache. Frankfurt a. M.: Suhrkamp 1960. S. 17/18 bzw. 33/34.

der "Appell [...] an die Leser, die Wirklichkeit, in der sie leben und unter der sie häufig genug leiden, zu erkennen und die schönen Verschleierungen und Bemäntelungen der 'Bildzeitung' zu durchstoßen."[801]
Im Gegensatz zu Heinrich Böll und Günter Wallraff geht es Enzensberger hier nicht darum, zu zeigen, wie man zum Opfer der 'Bild-Zeitung' werden kann und wie Aussagen manipuliert werden; ihm geht es um die Leser der Zeitung, die glauben, was man ihnen vorsetzt.

Auch wenn die Sprache ein wichtiger Aspekt des Gedichtes ist, ist die der 'Bild-Zeitung' selbst kein Thema. Enzensberger verwendet unter anderem Metaphern, Formeln aus bekannten Märchen, Umgangs- und Reklamesprache und Elemente der Collage - jedoch nicht zum Zwecke einer Charakterisierung der 'Bild'-Sprache, sondern vielmehr, um die Situation und die Träume der Menschen darzustellen bzw. um sich die Illusionen durch Verfremdung gegenseitig selbst entlarven zu lassen.[802]

Fast dreißig Jahre später, 1983, erscheint der Essay 'Der Triumph der *Bild*-Zeitung oder Die Katastrophe der Pressefreiheit'. Enzensberger geht hier auch auf andere Kritiker der 'Bild-Zeitung' ein. In den fünfziger Jahren hätten die Kulturkritiker Argumente gegen 'Bild' vorgebracht, allerdings "mit dünner Stimme" (Enzensb. MuW, S. 78). In den sechziger Jahren wäre dann die Kampfansage an die Springer-Presse zu einem Motiv der Studentenbewegung geworden; die Studenten forderten damals vehement die Enteignung Springers. Enzensberger gesteht einen gewissen Neid auf die unbeschwerte Radikalität solcher Forderungen ein, die immer noch die theoretische Entlarvung der Zeitung und ihrer Praktiken zum Ziel gehabt hätten (Enzensb. MuW, S. 79/80). Dabei habe die 'Bild-Zeitung' mit Hilfe von Marktforschungsinstituten und Psychologen selbst eine Theorie ihrer Wirkung erarbeitet.

> "An den manipulativen Techniken der Zeitung gab es nichts zu 'entlarven'. Einer psychoanalytisch fundierten Kritik, die auf die angemaßte Über-Ich- Funktion von Bild , auf die Ausbeutung der Leser, auf die Ersatzbefriedigung ihrer Triebansprüche hinwies, schallte es durch den Türspalt der hauseigenen Theorie entgegen: Eben! und: Ick bün all hier!" (Enzensb. MuW, S. 80)

Es habe auch nichts gebracht, dem Blatt irgendeine (rechte) Politik vorzuwerfen. 'Bild' sei keine Zeitung, welche die Menschen in eine politische Richtung lenken oder für bestimmte Themen interessieren oder gar mobilisieren wolle. Das Ziel des Blattes sei es, seinen Lesern "jede Regung abzugewöhnen. [...] sein einziger

---

[801] Siehe Bekes, S. 79 (Fußnote 11).
[802] Bekes, S. 78; vgl. S. 72/73.
Bekes, S. 73; Grimm, Lyrik, S. 21-23. Hinderer, S. 191; Riha 1971, S. 74.

Inhalt ist die Liquidierung aller Inhalte" (Enzensb. MuW, S. 81/82). Dabei sind 'human interest stories'- wie zum Beispiel die, zu der Katharina Blum durch die 'ZEITUNG' gemacht wird - ein probates Mittel, da die 'stories' "vom gesamtgesellschaftlich Bedeutsamen auf das außerordentliche Einzelschicksal [ablenken]"[803]. - 'Human interest stories' sind aber auch ein Markenzeichen des 'Spiegel', den Enzensberger Ende der fünziger Jahre untersucht hatte. Hans Dieter Müller vergleicht 1968 die 'stories' von 'Bild' und 'Spiegel' und kommt zu dem Schluß:

> "Bild -Journalismus und Spiegel -Journalismus [...] sind zwei Seiten einer Münze: Produkte einer hochindustrialisierten Gesellschaft, die auch den Nachrichtenstoff industriell zubereiten und verbreiten, dem Massenabsatz konform machen muß."[804]

Der große Unterschied zwischen 'Spiegel' und 'Bild' liege (neben dem sprachlichen Niveau) im Anteil an relevanten Fakten innerhalb der 'stories', in der Qualität der Recherche, darin, "wie weit es gelingt, aus der Anpassung und dem Konsum die Aufklärung zu retten".[805]

Zu den Texten Bölls und Wallraffs schreibt Enzensberger, Böll habe

> "versucht, die Fragestellung Kierkegaards mit den Mitteln der melodramatischen Erzählung wieder aufzugreifen, und Günter Wallraff hat sogar einen heroischen Selbstversuch unternommen, um dem monströsen Phänomen von der Produktionsseite beizukommen." (Enzensb. MuW, S. 83)

Diese Versuche wertet Enzensberger jedoch als typische Fälle von 'gut gemeint': Es sei völlig umsonst, die Menschen über 'Bild' aufklären zu wollen, da alleTatsachen bereits bekannt seien. Auch oder gerade die Leser des Blattes seien sich über 'ihre' Zeitung im klaren (Enzensb. MuW, S. 83).

> "Bild wird gelesen nicht obwohl, sondern weil das Blatt von nichts handelt, jeden Inhalt liquidiert, weder Vergangenheit noch Zukunft kennt, alle historischen, moralischen, politischen Kategorien zertrümmert; nicht obwohl, sondern weil es droht, quatscht, ängstigt, schweinigelt, hetzt, leeres Stroh drischt, geifert, tröstet, manipuliert, verklärt, lügt, blödelt, vernichtet. [...] Bei seinem jahrzehntelangen Frühstück mit Bild wiegt sich der Leser in der Gewißheit, daß alles so weitergeht, daß nichts etwas macht, oder was auf dasselbe hinausläuft, daß das Nichts nichts macht. (Enzensb. MuW, S. 84; vgl. PB, S. 223)

Sein eigenes Gedicht zum Thema 'Bild' erwähnt Enzensberger übrigens in seiner Auseinandersetzung mit früherer Kritik an 'Bild' genauso wenig wie seine Es-

---

[803] Mittelberg, Ekkehart: Die Problematik und die Sprache der human interest story. In: der Deutschunterricht. Jg. 22. H. 6 (1970). S. 5.
[804] Müller, S. 82 vgl. S. 81.
[805] Müller, S. 82.

says über den 'Spiegel' oder die 'FAZ', die ja durchaus aus einer Perspektive des Aufklärens heraus geschrieben worden waren. So kritisiert dann auch Matthias Uecker weniger die Veränderungen in Enzensbergers Positionen - die er als logische Reaktion auf die Veränderungen der Gesellschaft deutet - "als vielmehr das Maß an Vergessen und Verdrängung, mit dem Enzensberger die eigene essayistische Vergangenheit belegt."[806]

Aus der oben zitierten Passage erfährt der Leser aber auch etwas über die Ansichten Enzensbergers zur Sprache der 'Bild-Zeitung': zum Beispiel, daß sie 'quatscht', 'leeres Stroh drischt', geifert' und 'blödelt'- alles keine Ausdrücke, mit denen man eine distanzierte oder gar objektive Sprache beschreiben würde. Nach Enzensberger versucht die Sprache von 'Bild' gar nicht erst, sich einen Anstrich von Seriosität zu geben; auch sprachlich ist demnach keine Entlarvung möglich. Die Form der 'Bild-Zeitung' bezeichnet Enzensberger spöttisch als "die des anonymen Gesamtkunstwerks" (Enzensb. MuW, S. 84). 'Bild' habe mit den sprachlichen und formellen Traditionen der Presse nichts mehr zu tun; "es ist Collage, Montage, Assemblage, [...] es ist die ästhetische Zertrümmerung des Ästhetischen, die Aufhebung der Kunst, die ästhetische Summa unserer Zivilisation." (Enzensb. MuW, S. 85) - Auch Erich Straßner erwähnt die 'Montagetechnik' als ein wichtiges Charakteristikum von 'Bild':

> "'Bild' zeigt alle Elemente repressiver Sprache, da die Texte Informativität nur suggerieren, ihrer mangelnden Inhalte und ihrer ungewöhnlichen und unzureichenden Gestaltung wegen nur schlecht durchschaubar, auswertbar sind und für die Interpretation keine Hilfestellung gewähren."[807]

Enzensberger lehnt die 'Bild-Zeitung' 1983 immer noch genauso ab, wie er es in den fünfziger Jahren getan hatte. Er zitiert Kierkegaards Meinung von der Unmöglichkeit eines Nebeneinanderbestehens von Presse und Christentum und säkularisiert diese Thesen; das Ergebnis sei, "daß die Pressefreiheit, zu Ende gedacht, mit der Menschenwürde unvereinbar ist. Die *Bild*-Zeitung ist der nackteste Ausdruck dieses Zielkonflikts." (Enzensb. MuW, S. 75) An anderer Stelle bezeichnet er 'Bild' als "Schwarzes Loch der Kultur" (Enzensb. MuW, S. 86); zwei Jahre später beschreibt er sie in dem Essay 'Lob des Analphabetentums' (MuW, S. 61-73) als "ein prophetisches Produkt, mit dem bewiesen worden ist, daß man die Abschaffung der Lektüre als Lektüre verkaufen und ein Print-Medium für sekundäre Analphabeten herstellen kann." (MuW, S. 69)[808]

---

[806] Uecker, Matthias: Katastrophe und Normalität. Hans Magnus Enzensberger seit den siebziger Jahren. In: Deutschsprachige Literatur der 70er und 80er Jahre. Autoren, Tendenzen, Gattungen. Hrsg. v. Walter Delabar u. Erhard Schütz. Darmstadt: Wiss. Buchges. 1997. S. 331. (zit. als Uecker 1997) Vgl. Uecker 1995, S. 88.
[807] Straßner, S. 115.
[808] Vgl. Straßner, S. 113.

Allerdings sei es eine Illusion, daß, "wenn von der *Bild*-Zeitung die Rede ist, nur von der *Bild*-Zeitung die Rede [ist]" (Enzensb. MuW, S. 86). Das sei zwar sehr praktisch für die anderen Blätter, da sie auf diese Weise immer einen Sündenbock hätten, auf den sie zeigen könnten; 'Bild' sei aber nur radikaler in der Ausführung eines Prinzips, das allen Zeitungen gemeinsam sei: Diese Gemeinsamkeit der Presse sei "ihr objektiver Zynismus" (Enzensb. MuW, S. 87). Alle würden dem Phantom der 'Aktualität' nachjagen und die Leser mit Unmengen von "Nullereignissen" (Enzensb. MuW, S. 87) konfrontieren, nämlich mit "Vorgängen, die buchstäblich nichts bedeuten" (Enzensb. MuW, S. 87). Ein solches 'Nullereignis' sei es zum Beispiel, wenn "der Politiker X für den Frieden oder für 'menschliche Erleichterungen' eintritt (also nicht den sofortigen Atomkrieg oder die Folter für alle fordert)" (Enzensb. MuW, S. 87/88).

'Bild' sei also genauer betrachtet "keine bedauerliche Entgleisung, keine vermeidbare Verirrung, sondern ein ebenso logischer Ausdruck unserer Freiheit wie die Bombe." (Enzensb. MuW, S. 88)

Peter Glotz kritisiert die pauschale Abqualifizierung der 'Bild'-Artikel als 'Nullbotschaften':

> "Die intellektualistische 'Aburteilung' vorrational-naiver, expressiv strukturierter Emotionskommunikation ist so sinnvoll wie die Verfluchung 'häßlicher Würmer'; die Natur besteht aber nicht nur aus Nachtigallen und Pfauenaugen."[809]

Bereits 1969 hatten Glotz und Langenbucher eine Denkweise kritisiert, die nur niveauvolle Zeitungen akzeptiere und alles Irrationale aus der Presse verbannen wolle; denn damit ignoriere man schlichtweg die Bedürfnisse der Massen. Zeitungen wie 'Bild' müßten kritisiert werden, aber

> "nicht weil sie populäre journalistische Darstellungsformen verwenden, nicht weil sie verständlich und deshalb - notwendig - simpel geschrieben sind, auch nicht, weil sie an das Gefühl appellieren und die Wunschträume von Millionen beschwören. Kritisieren muß man viele Blätter dieser Art, weil sie eben nicht 'vermitteln', weil sie die verschiedenen Positionen eben nicht miteinander in Kommunikation bringen; kurz, weil sie nichts anderes tun, als bestimmte Zielgruppen im eigenen Saft schmoren zu lassen."[810]

Auch den Vergleich zwischen 'Bild' und der Bombe mißfällt Glotz, und zwar sowohl wegen seiner Dämonisierung der Zeitung als auch wegen seiner Simplifizierung der Bombe.[811]

---

[809] Glotz, Medienkritik, S. 164.
[810] Glotz/Langenbucher, S. 37.
[811] Glotz, Medienkritik, S. 165.

Tatsache ist, daß die Enzensberger'schen 'Nullbotschaften' zumindest kein Ergebnis der Nachkriegszeit sind: kaum einer der hier bisher behandelten Sprachkritiker hat sich nicht darüber beklagt, daß die Zeitungen mit Klatsch, Meldungen über die Reisepläne von Prominenten und ähnlichem 'Geschwätz' angefüllt seien. (Eine verständliche Ausnahme bilden hier Klemperer und die Exil-Sprachkritiker, die sich natürlich mit anderen Dingen konfrontiert sahen als mit einem Übermaß an Klatsch.)

Enzensbergers Methode hat sich verändert: Da Aufklärung über die Praktiken der 'Bild-Zeitung' seiner Ansicht nach nicht (mehr) nötig oder möglich ist, verzichtet er im 'Bild'-Essay auf eine genauere Sprachanalyse.[812] Er zitiert zwar immer wieder aus 'Bild'; es sind dies jedoch unkommentierte, lose zusammenmontierte Zitatsammlungen ohne Quellenangaben, die als Blöcke grotesker Sammelsurien wohl einfach nur einen Eindruck von den unterschiedlichen Themen und ihrer Darstellung in der Zeitung vermitteln sollen.

Der Tonfall hat sich in Richtung einer "spöttischen Gelassenheit"[813] verändert-nicht nur, wenn man das Gedicht aus dem Jahr 1957 mit dem Essay des Jahres 1983 vergleicht, sondern auch im Vergleich der pressekritischen Essays untereinander. Das Gedicht 'Bildzeitung' will noch aufdecken, zeigen, was hinter den Versprechungen der Boulevardpresse steckt. Der 'Spiegel'-Essay aus demselben Jahr hingegen enthält eine Absage an die Technik des aufgeregten 'Entlarvens'. Enzensberger stützt sich hier auf die Technik der Sprachanalyse, die er im Essay über die 'FAZ' fünf Jahre später noch weiter ausbaut. Doch beide Essays, sowohl der über den 'Spiegel' als auch der über die 'Frankfurter Allgemeine Zeitung', wollen aufzeigen, zum Denken anregen, wenn auch nicht in dem Ton eines aufgeregten Entdeckers.

In dem Essay über die 'Bild-Zeitung' hingegen thematisiert Enzensberger die völligen Sinnlosigkeit jeder Kritik an 'Bild'- die Leser können nicht mehr aufgeklärt werden, weil ihnen die Natur des Blattes bewußt ist und sie diese sogar bejahen. Bereits 1982 hatte Enzensberger in dem Essay 'Zur Verteidigung der Normalität' erklärt: "Hier schreit kein historischer Rückstand danach, aufgeholt zu werden. Sondern die armen Opfer der Manipulation verbitten sich stumm aber energisch jede Belehrung." (Enzensb. PB, S. 222)[814]

Hart ausgedrückt: Die Menschen werden nicht manipuliert, sondern haben vielmehr genau die Medien, die sie wollen - und verdienen.

---
[812] Vgl. Uecker 1995, S. 92; sowie Uecker 1997, S. 330.
[813] Uecker 1995, S. 92.
[814] Vgl. Uecker 1997, S. 330, 332.

2.5.6 Am Ende eines unendlichen Themas: Ein Blick auf Martin Walser

Die Themen 'Öffentlichkeit'- und damit verbunden die Rolle der Medien- und 'Sprache' haben auch den Schriftsteller Martin Walser (geb. 1927) immer wieder beschäftigt.[815] Zudem hat auch er persönliche Verbindungen zum Journalismus: nicht nur, daß viele seiner Aufsätze (und natürlich die Interviews) zuerst in Zeitungen oder Zeitschriften erschienen sind;[816] Walser selbst hatte einige Jahre für den Rundfunk gearbeitet[817].

In den letzten Jahren wurde ihm von einigen Kritikern vorgeworfen, politisch die Seite von 'links' nach 'rechts' gewechselt zu haben- eine Anklage, mit der sich auch ein anderer politischer Einzelgänger öfter hatte herumschlagen müssen: Karl Kraus.
In einem Interview aus dem Jahr 1995 wehrt sich Walser gegen diese Schematisierungen und dagegen, für eine 'Seite' stehen zu müssen:

> "Ich bin das Unrepräsentativste, was es gibt. Ich hoffe nur, es gibt viele meinesgleichen, von denen keiner den anderen repräsentieren will. Ich bin schon in großer Verlegenheit, wenn ich mich selber repräsentieren soll. Ich kann mich einfach auf keinen Nenner bringen." (Walser W, S. 56; vgl. S. 75/ 76)

Eine ihm wichtige Besonderheit der deutschen Sprache nennt Martin Walser 1964 in dem Aufsatz 'Einheimische Kentauren': die Möglichkeit zusammengesetzte Hauptwörter, "Kentaurische Wörter" (Walser EK, S. 23), zu bilden.

---

[815] Verwendete Ausgaben: Walser, Martin: Einheimische Kentauren oder Was ist so besonders an der deutschen Sprache? In: Die Zeit. 20. 11. 1964. S. 23-25. Walser, Martin: Erfahrungen und Leseerfahrungen. Frankfurt a. M.: Suhrkamp 1965. (Hier sind auch die 'Einheimischen Kentauren' abgedruckt, jedoch in leicht veränderter Fassung.) Walser, Martin: Auskunft. 22 Gespräche aus 28 Jahren. Hrsg. v. Klaus Siblewski. Frankfurt a. M.: Suhrkamp 1991. Walser, Martin: Ohne einander. Roman. Frankfurt a. M.: Suhrkamp ²1993. Walser, Martin: Vormittag eines Schriftstellers. Frankfurt a. M.: Suhrkamp 1994. Walser, Martin: Zauber und Gegenzauber. Aufsätze und Gedichte. Eggingen: Edition Isele 1995. Walser, Martin: Über freie und unfreie Rede. Eggingen: Edition Isele 1995 (= Parerga 16). Walser, Martin: Die Verteidigung der Kindheit. Roman. Frankfurt a. M.: Suhrkamp 1997 (= Martin Walser. Werke in 12 Bd. Hrsg. v. Helmut Kiesel unter Mitwirkung v. Frank Barsch. Bd. 6). Walser, Martin: Ansichten, Einsichten. Aufsätze zur Zeitgeschichte. Frankfurt a. M.: Suhrkamp 1997 (= Werke Bd. 11). Walser, Martin: 'Ich habe ein Wunschpotential'. Gespräche mit Martin Walser. Hrsg. v. Rainer Weiss. Frankfurt a. M.: Suhrkamp 1998.

[816] Siehe z.B. Walser VS, S. 203/204; Walser A, S. 297/298; Walser W, S. 184/185. Zu der Aufregung, die Walsers Interview in der 'Welt' 1986 auslöste, siehe Walser A, S. 254/255, 276-279; vgl. dazu Siblewski, Klaus: Sogar Martin Walser. Ein Nachwort. In: Martin Walser. Auskunft. S. 285-290.

[817] Walser A, S. 48-52, 96; W, S. 140/41. Vgl. Fetz, Gerald A.: Martin Walser. Stuttgart/Weimar: Metzler 1997 (= Sammlung Metzler. Bd. 299). S. 187.

"Ein Wort, das vorher ohne jedes Anzeichen von Hinfälligkeit frei existierte, gerät unversehens in den Bann eines anderen Wortes, eine Anziehungskraft scheint wirksam zu werden, und schon hat die Paarung stattgefunden." (Walser EK, S. 23)

Würden dabei zwei Wörter wie 'Kunst' und 'Werk' verschmelzen, so würde sich stets das abstraktere als das "herrschsüchtiger[e]" (Walser EK, S. 23) erweisen und das konkretere dominieren. Folgerichtig eigne sich z.B. 'Kunstwerk' weniger zur einfachen Beschreibung, sondern werde gerne "dort gebraucht, wo ein Anspruch erhoben werden soll." (Walser EK, S. 23) Nicht umsonst seien die 'kentaurischen Wörter' in der Politik sehr beliebt: "Es sind Kentauren aus Begriff und Realität, und der reale Rumpf muß herhalten, einem leeren Begriff reale Existenz zu erschleichen." (Walser EK, S. 23) Walser bringt dafür ein Beispiel aus der Sprache des Dritten Reichs:

"Wie leicht setzte der Nazismus die Presse des Auslands herunter, wenn er nur noch von 'Auslandspresse' sprach ('die Auslandspresse stöhnte...'). Das Äquivalent im Inland: 'Intelligenzpresse'. Unmöglich hätte Hitler sagen können: die Presse der Intelligenz. So verläßlich war das Wort 'Intelligenz' noch nicht diffamiert. Aber 'Intelligenzpresse', das ging, das war ein Wort, ein Schimpfwort, das man nicht mehr zerlegte in seine Herkunft." (Walser EK, S. 23)

Allerdings sei die Möglichkeit des Mißbrauchs kein Grund dafür, die 'kentaurischen Wörter' in ihrer Gesamtheit zu verteufeln. Im Gegenteil wären auch viele sehr gute, treffende Wörter entstanden; zum Beispiel 'Eigendünkel', das ihm vorkomme, "als wäre es Hegel am Vormittag auf einem Hühnerhof beim Betrachten eines Hahns eingefallen" (Walser EK, S. 23). Daß man damit gute und schlechte Wörter schaffen bzw. die Wörter auf gute oder schlechte Art verwenden könne, das läge eben "in der kentaurischen Natur dieser sprachlichen Möglichkeit. Vielleicht sogar in der kentaurischen Natur der Sprache überhaupt." (Walser EK, S. 23)

Einen weiteren Grund für die Vorliebe für 'kentaurische Wörter' sieht Walser in einer für ihn typisch deutschen (bzw. deutschsprachigen) Ambivalenz:

"Das Empfinden und Meinen ist bei uns heftig vorhanden. Dabei sind wir durchdrungen von der Ansicht, daß wir uns eigentlich nie ganz ausdrücken können. Schon wenn wir zu reden beginnen, spüren wir, es wird ein Rest bleiben, den wir nicht ausdrücken und schon gar nicht formulieren können." (Walser EK, S. 24)

Die aus zwei oder gar drei Begriffen zusammengesetzten Wörter suggerierten dann dem Sprecher eine gewisse Spannbreite, mit deren Hilfe er seine Gedanken vielleicht doch noch ausdrücken könne.

Walser formuliert hier geradezu Mauthner'sche oder Hofmannsthal'sche sprachskeptische Überlegungen. Dieser Eindruck verstärkt sich noch, wenn man einen seiner 'Sätze über das Schreiben' liest: "Den Mund voller unbrauchbarer Wörter." (Walser AE, S. 988) Bei näherer Betrachtung stellt sich allerdings heraus, daß Walser nicht an der Sprache an sich zweifelt, sondern nur daran, ob die jeweilige konkrete Realisierungen 'paßt'. Dieser praktische Sprachzweifel ist für Walser etwas Positives und Unabdingbares, nicht nur, aber besonders für Schriftsteller. Er erklärt: "Die Sprache ist unsere Sache. An ihr dürften wir zweifeln." (Walser EL, S. 97) Ein 'Stil des Zweifelns' sei notwendig, um "zu verhindern, daß die Sprache von einer präformierten Floskel zur nächsten turnt" (Walser EL, S. 102; vgl. S. 101).[818]

Dementsprechend schreibt Hans Magnus Enzensberger von der "sanften Wut" (Enzensb. E, S. 243), die er im Stil Walser sehe, und deren

> "Prämisse [es ist], daß nichts auf der Welt stimmt, daß unsere Bekanntschaft mit ihr durchaus unzuverlässig und ungenügend ist. [...] Die Sprache wird bis in ihre letzten Reserven aufgeboten. [...] Die Sprache windet sich gleichsam vor ihm und gibt sich preis; aber er traut ihr nicht über den Weg." (Enzensb. E, S. 243)

Die Schwierigkeit des adäquaten Formulierens sieht Walser als das Problem, Ereignisse und Empfindungen niederzuschreiben und damit zu fixieren, obwohl diese immer im Wandel begriffen sind. "Das ist die Kühnheit der Sprache an sich. Sie hält etwas fest, was eigentlich weiter will." (Walser A, S. 157)
An anderer Stelle spricht Walser dann von seinem "Sprachvertrauen" (Walser FUR, S. 32) als dem Vertrauen in die prinzipiellen Möglichkeiten der Sprache und von der "appellierende[n], mich in Gang setzende[n] Kraft" (Walser FUR, S. 35) der Metapher.

Martin Walser kommt in 'Einheimische Kentauren' auch auf die modernen Verwaltungs- und Wirtschaftssprache zu sprechen, die ebenfalls einen hohen Anteil an Mehrfachwörtern wie "Marktproduktionspreise, Lohnarbeitssystem, Warenhandlungskapital" (Walser EK, S. 24) aufweise. Bei diesen Wörtern werde jedoch kein Raum von Unklarheit gelassen: "Sie sind auf Durchschaubarkeit angelegt. Was sie zusammenfügen, besteht erkenntlich aus seinen Additionselementen. Das Vokabular wird so zu einer Instrumentensammlung. Es dient." (Walser EK, S. 24)

Wie Victor Klemperer ist Walser der Überzeugung, daß die Sprache die Wahrheit über den Sprecher ans Licht bringe. Auch wenn man die Sprache zum Täuschen verwenden wolle, würde dies nicht viel helfen:

---

[818] Vgl. dazu auch Huber, Walter: Sprachtheoretische Voraussetzungen und deren Realisierung im Roman 'Ehen in Philipsburg'. In: Über Martin Walser. Hrsg. v. Thomas Beckmann. Frankfurt A. M.: Suhrkamp 1970 (= edition suhrkamp 407). S. 175-189.

> "Zu lange ist die Sprache in die Schule gegangen, in der sie das lernte: auszudrücken, was gemeint ist. Auch wer Sprache zum Verbergen benutzten will, verrät, was er verbergen will. Keiner beherrscht die Sprache, die er spricht. Er hat immer nur seinen Anteil an ihr." (Walser EK, S. 24)

Walser ist ein großer Bewunderer Klemperers, den er in seinem 1991 erschienenen Roman 'Verteidigung der Kindheit' kurz auftreten läßt: Der Held des Romans begegnet als Zwölfjähriger einem zum Schneeschaufeln verpflichteten Juden, den er erst nach dem Krieg durch ein Zeitungs-Foto als Romanistikprofessor Klemperer identifiziert.

> "Als er an einem dieser Männer vorbeiging, der gerade verschnaufte, sagt Alfred unwillkürlich: He, Jude! Der Angesprochene fing sofort heftig zu schaufeln an. Das hatte Alfred nicht gewollt. Er rannte weg. [...] Er hatte den nicht antreiben wollen, rascher zu arbeiten. Er war übermütig gewesen. Noch ganz aufgekratzt von der Klavierstunde. Aber das genügte ihm nicht, dieses He, Jude! zu erklären. In dieser Sekunde war die Propaganda des Nationalsozialismus in ihm Herr geworden. In dieser Sekunde ist er ein Nazi gewesen. Nie davor und nie mehr danach. [...] Einem Juden gegenüber war er ein Nazi gewesen." (Walser VK, S. 303/304)[819]

In seiner Laudatio auf Victor Klemperer betont Walser zwei Eigenschaften, die ihn besonders beeindrucken: den "Zweifelzwang" (Walser PG, S. 43)[820], der Klemperer unaufhörlich alles hinterfragen ließ, und die damit verbundene Genauigkeit des Überlegens und Darstellens, die Walser in den Titel der Laudatio übernommen hat: 'Das Prinzip Genauigkeit'.

Auch Walser hat sich Gedanken zur Sprache des Dritten Reichs gemacht.[821] Ein Teil der Wörter der 'Lingua Tertii Imperii' bestand nach Walser aus den "Wortleichen" (Walser EK, S. 24) der philosophischen Denksysteme des 19. Jahrhunderts. Anstatt zu lernen, hehren Begriffen zu mißtrauen, seien die Deutschen mit Phrasen gefüttert worden.

> "Wir werden in die pädagogische Steppe getrieben und schlecht ernährt mit herabgewirtschaftetem Ideenvokabular, für das sich in unserer Wirklichkeit und Existenz wenig Entsprechung findet. [...] Die Anfälligkeit gegen voluminösen Wortwust wird präpariert. Und falls im rechten Augenblick ein Hitler kommt, kann er auf diese Anfälligkeit bauen." (Walser EK, S. 24)

---

[819] Vgl. Walser PG, S. 7. Vgl. auch Schiewe, S. 210; Doane, Heike A.: Zitat, Redensart und literarische Anspielung. Zur Funktion der gesprochenen Sprache in Martin Walsers Roman Verteidigung der Kindheit . In: Colloquia Germanica. Internationale Zeitschrift für germanische Sprach- und Literaturwissenschaft. Bd. 25 (1992). H. 3/4. S. 301.
[820] Vgl. Walser PG S. 53; Walser W, S. 61/62, 93/94.
[821] Es gibt auch Aussagen von ihm aus den sechziger Jahren über die 'LQI', die Sprache des 'Vierten Reiches'; siehe Walser EL, S. 17/18 u. Walser EK, S. 25.

Doch obwohl in der deutschen Sprache ein LTI-Vokabular möglich ist, könne man sie nicht zur Schuldigen machen.

> "Sie ist kein moralisches Wesen. Sie hat sich als sehr geeignet erwiesen für militärische Organisation, zum Beispiel. Als Instrument. [...] Aber Herrschaft über die Sprache gibt es nur als Herrschaft über ihre schlechtesten und ärmlichsten Möglichkeiten." (Walser EK, S. 24/25)

Deshalb habe der Nationalsozialismus auch keine Literatur hervorbringen können, sondern nur propagandistische Machwerke. An anderer Stelle bezeichnet Walser die Sprache auch als "unseren unkommandierbaren Reichtum" (Walser FUR, S. 43); zudem erklärt er: "Man kann Sätze nicht machen, man kann sie nur entgegennehmen oder ablehnen. Sie fallen einem ja ein." (Walser VS, S. 155) Hier schließen Walsers Überlegungen an die Sprachvorstellungen Karl Kraus' an, der davon überzeugt war, daß man die Sprache zwar zwingen könne, daß dabei aber niemals ein Kunstwerk entstehen werde (vgl. z.B. Kraus A, S. 120, 134/135).

Im Gegensatz zu den Autoren des 'Wörterbuchs des Unmenschen' ist für Walser die unbedachte Verwendung von Vokabular der LTI kein Zeichen für Unmenschlichkeit; es zeige höchstens, wie "wenig Gedächtnis im Jargon beheimatet ist" (Walser EK, S. 25). Als Beispiel bringt Walser den Kommentar einer Tageszeitung:

> "'Wiedergutmachungsleistungen nehmen eine Sonderstellung ein, als sie Menschen zugute kommen sollen, die vorsätzlich und absichtlich aufs grausamste verfolgt und geschädigt wurden.' Daß dieser gutwillige Mann in diesem Zusammenhang 'Sonderstellung' gebrauchen kann! Sonderbehandlung, Sonderaktion, Sondererlaß, Sonderkommando, all diese Wörter gehörten zu dem Exekutionsvokabular, das sich auf eben die Menschen bezog, deren Entschädigung jetzt eine 'Sonderstellung' eingeräumt werden soll. Daß da keine Assoziation den Gebrauch des 'Sonder-' verbietet, kann nur von Unschuld zeugen. Zugleich sieht man, wie sehr die Wirklichkeit aus diesen Wörtern vertrieben werden kann. Sie lassen sich für jeden Gebrauch präparieren." (Walser EK, S. 25)

Bei solchen Verwendungen werde die Geschichtlichkeit der Wörter vergessen; dabei seien doch eigentlich die Erfahrungen, die mit den Wörtern gemacht wurden, in ihnen "wie in Geschichtsbüchern nachzulesen" (Walser EL, S. 104).

Ganz ähnlich wie Enzensberger malt Walser 1964 das Bild einer "Konditionierungsmaschine Gesellschaft" (Walser EL, S. 66), die dazu tendiere, "das Bewußtsein eines jeden ganz und gar zu beherrschen" (Walser EL, S. 66). Das Bewußtsein der Menschen sei aus verschiedenen Jargons zusammengesetzt:

> "Ostwestjargon, Lohnkampfjargon, Marktwirtschaftsjargon, Jargons für Hygiene, Freiheit und Jenseits. Obwohl nach unserer Verfassung kein einzelner Jargon sich

gewalttätig durchsetzen darf, ist der Herrschaftsanspruch des Jargons doch insofern totalitär, als konkurrenzfähig nur Jargons sind. Jede Meinung, ursprünglich entstanden durch persönliche Sprache, muß zum Jargon werden, wenn sie propagiert wird. Unsere Meinungen sind weniger Ergebnisse von Information oder gar Unterrichtung als Jargongemisch." (Walser EL, S. 66/67)

Wie die Sprache der Wirtschaft (und der Werbung) ist auch die Sprache der Öffentlichkeit für Walser eine in Dienst genommene Sprache.[822] Diese Sprache der öffentlichen Meinungen, wie sie z.B. in der Presse ausgedrückt werden, bezeichnet er auch als "Meinungsgestöber" (Walser VS, S. 12), das ihn vom Denken abhält. An anderer Stelle spricht er auch davon, "daß moderne Kommunikationsmittel einen Schaum um die Welt transportieren" (Walser A, S.38). Dementsprechend gibt sich Walser in dem 1990 verfaßten 'Vormittag eines Schriftstellers' selbst den Auftrag: "Auf einem sprachlichen Genauigkeitsgrad beharren, dem Meinungen nicht gewachsen sind!" (Walser VS, S. 12; vgl. Walser W, S. 11, 43/44) Hier finden sich Parallelen zu Kraus' Forderung: "Das geschriebene Wort sei die naturnotwendige Verkörperung eines Gedankens und nicht die gesellschaftsfähige Hülle einer Meinung." (Kraus A, S. 111)

In 'Über freie und unfreie Rede' wirft Walser der Presse vor, z.B. bei Interviews durch bewußtes Verdrehen von Wörtern die gewünschten (skandalösen) Sätze zu erhalten. Als Beispiel nimmt Walser die Diskussion um Steffen Heitmann, der einige Zeit als Kandidat für die Bundespräsidentenwahl von 1994 im Gespräch gewesen war. Heitmann habe im Verlauf eines Interviews mit der 'Süddeutschen Zeitung' folgendes gesagt:

> "'Wir müssen ein normales Volk unter normalen Völkern sein.' Später, erst gegen Ende des Interviews, sagt er: 'Wir müssen lernen, mit dieser furchtbaren Geschichte, die wir haben, umzugehen.' Darauf der Interviewer: 'Normal' umzugehen? Wie soll man normal umgehen mit Millionen Morden?'" (Walser FUR, S. 13)

Walser bezeichnet diese Verdrehung als "Routineschritt des Zeitgeistes" (Walser FUR, S. 14; vgl. Walser W, S. 121/122)

In 'López gehört ins Feuilleton' (Walser VS, S. 107-129) beschäftigt sich Walser ausführlich mit der Berichterstattung der Medien, die er unter dem Begriff "Verdachtsberichterstattung" (Walser VS, S. 125) zusammenfaßt. Er wirft der

---

[822] Zu Walsers Ansichten zu den Möglichkeiten und Gefahren der privaten Rundfunk- und Fernsehprogramme siehe die Rede 'Über Macht und Gegenmacht', gehalten anläßlich der Gründung der IG-Medien 1985 (Walser ZG, S. 105-114). Vgl. dazu Siblewski, Klaus: Beiseite gesprochen. Martin Walsers Gedichte, Aufsätze und Glossen seit den sechziger Jahren. In: Martin Walser. Zauber und Gegenzauber. S. 210/211. Vgl. auch Walser A, S. 150.

Presse vor, die Ereignisse um den Wechsel des Opel- bzw. General Motors-Managers Lopéz zu VW künstlich aufzubauschen und dabei Lopéz und auch VW-Chef Piëch zu Bösewichtern von geradezu märchenhaften Ausmaßen zu stilisieren. Walser zitiert aus dem "Empörungsstil" (Walser VS, S. 123) verschiedener Blätter, u.a. des 'Spiegel', des 'Freitag', der 'Weltwoche' und der 'Wirtschaftswoche'; seine Motivation erklärt er folgendermaßen:

> "Was geht mich Lopéz an? Die Einstimmigkeit der Vorverurteilung interessierte mich. [...] Wenn ich nur angelsächsische Zeitungen gelesen hätte, wäre ich wahrscheinlich sachlicher geblieben. Erstaunlich, mit wie wenig parteiischer Empörung die New York Times ausführlich berichten kann." (Walser VS, S. 117)

Interessanterweise sei es ausgerechnet 'Bild am Sonntag', in der man "der konkretesten und am wenigsten ideologiegetrübtesten Auskunft" (Walser VS, S. 124) begegnen würde. Auch der 'Stern' verhielte sich relativ neutral (Walser VS, S. 124). Die anderen Blätter produzierten eine "täglich höher gepeitschte[] Verdachtswoge" (Walser VS, S. 125) Walser faßt seine Eindrücke so zusammen:

> "Geht bei dieser Art der Berichterstattung nicht eine uns wichtige Gewaltenteilung verloren? Wird da noch berichtet oder schon gehandelt? Und zwar höchst zweckvoll? Ende April hat Opel Strafanzeige erstattet, seitdem ist, außer der Übergabe der vier Kartons aus der Wohnung und der Durchsuchung von VW-Büros, nichts geschehen, was man hätte erfahren müssen. Dafür ein war of words . [...] Und die Medien? Verkaufen sich Unterstellungen und Diffamierungen leichter als Unschuldsvermutungen, oder schreiben sie sich nur leichter hin? Wenn man das wüßte, wüßte man ob wir selber daran schuld sind, daß wir so schrill bedient werden. Anderseits: warum sollte sich gerade diese Sparte der Medien vom Ausdruckscredo der Epoche unterscheiden?" (Walser VS, S. 129)

Auf völlig andere Weise kritisiert Walser die Sprache der Öffentlichkeit in seinem 1993 erschienen Roman 'Ohne einander'. Er zeichnet hier das Bild einer Wochenzeitschrift namens 'DAS MAGAZIN DER MEINUNG', kurz 'DAS'. 'DAS', zwischen 'Spiegel', 'Stern' und 'Titanic' angesiedelt, kultiviert einen eigenen Stil, dem sich alle Mitarbeiter unterwerfen müssen.[823]
Das erklärte Ziel der Zeitschrift ist es, daß die leidige Frage nach Wahrheit und Fakten "endlich aus der Welt verschwinde" (Walser OE, S. 14): "Es gibt keine Wahrheit, nur Versionen." (Walser OE, S. 14) 'DAS' hat sich bewußt auf Spott und Häme spezialisiert, wie die Redakteurin Ellen Kern-Kren sehr wohl erkennt:

> "Die DAS-Masche ist das Niedermachen. Ein Sprachasthma für Hohn. Ein Säuresaich über alles. Das ist die Arbeitsteilung in der Medienwelt: die einen produzieren

---

[823] Walser OE, S. 24/25, 71/72. Vgl. Fetz, S. 146; Reich-Ranicki, Marcel: Martin Walser. Aufsätze. Zürich: Ammann 1994. S. 130/131; sowie Matt, Peter v.: Schick wie Designer-Jeans. Peter von Matt über Martin Walser und dessen neuen Roman 'Ohne einander'. In: Der Spiegel. Nr. 31 (1993). S. 138/139.

Glamour, die anderen kratzen ihn ab. Wirklichkeit kommt nicht vor. [...] Was Verklärungs- und Niedermachungsindustrie produzieren, heißt öffentliche Meinung, wirkt wie Politik, ist aber Unterhaltung." (Walser OE, S. 73/74)[824]

Ellens Mann hält die Kritik des Magazins bzw. der gesamten Presse ohnehin für Heuchelei: "Selbstgerechtigkeit und Heuchelei, das war das Fundament der Meinungsproduktion. Je heuchlerischer, umso krasser kritisch beziehungsweise je krasser kritisch, umso heuchlerischer." (Walser OE, S. 176) Auf diese Weise existierten die "Meinungstycoons und Ausdrucksfürsten [...] in perfekter, nämlich kritischster Symbiose mit den Mächtigsten der Welt" (Walser OE, S. 180).[825]

Walser läßt hier seine Figur Überlegungen ausdrücken, die sich mit jenen Vorwürfen decken, die Enzensberger in den sechziger Jahren gegen die 'Bewußtseinsindustrie' erhoben hatte: die Kritik als 'Pseudo-Kritik' und die Verbindung der Meinungsmacher mit den Mächtigen. Nur hatte Enzensberger als Paradebeispiel für Pseudo-Kritik den 'Spiegel' aufgeführt, der aber zumindest nicht mit den Mächtigen zusammengehe, und die Unterstützung der Herrschaft durch die Presse am Beispiel der 'FAZ' erläutert.

Im Grunde stehen hinter der 'DAS'-Philosophie wieder nur wirtschaftliche Interessen, wie Ellen zusammenfaßt: "wir liefern Texte, damit wir die Reklameseiten so teuer als möglich verkaufen können." (Walser OE, S. 31)

Walser karikiert in 'Ohne Einander' mit der Figur des Koltzsch außerdem den Typ des sprachbesessenen Sprachverbesserers, für den es nichts Schlimmeres gibt als einen falschen Konjunktiv: "Zum Glück gibt es nichts Wichtigeres als den Konjunktiv. Zum Glück ist die Sprachrichtigkeit die oberste Norm überhaupt." (Walser OE, S. 85; vgl. S. 54/55, 87)[826] Koltzsch personifiziert einiges von dem, was viele Kritiker Karl Kraus zu Unrecht vorgeworfen haben: Die realitätsferne Beziehung zur Sprache, das Absolutsetzen sprachlicher Werte ohne Verbindung zu den Menschen. Gleichzeitig thematisiert Walser dabei immer wieder die Sprachlosigkeit der Menschen, auch und gerade der Redakteure von 'DAS'; Peter von Matt spricht in diesem Zusammenhang von "Signale[n] der Sprachlosigkeit im Sprachschwall".[827]

---

[824] Vgl. Lüdke, Martin: Mangel und Ressentiment. Martin Walser, Selbstbewußtsein und Ironie (1981). In: Poetik der Autoren. Beiträge zur deutschsprachigen Gegenwartsliteratur. Hrsg. v. Paul Michael Lützeler. Frankfurt a. M.: Fischer 1994. S. 41.
[825] Vgl. Matt, S. 140.
[826] Vgl. Lüdke, S. 42/43.
[827] Matt, S. 139. Siehe z.B. Walser OE, S. 72.

Walser erklärt in 'Einheimische Kentauren', daß die 'in Dienst genommene' Sprache der Öffentlichkeit die Wörter mit der Zeit unweigerlich verschleiße. Dann werde versucht, das betreffenden Wort "durch Paarung zu heilen. Resultat wird Endresultat. Das Problem ein Kardinalproblem." (Walser EK, S. 25) Dadurch würde der Prozeß aber nicht aufgehalten, die dienende Sprache werde "täglich nichtssagender. Die Titelseite einer Zeitung zu lesen, wird eine immer größere Kunst." (Walser EK, S. 25) Als Gegenpol zur 'dienenden Sprache' existiere jedoch immer die Sprache der Schriftsteller und Philosophen, die 'freie Sprache', in der "das Unwahrscheinliche heranwächst" (Walser EK, S. 25). Diese freie Sprache würde einerseits der dienenden Sprache unwillkürlich neue Wörter liefern, würde sie andererseits aber auch kritisieren:

> "Kritik und Nahrung liefert die freie Sprache den Jargons. Das eine freiwillig, das andere unfreiwillig. Da die Jargons immer der jeweiligen Herrschaft dienen, ist die freie Sprache immer der wohltätige Feind dieser Jargons." (Walser EK, S. 25)

Martin Walsers Kritik der Pressesprache ist sowohl allgemeiner als auch konkreter Natur. Allgemein kritisiert er den Hang zum abgegriffenen Jargon, zur Produktion von Meinungen statt Fakten oder Argumenten. Anhand der fiktiven Zeitschrift 'DAS MAGAZIN DER MEINUNG' führt er den Zynismus der Presse-Branche vor. An konkreten Beispielen (Heitmann, Lopéz) zeigt er, wie die Presse sich Skandale 'erschreibt'. In 'Lopéz gehört ins Feuilleton' geht Walser über die Sprachbrauch-Kritik hinaus und zitiert wörtlich aus verschiedenen Zeitungen und Zeitschriften; auch an anderen Stellen, z.B. in den Interviews, nennt er des öfteren die Zeitungen, über die er sich geärgert hat, beim Namen (vgl. Walser A, S. 38, 255; W, S. 49, 52, 123).

Der Sprache der Öffentlichkeit setzt Walser eine 'freie Sprache' entgegen, die nicht zum Jargon erstarrt, sondern sich phantasievoll in unterschiedliche Richtungen entwickelt. Dies ist auch die Sprache, in der die von Walser geforderte Kultur des Zweifelns und Hinterfragens möglich ist. Die Wertschätzung des Zweifels verbindet Walser nicht nur mit Victor Klemperer, sondern auch mit Karl Kraus, für den der Zweifel ja "die große moralische Gabe [darstellt], die der Mensch der Sprache verdanken könnte und bis heute verschmäht hat" (Kraus S, S. 372). Martin Walser formuliert es in seinen Überlegungen zum Schriftsteller-Sein und zum Schreiben so: "Wir bleiben hinter unseren Möglichkeiten zurück, wenn wir die Sprache nicht anstrengen zu solchen Experimenten des Zweifels." (Walser EL, S. 97)

Schlußwort: Versuch, das Puzzle zusammenzusetzen

Der Bogen der hier behandelten Autoren spannt sich von einem optimistischen Gustav Freytag, der die Presse und ihre Gepflogenheiten mit wohlwollendem Augenzwinkern betrachtet, bis zu einem über die öffentliche Meinung manchmal leicht ungehaltenen Martin Walser, der dem Treiben der Presse mit viel Skepsis zusieht. Dazwischen finden sich Befürworter ebenso wie Gegner der Zeitungen, Schriftsteller mit unterschiedlicher geistiger und tatsächlicher Nähe zur Presse.

Eines ist jedenfalls klar: Keine zwei der hier behandelten Autoren sind sich in ihrer Haltung zur Presse völlig einig - aber man findet auch die ungewöhnlichsten Allianzen: Karl Kraus mögen von Fritz Mauthner bezüglich der Sprachauffassung Welten trennen; Kraus mag in Mauthner nur den Journalisten gesehen und diesen verachtet haben; trotzdem verbindet beide die Ablehnung des 'Schmocks', die Kritik am Journalismus. Mauthner beschreibt den Journalismus jedoch als eher harmloses, wenn auch störendes, "Wortgeplätscher" (Mauthner KdS, S. 148), während Kraus ihn zu einem gefährlichen "Phrasensumpf[]" (F 1, S. 2) erklärt.

Die völlige Ablehnung der Presse in ihrer Gesamtheit, wie sie Kraus und (zeitweise) Mauthner propagierten, stellt unter den hier untersuchten Autoren eine Ausnahme dar. Der Großteil verdammt nicht die Presse als solche, sondern entweder bestimmte Blätter oder Blattarten (wie z.B. Böll und Wallraff die 'Bild-Zeitung') oder Vorgehensweisen und Spracheigenheiten.
Eine besondere Stellung nimmt dabei Victor Klemperer ein, der zwar (ebenso wie Thomas Mann und Bertolt Brecht) aus naheliegenden Gründen die deutsche Presse und deren Sprache zwischen 1933 und 1945 in ihrer Gesamtheit ablehnte, aber nirgendwo Anzeichen für einen prinzipiellen Haß auf das Zeitungswesen aufweist. Nach Kriegsende veröffentlichte Klemperer sogar selbst einige Artikel in der Presse.

Franz Pfemfert lehnte einen Großteil der deutschen Presse samt ihren Phrasen aus politischen Gründen ab, jedoch nicht den Journalismus an sich. Im Gegenteil: er wünschte sich besonders nach dem Ersten Weltkrieg eine starke Arbeiter-Presse. Ähnliche Wunschvorstellungen hegte Hans Magnus Enzensberger in den sechziger und siebziger Jahren. Er sah jedoch mit der Zeit seine Hoffnungen auf einen emanzipatorischen Umgang der Massen mit den Medien enttäuscht. Auch veröffentlichte Enzensberger selbst immer wieder Arbeiten in verschiedenen Blättern, während Pfemfert sich und seine 'Aktion' als extremen Gegenpol zu den anderen Zeitungen und Zeitschriften betrachtete.

Auch Herausgeber und Autoren der 'Schaubühne' spielten zeitweise mit dem Gedanken an eine 'neue' Presse. Allerdings waren die meisten Autoren der 'Schaubühne' (und später der 'Weltbühne') auf die eine oder andere Art mit der deutschen Presselandschaft verbunden - entweder als feste Mitarbeiter bestimmter Zeitungen oder als sporadische Artikel-Lieferanten. Die Pressekritik der 'Schaubühne'/'Weltbühne' war wohl auch aus diesem Grund nie so radikal wie die von Pfemfert oder gar Kraus.

Im Gegensatz zu Kraus, Pfemfert und den Autoren der 'Schaubühne'/'Weltbühne', die ein eigenes Forum hatten, in dem sie ihre Kritik äußern konnten, veröffentlichten Ferdinand Kürnberger und Daniel Spitzer ihre Kommentare im kritisierten Medium selbst. Allerdings griffen sie 'ihre' Zeitung meist nicht direkt an, sondern formulierten die Kritik entweder allgemein oder am Beispiel anderer Blätter. Beide lehnten die Presse als solche nicht ab, hielten aber vieles für verbesserungswürdig. Besonders Kürnberger störte sich an der Selbstzufriedenheit der Presse, etwas, das auch Enzensberger beklagte.

In der Frage des Verhältnisses zur Presse gehören Hans Magnus Enzensberger und Martin Walser einer Mischform an: Von beiden gibt es mehr oder weniger heftige Äußerungen zur Presse, die zum Teil auch selbst in Zeitungen oder Zeitschriften publiziert wurden. Enzensberger und Walser stehen jedoch in keinem Abhängigkeitsverhältnis zur Presse; diese ist bei weitem nicht ihre einzige (oder wichtigste) Veröffentlichkeitsmöglichkeit, wie das bei Kürnberger und Spitzer der Fall war.

Weder Mechtilde Lichnowsky noch Hans Weigel oder Karl Korn, die beiden letzten selbst in journalistischen Berufen tätig, waren in ihrer Ablehnung der Presse so strikt wie ihr Vorbild Karl Kraus, wenn sie sich auch immer wieder über die Zeitungen ärgerten: Alle drei waren der Ansicht, daß die Zeitungen oft in schlechtem Deutsch verfaßt wären, ja daß die Presse zu dessen Verbreitung beitrage.

Auch den Autoren des 'Wörterbuchs des Unmenschen', ebenfalls zeitweise selbst Journalisten, lag es fern, die Presse in ihrer Gesamtheit zu verdammen. Sternberger sah die Rolle der Presse eigentlich sogar sehr positiv. Die Presse wird im 'Wörterbuch' dort kritisiert, wo sie 'unmenschliches' Vokabular verwendet, darüber hinaus ist sie kein Thema und wird auch nicht für die sprachlichen Mißstände verantwortlich gemacht; im Gegenteil verteidigte zum Beispiel Süskind die Presse und ihre Sprache und meinte, sie sei viel besser als ihr Ruf.

Nun geht es hier nicht um allgemeine Pressekritik, sondern um Sprachkritik an der Presse; um Sprachkritik, von der Hans Jürgen Heringer sagt, das sie von

vornherein "in der Sprache angelegt [ist]. Die Möglichkeiten dieser Kritik, die in unserer Sprache angelegt sind, machen vor nichts halt."[828]
Zum gleichen Thema schreibt Helmut Arntzen: "Sprachkritik insistiert, daß Sprache weder über noch unter dem Menschen ist, sondern seine Darstellung."[829]

Was sind also, abstrahiert von der Fülle sprachkritischer Einzelbeispiele, die wichtigsten Kritikpunkte der hier behandelten Autoren an der Pressesprache? Ferdinand Kürnberger ist (sieht man vom hier nur kurz erwähnten Hans Landsberg ab) der einzige, der explizit einen eigenen Sprachstil der Presse akzeptierte und gleichzeitig vehement verlangte, es solle aber ein besserer sein. Kürnberger war aber nicht nur der erste 'moderne' Kritiker der Pressesprache, er gab auch bereits einen Großteil der Themen vor, die später in unterschiedlichen Kombinationen wieder aufgegriffen wurden.

Eines dieser Themen, die bereits bei Kürnberger auftauchten, ist die Schlamperei der Journalisten auf dem Gebiet der Grammatik und Semantik: es würden sowohl falsche Konstruktionen verwendet als auch Wörter sinnwidrig eingesetzt. Karl Kraus konnte sich ebenso furchtbar über solche Fehler ärgern und sie bekämpfen, wie sich die Autoren der 'Aktion' und der 'Schaubühne'/'Weltbühne' über sie lustig machten. Auch Mechtilde Lichnowsky und Hans Weigel war der Bruch der Sprachnorm ein großer Dorn im Auge.

Ein weiterer Aspekt, zu dem nicht nur Kürnberger sich äußerte, ist die Fremdwörter-Frage bzw. die Stellung von neuen Wörtern. Für Kürnberger waren Fremdwörter eine Bereicherung, sofern sie sinnvoll und bewußt eingesetzt wurden. Von der Verwendung von Fremdwörtern als Beweis für Klugheit oder Weltgewandtheit hielt er gar nichts - und steht somit in völligem Einverständnis mit Victor Klemperer. Von puristischen und sprachpflegerischen Versuchen hielten Kürnberger und Klemperer dann auch genauso wenig wie Karl Kraus, der sich immer wieder über die Versuche mancher seiner Zeitgenossen, Fremdwörter einzudeutschen, lustig gemacht hatte.

Einen ähnlichen Standpunkt findet man auch in vielen Artikeln der 'Schaubühne'/'Weltbühne': so sprach sich z.B. Kurt Tucholsky sowohl gegen den Haß auf Fremdwörter als auch gegen deren übertriebene Verwendung aus. Für ihn sollen (Zeitungs-)Texte klar und einfach geschrieben sein, ohne selbstverliebtes Kokettieren mit dem eigenen, möglichst komplizierten Wortschatz. Aber dort, wo Fremdwörter etwas treffend beschreiben, solle man sie ruhig verwenden, anstatt nach gequälten Übersetzungen zu suchen. Tucholskys Gegner in der Debatte um

---
[828] Heringer, Sprachkritik, S. 32.
[829] Arntzen 1964, S. 100.

die Fremdwörter waren jedoch nicht nur die deutschtümelnden Puristen, sondern auch die Anhänger einer Strömung, die sich sehr stark mit dem niedrigen Bildungsniveau der Arbeiter identifizierte. Tucholsky war jedoch der Meinung, daß man besser versuchen sollte, dieses Niveau zu heben, anstatt alle dazu aufzurufen, nur noch auf diesem Niveau zu schreiben.

Die Abneigung gegen Modewörter teilte mit Kürnberger nicht nur Tucholsky, sondern auch Mechtilde Lichnowsky und besonders Hans Weigel. Weigel mißfiel vor allem die Ausbreitung von Elementen der Fachsprachen in die Alltagssprachen; besonders schlimm sei, daß die meisten Menschen den Fachjargon zwar nachzuahmen versuchten, oft aber nur eine verschwommene Vorstellung von der Bedeutung der Wörter habe. Die Zeitungen würden dabei erheblich zur Verbreitung von Modewörtern und Technizismen beitragen - eine Einstellung, die auch von den Autoren des 'Wörterbuchs des Unmenschen' sowie von Karl Korn geteilt wurde, der in der sich stark ausbreitenden Technik- und Verwaltungssprache eine Tendenz zu Enthumanisierung und Abstraktion der Welt sah.

Sowohl Kürnberger als auch Spitzer warfen der Pressesprache Monotonie vor. Die Journalisten hätten ihre Lieblingswörter, die sie immer wieder bei allen passenden und unpassenden Gelegenheiten einsetzten. Dies führe nicht nur zu Langeweile beim Lesen, sondern habe auch die Tendenz, unterschiedliche Sachverhalte in *eine* sprachliche und damit geistige Schublade zu stecken.
Als besonders ärgerlich empfand Karl Kraus das extreme Gegenteil: die übertriebene Sucht nach möglichst originellen Ausdrücken, die verspielte Form der feuilletonistischen Schreibweise der Journalisten seiner Zeit, die überall noch ein weiteres sprachliches Detail einbauen und damit ihre Kultiviertheit beweisen wollten.
Auch Tucholsky wandte sich gegen das feuilletonistische Plaudern über alles und nichts. 'Geschwätz' dieser Art, das er als wichtigtuerische Anbiederei bei den Lesern ansah, war es auch, was Fritz Mauthner nicht ertragen konnte und deswegen nach puren Fakten rief; "reine Nachrichtenblätter" (WB 15/II, 51, S. 738) kamen auch für Tucholsky zeitweise in Frage.
Ein neuerliches Aufflackern des 'preziösen' Stils, parallel zur Sprache der 'verwalteten Welt' konstatierte auch Karl Korn, dem beide Stilrichtungen gleichermaßen mißfielen.

Ein weiteres großes Thema ist der Vorwurf der Phrasenhaftigkeit, der oft mit dem des falschen Pathos und der Manipulation verbunden wird. Sowohl Kürnberger und Spitzer als auch Kraus, Pfemfert, die Autoren der 'Schaubühne'/'Weltbühne' und Bertolt Brecht schrieben über die Phrasen der Presse. Das Spektrum reicht von recht humorvollen Feuilletons Daniel Spitzers, der sich über die Phrasen mehr lustig machte als sie zu verdammen, bis zu den 'Phrasen

auf zwei Beinen' in Karl Kraus' Weltkriegs-Drama, Pfemferts Rubrik 'Ich schneide die Zeit aus', in der die Verlogenheit der Kriegspropaganda aufgedeckt werden sollte, und Brechts 'Übersetzungen' der Rhetorik von Goebbels und Hess' in die Wirklichkeit.
Gegen Phrasen hatte auch Victor Klemperer zu kämpfen, nur konnte er seine Überlegungen zur Verlogenheit und Gefährlichkeit der Presse-Artikel erst Jahre später, nach dem Ende der Diktatur veröffentlichen. Die Unmenschlichkeit, die in der 'Lingua Tertii Imperii' zum Ausdruck kam, sahen Sternberger, Storz und Süskind auch nach dem Krieg noch nicht als völlig verschwunden an, weswegen sie weiterhin vor 'unmenschlichem Vokabular' warnten.

Phrasenhaftes Schreiben und Sprechen wurde auch nach dem Zweiten Weltkrieg noch moniert; allerdings verwendeten Sprachkritiker wie Enzensberger weniger den Begriff der 'Phrase' als den des 'Jargons'.
So warf Enzensberger dem 'Spiegel' einen pseudo-kritischen, der 'Frankfurter Allgemeinen Zeitung' einen heuchlerischen Jargon vor. Im Grunde ging es aber nach wie vor um sprachliche Unehrlichkeit, um Schlagworte, die die Wirklichkeit verdecken sollten, um die Vermischung von Fakten und Meinungen. Daß die Aufmachung der Zeitungen ein Teil dieser Versuche war, die Wirklichkeit nicht nur zu präsentieren, sondern auch zu modellieren, hatte vor Enzensberger auch schon Kurt Tucholsky stark beschäftigt.
Auch Martin Walser kritisiert die eingefahrene Rhetorik der öffentlichen Meinung und die heuchlerische, nur scheinbar kritische Haltung der Medien, wobei ihn besonders die sprachlichen Etiketten stören, die von der Presse recht schnell und oft auf der Basis von Vorurteilen vergeben würden.

Die Kritik der Schriftsteller trifft allerdings nicht nur die Zeitungen, sondern auch deren Leser, die viel zu leichtgläubig und vertrauensvoll seien und dem gedruckten Wort eine viel zu große Autorität einräumen würden. In diesem Zusammenhang äußerten sich besonders Karl Kraus, Kurt Tucholsky, Victor Klemperer und Hans Magnus Enzensberger.

Bei all dieser Kritik stellt sich natürlich auch die Frage nach Gegenmaßnahmen oder Rezepten für eine andere, 'bessere' Sprache. Die Meinungen der Linguisten dazu gehen auseinander: Für Erich Straßner klingt

> "[das] Wettern gegen ihn [den massenmedialen Sprachgebrauch], alles Zetern über den 'Sprachverfall', den die Medien beschleunigen, [...] hilflos, weil die Erfahrung lehrt, daß Legionen von Puristen nicht imstande waren, die Lawine aufzuhalten, dem Zeitgeist zu widerstehen."[830]

---

[830] Straßner, S. 227.

Auch Lutz Mackensen sieht wenig Sinn in einer Kritik der Pressesprache, wenn auch aus anderen Gründen:

> "Wer gegen das 'Zeitungsdeutsch' belfert, sollte bedenken, daß es schwer ist, dies 'Zeitungsdeutsch' vom Gemeindeutsch der Zeit zu scheiden. [..] Das 'Zeitungsdeutsch' [...] ist unser Deutsch; der Journalist schreibt nichts auf, was wir ihm nicht (als Politiker, Sportler, Kaufleute oder Ingenieure) vorsprechen. Natürlich ist die Zeitung eine sprachliche Macht; sie ist es heute auf ganz besondere Art. Aber diese Macht ist unsere Macht, und das entscheidet alles Weitere."[831]

Uwe Pörksen stellt wiederum fest, daß die Suche nach einer 'vollkommenen Sprache' schon allein deshalb problematisch sei, weil man sich kaumdarauf einigen könne, wie eine solche Sprache auszusehen habe. Er versucht zwar, mit den Begriffen 'Genauigkeit', 'Allgemeinverständlichkeit' und 'Form' einen Rahmen abzustecken, schließt seine Überlegungen jedoch trotzdem folgendermaßen: "Was ist eine vollkommene Sprache? Ich werde mich hüten, darauf zu antworten. Sie ist ein unsichtbares Reich."[832]

Wie sehen nun die Vorschläge der Autoren aus, die Sprache der Presse zu verbessern (abgesehen davon, selbst eine bessere Zeitung herauszugeben) - oder anders gefragt: gibt es überhaupt solche Vorschläge?
Die radikalste Reaktion wäre sicherlich der Ruf nach der Abschaffung der Presse. Aber weder Mauthner, der dem 'Geschwätz' der Zeitungen Schweigen sicher vorgezogen hätte, noch Kraus, der in 'Das Recht, totzuschweigen' erklärt, daß er im Grunde wolle, "daß die Presse aufhöre, zu sein" (Kraus U, S. 130), glaubten ernsthaft an die Erfüllung dieser unrealistischen Forderung.

Der vielleicht naheliegendste Gedanke, die Journalisten zu einer besseren Sprache anzuregen, wurde interessanterweise nur von zweien der hier erwähnten Autoren explizit ins Spiel gebracht: von Ferdinand Kürnberger und Hans Landsberg (WB 15/II, 29, S. 36-39). Kürnberger legte den Journalisten Goethe und vor allem Lessing als sprachliche Vorbilder ans Herz; auch stellte er sich vor, wie aus der von ihm kritisierten, manchmal zu aufgeregten, dann wieder zu routinierten oder zu schonenden Sprache der Presse eine schwungvolle, stilsichere und diplomatische werden könnte. Hans Landsberg forderte eine Rückbesinnung des Journalismus auf seine schriftstellerischen Wurzeln.
Daniel Spitzer äußert sich zwar nicht explizit in diese Richtung, aber auch er gibt den Journalisten gute Ratschläge (z. B den, sie sollten vermeiden 'poetisch' zu werden), und man kann vielleicht annehmen, daß ihm eine Zeitungssprache, wie Kürnberger sie forderte, auch gefallen hätte.

---

[831] Mackensen, S. 247.
[832] Pörksen, S. 317; vgl. S. 297-321. Vgl. auch Sanders, S. 32, 36, 127/128.

Die zweite Reaktion auf die Pressesprache wendet sich von den Journalisten als Adressaten für gute Ratschläge völlig ab. Zwar haben viele der Autoren mehr oder weniger genaue Vorstellungen, wie eine bessere Sprache auszusehen habe; sie sehen jedoch keinen realistischen Weg, ihre Forderungen zu verwirklichen. Als einziges Mittel, der kritisierten Sprache der Zeitungen zu begegnen, wird das Mißtrauen und der Zweifel der Leser gegenüber dieser Sprache propagiert. Dieser Vorschlag ist oft mit der Forderung verbunden, zu Vergleichszwecken mehrere Zeitungen zu lesen (etwas, das laut Sternberger ohnehin eine der Voraussetzungen für mündige Bürger ist). Vertreter dieses Weges waren vor allem Karl Kraus, Franz Pfemfert, viele Autoren der 'Schaubühne'/'Weltbühne', Victor Klemperer sowie Martin Walser, wenn auch weniger explizit. Ebenfalls in diese Richtung, aber mit stärkerer Hinwendung zur Aufklärungsarbeit, die zuerst geleistet werden müsse, tendierten Bertolt Brecht, Heinrich Böll, Günter Wallraff und der 'frühe' Enzensberger.

Der dritte Weg, der bei den meisten Autoren zumindest ein wenig mitschwingt, ist die Förderung des Sprachbewußtseins - ebenfalls hauptsächlich der Leser. Neben Karl Kraus, der das Sprachbewußtsein ebenso häufig thematisiert wie den Zweifel an den Sprechern, erklärten sowohl Lichnowsky und Weigel als auch Sternberger, Storz, Süskind und Korn dies zu ihrem wichtigsten Ziel.

Mißtrauen und Zweifel an der Pressesprache, gleichzeitig prinzipielles Sprachvertrauen und Sprachbewußtsein: Sieht man von individuellen Details ab, scheint der Aufruf an die Leser, diese beiden Punkte zu verbinden, ein gemeinsamer Nenner zumindest der meisten hier behandelten Autoren zu sein.

Abkürzungsverzeichnis

A x, y, z	= 'Die Aktion' Jahrgang, Nummer, Spalte
B y, x, z	= 'Der Brenner' Nr, Jahr, Seite
Böll BBB	= Böll, Heinrich: Bild, Bonn, Boenisch
Böll EZ	= Böll, Heinrich: Ein- und Zusprüche
Böll KB	= Böll, Heinrich: Die verlorene Ehre der Katharina Blum
Böll W	= Böll, Heinrich: Die Würde des Menschen ist unantastbar
Brecht S 2/1	= Brecht, Bertolt: Schriften 2, Teil 1
Dürrenmatt W	= Dürrenmatt, Friedrich: Die Dritte Walpurgisnacht
Dürrenmatt Z	= Dürrenmatt, Friedrich: Nachrichten über den Stand des Zeitungswesens in der Steinzeit
Enzensb. E	= Enzensberger, Hans Magnus: Einzelheiten
Enzensb. B	= Enzensberger, Hans Magnus: Baukasten zu einer Theorie der Medien
Enzensb. I	= Enzensberger, Hans Magnus: Interview ('Ich will nicht der Lappen sein, mit dem man die Welt putzt')
Enzensb. MuW	= Enzensberger, Hans Magnus: Mittelmaß und Wahn
Enzensb. PB	= Enzensberger, Hans Magnus: Politische Brosamen
Enzensb. VdW	= Enzensberger, Hans Magnus: Verteidigung der Wölfe
F y, z	= 'Die Fackel' Nummer, Seite
Friede y, x, z	= 'Der Friede' Nummer, Jahr, Seite
Hesse	= Hesse, Hermann: Das Glasperlenspiel
Hof., Brief	= Hofmannsthal, Hugo v.: Ein Brief
Hof., Dichter	= Hofmannsthal, Hugo v.: Der Dichter und seine Zeit. Ein Vortrag
K LTI	= Klemperer, Victor: Lingua Tertii Imperii
K T1	= Klemperer, Victor: Tagebücher 1933-41
K T2	= Klemperer, Victor: Tagebücher 1942-45
K T3	= Klemperer, Victor: Tagebücher 1945-49
K T4	= Klemperer, Victor: Tagebücher 1950-59
Korn MS	= Korn, Karl: Macht Sinn?
Korn SK	= Korn, Karl: Sprachkritik ohne Sprachwissenschaft?
Korn SW	= Korn, Karl: Sprachwandlungen im heutigen Deutsch
Korn vW	= Korn, Karl: Sprache in der verwalteten Welt
Kraus A	= Kraus, Karl: Aphorismen
Kraus DW	= Kraus, Karl: Dritte Walpurgisnacht
Kraus LTdM	= Kraus, Karl: Die letzten Tage der Menschheit
Kraus S	= Kraus, Karl: Die Sprache
Kraus U	= Kraus, Karl: Untergang der Welt durch schwarze Magie
Kü I	= Kürnberger, Ferdinand: Gesammelte Werke Bd. 1 (Siegelringe)
Kü II	= Kürnberger, Ferdinand: Gesammelte Werke Bd. 2 (Lit. Herzenssachen)

Landauer	= Landauer, Gustav: Skepsis und Mystik
Lichn.	= Lichnowsky, Mechtilde: Worte über Wörter
Mann gW	= Mann, Thomas: An die gesittete Welt
Mauthner KdS	= Mauthner, Fritz: Kritik der Sprache
Mauthner S	= Mauthner, Fritz: Schmock oder Die literarische Karriere d. Gegenwart
Piwitt	= Piwitt, Hermann Peter: Das Bein des Bergmanns Wu
SB x/I[o.]II, y, z	= Die Schaubühne, Jg. x/Halbjahr/I [o.] II, Nummer, Seite
Spitzer I	= Spitzer, Daniel: Gesammelte Schriften Bd. I
Spitzer II	= Spitzer, Daniel: Gesammelte Schriften Bd. II
Spitzer III	= Spitzer, Daniel: Gesammelte Schriften Bd. III
Spitzer LWS	= Spitzer, Daniel: Letzte Wiener Spaziergänge
Spitzer WS 1	= Spitzer, Daniel: Wiener Spaziergänge Bd. 1
Spitzer WS 2	= Spitzer, Daniel: Wiener Spaziergänge Bd. 2
Sternb. S	= Sternberger, Dolf: Die öffentliche Schnödigkeit
Sternb. SP	= Sternberger, Dolf: Sprache und Politik
Storz MS	= Storz, Gerhard: Mißtrauen gegen die Sprache?
Storz, Vita	= Storz, Gerhard: Statt einer Vita im Stil des Sallust
Süskind	= Süskind, Wilhelm E.: Gedanken zur Sprachpflege
Walser A	= Walser, Martin: Auskunft
Walser AE	= Walser, Martin: Ansichten, Einsichten
Walser EK	= Walser, Martin: Einheimische Kentauren
Walser EL	= Walser, Martin: Erfahrungen und Leseerfahrungen
Walser FUR	= Walser, Martin: Über freie und unfreie Rede
Walser OE	= Walser, Martin: Ohne Einander
Walser PG	= Walser, Martin: Das Prinzip Genauigkeit
Walser VK	= Walser, Martin: Die Verteidigung der Kindheit
Walser VS	= Walser, Martin: Vormittag eines Schriftstellers
Walser W	= Walser, Martin: 'Ich habe ein Wunschpotential'
Walser ZG	= Walser, Martin: Zauber und Gegenzauber
Wallraff	= Wallraff, Günter: Der Aufmacher
WB x/I[o.]II, y, z	= Die Weltbühne, Jg. x/Halbjahr/I [oder] II, Nummer, Seite
Weigel BS	= Weigel, Hans: Blühende Sprache in einem aufgetauten Land
Weigel KK	= Weigel, Hans: Über Karl Kraus
Weigel LdjW	= Weigel, Hans: Die Leiden der jungen Wörter
Weigel MdO	= Weigel, Hans: Karl Kraus oder Die Macht der Ohnmacht
WU	= Sternberger/Storz/Süskind: Aus d. Wörterbuch d. Unmenschen

Literaturverzeichnis

Primärliteratur

Die Aktion. Hrsg. v. Franz Pfemfert. Berlin 1911-1932. Photomechanischer Nachdruck. [Ausgaben d. Jahre 1911-18:] München: Kösel 1961- 67. [Ausgaben d. Jahre 1919- 32:] Nendeln/Lichtenstein: Kraus-Reprint 1976.

Böll, Heinrich: Die verlorene Ehre der Katharina Blum oder: wie Gewalt entstehen und wohin sie führen kann. Mit einem Nachwort des Autors: Zehn Jahre später. München: dtv ³1996.

Böll, Heinrich: Die Würde des Menschen ist unantastbar. Vorwort zu 'Wie links können Journalisten sein?'. In: Heinrich Böll. Schwierigkeiten mit der Brüderlichkeit. Politische Schriften. München: dtv 1976. S. 95-100.

Böll, Heinrich: Ein- und Zusprüche. Schriften, Reden und Prosa. 1981-1983. Köln: Kiepenheuer & Witsch 1984.

Böll, Heinrich: Bild, Bonn, Boenisch. In: Heinrich Böll. Die Fähigkeit zu trauern. Schriften u. Reden 1984-1985. München: dtv 1988.

Brecht, Bertolt: Gedichte 4. Gedichte u. Gedichtfragmente 1928-1939. Berlin/Weimar bzw. Frankfurt: Aufbau bzw. Suhrkamp 1993 (= Bertolt Brecht. Werke. Große kommentierte Berliner u. Frankfurter Ausgabe. Bd. 14.)

Brecht, Bertolt: Schriften 2. 1933-1942. Teil 1. Berlin/Weimar bzw. Frankfurt: Aufbau bzw. Suhrkamp 1993 (= Bertolt Brecht. Werke. Große kommentierte Berliner u. Frankfurter Ausgabe. Bd. 22).

Der Brenner. Halbmonatsschrift für Kunst und Literatur. Hrsg. v. Ludwig von Ficker. Innsbruck 1910-1954.

Dürrenmatt, Friedrich: Die Dritte Walpurgisnacht. In: Friedrich Dürrenmatt. Theater-Schriften und Reden. Zürich: Arche 1966. S. 247-250.

Dürrenmatt, Friedrich: Nachrichten über den Stand des Zeitungswesens in der Steinzeit. In: Friedrich Dürrenmatt. Werkausgabe in dreißig Bänden. Bd. 21. Zürich: Diogenes 1980. S. 185-193.

Enzensberger, Hans Magnus: Die Sprache des Spiegel. Moral und Maske eines Magazins, von Hans Magnus Enzensberger kritisch untersucht. In: Der Spiegel. 11. Jg. H. 10 (1957). S. 48-51.

Enzensberger, Hans Magnus: Landessprache. Frankfurt a. M.: Suhrkamp 1960.

Enzensberger, Hans Magnus: Einzelheiten. Frankfurt a. M.: Suhrkamp 1962.

Enzensberger, Hans Magnus: Verteidigung der Wölfe. Gedichte. Nachwort v. Reinhold Grimm. Frankfurt a. M.: Suhrkamp 1981.

Enzensberger, Hans Magnus: Politische Brosamen. Frankfurt a. M.: Suhrkamp ²1983.

Enzensberger, Hans Magnus: Mittelmaß und Wahn. Gesammelte Zerstreuungen. Frankfurt a. M.: Suhrkamp 1988.

Enzensberger, Hans Magnus: Baukasten zu einer Theorie der Medien. Kritische Diskurse zur Pressefreiheit. Hrsg. u. eingel. v. Peter Glotz. München: Reinhard Fischer 1997 (= ex libris kommunikation. Bd. 8).

Enzensberger, Hans Magnus: Ich will nicht der Lappen sein, mit dem man die Welt putzt. André Müller spricht mit Hans Magnus Enzensberger. In: Die Zeit. 20. 1. 1995. S. 47/48.

Die Fackel. Hrsg. v. Karl Kraus. 1899-1936. Photomechanischer Nachdruck. 39 Bd. Hrsg. v. Heinrich Fischer. München: Kösel 1968-73.

Freytag, Gustav: Die Journalisten. Lustspiel in vier Akten. In: Gustav Freytag. Gesammelte Werke. Serie 1. Band 6. S. 1-111.

Der Friede. Wochenschrift für Politik, Volkswirtschaft und Literatur. Herausgegeben von Bruno Karpeles. Bd. 1-4. Wien 1918-1919.

Hesse, Hermann: Das Glasperlenspiel. Versuch einer Lebensbeschreibung des Magister Ludi Josef Knecht samt Knechts hinterlassenen Schriften. Frankfurt a. M.: Suhrkamp 1977.

Hofmannsthal, Hugo v.: Ein Brief. In: Erfundene Gespräche und Briefe. Frankfurt a. M.: Fischer 1991 (= Hugo v. Hofmannsthal. Sämtliche Werke. Bd. 31). S. 45-55.

Hofmannsthal, Hugo v.: Der Dichter und seine Zeit. Ein Vortrag. In: Reden und Aufsätze. Bd. I. 1891-1913. Ungekürzte, neu geordnete und um einige Texte erweiterte Ausgabe. Frankfurt a. M.: Fischer 1979 (= Hugo v. Hofmannsthal. Gesammelte Werke in 10 Bänden. Bd. 8). S. 54-81.

Klemperer, Victor: LTI. Notizbuch eines Philologen. Berlin: Aufbau 1947.

Klemperer, Victor: Ich will Zeugnis ablegen bis zum letzten. Tagebücher 1933- 1945. Hrsg. v. Walter Nowojski unter Mitarbeit v. Hadwig Klemperer. Bd. 1: 1933- 1941. Bd. 2: 1942-1945. Lizenzausg. für d. Wissenschaftl. Buchges. Berlin: Aufbau ¹⁰1998.

Klemperer, Victor: So sitze ich denn zwischen allen Stühlen. Tagebücher 1945- 1959. Hrsg. v. Walter Nowojski unter Mitarbeit v. Christian Löser. Bd 1: 1945-1949. Bd. 2: 1950-1959. Berlin: Aufbau 1999.

Korn, Karl: Sprache in der verwalteten Welt. Erweiterte Ausgabe. München: dtv 1962.

Korn, Karl: Sprachwandlungen im heutigen Deutschland: Der serielle Satz. In: Deutsch - gefrorene Sprache in einem gefrorenen Land? Polemik/Analysen/Aufsätze. Hrsg. v. Friedrich Handt. Berlin: Literarisches Colloquium 1964. S. 179-185.

Korn, Karl: Sprachkritik ohne Sprachwissenschaft? In: Sprachnorm, Sprachpflege, Sprachkritik. Jahrbuch 1966/67. Düsseldorf: Schwann 1968 (= Sprache d. Gegenwart. Schriften d. Instituts für dt. Sprache. Hrsg. v. Hugo Moser u.a. Bd. II). 135- 158.

Korn, Karl: Macht Sinn? In: Sprach-Störungen. Beiträge zur Sprachkritik. Hrsg. v. Hans-Martin Gauger. München/Wien: Hanser 1986 (= Dt. Akademie für Sprache u. Dichtung Darmstadt. Dichtung u. Sprache Bd. 4). S. 41-45.

Kraus, Karl: Untergang der Welt durch schwarze Magie. Frankfurt a. M.: Suhrkamp 1989 (= Karl Kraus. Schriften. Hrsg. v. Christian Wagenknecht. Bd. 4).

Kraus, Karl: Die Sprache. Frankfurt a. M.: Suhrkamp 1987 (= Karl Kraus. Schriften. Hrsg. v. Christian Wagenknecht. Bd. 7.).

Kraus, Karl: Aphorismen. Sprüche und Widersprüche. Pro domo et mundo. Nachts. Frankfurt a. M.: Suhrkamp 1986 (= Karl Kraus. Schriften. Hrsg. v. Christian Wagenknecht. Bd. 8).

Kraus, Karl: Die letzten Tage der Menschheit. Tragödie in fünf Akten mit Vorspiel u. Epilog. Frankfurt a. M.: Suhrkamp 1986 (= Schriften. Hrsg. v. Christian Wagenknecht. Bd. 10).

Kraus, Karl: Dritte Walpurgisnacht. Frankfurt a. M.: Suhrkamp 1989 (=Karl Kraus. Schriften. Hrsg. v. Christian Wagenknecht. Bd. 12).

Kürnberger, Ferdinand: Fünfzig Feuilletons. Mit einem Präludium in Versen. Wien: Daberkow 1905.

Kürnberger, Ferdinand: Siegelringe. Eine Sammlung politischer und kirchlicher Feuilletons. Neue wesentl. vermehrte Auflage. München/Leipzig: Müller 1910 (= Ferdinand Kürnberger. Gesammelte Werke. Hrsg. v. Otto Erich Deutsch. Bd. I).

Kürnberger, Ferdinand: Literarische Herzenssachen. Reflexionen und Kritiken. Neue wesentl. vermehrte Auflage. München/Leipzig: Müller 1911 (= Ferdinand Kürnberger. Gesammelte Werke. Hrsg. v. Otto Erich Deutsch. Bd. II).

Kürnberger, Ferdinand: Feuilletons. Ausgewählt u. eingeleitet v. Karl Riha. Frankfurt a. M.: Insel 1967.

Kürnberger, Ferdinand: Sprache und Zeitungen. Und andere Aufsätze zum Pressewesen. Mit einem Nachwort hrsg. v. Karl Riha. Siegen 1991 (= Veröffentlichungen zum Forschungsschwerpunkt Massenmedien und Kommunikation an der Universität - Gesamthochschule Siegen. Nr. 71).

Landauer, Gustav: Skepsis und Mystik. Versuche im Anschluß an Mauthners Sprachkritik. Münster/Weimar: Verlag Büchse d. Pandora 1978 (= fotomechanischer Nachdruck d. 2. Aufl. v. 1923).

Lichnowsky, Mechtilde: Worte über Wörter. Reinbeck b. Hamburg: Rowohlt 1964.

Mann, Thomas: An die gesittete Welt. Politische Schriften und Reden im Exil. Nachwort v. Hanno Helbig. Frankfurt a. M.: Fischer 1986 (= Thomas Mann. Gesammelte Werke in Einzelbänden. Frankfurter Ausgabe. Hrsg. v. Peter de Mendelssohn.).

Mauthner, Fritz: Schmock oder Die literarische Karriere der Gegenwart. In: Mauthner, Fritz: Xanthippe und anderes. Neu durchgesehene Ausgabe. Stuttgart/Berlin: Deutsche Verlagsanstalt 1919 (= Fritz Mauthner. Ausgewählte Schriften. Bd. 2). S. 301-337.

Mauthner, Fritz: Beiträge zu einer Kritik der Sprache. Bd. 1. Zur Sprache und zur Psychologie. Hildesheim: Georg Olms Verlagsbuchhandlung 1969 (= Reprografischer Nachdruck d. 3. vermehrten Auflage Leipzig 1923).

Mauthner, Fritz: Brief an Hugo v. Hofmannsthal vom Oktober 1902. Zitiert nach: Hofmannsthal, Hugo v.: Ein Brief. Varianten u. Erläuterungen. In: Erfundene Gespräche u. Briefe. Frankfurt a. M.: Fischer 1991 (= Hugo v. Hofmannsthal. Sämtliche Werke. Bd. 31). S. 286.

Musil, Robert: Der Mann ohne Eigenschaften. Hrsg. v. Adolf Frisé. Sonderausgabe. Reinbeck b. Hamburg: Rowohlt ²1996.

Piwitt, Hermann Peter: Das Bein des Bergmanns Wu. Praktische Literatur & literarische Praxis. Frankfurt a. M.: März 1971.

Reimann, Hans: Hinter den Kulissen unserer Sprache. Eine Plauderei. München: Pohl & Co. 1951.

Die Schaubühne. Hrsg. v. Siegfried Jacobsohn. 1905-1918. Reprint. Königstein/Ts.: Athenäum 1979-80.

Spitzer, Daniel: Letzte Wiener Spaziergänge. Mit einer Charakteristik seines Lebens u. seiner Schriften hrsg. v. Max Kalbeck. Wien: Verlag d. Lit. Gesellschaft 1894.

Spitzer Daniel: Wiener Spaziergänge. I-III. München/Leipzig: Müller 1912-14 (= Daniel Spitzer. Gesammelte Schriften. Hrsg. v. Max Kalbeck u. Otto Erich Deutsch. Bd. I-III).

Spitzer, Daniel: Wiener Spaziergänge. Hrsg. v. Walter Obermaier. 3 Bde. Wien: Edition Wien 1986-88.

Sternberger, Dolf/Storz, Gerhard/Süskind, Wilhelm E.: Aus dem Wörterbuch des Unmenschen. Neue erweiterte Ausgabe mit Zeugnissen des Streites über die Sprachkritik. München: dtv 1970.

Sternberger, Dolf: Die öffentliche Schnödigkeit. In: Sprach-Störungen. Beiträge zur Sprachkritik. Hrsg. v. Hans-Martin Gauger. München/Wien: Hanser 1986 (= Dt. Akademie f. Sprache u. Dichtung. Darmstadt. Dichtung u. Sprache Bd. 4). S. 30-37.

Sternberger, Dolf: Sprache und Politik. Frankfurt a. M.: Insel 1991 (= Dolf Sternberger.

Schriften XI. Hrsg. v. Peter Haungs, Klaus Landfried, Elsbeth Orth u. Bernhard Vogel.).

Storz, Gerhard: Mißtrauen gegen die Sprache? In: Deutsch - gefrorene Sprache in einem gefrorenen Land? Polemik/Analysen/Aufsätze. Hrsg. v. Friedrich Handt. Berlin: Literarisches Colloquium 1964. S. 114-119.

Storz, Gerhard: Statt einer Vita im Stil des Sallust. In: Sprache und Politik. Festgabe für Dolf Sternberger zum sechzigsten Geburtstag. Hrsg. v. Carl Joachim Friedrich u. Benno Reifenberg. Heidelberg: Verlag Lambert Schneider 1968. S. 7-19.

Süskind, Wilhelm E.: Gedanken zur Sprachpflege. In: Sprachnorm, Sprachpflege, Sprachkritik. Jahrbuch 1966/67. Düsseldorf: Schwann 1968 (= Sprache der Gegenwart. Schriften d. Instituts f. dt. Sprache. Hrsg. v. Hugo Moser u.a. Bd. II.). S. 191- 203.

Tucholsky, Kurt: Ausgewählte Briefe. 1913-1935. Reinbeck b. Hamburg: Rowohlt 1962 (= Kurt Tucholsky. Gesammelte Werke. Hrsg. v. Mary Gerold-Tucholsky u. Fritz J. Raddatz. Ergänzungsband).

Wallraff, Günter: Der Aufmacher. Der Mann, der bei 'Bild' Hans Esser war. Köln: Kiepenheuer & Witsch ²1982.

Walser, Martin: Einheimische Kentauren oder Was ist so besonders an der deutschen Sprache? In: Die Zeit. 20. 11. 1964. S. 23-25.

Walser, Martin: Erfahrungen und Leseerfahrungen. Frankfurt a. M.: Suhrkamp 1965.

Walser, Martin: Auskunft. 22 Gespräche aus 28 Jahren. Hrsg. v. Klaus Siblewsky. Frankfurt a. M.: Suhrkamp 1991.

Walser, Martin: Ohne einander. Roman. Frankfurt a. M.: Suhrkamp ²1993.

Walser, Martin: Vormittag eines Schriftstellers. Frankfurt a. M.: Suhrkamp 1994.

Walser, Martin: Zauber und Gegenzauber. Aufsätze und Gedichte. Eggingen: Edition Isele 1995.

Walser, Martin: Über freie und unfreie Rede. Eggingen: Edition Isele 1995 (= Parerga 16).

Walser, Martin: Das Prinzip Genauigkeit. Laudatio auf Victor Klemperer. Frankfurt a. M.: Suhrkamp 1996 (= edition suhrkamp. Sonderdruck).

Walser, Martin: Die Verteidigung der Kindheit. Roman. Frankfurt a. M.: Suhrkamp 1997 (= Martin Walser. Werke in 12 Bd. Hrsg. v. Helmut Kiesel unter Mitwirkung v. Frank Barsch. Bd. 6).

Walser, Martin: Ansichten, Einsichten. Aufsätze zur Zeitgeschichte. Frankfurt a. M.: Suhrkamp 1997 (= Martin Walser. Werke in 12 Bd. Hrsg. v. Helmut Kiesel unter Mitwirkung v. Frank Barsch. Bd. 11).

Walser, Martin: 'Ich habe ein Wunschpotential'. Gespräche mit Martin Walser. Hrsg. v. Rainer Weiss. Frankfurt a. M.: Suhrkamp 1998.

Weigel, Hans: Blühende Sprache in einem aufgetauten Land. In: Deutsch - gefrorene Sprache in einem gefrorenen Land? Polemik/Analysen/Aufsätze. Hrsg. v. Friedrich Handt. Berlin: Literarisches Colloquium 1964. S. 30-35.

Weigel, Hans: Karl Kraus oder Die Macht der Ohnmacht. Versuch eines Motivberichtes zur Erhellung eines vielfachen Lebenswerkes. Wien/Frankfurt a. M./Zürich: Molden 1968.

Weigel, Hans: Die Leiden der jungen Wörter. Ein Antiwörterbuch. Zürich/München: Artemis ^{2}1975.

Weigel, Hans: Über Karl Kraus. In: Hans Weigel. Nach wie vor Wörter. Literarische Zustimmungen, Ablehnungen, Irrtümer. Graz/Wien/Köln: Styria 1985. S. 95- 106.

Die Weltbühne. Vollständ. Reprint der Jahre 1918-1933. Königstein/Ts.: Athenäum 1978.

Sekundärliteratur

Adorno, Theodor W.: Karl Korn, Die Sprache in der verwalteten Welt (1958). In: Theodor W. Adorno. Vermischte Schriften II. Frankfurt a. M.: Suhrkamp 1986 (= Theodor W. Adorno. Gesammelte Schriften. Hrsg. v. Rolf Tiedemann. Bd. 20. 2.). S. 515-520.

Adorno, Theodor W.: Über den Gebrauch von Fremdwörtern. In: Theodor W. Adorno. Noten zur Literatur. Frankfurt a. M.: Suhrkamp 1974 (= Theodor W. Adorno. Gesammelte Schriften. Hrsg. v. Rolf Tiedemann. Bd. 2). S. 641-46.

Adorno, Theodor W.: Minima Moralia. Reflexionen aus dem beschädigten Leben. Frankfurt a. M.: Suhrkamp 1980 (= Theodor W. Adorno. Gesammelte Schriften. Hrsg. v. Rolf Tiedemann. Bd. 4).

Adriaan, A. L.: Die Bewußtseins-Industrie und ihr Kritiker. In: Merkur. Deutsche Zeitschrift für europäisches Denken. H. 179-190 (1963). S. 82-88.

Andersch, Alfred: 1 (in Worten: ein) zorniger junger Mann: In: Über Hans Magnus Enzensberger. Hrsg. v. Joachim Schickel. Frankfurt a. M.: Suhrkamp ^{2}1973. S. 9- 13.

Arntzen, Helmut: Sprachkritik und Sprache in der Wissenschaft. In: Deutsch - gefrorene Sprache in einem gefrorenen Land? Polemik/Analysen/Aufsätze. Hrsg. v. Friedrich Handt. Berlin: Literarisches Colloquium 1964. S. 89-101.

Arntzen, Helmut: Literatur im Zeitalter der Information. Aufsätze - Essays - Glossen. Frankfurt a. M.: Athenäum 1971 (= Athenäum Paperbacks Germanistik. Bd. 5).

Arntzen, Helmut: Karl Kraus und die Presse. München: Fink 1975 (= Literatur und Presse. Karl-Kraus-Studien. Bd. 1).

Arntzen, Helmut: Sprachbeherrschung. In: 'Der Spiegel' 28 (1972). Analyse, Interpretation, Kritik. Hrsg. v. Helmut Arntzen u. Winfried Nolting. München: Fink 1977 (= Literatur u. Presse. Karl-Kraus-Studien. Hrsg. v. Helmut Arntzen. Bd. 3). S. 9- 14.

Arntzen, Helmut: 'Spiegel'-Medisance. In: 'Der Spiegel' 28 (1972). Analyse, Interpretation, Kritik. Hrsg. v. Helmut Arntzen u. Winfried Nolting. München: Fink 1977 (= Literatur u. Presse. Karl-Kraus-Studien. Hrsg. v. Helmut Arntzen. Bd. 3). S. 51-56.

Arntzen, Helmut: Zur Sprache kommen. Studien zur Literatur- und Sprachreflexion, zur deutschen Literatur und zum öffentlichen Gebrauch. Münster: Aschendorff 1983 (= Literatur als Sprache. Literaturtheorie - Interpretation - Sprachkritik. Bd. 4).

Bailey, L. H.: Ferdinand Kürnberger, Friedrich Schlögl and the feuilleton in Gründerzeit Vienna. In: Forum for Modern Language Studies. 13. Jg. 1977. S. 155-167.

Balzer, Bernd: Das literarische Werk Heinrich Bölls. Einführung und Kommentare. München: dtv 1997.

Baring, Arnulf: Die verfluchte allerdümmste Eitelkeit. Die Tagebücher des Victor Klemperer 1945 bis 1959. In: Frankfurter Allgemeine Zeitung. Nr. 154. 7. Juli 1999. S. 8.

Barnouw, Dagmar: Literary politics in World War I: Die Aktion and the problem of the intellectual revolutionary. In: German Quaterly 52 (1979). S. 227-247.

Bauer, Gerhard: Sprache und Sprachlosigkeit im 'Dritten Reich'. Köln: Bund-Verlag 1988.

Baumeister, Ursula: Die Aktion. 1911-1932. Publizistische Opposition und literarischer Aktivismus der Zeitschrift im restriktiven Kontext. Erlangen/Jena: Palm & Enke 1996 (= Erlanger Studien. Bd. 107).

Baumer, Franz: Carl von Ossietzky. Berlin: Colloquium 1984 (= Köpfe d. 20. Jh. Bd. 102.).

Baumgart, Reinhard: Enzensberger kämpft mit Einzelheiten. In: Über Hans Magnus Enzensberger. Hrsg. v. Joachim Schickel. Frankfurt a. M.: Suhrkamp ^{2}1973. S. 131- 143.

Beeh, Volker: Selbstkritik. In: Sprachgeschichte und Sprachkritik. Festschrift für Peter von Polenz zum 65. Geburtstag. Hrsg. v. Hans Jürgen Heringer u. Georg Stötzel. Berlin/New York: de Gruyter 1993. S. 34-45.

Bekes, Peter: Hans Magnus Enzensberger. In: Deutsche Gegenwartslyrik von Biermann bis Zahl. Hrsg. v. Peter Bekes u.a. München: Fink 1982. S. 69-85.

Benckiser, Nikolas: Zeitungssprache. In: Handbuch der Publizistik. Hrsg. v. Emil Dovifat. Bd. 3. Praktische Publizistik. 2. Teil. Berlin: de Gruyter 1969. S. 166-177.

Berning Cornelia: Die Sprache des Nationalsozialismus [Teil 1]. In: Zeitschrift für dt. Wortforschung. 16. Bd. = Bd. 1 d. neuen Folge (1961). S. 71-118.

Berning Cornelia: Die Sprache des Nationalsozialismus (Fortsetzung) [Teil 2]. In: Zeitschrift für dt. Wortforschung. 16. Bd. = Bd. 1 d. neuen Folge (1961). S. 178-188.

Berning Cornelia: Die Sprache des Nationalsozialismus (Fortsetzung) [Teil 3]. In: Zeitschrift für dt. Wortforschung. 17. Bd. = Bd. 2 d. neuen Folge (1962). S. 83-121.

Berning, Cornelia: Die Sprache des Nationalsozialismus (Fortsetzung) [Teil 4]. Charakteristische Züge der NS-Sprache. In: Zeitschrift f. dt. Wortforschung. 17. Bd. = Bd. 2 d. neun Folge (1961). S. 171-182.

Berning, Cornelia: Die Sprache des Nationalsozialismus (Fortsetzung) [Teil 5]. In: Zeitschrift f. dt. Wortforschung. 18. Bd. = Bd. 3 d. neuen Folge (1962). S. 108-118.

Berning, Cornelia: Die Sprache des Nationalsozialismus (Fortsetzung) [Teil 6]. In: Zeitschrift für dt. Wortforschung. 18. Bd. = Bd. 3 d. neuen Folge (1962). S. 160-172.

Berning, Cornelia: Vom 'Abstammungsnachweis' zum 'Zuchtwart'. Vokabular des Nationalsozialismus. Mit einem Vorwort von Werner Betz. Berlin: de Gruyter 1964.

Betz, Fritz: Das Schweigen des Karl Kraus. Paradoxien des Medienalltags. Pfaffenweiler: Centaurus-Verl.-Ges. 1994 (= Schnittpunkt Zivilisationsprozeß. Bd. 16).

Betz, Werner: Zum Wörterbuch des Unmenschen. In: Zeitschrift für dt. Wortforschung. Bd. 17 (1960) = Bd. 1 d. neuen Folge. H 1/2. S. 119-121.

Betz, Werner: Fünf Gegenthesen. In: Sternberger, Dolf/Storz, Gerhard/Süskind, Wilhelm E.: Aus dem Wörterbuch des Unmenschen. Neue erweiterte Ausgabe mit Zeugnissen des Streites über die Sprachkritik. München: dtv 1970. S. 244-247.

Bilke, Martina: Zeitgenossen der 'Fackel'. Mit einem Vorwort von Sophie Schick. Wien: Löcker 1981.

Bloch, Ernst: Das bekannte Oberwasser (1932). In: Literarische Aufsätze. Frankfurt a. M.: Suhrkamp 1965 (= Ernst Bloch. Gesamtausg. Bd. 9). S. 35-37.

Bloch, Ernst: Der Nazi und das Unsägliche (1938). In: Politische Messungen. Pestzeit. Vormärz. Frankfurt a. M.: Suhrkamp 1970 (= Ernst Bloch. Gesamtausgabe. Bd. 11). S. 185-192.

Blühm, Elger/Engelsing, Rolf (Hg.): Die Zeitung. Deutsche Urteile und Dokumente von den Anfängen bis zur Gegenwart. Bremen: Schünemann 1967.

Bohn, Volker: Satire und Kritik. Über Karl Kraus. Frankfurt a. M.: Athenäum 1974.

Bork, Siegfried: Mißbrauch der Sprache. Tendenzen nationalsozialistischer Sprachregelung. Bern: Francke 1970.

Brinson, Charmian/Malet, Marian (Hg.): Rettet Ossietzky! Dokumente aus d. Nachlaß v. Rudolf Olden. Oldenburg: Bibliotheks- u. Informationssystem d. Universität Oldenburg 1990 (=

Schriftenreihe d. Fritz Küster-Archivs. Gleichz. Publications of the Institute of Germanic Studies (University of London) 46.).

Bucher, Hans Jürgen: Pressekritik und Informationspolitik. Zur Theorie und Praxis einer linguistischen Methodik. In: Mediensprache - Medienkommunikation - Medienkritik. Hrsg. v. Hans-Jürgen Bucher u. Erich Straßner. Tübingen: Narr 1991. S. 1-109.

Deák, István: Weimar Germany's left-wing intellectuals. A political history of the Weltbühne and its circle. Berkely and Los Angeles: University of California Press 1968.

Deubzer, Franz: Methoden der Sprachkritik. München: Fink 1980 (= Münchner Germanistische Beiträge. Hrsg. v. Werner Betz u. Hermann Kunisch. Bd. 27).

Doane, Heike A.: Zitat, Redensart und literarische Anspielung. Zur Funktion der gesprochenen Sprache in Martin Walsers Roman Verteidigung der Kindheit . In: Colloquia Germanica. Internationale Zeitschrift für germanische Sprach- und Literaturwissenschaft. Bd. 25 (1992). H. 3/4. S. 289-305.

Dürr, Volker: Karl Kraus: Sprachmystik, Kabbala und die deutsche Sprache als "Haus des Seins". Zum Essay 'Heine und die Folgen. In: Czucka, Eckehard (Hg.): 'Die in dem alten Haus der Sprache wohnen'. Beiträge zum Sprachdenken in der Literaturgeschichte. Helmut Arntzen zum 60. Geburtstag. Münster: Aschendorff 1991 (= Literatur als Sprache. Literaturtheorie - Interpretation - Sprachkritik. Supplementband.). S. 375-390.

Ederer, Hannelore: Die literarische Mimesis entfremdeter Sprache. Zur sprachkritischen Literatur von Heinrich Heine bis Karl Kraus. Köln: Pahl-Rugenstein 1979 (= Pahl-Rugenstein Hochschulschriften. Gesellschafts- u. Naturwissenschaften. Nr. 18. Serie Lit. u. Geschichte.).

Eggebrecht, Axel: Essay. In: Das Drama der Republik. Zum Neudruck der Weltbühne. Zwei Essays von Axel Eggebrecht und Dietrich Pinkerneil. Königstein/Ts.: Athenäum 1979. S. 1-43.

Eggebrecht, Axel: Siegfried Jacobsohn. Begründer der 'Weltbühne'. In: Die Schaubühne. Die Weltbühne. 1905-1933. Bibliographie u. Register mit Annotationen. Von Joachim Bergmann. Teil 1: Bibliographie mit biographischen Annotationen. Alphabetisches Titelregister. München/London/New York: Saur 1991. S. xi-xvii.

Ehlich, Konrad: "..., LTI, LQI, ..." - Von der Unschuld der Sprache und der Schuld der Sprechenden. In: Das 20. Jahrundert. Sprachgeschichte - Zeitgeschichte. Hrsg. v. Heidrun Kämpe u. Hartmut Schmidt. Berlin/New York: de Gruyter 1998 (= Institut f. dt. Sprache. Jahrbuch 1997). S. 275-303.

Enseling, Alf: Die Weltbühne. Organ der Intellektuellen Linken. Münster: C. J. Fahle 1962 (= Studien zur Publizistik. Hrsg. v. Prof. Dr. H. J. Pracke. Bd. 2).

Enzensberger'sche Einzelheiten. Korrigiert von der Frankfurter Allgemeinen Zeitung. Frankfurt a. M. 1963.

Erklärung. In: Preußische Jahrbücher. Hrsg. v. H. von Treitschke und H. Delbrück. 63. Bd. Januar - Juni 1889. Berlin: Reimer 1889. S. 312/13.

Eschenbacher, Walter: Fritz Mauthner und die deutsche Literatur um 1900. Eine Untersuchung zur Sprachkrise der Jahrhundertwende. Frankfurt/Bern: Lang 1977 (= Europ. Hochschulschriften. Reihe I. Dt. Literatur und Germanistik. Bd. 163).

Feld, Willi: 'Spiegel'-Metaphorik. In: 'Der Spiegel' 28 (1972). Analyse, Interpretation, Kritik. Hrsg. v. Helmut Arntzen und Winfried Nolting. München: Fink 1977 (= Literatur u. Presse. Karl-Kraus-Studien. Hrsg. v. Helmut Arntzen. Bd. 3). S. 15-50.

Fetz, Gerald A.: Martin Walser. Stuttgart/Weimar: Metzler 1997 (= Sammlung Metzler. Bd. 299).

Gay, Peter: Die Republik der Außenseiter. Geist und Kultur in der Weimarer Zeit: 1918-1933. Frankfurt a. M.: Fischer 1970.

Gillessen, Günther: Auf verlorenem Posten. Die 'Frankfurter Zeitung' im Dritten Reich. Berlin: Siedler 1986.

Glotz, Peter: Das Fach-Stichwort: Medienkritik. In: Enzensberger, Hans Magnus: Baukasten zu einer Theorie der Medien. Kritische Diskurse zur Pressefreiheit. Hrsg. u. eingel. v. Peter Glotz. München: Reinhard Fischer 1997 (= ex libris kommunikation. Bd. 8). S. 159-169.

Glotz Peter/Langenbucher, Wolfgang R.: Der mißachtete Leser. Zur Kritik der deutschen Presse. Köln/Berlin: Kiepenheuer und Witsch 1969 (= Information 22).

Glunk, Rolf: Erfolg und Mißerfolg der nationalsozialistischen Sprachlenkung [Teil 1]. In: Zeitschrift für dt. Sprache. Bd. 22 (1966). S. 57-73.

Glunk, Rolf: Erfolg und Mißerfolg der nationalsozialistischen Sprachlenkung (Fortsetzung) [Teil 2]. In: Zeitschrift für dt. Sprache, Bd. 22 (1966). S. 146-153.

Glunk, Rolf: Erfolg und Mißerfolg der nationalsozialistischen Sprachlenkung (Fortsetzung) [Teil 3]. In: Zeitschrift für dt. Sprache. Bd. 23 (1967). S. 83-113.

Glunk Rolf: Erfolg und Mißerfolg der nationalsozialistischen Sprachlenkung (Fortsetzung) [Teil 4]. In: Zeitschrift für dt. Sprache. Bd. 23 (1967). S. 178-188.

Glunk, Rolf: Erfolg und Mißerfolg der nationalsozialistischen Sprachlenkung (Fortsetzung) [Teil 6]. In: Zeitschrift für dt. Sprache. Bd. 24 (1968). S. 184-191.

Glunk, Rolf: Erfolg und Mißerfolg der nationalsozialistischen Sprachlenkung (Fortsetzung) [Teil 10]. In: Zeitschrift für dt. Sprache. Bd. 26 (1970). 177-183.

Golisch, Wolfgang: Anfänge und Schlüsse der stories. In: 'Der Spiegel' 28 (1972). Analyse, Interpretation, Kritik. Hrsg. v. Helmut Arntzen u. Winfried Nolting. München: Fink 1977 (= Literatur u. Presse. Karl-Kraus-Studien. Hrsg. v. Helmut Arntzen. Bd. 3). S. 105-126.

Greiner, Bernd: 'Zwiespältiger denn je.' Victor Klemperers Tagebücher im Jahr 1945. In: Im Herzen der Finsternis. Victor Klemperer als Chronist der NS-Zeit. Hrsg. v. Hannes Heer. Berlin: Aufbau ²1997. S. 144-151.

Grimm, Reinhold: Montierte Lyrik. In: Über Hans Magnus Enzensberger. Hrsg. v. Joachim Schickel. Frankfurt a. M.: Suhrkamp ²1973. S. 19-39.

Grimm, Reinhold: Bildnis Hans Magnus Enzensberger. Struktur, Ideologie und Vorgeschichte eines Gesellschaftskritikers. In: Hans Magnus Enzensberger. Hrsg. v. Reinhold Grimm. Frankfurt a. M.: Suhrkamp 1984. S. 139-188.

Grimminger, Rolf: Der Sturz der alten Ideale. Sprachkrise, Sprachkritik um die Jahrhundertwende. In: Grimminger, Rolf/Murasov, Jurij/Stückrath, Jörg (Hg.): Literarische Moderne. Europäische Lit. im 19. und 20. Jahrhundert. Reinbeck b. Hamburg: Rowohlt 1995. S. 169-200.

Gubser, Martin: Literarischer Antisemitismus. Untersuchungen zu Gustav Freytag und anderen bürgerlichen Schriftstellern des 19. Jahrhunderts. Göttingen: Wallstein 1998.

Haacke, Wilmont: Handbuch des Feuilletons. Bd. 1. Emsdetten: Lechte 1951.

Haacke, Wilmont: Ferdinand Kürnberger (1821-1879). In: Dt. Publizisten des 15. - 20. Jahrhunderts. Hrsg. v. Heinz Dietrich Fischer. München-Pullach/Berlin: Verlag Dokumentation 1971 (= Publizistik - Historische Beiträge. Bd. 1). S. 285-293.

Häfliger, Anton: Kurt Tucholsky als Kulturkritiker. Univ.-Diss. Freiburg 1971.

Hagemann, Jürgen: Die Presselenkung im Dritten Reich. Bonn: Bouvier 1970.

Hahn, Ulla/Töteberg, Michael: Günter Wallraff. München: Beck/edition text + kritik 1979 (= Autorenbücher Nr. 14).

Halliday, John D.: Karl Kraus, Franz Pfemfert and the First World War. A comparative study of 'Die Fackel' and 'Die Aktion' between 1911 and 1928. Passau: Andreas-Haller-Verl. 1986.

Härle, Gerhard: Reinheit der Sprache, des Herzens und des Leibes. Zur Wirkungsgeschichte des rhetorischen Begriffs puritas in Deutschland. Tübingen: Niemeyer 1996 (= Rhetorik-Forschungen. Hrsg. v. Joachim Dyck, Walter Jens und Gert Ueding. Bd. 11).

Hausmitteilung. In: Der Spiegel. 27. Jg. H. 6 (1973). S. 3.

Hecht, Heidemarie: Von der 'Schaubühne' zur 'Weltbühne'. Der Entstehungsprozeß einer politischen Zeitschrift (1913-1919). Univ.-Diss. (masch.). Jena 1991.

Hecht, Werner: Brecht Chronik. 1898-1956. Frankfurt a. M.: Suhrkamp 1997.

Heer, Hannes: Vox populi. Zur Mentalität der Volksgemeinschaft. In: Im Herzen der Finsternis. Victor Klemperer als Chronist der NS-Zeit. Hrsg. v. Hannes Heer. Berlin: Aufbau ²1997. 122-143.

Heilborn, Ernst: Gustav Freytag, der Dramatiker. In: Das Magazin für Litteratur. Jg. 64. Nr. 19. Berlin 1895. S. 583-587.

Heringer, Hans-Jürgen: Karl Kraus als Sprachkritiker. In: Muttersprache 77 (1967). S. 256-262.

Heringer, Hans Jürgen: Der Streit um die Sprachkritik. Dialog mit Peter von Polenz im Februar 1981. In: Holzfeuer im hölzernen Ofen. Aufsätze zur politischen Sprachkritik. Hrsg. v. Hans Jürgen Heringer. Tübingen: Narr ²1988. S. 3-34. S. 161- 175.

Heringer, Hans Jürgen: Sprachkritik - die Fortsetzung der Politik mit besseren Mitteln. In: Holzfeuer im hölzernen Ofen. Aufsätze zur politischen Sprachkritik. Hrsg. v. Hans Jürgen Heringer. Tübingen: Narr ²1988. S. 3-34.

Heß, Dieter: Aufklärungsstrategien Kurt Tucholskys. Literarisch-politische Aspekte der Weltbühne-Texte. Frankfurt a. M.: Lang 1982 (= Europ. Hochschulschriften. Reihe 1. Dt. Sprache und Lit. Bd. 538.).

Hinderer, Walter: Ecce poeta rhetor: Vorgeifliche Bemerkungen über H. M. Enzensbergers Poesie und Prosa. In: Hans Magnus Enzensberger. Hrsg. v. Reinhold Grimm. Frankfurt a. M.: Suhrkamp 1984. S. 189-203.

Huber, Walter: Sprachtheoretische Voraussetzungen und deren Realisierung im Roman 'Ehen in Philipsburg'. In: Über Martin Walser. Hrsg. v. Thomas Beckmann. Frankfurt A. M.: Suhrkamp 1970 (= edition suhrkamp 407). S. 175-208.

Huebner, Friedrich Markus: Der Expressionismus in Deutschland. 1920. In: Expressionismus. Der Kampf um eine literar. Bewegung. Hrsg. v. Paul Raabe. Zürich: Arche 1987. S. 133-146.

Ihlenburg, K. H.: Expressive Ausdrucksmittel im Stil der Publizistik. In: Sprachpflege. Jg. 4 (1965). H. 4. S. 66-73.

Jacobi, Jutta: Journalisten im literarischen Text. Studien zum Werk von Karl Kraus, Egon Erwin Kisch und Franz Werfel. Frankfurt a. M.: Lang 1989 (= Europ. Hochschulschriften. Reihe I. Dt. Sprache und Literatur. Bd. 1117).

Jäger, Siegfried: Sprache - Wissen - Macht. Victor Klemperers Beitrag zur Analyse von Sprache und Ideologie d. Faschismus. In: Muttersprache 1 (1999). S. 1-18.

Jänicke, Martin: Die innere 'Pressefreiheit'. In: Rundfunkanstalten und Tageszeitungen. Eine Materialsammlung. Hrsg. v. d. Arbeitsgemeinschaft d. öffentlich-rechtlichen Rundfunkanstalten der Bundesrepublik Deutschland (ARD). Bd. 1. Frankfurt a. M. 1965. S. 175-180.

Jenaczek, Friedrich: Nachträgliches zum Thema 'Deutsch - gefrorene Sprache'. In: Sprache im technischen Zeitalter. Nr. 8/1963. S. 679-681.

Jenaczek, Friedrich: Zeittafeln zur 'Fackel'. Themen - Ziele - Probleme. Mit einer einführ. Schrift v. Emil Schönauer. Über Karl Kraus. Gräfelfing b. München: Gans 1969.

Jenaczek, Friedrich: Karl Kraus: "Daß die Gedanken aus der Sprache kommen." In: Czucka, Eckehard (Hg.): 'Die in dem alten Haus der Sprache wohnen'. Beiträge zum Sprachdenken in der Literaturgeschichte. Helmut Arntzen zum 60. Geburtstag. Münster: Aschendorff 1991 (= Literatur als Sprache. Literaturtheorie - Interpretation - Sprachkritik. Supplementbd.). S. 391-412.

Kaddatz, Burckhard: Die story 'War ein Faß'. In: 'Der Spiegel' 28 (1972). Analyse, Interpretation, Kritik. Hrsg. v. Helmut Arntzen u. Winfried Nolting. München: Fink 1977 (= Literatur u. Presse. Karl-Kraus-Studien. Hrsg. v. Helmut Arntzen. Bd. 3). S. 66-95.

Kalbeck, Max: Daniel Spitzers Leben und Schriften. In: Daniel Spitzer. Gesammelte Schriften. Bd. 1. Hrsg. v. Max Kalbeck u. Otto Erich Deutsch. München/Leipzig: Müller 1912. S. 3-54.

Karasek, Hellmuth: Die unbequemen Einzelheiten. In: Über Hans Magnus Enzensberger. Hrsg. v. Joachim Schickel. Frankfurt a. M.: Suhrkamp ^{2}1973. S. 139-143

King, William John: Kurt Tucholsky als politischer Publizist. Eine politische Biographie. Frankfurt a. M.: Lang 1983.

Knoop, Ulrich: Sprachkritik: Die notwendige Antwort auf die Folgen der modernen Normkodifikation. In: Czucka, Eckehard (Hg.): 'Die in dem alten Haus der Sprache wohnen'. Beiträge zum Sprachdenken in der Literaturgeschichte. Helmut Arntzen zum 60. Geburtstag. Münster: Aschendorff 1991 (= Literatur als Sprache. Literaturtheorie - Interpretation - Sprachkritik. Supplementband.). S. 3-10.

Kolinsky, Eva: Engagierter Expresssionismus. Politik und Literatur zwischen Weltkrieg und Weimarer Republik. Eine Analyse expressionistischer Zeitschriften. Stuttgart: Metzler 1970.

Kolb, Herbert: Sprache in der unverstandenen Welt. In: Zeitschrift für deutsche Wortforschung. 17. Bd. = Bd. 2 d. neuen Folge (1961). S. 149-163.

Koopmann, Helmut: Deutsche Literaturtheorien zwischen 1880 und 1920. Eine Einführung. Darmstadt: Wiss. Buchges. 1997.

Kötterheinrich, Manfred: Die Konzentrationsbewegung in der deutschen Nachkriegspresse. In: Rundfunkanstalten und Tageszeitungen. Eine Materialsammlung. Hrsg. v. d. Arbeitsgemeinschaft d. öffentlich-rechtlichen Rundfunkanstalten der Bundesrepublik Deutschland (ARD). Bd. 1 Frankfurt a. M. 1965. S. 195-200.

Krolop, Kurt: Sprachsatire als Zeitsatire bei Karl Kraus. Neun Studien. Berlin: Akademie-Verl. 1987.

Krückeberg, Edzard: 'Spiegel'-Embleme. Die Illustration einer story. In: 'Der Spiegel' 28 (1972). Analyse, Interpretation, Kritik. Hrsg. v. Helmut Arntzen u. Winfried Nolting. München: Fink 1977 (= Literatur u. Presse. Karl-Kraus-Studien. Hrsg. v. Helmut Arntzen. Bd. 3). S. 96-104.

Kühn, Joachim: Gescheiterte Sprachkritik. Fritz Mauthners Leben und Werk. Berlin/New York: de Gruyter 1975.

Kühnel, Wolf Dieter: Ferdinand Kürnberger als Literaturtheoretiker im Zeitalter des Realismus. Göppingen: Kümmerle 1970 (= Göppinger Arbeiten zur Germanistik. Nr. 27).

Lang, Dieter: Staat, Recht und Justiz im Kommentar der Zeitschrift "Die Weltbühne". Frankfurt a. M.: Lang 1996 (= Europ. Hochschulschriften. Reihe I. Dt. Sprache und Literatur. Bd. 1584.).

Lengauer, Hubert: Das Wiener Feuilleton im letzten Viertel des 19. Jahrhunderts. In: Lenau-Forum. Jg. 9/10. 1977/78. S. 60-77.

Lengauer, Hubert: Kulturelle und nationale Identität. Die deutsch-österreichische Problematik im Spiegel von Literatur und Publizistik der liberalen Ära (1848-1873). In: Österreich und die deutsche Frage im 19. und 20. Jahrhundert. Probleme der politisch-staatlichen und soziokulturellen Differenzierung im deutschen Mitteleuropa. Hrsg. v. Heinrich Lutz und Helmut Rumpler. Wien: Verlag für Geschichte u. Politik 1982 (= Wiener Beiträge zur Geschichte der Neuzeit. Bd. 9). S. 189-211.

Lengauer, Hubert: Ästhetik und liberale Opposition. Zur Rollenproblematik des österreichischen Schriftstellers in der österr. Literatur um 1848. Wien/Köln: Böhlau 1989 (= Literatur in der Geschichte. Geschichte in der Literatur. Bd. 17).

Liebsch, Heike: 'Ein Tier ist nicht rechtloser und gehetzter.' Die Verfolgung der jüdischen Bevölkerung Dresdens 1933 bis 1937. In: Im Herzen der Finsternis. Victor Klemperer als Chronist der NS-Zeit. Hrsg. v. Hannes Heer. Berlin: Aufbau [2]1997. S. 73-91.

Löffler, Sigrid: Gedruckte Videoclips. Vom Einfluß des Fernsehens auf die Zeitungskultur. Vortrag im Wiener Rathaus am 25. April 1996. Wien: Picus 1997 (= Wiener Vorlesungen im Rathaus. Bd. 54).

Lück, Hartmut: Zeitungsdeutsch und Umgangssprache. Untersuchungen zur Sprache des SPIEGELS. In: Muttersprache 73 (1963). S. 327-337.

Lüdke, Martin: Mangel und Ressentiment. Martin Walser, Selbstbewußtsein und Ironie (1981). In: Poetik der Autoren. Beiträge zur deutschsprachigen Gegenwartsliteratur. Hrsg. v. Paul Michael Lützeler. Frankfurt a. M.: Fischer 1994. S. 41-56.

Lüger, Heinz-Helmut: Pressesprache. Tübingen: Niemeyer 1983 (= Germanistische Arbeitshefte. Nr. 28).

Lunke, Erwin Wilhelm: Die deutsche Presse im eigenen Urteil. 1918-1933. Eine fragmentarische Darstellung der publizistischen Kritik - unter besonderer Berücksichtigung der radikaldemokratischen Zeitschrift 'Die Weltbühne' - an den geistigen, politischen und wirtschaftlichen Mängeln der Presse. Univ.-Diss. (masch.). München 1952.

Mackensen, Lutz: Über die sprachliche Funktion der Zeitung. In: Worte u. Werte. Bruno

Markwardt zum 60. Geburtstag. Hrsg. v. Gustav Erdmann u. Alfons Eichstaedt. Berlin: de Gruyter 1961. S. 232-247.

Madrasch-Groschopp, Ursula: Die Weltbühne. Porträt einer Zeitschrift. Königstein/ Ts.: Athenäum 1983.

Matt, Peter v.: Schick wie Designer-Jeans. Peter von Matt über Martin Walser und dessen neuen Roman 'Ohne einander'. In: Der Spiegel. Nr. 31 (1993). S. 138-140.

Michaelis, Rolf: Von der Bühnenwelt zur Weltbühne. Siegfried Jacobsohn und Die Schaubühne . Königstein/Ts.: Athenäum 1980.

Mittelberg, Ekkehart: Die Boulevardpresse im Spannungsfeld der Technik. Eine Sprachanalyse anhand der BILD-Zeitung. In: Muttersprache 78 (1968). S. 1-21.

Mittelberg, Ekkehart: Die Problematik und die Sprache der human interest story. In: der Deutschunterricht. Jg. 22. H. 6 (1970). S. 5-11.

Moores, Karen Marita: Presse und Meinungsklima in der Weimarer Republik. Eine publizistikwissenschaftliche Untersuchung. Univ.-Diss. Mainz 1997.

Müller, Hans Dieter: Der Springer-Konzern. Eine kritische Studie. München: Piper 1968.

Nerlich, Michael: Victor Klemperer Romanist oder Warum soll nicht einmal ein Wunder geschehen. In: Im Herzen der Finsternis. Victor Klemperer als Chronist der NS-Zeit. Hrsg. v. Hannes Heer. Berlin: Aufbau [2]1997. S. 35-48.

Nickel, Gunther: Die Schaubühne - Die Weltbühne. Siegfried Jacobsohns Wochenschrift und ihr ästhetisches Programm. Opladen: Westdt. Verlag 1996.

Nieden, Susanne zur: Aus dem vergessenen Alltag der Tyrannei. Die Aufzeichnungen Victor Klemperers im Vergleich zur zeitgenössischen Tagebuchliteratur. In: Im Herzen der Finsternis. Victor Klemperer als Chronist der NS-Zeit. Hrsg. v. Hannes Heer. Berlin: Aufbau [2]1997. S. 110-121.

Nöllke, Matthias: Daniel Spitzers Wiener Spaziergänge. Liberales Feuilleton im Zeitungskontext. Frankfurt a. M.: Lang 1994 (= Münchener Studien zur lit. Kultur in Dt. Bd. 20).

Nolting, Winfried: Die Rubrik als Rubrik. In: 'Der Spiegel' 28 (1972). Analyse, Interpretation, Kritik. Hrsg. v. Helmut Arntzen u. Winfried Nolting. München: Fink 1977 (= Literatur u. Presse. Karl-Kraus-Studien. Hrsg. v. Helmut Arntzen. Bd. 3). S. 141- 156.

Nowojski, Walter: Nachwort. In: Klemperer, Victor: Ich will Zeugnis ablegen bis zum letzten. Herausgegeben von Walter Nowojski unter Mitarbeit von Hadwig Klemperer. Bd. 2: 1942-1945. Lizenzausgabe für die Wissenschaftliche Buchgesellschaft. Berlin: Aufbau [10]1998. S. 865-877.

Nowojski, Walter: Nachwort. In: Klemperer, Victor: So sitze ich denn zwischen allen Stühlen. Hrsg. v. Walter Nowojski unter Mitarbeit v. Christian Löser. Bd. 2: 1950-1959. Berlin: Aufbau 1999. S. 910-919.

Nußbaum, Heinrich v.: Günter Wallraff - von BILD umgedreht? In: medium. Jg. 7 (1977). H. 11. S. 8-11.

Obermaier, Walter: Zur neuen Ausgabe. Vorwort zu: Daniel Spitzer. Wiener Spaziergänge. Bd. 1. Hrsg. v. Walter Obermaier. Mit einem Nachwort von Reinhard Tramontana. Wien: Edition Wien 1986. S. 5-10.

Obermaier, Walter: Von Daniel Spitzer zu Karl Kraus. Witz und Satire in den letzten Dezennien der Donaumonarchie. In: Das Zeitalter Kaiser Franz Josephs. 2. Teil: 1880-1916. Wien 1987. S. 200-205.

Obermaier, Walter: Mit Spitzers Feder. Daniel Spitzers 'Wiener Spaziergänge'. In: Ein Stück Österreich: 150 Jahre 'Die Presse'. Wien: Holzhausen 1998. S. 158-165.

Ögg, Franz: Personenregister zur 'Fackel'. Supplementband zum Reprint der 'Fackel'. München: Kösel 1977.

Ohlmeier, Dieter, Nazifaschistische Züge in der Sprache heutiger Psychoanalysen. In: 'Gift, das du unbewußt eintrinkst...' Der Nationalsozialismus und die deutsche Sprache. Hrsg. v. Werner Bohleber u. Jörg Drews. Bielefeld: Aisthesis 1991 (= Breuniger Kolleg. Forschungsmonographien der Breuniger Stiftung. Bd. 1). S. 38- 47.

Orth, Elsbeth: Nachwort. In: Sternberger, Dolf: Sprache und Politik. Frankfurt a. M.: Insel 1991 (= Dolf Sternberger. Schriften XI. Hrsg. v. Peter Haungs u.a.). S. 428-442.

Ott, Ulrich: Mechtilde Lichnowsky. 1879-1958. Marbach a. Neckar: Dt. Schillergesellschaft 1993 (= Marbacher Magazin 64/1993).

Patzer, Franz (Hg.)/Obermaier, Walter (Gestaltung u. Text): Hans Weigel. Leben und Werk. Zum 80. Geburtstag. Wien 1988 (= 213. Wechselausstellung d. Wiener Stadt- und Landesbibliothek).

Peter, Lothar: Literarische Intelligenz und Klassenkampf. 'Die Aktion' 1911-1932. Köln: Pahl-Rugenstein 1971 (= Sammlung junge Wissenschaft.).

Petersen, Günter: Feuilleton und öffentliche Meinung. Zur Theorie einer Literaturgattung im Kontext mit ihrem Resonanzfeld. Wiesbaden: Flieger 1992 (= Studien zur Theorie und Praxis der Public Relations. Hrsg. v. Heinz Flieger u.a. Bd. 35).

Pfabigan, Alfred: Von "Preßhyänen" und "Tintenstrolchen". Karl Kraus und die 'Neue Freie Presse'. In: Ein Stück Österreich. 150 Jahre 'Die Presse'. Hrsg. v. Julius Kainz und Andreas Unterberger. Wien: Holzhausen 1998. S. 74-90.

Päfflin, Friedrich/Dambacher Eva: Karl Kraus. Eine Ausstellung des Deutschen Literaturarchivs im Schiller-Nationalmuseum Marbach. Marbach a. Neckar: Deutsche Schillergesellschaft 1999 (= Marbacher Kataloge. Hrsg. v. Ulrich Ott u. Friedrich Pfäfflin. Nr. 52).

Podak, Klaus: Spiegel des Unheils. Hitlers Mein Kampf : Annäherung an ein Buch, das es nicht gibt. In: 'Gift, das du unbewußt eintrinkst...' Der Nationalsozialismus und die deutsche Sprache. Hrsg. v. Werner Bohleber u. Jörg Drews. Bielefeld: Aisthesis 1991 (= Breuniger Kolleg. Forschungsmonographien der Breuniger Stiftung. Bd. 1). S. 16-24.

Polenz, Peter v.: Sprachkritik und Sprachwissenschaft. In: Deutsch - gefrorene Sprache in einem gefrorenen Land? Polemik/Analysen/Aufsätze. Hrsg. v. Friedrich Handt. Berlin: Literarisches Colloquium 1964. S. 102-113.

Polenz, Peter v.: Funktionsverben im heutigen Deutsch. Sprache in einer rationalisierten Welt. In: Sternberger, Dolf/Storz, Gerhard/Süskind, Wilhelm E.: Aus dem Wörterbuch des Unmenschen. Neue erweiterte Ausgabe mit Zeugnissen des Streites über die Sprachkritik. München: dtv 1970. S. 180-195.

Polenz, Peter v.: Sprachkritik und Sprachnormenkritik. In: Holzfeuer im hölzernen Ofen. Aufsätze zur politischen Sprachkritik. Hrsg. v. Hans Jürgen Heringer. Tübingen: Narr ²1988. S. 70-93.

Polenz, Peter v.: Deutsche Satzsemantik. Grundbegriffe des Zwischen-den-Zeilen- Lesens. 2., durchgesehene Auflage. Berlin/New York: de Gruyter 1988.

Porombka, Beate: Verspäteter Aufklärer oder Pionier einer neuen Aufklärung? Kurt Tucholsky (1918-1935). Frankfurt a. M.: Lang 1990 (= Beiträge zur Literatur u. Literaturwissenschaft des 20. Jahrhunderts. Bd. 9).

Pörksen, Uwe: Wissenschaftssprache und Sprachkritik. Untersuchungen zu Geschichte und Gegenwart. Tübingen: Narr 1994 (= Forum für Fachsprachen-Forschung. Hrsg. v. Hartwig Kalverkämper. Bd. 22).

Prater, Donald A.: Thomas Mann. Deutscher und Weltbürger. Eine Biographie. München/Wien: Hanser 1995.

Quack, Josef: Bemerkungen zum Sprachverständnis von Karl Kraus. Bonn: Bouvier 1976 (= Abhandlungen zur Kunst-, Musik- und Literaturwissenschaft. Bd. 232).

Raabe, Paul: Einführung und Kommentar. In: Die Aktion. Jahrgang 1911. Reprint. Kösel 1961. S. 7-127.

Raabe, Paul: Einleitung. In: Pfemfert, Franz: Ich schneide die Zeit aus. Expresssionismus und Politik in Franz Pfemferts 'Aktion' 1911- 1918. Hrsg. v. Paul Raabe. München: dtv 1964. S. 7-15.

Raabe, Paul: Einführung. In: Expressionismus. Der Kampf um eine literarische Bewegung. Hrsg. v. Paul Raabe. Zürich: Arche 1987. S. 7-12

Radkau, Joachim: Die 'Weltbühne' als falscher Prophet? Prognostische Versuche gegenüber dem Nationalsozialismus. In: Weimars Ende. Prognosen und Diagnosen in der dt. Literatur und polit. Publizistik 1930-1933. Hrsg. v. Thomas Koebner. Frankfurt a. M.: Suhrkamp 1982. S. 57-79.

Reger, Harald: Die Metaphorik in der Boulevardpresse. In: Muttersprache 84 (1974). S. 314-325.

Reger, Harald: Die Metaphorik in der konventionellen Tagespresse. In: Muttersprache 87 (1977). S. 259-279.

Reger, Harald: Zur Idiomatik der konventionellen Tagespresse. In: Muttersprache 87 (1977). S. 337-346.

Reich-Ranicki, Marcel: Martin Walser. Aufsätze. Zürich: Ammann 1994.

Reid, J. H.: Heinrich Böll. A German for his time. Oxford/New York/Hamburg: Berg 1988.

Rietzschel, Thomas: "Die Aktion". Eine politische Zeitschrift im expressionistischen Jahrzehnt. In: Zeitschrift für Germanistik. Nr. 1 (1983). S. 25-40.

Riha, Karl: Zu Ferdinand Kürnbergers kritischer Position. Vorwort zu: Ferdinand Kürnberger. Feuilletons. Ausgew. u. eingel. von Karl Riha. Frankfurt a. M.: Insel 1967. S. 7-23.

Riha, Karl: Cross-Reading und Cross-Talking. Zitat-Collage als poetische und satirische Technik. Stuttgart: Metzler 1971.

Riha, Karl: 'Heiraten' in der "Fackel". Zu einem Zeitungs-Zitat-Typus bei Karl Kraus. In: Karl Kraus. Hrsg. v. Heinz Ludwig Arnold. München: edition text + kritik 1975. S. 116-126.

Ritzler, Rolf: Landung mit weichen Knien. Victor Klemperers Weg in der DDR vom Stalinsten zum Antikommunisten. In: Der Spiegel. Nr. 11 (1999). S. 286-287.

Rogers, Michael: Karl Kraus and the Creation of a Symbolic Language. In: Karl Kraus in neuer Sicht. Londoner Kraus-Symposium. Hrsg. v. Sigurd Paul Scheichl u. Edward Timms. München: edition text + kritik 1986. S. 32-45.

Rossbacher, Karlheinz: Literatur und Liberalismus. Zur Kultur der Ringstraßenzeit in Wien. Wien: J & Volk Edition Wien 1992.

Rundfunkanstalten und Tageszeitungen. Eine Materialsammlung. Hrsg. v. d. Arbeitsgemeinschaft d. öffentlich-rechtlichen Rundfunkanstalten der Bundesrepublik Deutschland (ARD). 5 Bde. Frankfurt a. M. 1965-69.

Sanders, Willy: Sprachkritikastereien. 2., überarb. Auflage. Darmstadt: Wiss. Buchges. 1998.

Sauer, Wolfgang Werner: Sprachlosigkeit. Zum Problem der Sprachkritik während der Zeit des Faschismus. In: Kunst u. Kultur im dt. Faschismus. Hrsg. v. Ralf Schnell. Stuttgart: Metzler 1978 (= Literaturwissenschaft u. Sozialwissenschaft. Bd. 10). S. 329-344.

Schiewe, Jürgen: Die Macht der Sprache. Eine Geschichte der Sprachkritik von der Antike bis zur Gegenwart. München: Beck 1998.

Schopenhauer, Arthur: Parerga und Paralipomena: Kleine philosophische Schriften. Bd. II. Zürich: Haffmans Verlag 1988 (= Arthur Schopenhauers Werke in fünf Bänden. Nach den Ausgaben letzter Hand hrsg. v. Ludger Lütkehaus. Bd. V.).

Seidel, Eugen/Seidel-Slotty, Ingeborg: Sprachwandel im Dritten Reich. Eine kritische Untersuchung faschistischer Einflüsse. Halle: Verl. Sprache u. Literatur 1961.

Siblewski, Klaus: Sogar Martin Walser. Ein Nachwort. In: Martin Walser. Auskunft. 22 Gespräche aus 28 Jahren. Hrsg. v. Klaus Siblewski. Frankfurt a. M.: Suhrkamp 1991. S. 283-291.

Siblewski, Klaus: Beiseite gesprochen. Martin Walsers Gedichte, Aufsätze und Glossen seit den sechziger Jahren. In: Martin Walser. Zauber und Gegenzauber. Aufsätze und Gedichte. Eggingen: Edition Isele 1995. S. 210-217.

Simon, Dietrich: Literatur und Verantwortung. Zur Aphoristik und Lyrik von Karl Kraus. In: Karl Kraus. Hrsg. v. Heinz Ludwig Arnold. München: edition text + kritik 1975. S. 88-107.

Sowinski, Bernhard: Heinrich Böll. Stuttgart/Weimar: Metzler 1993 (= Sammlung Metzler. Bd. 272).

Speidel, Ludwig: Daniel Spitzer. In: Fanny Elßlers Fuß. Wiener Feuilletons. Von Ludwig Speidel. Wien 1989. S. 430-434.

Stave, Joachim: Zweierlei Garn. Über den SPIEGEL und seine Sprache. In: Muttersprache 70 (1960). S. 226-237.

Stern, J. P.: Karl Kraus: Language and Experience. In: Karl Kraus in neuer Sicht. Londoner Kraus-Symposium. Hrsg. v. Sigurd Paul Scheichl u. Edward Timms. München: edition text + kritik 1986. S. 21-31.

Stieg, Gerald: Der 'Brenner' und die 'Fackel'. Zur Wirkungsgeschichte des Karl Kraus. Salzburg: Müller 1976 (= 'Brenner'- Studien. Bd. 3).

Stötzel, Georg: Nazi-Verbrechen und öffentliche Sprachsensibilität. Ein Kapitel deutscher Sprachgeschichte nach 1945. In: Deutscher Wortschatz. Lexikologische Studien. Ludwig Erich Schmitt zum 80. Geburtstag. Hrsg. v. Horst Haider Munske u.a. Berlin/New York: de Gruyter 1988. S. 417-442.

Straßner, Erich: Mit 'Bild' fing es an. Mediensprache im Abwind. In: Mediensprache - Medienkommunikation - Medienkritik. Hrsg. v. Hans-Jürgen Bucher u. Erich Straßner. Tübingen: Narr 1991. S. 111-229.

Strelka, Joseph P. (Hg.): Karl Kraus. Diener der Sprache. Meister des Ethos. Tübingen: Francke 1990 (= Edition Orpheus. Beiträge zur dt. u. vergleichenden Literaturwiss. Bd. 1).

Stremmel, Jochen: 'Dritte Walpurgisnacht'. Über einen Text von Karl Kraus. Bonn: Bouvier 1982 (= Literatur u. Wirklichkeit. Hrsg. v. Karl Otto Conrady. Bd. 23.).

Suhr, Elke: Zwei Wege, ein Ziel: Tucholsky, Ossietzky und Die Weltbühne. München: Weismann 1986.

Szabó, Járos: Untergehende Monarchie und Satire. Zum Lebenswerk von Karl Kraus. Budapest: Akadémiai Kiadó 1992 (= Studies in Modern Philologie. Bd. 9.).

Techtmeier, Bärbel: Bedeutung zwischen Wort und Text - Die Sprache des Faschismus im Spiegel von Victor Klemperers 'LTI'. In: Bedeutungen u. Ideen in Sprachen u. Texten. Hrsg v. Werner Neumann u. Bärbel Techtmeier. Berlin: Akademie- Verlag 1987 (= Sprache u. Gesellschaft. Bd. 20). S. 315-324.

Timms, Edward: Karl Kraus. Satiriker der Apokalypse. Leben und Werk 1874-1918. Wien: Deuticke 1995.

Trabold, Annette: Sprachpolitik, Sprachkritik und Öffentlichkeit. Anforderungen an die Sprachfähigkeit des Bürgers. Wiesbaden: Dt. Univ.-Verl. 1993.

Tramontana, Reinhard: Daniel Spitzer, ein Kolumnist. Nachwort zu Spitzer, Daniel: Wiener Spaziergänge. Bd. 1. Hrsg. v. Walter Obermaier. Wien: Edition Wien 1986. S. 227-236.

Tschirch, Fritz: Stehen wir in einer Zeit des Sprachverfalls? In: Sprachnorm, Sprachpflege, Sprachkritik. Jahrbuch 1966/67. Düsseldorf: Schwann 1968 (= Sprache der Gegenwart. Schriften d. Instituts für deutsche Sprache. Hrsg. v. Hugo Moser u.a. Bd. II). S. 106-131.

Uecker, Matthias: Katastrophe und Normalität. Hans Magnus Enzensberger seit den siebziger Jahren. In: Deutschsprachige Literatur der 70er und 80er Jahre. Autoren, Tendenzen, Gattungen. Hrsg. v. Walter Delabar u. Erhard Schütz. Darmstadt: Wiss. Buchges. 1997. S. 321-343.

Uecker, Matthias: Strategien im Medienkampf. Der Essayist Hans Magnus Enzensberger. In: Der Deutschunterricht. H. 6 (1995). S. 88-95.

Vietta, Silvio: Neuzeitliche Realität und literarische Sprachkritik. München 1981.

Wagenknecht, Christian J.: Das Wortspiel bei Karl Kraus. Göttingen: Vandenhoeck [2]1975 (= Palaestra. Untersuchungen aus d. dt. und engl. Philologie u. Literaturgeschichte. Bd. 242.)

Walter, Hans-Albert: Was zutage liegt, und was nicht. In: Über Hans Magnus Enzensberger. Hrsg. v. Joachim Schickel. Frankfurt a. M.: Suhrkamp [2]1973. S. 144- 153.

Wildhagen, Andreas: Das politische Feuilleton Ferdinand Kürnbergers. Themen und Technik einer literarischen Kleinform im Zeitalter des dt. Liberalismus in Österreich. Frankfurt/Berlin/New York: Lang 1985 (= Europ. Hochschulschriften. Reihe 1. Dt. Sprache u. Lit. Bd. 818).

Wildt, Michael: Angst, Hoffen, Warten, Verzweifeln. Victor Klemperer und die Verfolgung der deutschen Juden 1933-1941. In: Im Herzen der Finsternis. Victor Klemperer als Chronist der NS-Zeit. Hrsg. v. Hannes Heer. Berlin: Aufbau ²1997. S. 49- 72.

Wimmer, Rainer: Überlegungen zu den Aufgaben und Methoden einer linguistisch begründeten Sprachkritik. In: Holzfeuer im hölzernen Ofen. Aufsätze zur politischen Sprachkritik. Hrsg. v. Hans Jürgen Heringer. Tübingen: Narr ²1988. S. 290- 313.

Zifonun, Gisela: Sprachkritische Momente in der Grammatik. In: Sprachgeschichte und Sprachkritik. Festschrift für Peter von Polenz zum 65. Geburtstag. Hrsg. v. Hans Jürgen Heringer u. Georg Stötzel. Berlin/New York: de Gruyter 1993. S. 266- 290.

Zohn, Harry: Karl Kraus. Frankfurt a. M.: Hain 1990.

FORSCHUNGEN ZUR LITERATUR- UND KULTURGESCHICHTE

Herausgegeben von Helmut Kreuzer, Karl Riha und Ralf Schnell

Band 1 Bernd Fischer: Literatur und Politik - die "Novellensammlung von 1812" und das "Landhausleben" von Achim von Arnim. 1983.

Band 2 Sandra Frieden: Autobiography: Self into Form. German-Language Autobiographical Writings of the 1970's. 1983.

Band 3 Ute Brandes: Zitat und Montage in der neueren DDR-Prosa. 1984.

Band 4 Hajo Steinert: Das Schreiben über den Tod. Von Thomas Bernhards "Verstörung" zur Erzählprosa der siebziger Jahre. 1984.

Band 5 Volker Hage: Collagen in der deutschen Literatur. Zur Praxis und Theorie eines Schreibverfahrens. 1984.

Band 6 Maria Kurzeja: Dr. Markus Welby und seine Kollegen. Eine empirische Untersuchung zur Arztserie im Fernsehen der Bundesrepublik Deutschland. 1984.

Band 7 Eckhard Schinkel: *Süßer Traum der Poeten:* der Freiballon. Zu den Möglichkeiten und Grenzen der Motivuntersuchung. 1985.

Band 8 Ulrich Pongs: Heinrich Heine: Sein Bild der Aufklärung und dessen romantische Quellen. 1985.

Band 9 Ulrich von Felbert: China und Japan als Impuls und Exempel. Fernöstliche Ideen und Motive bei Alfred Döblin, Bertolt Brecht und Egon Erwin Kisch. 1986.

Band 10 Jürgen Grimm: Unterhaltung - zwischen Utopie und Alltag. Methode und praktische Anwendung der Inhaltsanalyse am Beispiel von Kriminalheftromanen. 1986.

Band 11 Günter Helmes: Robert Müller: Themen und Tendenzen seiner publizistischen Schriften (1912-1924). Mit Exkursen zur Biographie und zur Interpretation der fiktionalen Texte. 1986.

Band 12 Peter Monteath/Elke Nicolai: Zur Spanienkriegsliteratur. Die Literatur des Dritten Reiches zum Spanischen Bürgerkrieg. Mit einer Bibliographie zur internationalen Spanienkriegsliteratur. 1986.

Band 13 Rolf Schütte: Material Konstitution Variabilität. Sprachbewegungen im literarischen Werk von Ror Wolf. 1987.

Band 14 Thomas Günther Ziegner: Ludwig Tieck - Studien zur Geselligkeitsproblematik. Die soziologisch-pädagogische Kategorie der Geselligkeit als einheitsstiftender Faktor in Werk und Leben des Dichters. 1987.

Band 15 Richard Albrecht: Das Bedürfnis nach echten Geschichten. Zur zeitgenössischen Unterhaltungsliteratur in der DDR. 1987.

Band 16 Klaus Mathes: August Otto-Walster: Schriftsteller und Politiker in der deutschen Arbeiterbewegung. Studien zum erzählerischen Werk 1864 - 1876. 1987.

Band 17 Bernd Fischer: "Kabale und Liebe". Skepsis und Melodrama in Schillers bürgerlichem Trauerspiel. 1987.

Band 18 Thomas Koebner und Egon Netenjakob (Hrsg.): Das experimentelle Fernsehspiel - "Das kleine Fernsehspiel" im ZDF. Notate und Referate. 1988.

Band 19 Karl-Wilhelm Schmidt: Revolte, Geschlechterkampf und Gemeinschaftsutopie. Studien zur expressionistischen Prosa Franz Jungs und Curt Corrinths. 1988.

Band 20 Jutta Wermke: Die Bildbeschreibung - eine Frage des Standpunkts. Literarästhetische und -didaktische Diskussion am Beispiel des "Abendmahls" von Leonardo da Vinci. 1989.

Band 21 Ingrid Kreuzer: Literatur als Konstruktion. Studien zur deutschen Literaturgeschichte zwischen Lessing und Martin Walser. 1989.

Band 22 Reinhold Grimm: Echo and Disguise. Studies in German and Comparative Literature. 1989.

Band 23 Fritz Martini: Vom Sturm und Drang zur Gegenwart. Zwei Jahrhunderte deutscher Literatur in Autorenporträts und Interpretationen. Ausgewählte Aufsätze (1965-1988). Mit Vor- und Nachwort von Helmut Kreuzer. 1990.

Band 24 Andreas Käuser: Physiognomik und Roman im 18. Jahrhundert. 1989.

Band 25 Helmut Kreuzer (Hrsg.): Pluralismus und Postmodernismus. Beiträge zur Literatur- und Kulturgeschichte der 80er Jahre. 1989, 3., gegenüber der 2. wesentl. erw. Auflage, 1994. 4., gegenüber der 3. erw. und aktualisierte Aufl., 1996.

Band 26 Waltraud Wende-Hohenberger: Gerhart Hauptmanns "Der Narr in Christo Emanuel Quint". Eine religions- und gesellschaftskritische Romananalyse. 1990.

Band 27 Dominique Iehl, Horst Hombourg (Hrsg.): Von der Novelle zur Kurzgeschichte. Beiträge zur Geschichte der deutschen Erzählliteratur. 1990.

Band 28 Doris Rosenstein: Irmgard Keun. Das Erzählwerk der dreißiger Jahre. 1991.

Band 29 Stefan Braun: "Lebenswelt" bei Adalbert Stifter. 1990.

Band 30 Maximilian Lorenz Baeumer: Die Reformation als Revolution und Aufruhr. 1991.

Band 31 Jost Hermand: Mehr als ein Liberaler. Über Heinrich Heine. 1991, 2., erw. Aufl. 1993.

Band 32 Karl-Heinz Schoeps, Christopher J. Wickham (Hrsg.): "Was in den alten Büchern steht...". Neue Interpretationen von der Aufklärung zur Moderne. Festschrift für Reinhold Grimm. 1991.

Band 33 Wolfgang Wittkowski: Andeuten und Verschleiern in Dichtungen von Plautus bis Hemingway und von der Goethezeit bis Sarah Kirsch. 1993.

Band 34 Wolfgang Paulsen: Der Dichter und sein Werk: Von Wieland bis Christa Wolf. Ausgewählte Aufsätze zur deutschen Literatur. Hrsg. von Elke Nicolai. 1993.

Band 35 Joan Kristin Bleicher: Literatur und Religiosität. Untersuchungen zu deutschsprachiger Gegenwartsliteratur. 1993.

Band 36 Evelyn Viehoff-Kamper: ORPLID. Analyse und Diskussion des literarischen Kommunikationsraumes der "katholischen" Zeitschrift ORPLID. 1993.

Band 37 Elke Gösche: Franz Xaver Kroetz' "Wildwechsel". Zur Werkgeschichte eines dramatischen Textes in den Medien. 1993.

Band 38 Richard Faber: Männerrunde mit Gräfin. Die "Kosmiker" Derleth, George, Klages, Schuler, Wolfskehl und Franziska zu Reventlow. Mit einem Nachdruck des "Schwabinger Beobachters". 1994.

Band 39 Brigitte E. Jirku: "Wollen Sie mit Nichts ... ihre Zeit versplittern?". Ich-Erzählerin und Erzählstruktur in von Frauen verfaßten Romanen des 18. Jahrhunderts. 1994.

Band 40 Inge Hofsommer: Aufrechtstehen im Nichts. Untersuchungen zum A-sozialen im Werk Hans Erich Nossacks. 1993.

Band 41 Friedrich Voit: Vom "Landkalender" zum "Rheinländischen Hausfreund" Johann Peter Hebels. Das südwestdeutsche Kalenderwesen im 18. und beginnenden 19. Jahrhundert. 1994.

Band 42 Helmut John/Lonny Neumann (Hrsg.): Hermann Kasack – Leben und Werk. Symposium 1993 in Potsdam. 1994.

Band 43 Sibylle Bolik: Das Hörspiel in der DDR. Themen und Tendenzen. 1994.

Band 44 Peter Morris-Keitel: Literatur der deutschen Jugendbewegung. Bürgerliche Ökologiekonzepte zwischen 1900 und 1918. 1994.

Band 45 Dagmar Lohmann-Hinrichs: Ästhetizismus und Politik. Harry Graf Kessler und seine Tagebücher in der Zeit der Weimarer Republik. 1994.

Band 46 Antje Harnisch: Keller, Raabe, Fontane. Geschlecht, Sexualität und Familie im bürgerlichen Realismus. 1994.

Band 47 Judith Beile: Frauen und Familien im Fernsehen der Bundesrepublik. Eine Untersuchung zu fiktionalen Serien von 1954 bis 1976. 1994.

Band 48 Uwe Mattusch: Die Entwicklung des kritischen Jugendprogramms im Zweiten Deutschen Fernsehen und seine Zielgruppe. 1995.

Band 49 Heike Schmidt: Kulturmagazine. Ihre Gestaltung im Hessischen Fernsehen 1964-1974. 1995.

Band 50 Erwin Reiss: Pension Sehblick. Eidetik audiovisueller Medien. Eine Videotopik der Seherkenntnis. 1995.

Band 51 Rosemarie Elliott: Wilhelm Heinse in Relation to Wieland, Winckelmann, and Goethe. Heinse's *Sturm und Drang* Aesthetic and New Literary Language – With a preface by Max L. Baeumer. 1996.

Band 52 Ethik und Ästhetik. Werke und Werte in der Literatur vom 18. bis zum 20. Jahrhundert. Festschrift für Wolfgang Wittkowski zum 70. Geburtstag, herausgegeben von Richard Fisher. 1995.

Band 53 Hans-Jürgen Hereth: Die Rezeptions- und Wirkungsgeschichte von Kurt Schwitters, dargestellt anhand seines Gedichts "An Anna Blume". 1996.

Band 54 Responsibility and Commitment. Ethische Postulate der Kulturvermittlung. Festschrift für Jost Hermand. Herausgegeben von Klaus L. Berghahn, Robert C. Holub und Klaus R. Scherpe. 1996.

Band 55 Zhidong Yang: Klara Blum - Zhu Bailan (1904-1971). Leben und Werk einer österreichisch-chinesischen Schriftstellerin. 1996.

Band 56 Uwe Meyer: "Neinsagen, die einzige unzerstörbare Freiheit". Das Werk der Schriftstellerin Grete Weil. 1996.

Band 57 Ewout van der Knaap: Das Gespräch der Dichter. Ernst Meisters Hölderlin- und Celan-Lektüre. 1996.

Band 58 Kerstin Berit Eßer: Bewegung im Zeichentrickfilm. Eine vergleichende Analyse öffentlich-rechtlicher Zeichentrick-Koproduktionen für das deutsche Kinderfernsehen unter besonderer Berücksichtigung ästhetischer und historischer Aspekte. 1997.

Band 59 Sun-Kwang Park: Geschlecht und Klasse. Die Frauenfrage in den proletarischen Selbstdarstellungen der frühen deutschen und koreanischen Arbeiterliteratur. 1997.

Band 60 Barthold Pelzer: Tragische Nemesis und historischer Sinn in Schillers Wallenstein-Trilogie. Eine rekonstruierende Lektüre. 1997.

Band 61 Enno Stahl: Anti-Kunst und Abstraktion in der literarischen Moderne (1909-1933). Vom italienischen Futurismus bis zum französischen Surrealismus. 1997.

Band 62 Elke Nicolai: "Wohin es uns treibt ...". Die literarische Generationsgruppe Klaus Manns 1924-1933. Ihre Essayistik und Erzählprosa. 1998.

Band 63 Hi-Young Song: Poetologische Reflexion und realistische Schreibweise bei Martin Walser. Realismuskonzeption und Interpretation von vier ausgewählten Erzählwerken Martin Walsers aus den 70er Jahren. 1998.

Band 64 Sven Arnold: Das Spektrum des literarischen Expressionismus in den Zeitschriften *Der Sturm* und *Die Weissen Blätter*. 1998.

Band 65 Friedrich Kittler: Hebbels Einbildungskraft – Die dunkle Natur. 1999.

Band 66 Hans-Joachim Schickedanz: Ästhetische Rebellion und rebellische Ästheten. Eine kulturgeschichtliche Studie über den europäischen Dandyismus. 2000.

Band 67 Mario Leis: Sport in der Literatur. Einblicke in das 20. Jahrhundert. 2000.

Band 68 Dirk Winkelmann: Selbstbeschreibungen der Vormoderne. Theorietypologien und ästhetische Reflexionen gesellschaftlicher Ausdifferenzierung bei Schiller, Novalis, Forster und Marx. 2000.

Band 69 Johanna Bertsch: Wider die Journaille. Aspekte der Verbindung von Sprach- und Pressekritik in der deutschsprachigen Literatur seit Mitte des 19. Jahrhunderts. 2000.

Ernst Leonardy / Hubert Roland (Hrsg./éds.)

Deutsch-belgische Beziehungen im kulturellen und literarischen Bereich 1890-1940
Les relations culturelles et littéraires belgo-allemandes 1890-1940

Frankfurt/M., Berlin, Bern, New York, Paris, Wien, 1999. 289 S., 8 Abb.
Studien und Dokumente zur Geschichte der Romanischen Literaturen.
Herausgegeben von Hans-Joachim Lope. Bd./Vol. 36
ISBN 3-631-34294-2 · br. DM 84.–*

In einer Reihe von Einzelbeiträgen werden die kulturellen und literarischen Beziehungen zwischen Deutschland und Belgien untersucht. Nach einer Blütezeit um die Jahrhundertwende wurden sie während des Ersten Weltkriegs brutal unterbrochen und danach mit vieler Mühe wieder angeknüpft. Im Buch wird nicht nur der allgemeine historische Hintergrund dargestellt; auch die Beziehungen in den einzelnen Kulturbereichen und innerhalb der verschiedenen Strömungen in Kunst und Literatur werden behandelt.

Ce volume rassemble une série d'études sur les relations culturelles belgo-allemandes. Particulièrement fructueuses au début du 20e siècle, celles-ci furent brutalement interrompues en 1914 et lentement renouées après la Première Guerre mondiale. Le contexte historique et les courants artistiques et littéraires de l'époque sont également abordés.

Aus dem Inhalt: Symbolismus · Expressionismus · Erster Weltkrieg · Flamenpolitik · Pazifismus · Wichtige Vermittlerfiguren und Publikationsorgane · Clarté-Bewegung · Wagner-Rezeption · Maeterlinck · Verhaeren · Dehmel · Stramm · Colin · Kippenberg · F. M. Huebner · Walden · Khnopff · R. Rolland · St. George-Gérardy

Symbolisme · Expressionnisme · Première Guerre mondiale · «Flamenpolitik» · Pacifisme · Médiateurs culturels et organes de publication · Mouvement Clarté · Réception de Wagner · Maeterlinck · Verhaeren · Dehmel · Stramm · Paul Colin · Anton Kippenberg · Friedrich Markus Huebner · Herwarth Walden · Fernand Khnopff · Romain Rolland · Stefan George · Paul Gérardy

Frankfurt/M · Berlin · Bern · New York · Paris · Wien
Auslieferung: Verlag Peter Lang AG
Jupiterstr. 15, CH-3000 Bern 15
Telefax (004131) 9402131
*inklusive Mehrwertsteuer
Preisänderungen vorbehalten